世界传世藏书

【图文珍藏版】

地理知识大博览

赵征⊙主编

第四册

线装书局

地理知识大博览

下篇

世界地理百科

第一章　宇宙中的地球

一、人类认识的宇宙

（一）宇宙大爆炸

宇宙大爆炸学说是各种宇宙学说当中最有影响力的一种学说，它是根据天文观测研究得出的一种设想。它认为我们现在所生存的宇宙来源于一次绝无仅有的大爆炸，宇宙中的任何物质都是在那次大爆炸当中形成的。

宇宙大爆炸的整个过程是复杂的。在大爆炸的孕育阶段，整个宇宙所有的物质都集中于一个质量很大、体积很小、密度和温度无限高的点。在距今大约 200 亿年到 150 亿年的时候，宇宙所集中的这个点发生了巨大的爆炸。在大爆炸以后，温度急剧下降，各种物质也开始形成并向外膨胀和扩散。在宇宙膨胀和扩散的过程中，宇宙间开始弥漫起气体星云，气体星云在引力的作用下开始形成恒星系统，恒星系统又经过漫长的演化，逐渐成了今天的宇宙。人类也是在这一宇宙演变中诞生的。

宇宙大爆炸学说作为一门发展中的理论，还需要进一步完善。同时，人们也在通过自己的努力寻求着更加完善的理论。

（二）天球、天体和天体系统

天球是一个假想的旋转的球，以观测者为球心，半径无限大。天球也有天赤道和天极，天球被天赤道分成北天半球和南天半球两部分。天空中所有的物体都可以投影在天球上。天球其实就是意义类似于地球仪的宇宙模型。

天体泛指宇宙间的一切物体，是宇宙物质的存在形式。各种天体在大小、质量、光度、温度上有很大不同。恒星、星云、行星、流星、彗星、卫星、星际物质，以及发射到太空去的人造卫星、宇宙飞船、太空实验室等，统称为天体。

各种天体在太空中并不是毫无联系的，它们各自的演变和运行，都在与其他天体相互影响，这种影响使有些天体之间相互吸引和相互绕转，这就构成了天体系统。比如，月球和地球相互吸引，并且月球绕地球不停地进行旋转，这就构成了一个天体系统，我们称之为地月系。

宇宙中的天体系统由低级到高级可以分为地月系、太阳系、银河系及由银河系和河外星系组成的总星系。在这些天体系统中，高一级的天体系统要比低一级的天体系统更大，更复杂。在任何一个天体系统中，都可以分为核心天体和绕转天体两大类。核心天体是指某一个天体系统中相对静止的天体，而围绕它旋转的天体就被称为绕转天体。

（三）总星系

总星系是由银河系和河外星系构成的，是人们目前所能够认识到的最大、最高级的天体系统，也是人们凭借现有的观测手段和方法，能观测和探测到的全部宇宙间的范围。也有人认为，总星系是一个比星系更高一级的天体层次，它的尺度可能小于、等于或大于观测所及的宇宙部分。

总星系并不是一个具体的星系，因为人们还没有对它进行完全的了解，它只是人们所能看到的一个星际范围。这个范围的半径有 200 亿光年，年龄为 200 亿年，所包含的星系在 10 亿个以上。在总星系所含的物质中，最多的物质是氢，其次是氦。

（四）星系团和星系群

宇宙间的星系就像太空中一座座美丽的"岛屿"。到目前为止，人们观测到的星系大约有 1000 亿个。宇宙中的这些星系并不是单独存在的，而是成团地聚在一起，就像古时候人们结成的原始部落一样。超过 100 个星系的天体系统，我们就称为星系团。星系团主要是由星系组成的，但星系团中的"成员"却不完全只是星系，还有大量的高温气体和暗物质。

100 个以下的星系集合，我们称为星系群。星系群和星系团都是由各种星系因为相互吸引而聚集在一起的，它们的区别仅仅是规模和星系的数量不同。像我们人类所生存的银河系，它与周围的数十个星系成团就构成了本星系群，而后发星系团的成员星系则有上万个之多。

在星系团内部，一般都有一个巨椭圆星系位于星团的中央，其他星系如椭圆星系或透镜星系，则聚集在巨椭圆星系的周围，而旋涡星系和不规则星系则散布在更加外围的区域。另外，星系团还可构成更高一级的成团结构，人们称之为超星系团。

（五）星团

宇宙中的恒星因为物理原因聚集在一起，并受引力的作用互相束缚而组成的恒星集团，我们称之为星团。一般，恒星数在 10 个以上的恒星集团，我们就可以称为一个星团。在星团中，其成员星的空间密度明显高于周围的星场。

根据星团包含的恒星数、星团的形状和在银河系中位置分布的不同，星团又分为疏散星团和球状星团。据推测，银河系中疏散星团的总数有 1 万到 10 万个，

星团

目前已发现的疏散星团有 1000 多个。它们高度集中在银道面的两旁，离开银道面的距离一般小于 600 光年左右。疏散星团的直径大多数在 3 至 30 多光年范围内。有些疏散星团很年轻，甚至有的还在形成恒星。在银河系中已发现的球状星团有 150 多个，它们其中有三分之一在人马座附近。球状星团的直径在 15 至 300 多光年范围内。球状星团因为是比较年老的星团，所以其中有很多死亡的恒星。

（六）宇宙中的"三洞"

宇宙中的"三洞"是指黑洞、白洞和空洞。

黑洞是宇宙中非常特殊的一种天体，它所存在的区域会形成一个强大的引力场。因为强大的引力作用，黑洞就像一个强大的吸尘器一样将周围的物质给吸引走，并将这些物质进行挤压。黑洞周围的物质，包括光线，一边围绕着黑洞做快速的旋转，一边慢慢地靠近黑洞，最终会消失在黑洞里。正因为光线也能够被黑洞的巨大引力给吞噬掉，所以黑洞并不能够被人们直接观察到，人们只能通过观测与它相邻的物体的变化来寻找它的踪迹。

科学家认为，黑洞的形成跟白矮星和中子星类似，也是由恒星演化而来。当一颗恒星到了年老的时候，它的燃料已经消耗光了。这时，中心的能量已经无法再提供力量来支撑起巨大的外壳，所以在外壳的重压之下，核心会迅速坍缩，直到最后形成一个体积更小、密度更大的星体。根据科学家的计算，当这个星体的总质量大于三倍太阳的质量时，就会引发第二次大坍缩。这次坍缩的程度大得惊人，它会使周围的物质继续向着中心点进军，直至成为一个体积趋于零、密度趋向无限大的"点"。这个

"点"会具有强大的引力，当这种引力大到连光都能够吸引的时候，黑洞就诞生了。

白洞和黑洞正相反，它拒绝任何外来者，只允许自己的物质和能量向外辐射，但它本身的强大引力，也会将尘埃、气体和能量吸引到自己旁边，形成一个"物质膜"，像个大包裹。

宇宙间物质相对稀少的区域被称为空洞。空洞的密度只及正常星系密度的 1/25，其空间尺寸可大到几亿光年。

（七）河外星系

我们人类所存在的银河系就像是茫茫宇宙中的一座岛屿，在宇宙当中，像这样的"岛屿"还有很多。目前人类所发现的星系总共有千亿个之多，除了银河系，科学家还发现了 10 多亿个恒星系，它们中有很多类似于银河系，我们把它们统称为河外星系。

河外星系因为受到了银河系里的尘埃、气体的遮挡，至今人们用最先进的天文观测设备看到的最远的星系也只有大约 150 亿~200 亿光年。每个河外星系都是由数十亿至数千亿颗恒星、星云和星际物质组成的。其直径一般从几千光年至十万光年不等。河外星系在空间上的分布也是不均匀的，星系也是成团存在的。

每个河外星系也都在运动之中。星系内的恒星在运动，星系本身也在不停地自转，星系之间的距离在不断加大，从而使宇宙不断处于膨胀之中。

（八）银河系

银河系是总星系中一个很普通的星系，它在总星系中的形状像一个盘子，并拥有一二千亿颗恒星和大量的星团、星云，还有各种类型的星际气体、星际尘埃、星际介质和暗星云。人类生存的地球及太阳都属于银河系。银河系的总质量大约是太阳质量的 1400 亿倍。银河系在天球上的投影是一条乳白色的亮带，"银河"的名字就是由此而来。

银河系里大多数的恒星集中在一个扁球状的空间范围内，扁球的形状就像一个铁饼。扁球体中间凸出的部分叫"核球"，半径有 1 万多光年，里面充满了浓厚的星际介质和星云。银河系还有一个扁平的盘，称为银盘。银盘中恒星很密集，还有各种星际介质、星云及星团。银盘的直径有 10 多万光年，厚度只有几千光年。

银河系除了核球和银盘以外，还有一个很大的晕，称为银晕。银晕中的恒星很稀少，还有为数不多的球状星团。银晕的半径可能伸展到 30 万光年之远。

银河系是一个旋涡星系，整体看上去就像一个不断旋转的旋涡。这个旋涡是由一个中心和两个旋臂组成的，旋臂相距 4500 光年。银河系各部分的旋转速度和周期，因距中心的远近而不同。银河系还具有自转运动，但不像地球一样整体转动。银河系自转的速度，最初随离银河系中心距离的增大而增大，但达到几十万光年后自转速度就停止增加了，开始大致保持不变。

（九）星云

在宇宙中到处都弥漫着由星际气体、粒子流和尘埃等构成的星际物质。星云就是属于星际物质的一种。

星际物质在宇宙空间的分布并不均匀，在引力作用下，某些地方的气体和尘埃可能相互吸引而密集起来，形成云雾状，人们形象地把它们叫作星云。构成星云的物质密度很大，很多都成块状，因此人们观测到的太空中的星云呈雾状斑点。

宇宙中的星云按照形态结构的特点来划分，可以分为行星状星云和弥漫星云。行星状星云的样子就像是喷吐出来的烟圈，它的中心是空的，而且往往有一颗很亮的恒星不断向外抛射物质，从而形成星云。行星状星云是恒星晚年演化的结果。比较著名的有宝瓶座耳轮状星云和天琴座环状星云。而弥漫星云在形态上就没有什么规则，各式各样，它的特点是广袤而稀薄。比较著名的弥漫星云有猎户座的大星云、马头星云等。

如果按照发光的性质来划分，星云可以分为亮星云和暗星云。其中亮星云又可分为发射星云和反射星云。发射星云是一种因受到外界紫外线辐射而使内部气体电离发光的星云。反射星云不是自己内部发光，而是被周围亮星星光所照亮的。暗星云则是因为星云中的气体、尘埃附近没有亮星，使自己显得黯淡无光而得名。暗星云既不发光，也没有光供它反射，它是在恒星密集的银河中以及明亮的弥漫星云的衬托下被人们发现的。著名的暗星云有猎户座的马头星云。

（十）恒星

恒星是与行星相对而言，指那些自身都会发光，并且位置相对固定的星体。古代的天文学家认为恒星在星空的位置是固定的，所以给它起名"恒星"，意思是"永恒不变的星"。其实恒星也是在不停地高速运动着，它绕银河系的中心运动。

恒星会发光是因为它总是在熊熊地燃烧着，每时每刻都在发生着核聚变反应。恒星发光的能力有强有弱，恒星表面的温度也有高有低。一般说来，恒星表面的温度越低，它的光就越偏红；温度越高，光就越偏蓝。

天文观测表明，年轻的恒星几乎总是处于星云内或星云的附近，由此人们推断，恒星是在星云中产生的。星云里的物质主要是氢、氦和气态化合物分子。如果星云里包含的物质足够多，它就会处于不稳定状态。在外界扰动的影响下，星云会向内收缩并分裂成较小的团块，经过多次的分裂和收缩，逐渐在团块中心形成致密的核。当核区的温度升高到氢核聚变反应可以进行时，一颗新恒星就诞生了。

当星际物质凝聚成恒星后，恒星的演化就决定于其内部的核反应过程。在这段时间里，恒星以几乎不变的恒定光度发光发热，照亮周围的宇宙空间。随着能量的消耗，恒星最后会在爆发中完成它的全部使命，把自己的大部分物质抛射到太空，回归星云之中。留下的残骸，可能会成为白矮星，也可能会成为中子星，甚至会成为黑洞。

（十一）中子星

中子星是由恒星演化而来，它是一种主要由中子以及少量的质子、电子所组成的密度极大的恒星。银河系中著名的蟹状星云的中心星就是一颗中子星。

恒星在燃烧过程中，随着能量的耗尽，它的外壳开始向外膨胀，而它的核却受反作用力的影响开始收缩。恒星的核在巨大的压力和由此产生的高温下发生一系列的物理变化，最后形成一颗中子星内核。整个恒星将在一次极为壮观的爆炸中结束自己的生命。中子星也就在恒星的这次爆炸中诞生了。根据科学家的计算，当老年恒星的质量大于 10 个太阳的质量时，它就有可能最后变为一颗中子星。

在中子星里，巨大的压力将电子压缩到了原子核中，同质子中和为电子，使原子变得仅由中子组成。而整个中子星就是由这样的原子核紧挨在一起形成的。可以说，中子星就是一个巨大的原子核。中子星的巨大密度使得它的质量更是大得惊人，每立方厘米的质量为 1 亿吨，半径 10 千米的中子星的质量就与太阳的质量相当了。

中子星是目前被人们探知的体积最小的恒星。由于中子星的体积很小，所以不能用热辐射接收器观测到。但人们可以接收到它们的射电脉冲，在研究脉冲星和双星 X 射线源时能够发现它们。

（十二）白矮星

白矮星是由老年恒星演化而来，它是一种低光度、高密度、高温度的恒星。因为它的颜色呈白色、体积比较小，因此被称为白矮星。目前人们已经观测发现的白矮星有 1000 多颗。天狼星的伴星是第一颗被人们发现的白矮星，也是目前所观测到的最亮的白矮星。根据观测资料统计，大约有 3% 的恒星是白矮星，但理论分析与推算认为，白矮星应占全部恒星的 10% 左右。

白矮星的形成同中子星的形成十分类似。恒星在演化后期，会抛射出大量的物质，经过大量的质量损失后，如果剩下的核的质量小于 1.44 个太阳质量，这颗恒星便可能演化成为白矮星。也有人认为白矮星的前身可能是行星状星云的中心星，当它的核能源基本耗尽以后，整个星体开始慢慢冷却、晶化，中心星就逐渐演化成了白矮星。根据科学家的计算，当老年恒星的质量小于 10 个太阳的质量时，它就有可能最后变为一颗白矮星。

很多白矮星在发出光热的同时，也以同样的速度在冷却着。经过漫长的岁月，白矮星将渐渐停止辐射，由老年步入死亡。它的躯体会变成一个比钻石还硬的巨大晶体而永存。天文学家将这种巨大的晶体称为黑矮星。

（十三）超新星爆发

超新星的出现是源于老年恒星内部的一次大爆发，人们将这种爆发称为超新星爆发。这次爆发让老年恒星抛射掉自己大部分的质量，同时释放出巨大的能量。在很短的时间内，恒星的光度有可能将增加几十万倍。正是因为超新星的爆发使恒星的光度增大，所以人们便会看到原本看不到的恒星。当爆发结束后，恒星的光又黯淡下去，人们就又看不到这颗恒星了。这就是为什么超新星在出现一段时间后又突然消失的原因。

对于超新星爆发的原因的探索，人们还处于猜测、设想的阶段。目前比较流行的观点认为，超新星爆发可能是由恒星内层向中心"坍缩"时极其迅速地释放出来的引力势能引起的。因为恒星在燃烧过程中，随着能量的耗尽，它的外壳会向外膨胀，而它的核却受反作用力的影响开始收缩，恒星的核在巨大的压力和由此产生的高温下发生一系列的物理变化，从而产生巨大的爆炸。

（十四）行星

行星，又称作惑星，是指那些在自转的同时还环绕着恒星进行旋转的星体。科学家认为，宇宙间的行星是由恒星诞生之后的宇宙尘埃所形成。宇宙尘埃的外面包裹有一层冰。因为在恒星诞生之初，其周围接近真空，而且温度极低，所以这种冰是具有黏结性的，能起到类似胶水的作用。当宇宙尘埃互相碰撞时，冰将它们"黏"在一起，于是这个"核"一点点变大，就像滚雪球一样，形成了原始状态的行星。原始行星继续吸引周围的尘埃，从而逐渐演变成了今天的行星。

太阳系内的八大行星被称为太阳系内行星，而太阳系外的行星则被称为太阳系外行星。太阳系外行星的发现对外星人存在的观点提供了支持。质量不够大的行星被称为小行星，小行星一般不容易被发现。还有一种行星，被称为星际行星，它们不围绕特定的恒星公转，就像是宇宙的流浪客一样。

行星自身不会发光，人们在天空中看到的行星之所以会发光，是因为它反射了恒星的光。

（十五）卫星

卫星是环绕一颗行星按一定的轨道作周期性运行的天体，有天然卫星和人造卫星之分。卫星之所以会围绕行星不停地旋转，是因为万有引力的作用，任何人造航天器和星际物质，只要能够被行星的引力场捕获，都会成为行星的卫星。

天然卫星是原本就存在于宇宙中的星体。月球就是地球的一颗天然卫星。太阳系八大行星中，除水星和金星外，其他六颗行星都有天然卫星，只是数量不同而已。航天探测和天文观测结果表明，卫星的运行规律各有不同，有的卫星共用一条轨道，有的卫星绕行星逆行运转，还有的卫星与行星自转同步。

人造卫星是一种航天器，当它脱离了地球引力进入太空后，就成了一种天体。1957年，苏联发射的第一颗人造地球卫星"卫星一号"是人类迈向太空的第一步。

（十六）彗星

彗星是在扁长的轨道上绕太阳运行的一种质量较小的天体，它由一些未挥发的冰块组成，并夹杂着各种杂质和尘埃。彗星的结构多种多样并且非常不稳定，但所有彗星都裹着一层由挥发性物质构成的彗发，彗发会随着彗星逐渐接近太阳而渐渐变大变亮。在彗发中央，有一个小而明亮的彗核。彗核由较为密集的固体组成，质量能够占到彗星总质量的95%。彗发和彗核一起组成了彗头。

彗星的轨道是不对称的椭圆形，所以它与太阳的距离也在不断变化，有时候离太阳很近，有时候离太阳很远。彗星的外貌随着距离太阳的远近不同而有所变化。当彗星远离太阳时，形态呈现为一个云雾状的斑点，它也常被称作"脏雪球"；当彗星接近太阳时，彗星外层的"脏雪"会迅速蒸发、气化、膨胀，并喷发出来，这时彗星的体积急剧地膨胀起来。同时，由于受太阳风和太阳的辐射压力的影响，在背向太阳的方向，自彗头会伸展出一条长达几百万千米的明亮彗尾，所以中国民间又称彗星为"扫帚星"。

彗星每次靠近太阳时都要丢失一部分挥发性物质。最终它将成为太阳系中的又一颗岩石天体。彗星的生命是非常短暂的，宇宙中很多小行星就是已熄灭的彗核。

（十七）星座的划分

据统计，我们用肉眼能看到的星星大约有6000颗。为了便于记忆和研究星空，古代巴比伦人将天空分成了许多区域，称之为"星座"。每一个星座通过其中的亮星的特殊分布来辨认。

公元前 270 年前后，古希腊人把他们所能见到的部分天空划分成 48 个星座区域，用想象中的线条将星座区域内的主要亮星连起来，把它们想象为人或其他动物的形象，并结合神话故事给它们取了合适的名字，这就是星座名称的由来。

1930 年，国际天文联合会召开，统一把全天划成 88 个星座，这 88 个星座分属 3 个天区，北半球 29 个，南半球 47 个，黄道附近 12 个。近代划分的星座是以科学的系统划分的，许多星座采用天文学或其他科学仪器的名称命名，如六分仪座、八分仪座、望远镜座、时钟座、显微镜座等等。全天 88 个星座的名称是：

仙女座、唧筒座、天燕座、水瓶座、天鹰座、天坛座、白羊座、御夫座、牧夫座、雕具座、鹿豹座、巨蟹座、猎犬座、大犬座、小犬座、摩羯座、船底座、仙后座、半人马座、仙王座、鲸鱼座、堰蜓座、圆规座、天鸽座、后发座、南冕座、北冕座、乌鸦座、巨爵座、南十字座、天鹅座、海豚座、剑鱼座、天龙座、小马座、波江座、天炉座、双子座、天鹤座、武仙座、时钟座、长蛇座、水蛇座、印第安座、蝎虎座、狮子座、小狮座、天兔座、天秤座、豺狼座、天猫座、天琴座、山案座、显微镜座、麒麟座、苍蝇座、矩尺座、南极座、蛇夫座、猎户座、孔雀座、飞马座、英仙座、凤凰座、绘架座、双鱼座、南鱼座、船尾座、罗盘座、网罟座、天箭座、人马座、天蝎座、玉夫座、盾牌座、巨蛇座、六分仪座、金牛座、望远镜座、三角座、南三角座、杜鹃座、大熊座、小熊座、船帆座、处女座、飞鱼座、狐狸座。

（十八）占星学中的十二星座

白羊座（3 月 21 日~4 月 20 日）

金羊座（4 月 21 日~5 月 20 日）

双子座（5 月 21 日~6 月 21 日）

巨蟹座（6 月 22 日~7 月 22 日）

狮子座（7 月 23 日~8 月 22 日）

处女座（8 月 23 日~9 月 22 日）

天秤座（9 月 23 日~10 月 23 日）

天蝎座（10 月 24 日~11 月 22 日）

射手座（11 月 23 日~12 月 21 日）

摩羯座（12 月 22 日~1 月 19 日）

水瓶座（1 月 20 日~2 月 18 日）

双鱼座（2 月 19 日~3 月 20 日）

（十九）时空隧道

美国物理学家斯内法克教授称，所谓的时空隧道，其实就是一种宇宙空间，不过这个宇宙空间一般人用眼睛看不到，否则，就实在无法解释历史上的神秘失踪事件了。

有学者认为，具有强大吸引力的黑洞就是一种"时空隧道"，它能让进入"黑洞"的人失去知觉和记忆。这些学者还用"泰坦尼克"沉船事件做了解释。也有学者反对这种假设，如果"泰坦尼克"的乘客进入了"时空隧道"，游轮为什么没有进入？如果游轮也同时进入，它应该和船长史密斯同时再出现。事实上，游轮并没有和船长史密斯同时再出现。

美国著名科学家约翰·布凯里教授在大量的研究分析基础上，提出了他的理论假说：

①"时空隧道"和黑洞一样，是客观存在的，是物质性的，但是我们却看不见，摸不着它。

②对于我们人类，"时空隧道"时而关闭，时而开放。

③"时空隧道"的时间体系与人类世界的不同。在"时空隧道"里，时间可以正转，也可倒转，还可以相对静止。所以，进入"时空隧道"的人失踪几十年就像一天或半天一样。

（二十）第五空间

第五空间是近几年才出现的一个名词，它是相对于第一空间陆地、第二空间海洋、第三空间空中、第四空间宇宙而言的。第五空间是指300米以下的空间，在这个空域中，地形复杂，地物阻隔，雷达发现角的可控度非常有限。这是西方航空界给出的定义。

第五空间被西方航空界称为现代制导式武器的"死角"，这是因为，现代最先进的制导式武器能准确对付中、高空目标，却因距离太近，预警时间没有充分保证，而对低空目标难以捕捉和追踪。

在第五空间，现代制导式武器很难发挥作用。

二、太阳系

（一）大爆炸

大爆炸（Big Bang）是描述宇宙诞生初始条件及后续演化的宇宙学模型，这一模型得到了科学研究和观测最广泛且最精确的支持。大爆炸认为：宇宙是在过去有限的时间之前，由一个密度极大且温度极高的太初状态演变而来的（据 2013 年普朗克卫星所得到的最佳观测结果，宇宙大爆炸距今 137.98±0.37 亿年），并经过不断地膨胀到达今天的状态。

目前，科学家首次理论性证实——当宇宙大爆炸发生之后的几十亿年，随后发生的一次"小爆炸"引发了太阳系的诞生。

（二）银河系

银河系是太阳系所在天体系统，包括 1200 亿颗恒星和大量的星团、星云，还有各种类型的星际气体和星际尘埃。它的直径约为 100000 光年，中心厚度约 12000 光年，可见物质总质量是太阳质量的大约 1400 亿倍。银河系是一个旋涡星系，具有旋涡结构，即有一个银心和四个旋臂，旋臂相距 4500 光年。太阳位于银河一个支臂猎户臂上，至银河中心的距离大约是 26000 光年。2013 年 6 月 NASA 公布了 1.6 亿像素容量为 457MB 最清晰银河图。

（三）太阳系

太阳系是银河系的一部分，太阳是银河系中一颗普通的恒星，但却是太阳系的核心，是地球上亿万生命的依托。太阳离星系中心大约 2.5 万到 2.8 万光年。太阳系移动速度约每秒 220 公里，2.26 亿万年转一圈。

太阳系以太阳为中心，包括围绕它运行的 8 颗行星、至少 165 颗已知的卫星、5 颗已经辨认出来的矮行星和数以亿计的太阳系小天体。这些小天体包括小行星、柯伊伯带的天体、彗星和星际尘埃。依照至太阳的距离，太阳系内的行星依序是水星、金星、地球、火星、木星、土星、天王星和海王星。8 颗行星中的 6 颗有天然的卫星环绕，其中水星、金星没有天然卫星。在太阳系外侧的行星是被由尘埃和许多小颗粒构成的行星环绕着。

（四）太阳

太阳是太阳系的中心天体，太阳系质量的 99.86% 都集中在太阳。太阳系中的八大行星、小行星、流星、彗星、外海王星天体以及星际尘埃等，都围绕着太阳运行（公转）。而太阳则围绕着银心（银河系的中心）运行（公转）。

太阳位于太阳系中心位置，它几乎是热等离子体与磁场交织着的一个理想球体。其直径大约是 1392000（1.392×10^6）千米，相当于地球直径的 109 倍；体积大约是地球的 130 万倍；质量大约是 2×10^{30} 千克，是地球的 330000 倍。从化学组成来看，太阳质量的大约四分之三是氢，剩下的几乎都是氦，包括氧、碳、氖、铁和其他的重要元素质量少于 2%。

太阳

太阳目前正在穿越银河系内部边缘猎户臂的本地泡区中的本星际云。

（五）太阳黑子

在太阳的光球层上有一些旋涡状的气流，像一个浅盘，中间下凹，看起来是黑色的，这些旋涡状气流就是太阳黑子（Sunspot）。黑子本身并不黑，之所以看起来黑是因为比起光球来，它的温度要低一两千度，在更加明亮的光球衬托下，它就成为看起来像是没有什么亮光的暗黑的黑子了。

太阳黑子虽然颜色较"深"，但是在观测情况下，与太阳耀斑同样清晰显眼。天文学家把太阳黑子数量最多的年份称为"太阳活动峰年"，太阳黑子数量最少的年份称为"太阳活动谷年"。黑子的活动周期为 11.2 年，活跃时会对地球的磁场升生影响，主要是使地球南北极和赤道的大气环流作经向流动，从而造成恶劣天气，使气候转冷。严重时会对各类电子产品和电器造成损害。

2014 年 2 月 24 日晚些时候爆发了一场大规模耀斑，是太阳 2014 年以来威力最大的一场爆发，也是近年来最强大的爆发之一。

（六）日珥

在日全食时，太阳的周围镶着一个红色的环圈，上面跳动着鲜红的火舌，这种火舌状物体就叫作日珥。日珥是在太阳的色球层上产生的一种非常强烈的太阳活动，是太阳活动的标志之一。日珥出现时，大气层的色球酷似燃烧着的草原，玫瑰红色的舌状气体如烈火升腾，形状千姿百态，有的如浮云，有的似拱桥，有的像喷泉，有的酷似团团草丛，有的美如节日礼花，而整体看来它们的形状恰似贴附在太阳边缘的耳环，由此得名为"日珥"。

2014 年 2 月 23 日出现的大型日珥，显示近来太阳是处在极端活跃的状态。

（七）耀斑

耀斑是在太阳的色球→日冕过渡层中发生的一种局部辐射突然增加的太阳活动。太阳上的等离子被加热至一千万度，电子、质子及一些重离子被加速到接近光速。这些离子发出的电磁波波段由电磁波谱上的长波微波至最短波长的 γ 射线。大部分耀斑都出现在太阳活跃的区域如黑子附近，即是太阳表面磁场线露出日冕的部分。耀斑的能量主要来自于日冕突然释放的磁能。耀斑出现后，可以观察到亮度突然增加，射电波、紫外线、X 射线流量也会猛增，有时还会发射高能的 γ 射线和高能带电粒子。耀斑出现的频率不定，在太阳活跃时，可几日就出现一次。相反在太阳稳定时，整星期也未必出现一次；太阳的活动周期为 11 年，在活动高峰期时有特别多黑子出现，同时亦有较多耀斑出现。

2014 年 2 月 24 日，太阳爆发了一场大规模耀斑，是太阳今年以来威力最大的一场爆发，也是近年来最强大的爆发之一。

（八）太阳风

在太阳的日冕层的高温（几百万开氏度）下，氢、氦等原子已经被电离成带正电的质子、氦原子核和带负电的自由电子等。这些带电粒子运动速度极快，以致不断有带电的粒子挣脱太阳引力的束缚，射向太阳的外围，形成太阳风。太阳风的速度一般在 200~800 千米/秒。一般认为在太阳极小期，从太阳的磁场极地附近吹出的是高速太阳风，从太阳的磁场赤道附近吹出的是低速太阳风。太阳的磁场的活动性是会变化的，周期大约为 11 年。

据最新科学家报道，当太阳风暴来临时，地球会产生保护盾保护自己。地球被一层磁场泡沫所包围，名为磁气圈，它保护我们不受到太阳风的伤害。

（九）极光

极光是来自太阳活动区的带电高能粒子（可达 1 万电子伏）流使高层大气分子或原子激发或电离而产生的。由于地磁场的作用，这些高能粒子转向极区，所以极光常见于高磁纬地区。

在大约离磁极纬度 25°~30° 的范围内常出现极光，这个区域称为极光区。在地磁纬度 45°~60° 之间的区域称为弱极光区，地磁纬度低于 45° 的区域称为微极光区。极光下边界的高度，离地面不到 100 千米，极大发光处的高度离地面约 110 千米左右，正常的最高边界为离地面 300 千米左右，在极端情况下可达 1000 千米以上。根据关于极光分布情况的研究，极光区的形状不是以地磁极为中心的圆环状，而是卵形。极光的光谱线范围约为 3100~6700 埃，其中最重要的谱线是 5577 埃的氧原子绿线，称为极光绿线。极光多种多样，五彩缤纷，形状不一，绮丽无比，犹如节日的焰火在空中闪现，美轮美奂。

（十）八大行星

八大行星特指太阳系的八个行星，按照离太阳的距离从近到远，它们依次为：水星、金星、地球、火星、木星、土星、天王星、海王星。而曾经被认为是"九大行星"之一的冥王星于 2006 年 8 月 24 日被定义为"矮行星"。

（十一）太阳系第九行星

2006 年冥王星被降级为矮行星，从太阳系九大行星之列中除名，此后太阳系只有 8 大行星。2011 年多家外媒报道了一则惊人的消息，科学家竟在太阳系远端又发现一颗新行星"提喀"（Tyche），尺寸达到木星的 4 倍。一旦被证实，其不但将跃升为太阳系内最大的行星，也将使得太阳系恢复拥有九大行星。

但已有多位天文学家对 Tyche 是否存在于太阳系表示质疑。

（十二）小行星

小行星（Asteroid）是太阳系内类似行星环绕太阳运动，但体积和质量比行星小得多的天体。太阳系中大部分小行星的运行轨道在火星和木星之间，称为小行星带。另外在海王星以外也分布有小行星，这片地带称为柯伊伯带（Kuiper Belt）。小行星是太阳系形成后的物质残余。有一种推测认为，它们可能是一颗神秘行星的残骸，这颗行

星在远古时代遭遇了一次巨大的宇宙碰撞而被摧毁。2014 年 3 月 21 日，一颗小行星与地球擦肩而过，给地球带来威胁。之前，科学家对这颗小行星的轨迹进行了更加精确地测算，最终排除了这颗小行星撞击地球的可能性。

三、地月系

（一）地月系

地球与月球构成了一个天体系统，称为地月系。在地月系中，地球是中心天体，因此一般把地月系的运动描述为月球对于地球的绕转运动。然而，地月系的实际运动，是地球与月球对于它们的公共质心的绕转运动。地球与月球绕它们的公共质心旋转一周的时间为 27 天 7 小时 43 分 11.6 秒，也就是 27.32166 天，公共质心的位置在离地心约 4671 千米的地球体内。

（二）地球

地球，英文称 TheEarth。是太阳系八大行星之一，按离太阳由近及远的次序排列为第三颗。地球是太阳系的第三颗行星，也是太阳系中直径、质量和密度第三的类地行星。地球赤道半径 6378.137 千米，极半径 6356.752 千米赤道周长 40075.7 千米。是目前发现的星球中人类生存的唯一星球。

地球的质量约为 5.96×10^{24} 千克，赤道半径 $ra = 6378137$ 米 ≈ 6378 千米，极半径 $rb = 6356752$ 米 ≈ 6357 千米，扁率 $e = 1/298.257$，忽略地球非球形对称，平均半径 $r = 6371$ 千米。在赤道某海平面处重力加速度的值 $ga = 9.780$ 米/秒，在北极某海平面处的重力加速度的值 $gb = 9.832$ 米/秒，全球通用的重力加速度标准值 $g = 9.807$ 米/秒，地球自转周期为 23 小时 56 分 4 秒（恒星日），即 $T = 8.616 \times 10^{4}$ 秒。

（三）地磁场

地磁场，即把地球视为一个磁偶极子（Magneti（C D ipole），其中一极位在地理北极附近，另一极位在地理南极附近，这两极所产生的球体磁场即为地磁场。通过这两个磁极的假想直线（磁轴）与地球的自转轴大约成 11.3 度的倾斜。

地球的磁北极实际上是磁场的指南极，它会吸引构成罗盘指针的磁铁的指北极。

这个已成惯例的错误称呼已经难以改变了。磁极的位置并不是固定的，每年会移动数英哩。磁北极目前约以平均每年40千米向地理北极接近。两个磁极的移动彼此之间是独立的，而两个磁极也不会正好在地球球体的两端，也就是说，磁轴不会通过地球正中心。目前磁南极到地理南极的距离比磁北极到地理北极的距离远。

（四）地球引力

引力是质量的固有本质之一。对于宇宙天体，引力的大小与质量成正比。对于接近地球的物体，无一例外地被吸引朝向地球质量的中心。因为地球表面上的任何物体与地球本身的质量相比，实在是微不足道的。

如何才能克服地球引力呢？要使一个物体离开地球，必须沿着地球引力相反的方向（即向上）对它加力，使它作加速运动，当它达到一定速度时停止加力，它就能以惯性一直向前脱离地球。这个速度可通过地球的质量和物体与地心的距离计算出来。物体在地球表面上（即距离为地球的半径）飞行时，这个速度为11.2千米/秒，叫作脱离速度或逃逸速度——是速度战胜了引力。

（五）地球年龄

21世纪科学家对地球的年龄再次进行了确认，认为地球产生要远远晚于太阳系产生的时间，跨度约为1.5亿年左右这远远晚于此前认为的30万~4500万年。此前科学家通过太阳系年龄计算公式算出了太阳系产生的时间为55.68亿年前，而地球产生的年龄要比太阳系晚30亿年到45亿年左右，大约为25.48亿年前左右。在2007年时，瑞士的科学家对此数据进行了修正，认为地球的产生要在太阳系形成的6200万年之后。

（六）月球

月球，俗称月亮，古称太阴，是环绕地球运行的一颗卫星。它是地球的一颗固态卫星，也是离地球最近的天体（与地球之间的平均距离是39万千米）。

月球的年龄大约有46亿年。月球与地球一样有壳、幔、核等分层结构。最外层的月壳平均厚度约为60~65千米。月壳下面到1000千米深度是月幔，它占了月球的大部分体积。月幔下面是月核，月核的温度约为1000度，很可能是熔融状态的。月球直径约3474.8千米，大约是地球的1/4、太阳的1/400，月球到地球的距离相当于地球到太阳的距离的1/400，所以从地球上看去月亮和太阳一样大。月球的体积大概有地球的1/49，质量约7350亿亿吨，差不多相当于地球质量的1/81左右，月球表面的重力约是地球重力的 1/6。

1969 年尼尔·阿姆斯特朗和巴兹·奥尔德林成为最先登陆月球的人类。1969 年 9 月美国"阿波罗 11 号"宇宙飞船返回地球，美国"阿波罗"登月计划至阿波罗 17 号结束。

（七）月相

月相是天文学中对于地球上看到的月球被太阳照明部分的称呼。月球绕地球运动，使太阳、地球、月球三者的相对位置在一个月中有规律地变动。因为月球本身不发光，且不透明，月球可见发亮部分是反射太阳光的部分。只有月球直接被太阳照射的部分才能反射太阳光。我们从不同的角度上看到月球被太阳直接照射的部分，这就是月相的来源。月相不是由于地球遮住太阳所造成的（这是月食），而是由于我们只能看到月球上被太阳照到发光的那一部分所造成的，其阴影部分是月球自己的阴暗面。

（八）朔望月

因为月球靠反射阳光发亮，它与太阳相对位置不同（黄经差），便会呈现出各种形状。

朔：日月黄经差为 0° 时，这时月球位于地球和太阳之间，以黑暗面朝向地球，且与太阳几乎同时出没，故地面上无法见到，这就是朔，这一天为农历的初一。

上弦月：月球继续朝前旋转，到了农历初七、八，黄经差为 90°，太阳落山，月球已经在头顶，到了半夜，月球才落下去，这时被太阳照亮的月球，恰好有一半给你看到，称之为"上弦"。

满月：到了农历十五、十六，月球转到地球的另一面，黄经差为 180°。这时地球在太阳和月亮的中间，月球被太阳照亮的那一半正好对着地球，此时我们看到的是满月，或称之为"望"。由于月球正好在太阳的对面故太阳在西边落下，月球则从东边升起，到了月球落下，太阳又从东边上升了，一轮明月整夜可见。

下弦月：满月以后，月球升起的时间一天比一天迟了，月球亮的部分也一天比一天看到的小了，到了农历二十三，黄经差 270。满月亏去了一半，这时的半月只在下半夜出现于东半天空中，这就是"下弦"。

快到月底的时候，月球又将旋转到地球和太阳中间，在日出之前不久，残月才又由东方升起。到了下月初一，又是朔，开始新的循环。

（九）恒星月与朔望月

日、地、月大致在同一直线上时，正是在地球上月圆之时，自此时开始，月球相对于恒星绕地球运转 360°，这段时长约 27.3 天，被看作月亮的运动周期，因这个周角是相对恒星来说的，所以对应周期叫作恒星月。这段时间内地球绕太阳公转也要移动一段距离，此时日、地、月有一定夹角，日、地、月大致共线还有一段时间，大致再过 2.2 天月球随地球一起运转到达新的位置，终于再次出现三星大致共线，方始再次出现地球上的月圆。于是对于地球来说，月相变化才算是完成了一个周期，再次出现朔望，所以这个周期叫作一个朔望月，时长大致是 27.32 天+2.21 天＝29.53 天，故朔望月时间比恒星月长。朔望月绕地球为 360°+360°×29.53/365.24＝389.11°，而一个恒星月的计算便大约为 29.53×360°/389.11°＝27.32 天。

（十）日食

日食是月球运动到太阳和地球中间，如果三者正好处在一条直线时，月球就会挡住太阳射向地球的光，月球身后的黑影正好落到地球上，这时发生日食现象。在地球上月影里（月影：月亮投射到地球上产生的影子）的人们开始看到阳光逐渐减弱，太阳面被圆的黑影遮住，天色转暗，全部遮住时，天空中可以看到最亮的恒星和行星，几分钟后，从月球黑影边缘逐渐露出阳光，开始发光、复圆。由于月球比地球小，只有在月影中的人们才能看到日食。月球把太阳全部挡住时发生日全食，遮住一部分时发生日偏食，遮住太阳中央部分发生日环食。

日食一般发生在农历的初一。

（十一）月食

地球在背着太阳的方向会出现一条阴影，称为地影。地影分为本影和半影两部分。本影是指没有受到太阳光直射的地方，而半影则只受到部分太阳直射的光线。月球在环绕地球运行过程中有时会进入地影，这就产生月食现象。当月球整个都进入本影时，就会发生月全食；但如果只是一部分进入本影时，则只会发生月偏食。月全食和月偏食都是本影月食。

在农历十五、十六，月亮运行到和太阳相对的方向。这时如果地球和月亮的中心大致在同一条直线上，月亮就会进入地球的本影，而产生月全食。如果只有部分月亮进入地球的本影，就产生月偏食。当月球进入地球的半影时，应该是半影食，但由于它的亮度减弱得很少，不易察觉，故不称为月食，所以月食只有月全食和月偏食两种。

四、地球的运动

（一）地球的自转

地球自转：地球绕自转轴自西向东的转动，从北极点上空看呈逆时针旋转，从南极点上空看呈顺时针旋转。关于地球自转的各种理论目前都还是假说。地球自转是地球的一种重要运动形式，自转的平均角速度为 $7.292×10-5$ 弧度/秒，在地球赤道上的自转线速度为 465 米/秒。地球自转一周耗时 23 小时 56 分，约每隔 10 年自转周期会增加或者减少千分之三至千分之四秒。一般而言，地球的自转是均匀的。但精密的天文观测表明，地球自转存在这 3 种不同的变化：长期减慢；周期性变化；不规则变化。

地球自转产生了昼夜交替、产生了时区。2010 年 2 月 27 日的智利地震震动地轴，地球每天自转减速约 1.26 微秒。

（二）时区和区时

时区和区时 1884 年国际经度会议规定的时区制度中，将地球表面按经线分为 24 区，称为时区。世界时区的划分，以本初子午线为基准，东、西经度各 7.5° 的范围作为零时区，然后从零时区的边界分别向东和向西，每隔 15° 为一时区，如东经 7.5° 至东经 22.5° 为东一区，东、西各划出 12 个时区，东十二区与西十二区相重合（东十二区与西十二区在理论上各跨经度 7.5°），全球共划分为 24 个时区。

在每一时区内，都统一使用它的中央经线上的地方时，作为本区的区时。

（三）时差

每越过 1 个时区的界限，区时就相差 1 小时，相差几个时区，区时就相差几个小时。东边早，西边迟。目前，全世界多数国家都采用以时区为单位的标准时，与格林尼治时间即零时区的区时保持相差整小时数。但为了使用方便，时区的界线实际上常根据各国的政区界线或自然界线来确定。有些国家如印度、乌拉圭、利比里亚、圭亚那等，采用其首都或适中地点的地方时，作为本国的统一时间。

（四）北京时间

中国自西到东横跨东五、东六、东七、东八和东九 5 个时区，为便于使用，全国除新疆采用东五区的区时，即乌鲁木齐时间外，都一律采用首都北京所在的东八区的区时作为统一时间，称为北京时间。北京时间是东经 120°经线的把方时，而不是北京（东经 116°21′）的地方时，北京的地方时要与北京时间相差 16 分钟不到。而北京时间比格林尼治时间（世界时）早 8 小时。

（五）日界线

国际上规定，把东西十二区之间的 180°经线作岛国际日期变更线，简称日界线。

日界线的特征：日界线是地球上新的一天的起点和旧的一天的终点，地球上日期的更替，都从这条线开始。日界线不是一条直线，而是有些曲折，不完全按照 180°经线延伸，这是为了附近国家和地区居民生活的方便，日界线的划定避免通过陆地。

过日界线时日期的变更：由于在任何时刻，东十二区总比西十二区早 24 小时，即一天。因此，自东十二区向东进入西十二区，日期要减去一天；自西十二区向西进入东十二区，日期要增加一天。东西十二区时刻相同，但日期相差一天。

（六）倒时差

地球上的所有生命都有一种生理机制叫生物钟，也就是从白天到夜晚的一个 24 小时循环节律，比如一个光—暗的周期，与地球自转一次吻合。这种昼夜节律不仅在睡眠和饮食可以看到，而且在大多数情况下的体温，血压，心跳，以及内分泌也是受生物钟控制。

人体是有一定自身调能力的。因此，一般一、两个小时的时差在生理上并不会反映出来，如从中国飞日本（一个小时时差），或从中国飞印度（二个半小时时差）。但是，当时差达到六、七个小时的时候，在生理上的反应就比较明显了，如从中国飞欧洲大陆（冬天七个小时时差，夏天六个小时）。当然，最具有挑战的时差是一天的一半：刚刚十二个小时！如中国飞美国东部（夏天十二个小时时差，冬天十三个小时）。也就是说从中国到了美国，正当身体需要睡觉时（中国的半夜十二点），正好是美国的中午十二点，是不应该睡觉的时间。而到了美国的入睡时间晚上十点时，正好是生理时钟的上午十点（中国时间），有可能该睡却睡不着。

时差导致人的生物钟失调，其适应过程称倒时差。

（七）地球的公转

地球环绕太阳的运动称为地球公转。因为同地球一起环绕太阳的还有太阳系的其他天体，太阳是它们共有的中心天体，故被称为"公"转。

地球在公转中所形成的封闭轨迹，称为地球轨道。其在天球上的投影，称为黄道。

地球轨道是一个椭圆，太阳位于其中的一个焦点上。地球轨道的半长轴：149600000 千米；半短轴：149580000 千米；周长：940000000 千米。

在地球的公转轨道上，有一点距离太阳最近，称为近日点，有一点离太阳最远，称为远日点。如：1982 年，地球经过近日点的时间是 1 月 4 日 19 时，经过远日点的时间是 7 月 4 日 22 时。由于近点年比回归年长 25 分 7 秒，所以地球经过近日点和远日点的日期，每 57 年要推迟一日。

地球的赤道面与黄道面并不重合，而是有一个交角（二面角），就是黄赤交角。在 2000 年，这个交角为 23°26′21″。

（八）极昼和极夜

极昼和极夜是地球两极地区的自然现象。所谓极昼，就是太阳多月不落，天空总是亮的，这种现象也叫白夜；所谓极夜，就是与极昼相反，太阳总不出来，天空总是黑的。在北极圈北纬 66 度 34 分以内和南极圈南纬 66 度 34 分以内，没有一天 24 小时的昼夜更替，没有四季交替。

极昼与极夜的形成，是由于地球在沿椭圆形轨道绕太阳公转时，还绕着自身的倾斜地轴旋转而造成的。地球在自转时，地轴与其垂线形成一个约 23.5° 的倾斜角，因而地球在公转时便出现有 6 个月时间两极之中总有一极朝着太阳，全是白天；另一个极背向太阳，全是黑夜。

（九）四季的变化

四季是指一年中交替出现的四个季节，即春、夏、秋和冬。在天文上，季节划分是以地球围绕太阳公转轨道上位置确定的。当地球在一年中不同的时候，处在公转轨道的不同位置时，地球上各个地方受到的太阳光照是不一样的，接收到太阳的热量不同，产生季节的变化和冷热的差异。地球上的四季不仅是温度的周期性变化，而且是昼夜长短和太阳高度的周期性变化。

（十）四季的划分

四季是根据昼夜长短和太阳高度的变化来划分的。在四季的划分中，以太阳在黄道上的视位置为依据，以二分日、二至日或以四立日为界限。

但是，东西方各国在划分四季时所采用的界限点是不完全相同的。中国传统的四季划分是以二十四节气中的四立作为四季的始点，以二分和二至作为中点的。如春季立春为始点，太阳黄经为 315°，春分为中点，立夏为终点，太阳黄经变为 45°，太阳在黄道上运行了 90°。西方四季划分更强调四季的气候意义，是以二分二至日作为四季的起始点的，如春季以春分为起始点，以夏至为终止点。这种四季比我国划分的四季分别迟了一个半月。

（十一）五带的划分

五带（Five zones）又称天文气候带、数理气候带，是地球上的热带、南温带、北温带和南寒带、北寒带之总称。

五带是依据正午太阳高度和昼夜长短两个因素来划分的，即从有无太阳直射光线和有无极昼极夜现象等天文特点来分界的。以南北回归线作为热带和南北温带的天文界线，南北极圈作为南北温带和南北寒带的天文界线。热带的显著特征是有太阳直射，南北寒带有极昼极夜现象。每一地带有一定的纬度范围，因此它又是纬度地带。地球上不同纬度的地带，接受的太阳辐射量不同，所以这种划分方法可初步反映各地获得太阳光热的多寡，为气候学上划分气候的基础。

（十二）南回归线和北回归线

回归线指的是地球上南、北纬 23°26′ 的两条纬度圈。北纬 23°26′ 称为北回归线，是阳光在地球上直射点的最北界线。南纬 23°26′ 称为南回归线，是阳光在地球上直射点的最南界线。

地球在围绕太阳公转时，地轴（地球自转轴）与黄道面（公转轨道平面）永远保持 66°34′ 的交角。也就是说，地球总是倾斜着在绕着太阳旋转。这样，地球有时是北半球倾向太阳，有时又是南半球倾向太阳，因而太阳光直射地球的位置会随时间而发生南北的移动。从冬至到夏至，太阳直射点从南纬 23°26′ 渐渐向北移动，移至北纬 23°26′ 即到达最北端的直射点，此后直射点将向南移动，直到到达最南端的直射点，即南纬 23°26′。

具体过程：过了夏至，太阳光逐渐南移，北半球受太阳照射的时间逐渐减少。北纬23°26′的纬线是太阳光在北半球上直射点的最北界限，因此把这条纬线称为北回归线。冬至时太阳光直射在南纬23°26′的纬线上，冬至过后，太阳光又开始逐渐北移，到夏至时，再次直射北回归线。南纬23°26′的纬线则是太阳光在南半球上直射点的最南界限，因此把这条纬线称为南回归线。太阳直射点就随着地球的公转在南北回归线之间来回移动。

（十三）二十四节气

由于中国农历是一种"阴阳合历"，即根据太阳也根据月亮的运行制定的，因此不能完全反映太阳运行周期，所以在历法中又加入了单独反映太阳运行周期的"二十四节气"，用作确定闰月的标准。二十四节气是根据太阳在黄道（即地球绕太阳公转的轨道）上的位置来划分。

二十四节气有一个记忆口诀是：

春雨惊春清谷天，夏满芒夏暑相连，秋处露秋寒霜降，冬雪雪冬小大寒。

（十四）二十四节气表

节气、太阳黄经度数、所在公历日期/所分三个气候

立春/315°2 月 3 至 5 日/东风解冻、蛰虫始振、鱼上冰

雨水/330°/2 月 18 至 20 日，獭祭鱼、鸿雁来、草木萌动

惊蛰/345°/3 月 5 至 7 日/桃始华、仓庚鸣、鹰化为鸠

春分/0°/3 月 20 至 22 日/玄鸟至、雷乃发声、始电

清明/15°/4 月 4 至 6 日，桐始华、鼠化为鴽、虹始见

谷雨/30°4 月 19 至 22 日/萍始生、鸣鸠拂其羽、戴胜降于桑

立夏/45°/5 月 5 至 7 日/蝼蝈鸣、蚯蚓出、王瓜生

小满/60°/5 月 20 至 22 日，苦菜秀、靡草死、小暑至

芒种/75°/6 月 5 至 7 日，螳螂生、鸡始鸣、反舌无声

夏至/90°/6 月 21 至 22 日/鹿角解、蜩始鸣、半夏生

小暑/105°/7 月 6 至 8 日/温风至、蟋蟀居辟、鹰乃学习

大暑/120°/7 月 22 至 24 日/腐草化为萤、土润溽暑、大雨时行

立秋/135°/8 月 7 至 9 日，凉风至、白露降、寒蝉鸣

处暑/150°/8 月 22 至 24 日/鹰乃祭鸟、天地始肃、禾乃登

白露/165°/9 月 7 至 9 日/鸿雁来、玄鸟归、群鸟养羞

秋分 180°/9 月 22 至 24 日/雷始收声、蛰虫培户、水始涸

寒露/195°/10 月 8 至 9 日/鸿雁来宾、雀攻大水为蛤、菊有黄花

霜降/210°/10 月 23 至 24 日/豺乃祭兽、草木黄落、蛰虫咸俯
立冬/225°/11 月 7 至 8 日/水始冰、地始冻、雉入大水为蜃
小雪/240°/11 月 22—23 日/虹藏不见、天气上腾、闭塞而成冬
大雪/255°/12 月 6—8 日/鹖鸟不鸣、虎始交、荔挺生
冬至/270°/12 月 21—23 日/蚯蚓结、麋角解、水泉动
小寒/285°/1 月 5—7 日/雁北向、鹊始巢、雉始雊
大寒/300°/1 月 20—21 日/鸡始乳、鸷鸟厉疾、水泽腹坚

（十五）历法和历法的分类

历法是用年、月、日等时间单位计算时间的方法。历法主要分阳历、阴历和阴阳历三种。

阳历亦即太阳历，其历年为一个回归年，现时国际通用的公历（格里历）即为太阳历的一种，亦简称为阳历。阴历亦称月亮历，或称太阴历，其历月是一个朔望月，历年为 12 个朔望月，其大月 30 天，小月 29 天，伊斯兰历即为阴历的一种。阴阳历的平均历年为一个回归年，历月为朔望月，因为 12 个朔望月与回归年相差太大，所以阴阳历中设置闰月，因此这种历法与月相相符，也与地球绕太阳周期运动相符合。夏历就是阴阳历的一种，具体的历法还包括纪年（纪元）的方法。日本、朝鲜及中东以色列的传统历法也是阴阳历，其他民族如藏族、傣族也是使用阴阳历。

（十六）用拳头记忆公历月份大小

记忆一年中哪几个月是大月，哪几个月是小月，有一个"拳头记忆法"。首先要知道的是，大月 31 天，小月 30 天，二月有 28 或 29 天。然后尝试如下方法：

左手握拳，用右手的食指开始去点数左手背指骨关节的凹凸部位，凸出的是大月，有 31 天，正好是一、三、五、七、八、十、十二，共 7 个月；凹进的是小月，每月 30 天，是二、四、六、九、十一共 5 个月。如图所示

（十七）农历和公历

农历是中国长期采用的一种历法，这种历法以太阳历安排了二十四节气以指导农业生产活动，故称农历。

农历常混同阴历，实际二者是不同的。阴历以朔望的周期来定月，用置闰的办法使年平均长度接近太阳回归年，又有夏历、汉历等名称。阴历是中国目前与公历并行使用的一种历法，虽然人们习称"阴历"，但其实是阴阳历的一种，并非按月相周期制

定历法的阴历。

公历又叫西历、西元，是一种源自西方社会的纪年方法，它是由意大利医生兼哲学家 Aloysius Lilius 对儒略历加以改革而制定的一种历法，由教皇格列高利十三世在 1582 年颁行。公历以耶稣诞生年作为纪年的开始。在儒略历与格里高利历中，在耶稣诞生之后的日期，称为主的年份（拉丁语：Anno Domini，缩写为 A. D.），而在耶稣诞生之前，称为主前（英语：Before Christ，缩写为 B. C.）。现代学者为了淡化其宗教色彩以及避免非基督徒的反感而多半改称用公元（Common era，缩写为 C. E.）与公元前（Beforethe Common Era，缩写为 B. C. E.）的说法。

（十八）干支纪年法

干支纪年法是中国自古以来就一直使用的纪年方法，是干支历的一部分，也是历代阴阳历历书中的重要组成部分。

干支是天干和地支的总称。甲、乙、丙、丁、戊、己、庚、辛、壬、癸等十个符号叫天干，子、丑、寅、卯、辰、巳、午、未、申、酉、戌、亥等十二个符号叫地支。把干支顺序相配正好六十为一周，周而复始，循环记录，这就是俗称的"干支纪表"。

用天干和地支搭配纪日的表现方式相传自黄帝时期就开始了，在殷墟商代考古发现中，也出土过六十甲子表的残片。但是干支纪年持续不乱始于汉章帝元和二年（公元 85 年），这一年朝廷下令在全国推行干支纪年。从此干支纪年固定下来，并一直延续至今，未再混乱。

五、地球的演化

（一）地质时代

地质时代是科学家对地球地质历史的时代划分。

地球的历史按等级划分为：宙、代、纪、世、期、亚期等六个地质年代单位。

地质年代共分三个宙，为太古宙、元古宙、显生宙，其中太古宙分为始太古代、古太古代、中太古代、新太古代，元古宙分为古元古代、中元古代、新元古代，显生宙分为古生代、中生代、新生代。

古生代共分六个纪：寒武纪，奥陶纪，志留纪，泥盆纪，石炭纪，二叠纪。

中生代分为三个纪：三叠纪、侏罗纪、白垩纪。

新生代分为三个纪，分别是古近纪、新近纪、第四纪。

（二）隐生宙

1930 年，G. H. 查德威克把地史时期划分为两个阶段：寒武纪以前称为隐生宙，寒武纪迄今称为显生宙，作为地质年代的最高级单位，其相当地层分别称为隐生宇和显生宇。

近年来由于在隐生宇亦即前寒武纪上部不断发现软躯体动物化石，使其部分地层的划分具备了古生物的依据，而且所谓隐生，已逐渐不符合实际情况。1977 年，国际地层委员会前寒武纪地层分会在开普敦第四次会议上，将前寒武纪分为太古宙和元古宙，其界线放在 25 亿年前。因此，隐生宙及隐生宇这两个地质年代单位和地层年代单位，已逐渐弃而不用。

（三）太古代

太古代（Archeozoic Era，Archeozoic）最古老的一个地质时代。一般指距今 46 亿年前地球形成到 25 亿年前原核生物（包括细菌和蓝藻）普遍出现这段地质时期。

"太古代"一词 1872 年由美国地质学家达纳（J. D. Dana）所创用。当时形成的地层叫"太古界"，代表符号为"Ar"。主要由片麻岩、花岗岩等组成，富含金、银、铁等矿产，构成各大陆地壳的核心。主要分布在澳大利亚、非洲、南美的东北部、加拿大、芬兰、斯堪的那维亚等地；我国辽东半岛、山东半岛、内蒙古和山西等地，亦有太古代地层露出。1970~1980 年，一批科学家连续报道了在澳大利亚西部诺恩·波尔地区 35 亿年前的瓦拉乌纳群地层中，发现了一些丝状微化石。这是迄今在太古代地层中发现的、比较可信的最早化石记录。

也有把 38 亿年以前称为冥古代，25 亿~38 亿年前称太古代。

（四）元古代

元古代（Proterozoic Era，Proterozoic）紧接在太古代之后的一个地质年代。一般指距今 24 亿年前到 5.7 亿年前"生命大爆发"的这一段地质时期。这一时期形成的地层叫元古界，代表符号为"Pt"。

这一时期，陆地在那时大部仍然被海洋所占据，地壳运动剧烈，到了晚期，北方劳亚古陆和南方冈瓦纳大陆的面积扩大了许多，出现了若干大片陆地。在中国，许多地区已经露出海面而成为陆地，而西藏的大部分仍然被海水占据。

元古代晚期在我国被称为震旦纪（SinianPeriod），时间为大约从距今 8 亿年以前到元古代结束（震旦是古代印度对我国的称呼）。在震旦纪，出现了全球性的大冰期，称为震旦纪大冰期，是地球发展史上的三大冰期之一。冰川最盛时覆盖了亚洲、欧洲、美洲、大洋洲的许多地区，有的地方冰层厚达千米。

（五）古生代

古生代（Paleozoic，符号PZ）是地质时代中的一个时代，开始于同位素年龄542±0.3百万年（Ma），结束于251±0.4Ma。

古生代包括了寒武纪、奥陶纪、志留纪、泥盆纪、石炭纪、二叠纪。泥盆纪、石炭纪、二叠纪又合称晚古生代。动物群以海生无脊椎动物中的三叶虫、软体动物和棘皮动物最繁盛。在奥陶纪、志留纪、泥盆纪、石炭纪，相继出现低等鱼类、古两栖类和古爬行类动物。鱼类在泥盆纪达于全盛。石炭纪和二叠纪昆虫和两栖类繁盛。古植物以海生藻类为主。

古生代持续了约3亿年。对动物界来说，这是一个重要时期。它以一场至今不能完全解释清楚的进化拉开了寒武纪的序幕。寒武纪动物的活动范围只限于海洋，但在古生代的延续下，有些动物的活动转向干燥的陆地。古生代后期，爬行动物和类似哺乳动物的动物出现，古生代以迄今所知最大的一次生物绝灭宣告完结。

（六）中生代

中生代（Mesozoic）是显生宙的三个地质时代之一。由于这段时期的优势动物是爬行动物，尤其是恐龙，因此又称为爬行动物时代（Age ofthe Reptiles）。

中生代可以分为以下三个纪：

三叠纪（Triassic）：2亿5220万年前到2亿130万年前；

侏罗纪（Jurassic）：2亿130万年前到1亿4500万年前；

白垩纪（Cretaceous）：1亿4500万年前到6600万年前。

中生代的下界限是二叠纪—三叠纪灭绝事件，灭绝了当时的90%到96%的海洋生物，与70%的陆生生物，也是地质年代中最严重的灭绝事件，因此又称为大灭绝（Great Dying）。中生代的上界限是白垩纪—第三纪灭绝事件，可能是由犹加敦半岛的希克苏鲁伯撞击事件造成，此次灭绝事件造成当时的50%物种消失，包含所有的非鸟类恐龙。

中生代也是板块、气候、生物演化改变极大的时代。在中生代开始时，各大陆连接为一块超大陆——盘古大陆。盘古大陆后来分裂成南北两片，北部大陆进一步分为北美和欧亚大陆，南部大陆分裂为南美、非洲、印度与马达加斯加、澳洲和南极洲，只有澳洲没有和南极洲完全分裂。中生代的气候非常温暖，对动物的演化产生影响。

在中生代末期，已见现代生物的雏形。

（七）新生代

新生代（Cenozoic）是地球历史上最新的一个地质时代，它从 6600 万年前开始一直持续到今天。随着恐龙的灭绝，中生代结束，新生代开始。

新生代现在一般被分为三个纪：古近纪、新近纪和有争议的第四纪。这三个纪又可划分为七个世：古新世、始新世、渐新世（属古近纪），中新世、上新世（属新近纪），更新世、全新世（属第四纪）。在过去，古近纪和新近纪常合并为第三纪，它们因而也曾分别被叫作早第三纪和晚第三纪。

新生代是哺乳动物的时代。在新生代中，哺乳动物从微小简单的原始哺乳动物发展到占据各个生态圈的巨大的动物群。在新生代内，鸟和被子植物也有很大的发展，被子植物迅速成为优势种，使得其他裸子植物，例如苏铁、银杏等植物逐渐衰退。

新生代中，盘古大陆彻底分裂，地球上的各个大陆逐渐移动到今天的位置上。

（八）生命的起源和进化

生命何时、何处，特别是怎样起源的问题，是现代自然科学尚未完全解决的重大问题，是人们关注和争论的焦点。历史上对这个问题也存在着多种臆测和假说，并有很多争议。

创造论认为，神创生一切。如《圣经》说，"起初，神创造天地。"在现代，创造论已经被证明为是一种荒谬的解释。

"自生论"或"无生源论"认为，生物可以随时由非生物产生，或者由另一些截然不同的物体产生。如我国古代认为的"腐草化为萤"（即萤火虫是从腐草堆中产生的），腐肉生蛆等。这种说法隐含某种合理性，但不能把生化过程解释清楚。

化学起源说是被广大学者普遍接受的生命起源假说。这一假说认为，地球上的生命是在地球温度逐步下降以后，在极其漫长的时间内，由非生命物质经过极其复杂的化学过程，一步一步地演变而成的。最近流行的说法是，地球最初的生命来源于海底火山口，哪里创造了产生生命的环境。

此外，还有地外说，认为生命来源于宇宙，由陨石带来。

（九）进化论

无论生命如何起源，生命产生之后的历程可以用进化论（theory of evolution）进行说明。进化论自达尔文提出后，不断得到完善，成为解释生命起源和进化的重要理论。

但达尔文并不是最先提出进化观念的人。在达尔文之前，有一些学者已具有进化思想，包括他的祖父伊拉斯谟斯·达尔文。法国生物学家拉马克在 1809 年发表了《动物哲学》一书，系统地阐述了他的进化理论，即通常所称的拉马克学说。

1831 年 12 月达尔文参加海军舰艇小猎犬号前往南美洲从事自然调查研究工作，"物竞天择"的概念逐渐在达尔文五年的考察过程中形成。1859 年，达尔文发表了进化论的奠基之作——《物种起源》。

（十）化石

所谓化石是指保存在岩层中地质历史时期的古生物遗物和生活遗迹。

在漫长的地质年代里，地球上曾经生活过无数的生物，这些生物死亡后的遗体或是生活时遗留下来的痕迹，许多被当时的泥沙掩埋起来。在随后的岁月中，这些生物遗体中的有机物质分解殆尽，坚硬的部分如外壳、骨骼、枝叶等与包围在周围的沉积物一起经过石化变成了石头，但是它们原来的形态、结构（甚至一些细微的内部构造）依然保留着。同样，那些生物生活时留下来的痕迹也可以这样保留下来。我们把这些石化的生物遗体、遗迹就称为化石。

中国古籍中早已有关于化石的记载，如春秋时代的计然和三国时代的吴晋，都曾提到山西省产"龙骨"，"龙骨"即古代脊椎动物的骨骼和牙齿的化石。

六、地球的构造

（一）地壳

地壳是地球固体地表构造的最外圈层，整个地壳平均厚度约 17 千米，其中大陆地壳厚度较大，平均约为 33 千米。高山、高原地区地壳更厚，最高可达 70 千米；平原、盆地地壳相对较薄。大洋地壳则远比大陆地壳薄，厚度只有几千米。

上层化学成分以氧、硅、铝为主，平均化学组成与花岗岩相似，称为花岗岩层，亦有人称之为"硅铝层"。此层在海洋底部很薄，尤其是在大洋盆底地区，太平洋中部甚至缺失，是不连续圈层。

下层富含硅和镁，平均化学组成与玄武岩相似，称为玄武岩层，所以有人称之为"硅镁层"（另一种说法，整个地壳都是硅铝层，因为地壳下层的铝含量仍超过镁；而地幔上部的岩石部分镁含量极高，所以称为硅镁层）；在大陆和海洋均有分布，是连续

（二）地壳运动

地壳运动（crustalmovement）是由于地球内部原因引起的组成地球物质的机械运动。

地壳运动按方向可分为水平运动和垂直运动。水平运动指组成地壳的岩层，沿平行于地球表面方向的运动。也称造山运动或褶皱运动。该种运动常常可以形成巨大的褶皱山系，以及巨形凹陷、岛弧、海沟等。垂直运动，又称升降运动、造陆运动，它使岩层表现为隆起和相邻区的下降，可形成高原、断块山及凹陷、盆地和平原，还可引起海侵和海退，使海陆变迁。地壳运动控制着地球表面的海陆分布，影响各种地质作用的发生和发展，形成各种构造形态，改变岩层的原始状态，所以有人也把地壳运动称构造运动。

（三）地层

地质历史上某一时代形成的层状岩石称为地层，它主要包括沉积岩、火山沉积岩以及由它们经受一定变质的浅变质岩。从岩性上讲，地层包括各种沉积岩、火山岩和变质岩；从时代上讲，地层有老有新，具有时间的概念。地层是地壳中具一定层位的一层或一组岩石。地层可以是固结的岩石，也可以是没有固结的堆积物，包括沉积岩、火山岩和变质岩。在正常情况下，先形成的地层居下，后形成的地层居上。层与层之间的界面可以是明显的层面或沉积间断面，也可以是由于岩性、所含化石、矿物成分、化学成分、物理性质等的变化导致层面不十分明显。

（四）岩石圈

顾名思义，岩石圈是由岩石组成的，是地球上部相对于软流圈而言的坚硬的岩石圈层，包括地壳和上地幔顶部。

岩石圈的厚约 60~120 千米，为地震高波速带，由花岗质岩、玄武质岩和超基性岩组成。其下为地震波低速带、部分熔融层和厚度 100 千米的软流圈。对岩石圈的认识，分歧很大，有人认为岩石圈与地壳是同义词，而与下部软流圈即上地幔有区别，但岩石圈与上地幔系过渡关系而无明显界面；有人认为岩石圈至少应包括地壳和地幔上层。

岩石圈可分为 6 大板块：欧亚板块、太平洋板块、美洲板块、非洲板块、印度洋板块、南极洲板块。

（五）地幔

地壳下面是地球的中间层，叫作"地幔"，厚度约 2865 千米，主要由致密的造岩物质构成，这是地球内部体积最大、质量最大的一层。地幔又可分成上地幔和下地幔两层。上地幔顶部存在一个地震波传播速度减慢的层（古登堡低速层），一般又称为软流层，推测是由于放射性元素大量集中，蜕变放热，使岩石高温软化，并局部熔融造成的，很可能是岩浆的发源地。软流层以上的地幔是岩石圈的组成部分。下地幔温度、压力和密度均增大，物质呈可塑性固态。

科学家用实验方法推算出地幔与地核交界处的温度为 3500℃ 以上，外核与内核交界处温度为 6300℃，核心温度约 6600℃。地幔的组成除了少数由深源岩浆岩（玄武岩、富碱斑岩、金伯利岩等）的捕虏体获得外，因无法直接观察，只能以间接的方法研究。

（六）软流层

软流层又叫软流圈，位于上地幔上部岩石圈之下，深度在 80~400 千米之间，是一个基本上呈全球性分布的地内圈层。

软流层一般认为是岩浆的主要发源地。软流层的分布具有明显的区域性差异，总的规律是大洋之下位置较高（一般在 60 千米以下），大陆之下位置较深（深度在 120 千米以下）。软流层顶底界面不十分确定，与岩石圈之间无明显界面，具有逐渐过渡的特点。

（七）地核

地核：是地球的核心部分，主要由铁、镍元素组成，半径为 3480 千米。地核又分为外地核和内地核两部分。地核占地球总体积的 16%，地幔占 83%，而与人们关系最密切的地壳仅占 1%。

根据地震波的变化情况；推测地核也有外核、内核之别。内、外核的分界面，大约在 5155 千米处。因地震波的横波不能穿过外核，所以一般推测外核是由铁、镍、硅等物质构成的熔融态或近于液态的物质组成。液态外核会缓慢流动，故有人推测地球磁场的形成可能与它有关。由于纵波在内核存在，所以内核可能是固态的。

七、地质作用

（一）大陆漂移说

大陆漂移说认为，地球上所有大陆在中生代以前曾经是统一的巨大陆块，称之为泛大陆或联合古陆，中生代开始，泛大陆分裂并漂移，逐渐达到现在的位置。大陆漂移的动力机制与地球自转的两种分力有关：向西漂移的潮汐力和指向赤道的离极力。较轻硅铝质的大陆块漂浮在较重的黏性的硅镁层之上，由于潮汐力和离极力的作用使泛大陆破裂并与硅镁层分离，而向西、向赤道作大规模水平漂移。

19世纪末，奥地利地质学家修斯．E．注意到南半球各大陆上的岩层非常一致，有次推测它们之前应该是一体的，由于后来的地质作用才发生分离。1912年阿尔弗雷德·魏格纳正式提出了大陆漂移学说，并在1915年发表的《海陆的起源》一书中做了论证。20世纪50年代中期至60年代，随着古地磁与地震学、宇航观测的发展，使一度沉寂的大陆漂移说获得了新生，并为板块构造学的发展奠定了基础。

（二）板块构造说

19世纪末，奥地利地质学家修斯．E．注意到南半球各大陆上的岩层非常一致，因而将它们拟合成一个单一大陆，称之为冈瓦纳古陆。1912年阿尔弗雷德·魏格纳正式提出了大陆漂移学说，并在1915年发表的《海陆的起源》一书中做了论证。由于不能更好地解释漂移的机制问题，当时曾受到地球物理学家的反对。20世纪50年代中期至60年代，随着古地磁与地震学、宇航观测的发展，使一度沉寂的大陆漂移说获得了新生，并为板块构造学的发展奠定了基础。

（三）海底扩张说

20世纪60年代，两位英国海洋地质学家H．H．赫斯和R．S．迪茨提出了"海底扩张"的假说。据测定，在太平洋洋底，海岭两侧的地壳向外扩张的速度是每年5~7厘米，在大西洋是每年1~2厘米。大洋底部的地壳面貌大约需要经过两三亿年的变迁，才会发生一次更新式的巨大变化。海底扩张的学说是大陆漂移学说的新形式，也是板块构造学说的重要理论支柱。

海底扩张说认为：大洋岩石圈因密度较低，浮在塑形的软流圈之上，是可以漂移的。由于地幔温度不均匀而导致密度不均匀，结果在软流圈或整个地幔中引起对流。较热的地幔物质向上流动，较冷的则向下流动，形成环流。大洋中脊裂谷带是地幔物质上升的涌出口，不断上涌的地幔物质冷凝后形成新的洋底，并推动先形成的洋底逐渐向两侧对称地扩张。先形成的老洋底到达海沟处向下俯冲，潜没消减在地幔中，成为软流圈的一部分。因此，洋底始终处于不断产生与消亡的过程中，它永远是年轻的。

（四）地震

地震又称地动、地振动，是地壳快速释放能量过程中造成振动，期间会产生地震波的一种自然现象。地球上板块与板块之间相互挤压碰撞，造成板块边沿及板块内部产生错动和破裂是引起地震的主要原因。

地震开始发生的地点称为震源，震源正上方的地面称为震中。破坏性地震的地面振动最烈处称为极震区，极震区往往也就是震中所在的地区。地震常常造成严重人员伤亡，能引起火灾、水灾、有毒气体泄漏、细菌及放射性物质扩散，还可能造成海啸、滑坡、崩塌、地裂缝等次生灾害。

（五）地震带

地震带就是指地震集中分布的地带。地震带基本上在板块交界处。在地震带内震中密集，在带外地震的分布零散。

世界上的地震主要集中分布在三大地震带上：环太平洋地震带、欧亚地震带和海岭地震带。环太平洋地震带是地球上最主要的地震带，地球上约有80%的地震都发生在这里。

从世界范围看，地震活动带和火山活动带大体一致，主要集中在下列地壳强烈活动的地带。

（六）岩石

最常用的岩石分类方案就是：火成岩、沉积岩和变质岩。

火成岩，就是直接由岩浆形成的岩石，指由地球深处的岩浆侵入地壳内或喷出地表后冷凝而形成的岩石。又可分为侵入岩和喷出岩（火山岩）。

沉积岩，就是由沉积作用形成的岩石，指暴露在地壳表层的岩石在地球发展过程中遭受各种外力的破坏，破坏产物在原地或者经过搬运沉积下来，再经过复杂的成岩作用而形成的岩石。沉积岩的分类比较复杂，一般可按沉积物质分为母岩风化沉积、火山碎屑沉积和生物遗体沉积。

变质岩，就是经历过变质作用形成的岩石，指地壳中原有的岩石受构造运动、岩浆活动或地壳内热流变化等内应力影响，使其矿物成分、结构构造发生不同程度的变化而形成的岩石。又可分为正变质岩和副变质岩。

三大类岩石是可以通过各种成岩作用相互转化的，这也就形成了地壳物质的循环。

（七）宝石

宝石是岩石中最美丽而贵重的一类石。它们颜色鲜艳，质地晶莹，光泽灿烂，坚硬耐久，同时赋存稀少，是可以制作首饰等用途的天然矿物晶体，如钻石、水晶、祖母绿、红宝石、蓝宝石和金绿宝石（变石、猫眼）等；也有少数是天然单矿物集合体，如冰彩玉髓、欧泊。还有少数几种有机质材料，如琥珀、珍珠、珊瑚、煤精和象牙，也包括在广义的宝石之内。

玉石也有狭义和广义之分，狭义仅指硬玉（以缅甸翡翠为代表）和软玉（以和田玉为代表）；广义则包括许多种用于工艺美术雕琢的矿物和岩石。至于彩石，则是指大理石等颜色和质地较美观细腻而硬度较低、光泽不强但能符合加工工艺要求的低档工艺美术石材。

（八）变质作用

变质作用是指先已存在的岩石受物理条件和化学条件变化的影响，改变其结构、构造和矿物成分，成为一种新的岩石的转变过程。

变质作用绝大多数与地壳演化进程中地球内部的热流变化、构造应力或负荷压力等密切有关，少数是由陨石冲击月球和地球的表面岩石所产生。变质作用是在岩石基本上保持固体状态下进行的。地表的风化作用和其他外生作用引起岩石的变化，不属于变质作用。

（九）褶皱和断层

地壳运动是由地球内部力量变化引起的，它能使地壳上的岩层产生各种变形，形成不同的地质构造。如果构造运动使地壳中岩层发生弯曲变形（地质学上称为褶皱），但并未造成地层的不连续性，被称为褶皱运动；当岩层因地壳运动发生断裂，致使岩层断开而不连续了，则被称为断裂运动。褶皱就是大地脸上的"皱纹"，在地壳活动作用下，用力一挤就会出现。挤得程度太大了，岩层就会断开，形成断层。

第二章　海洋和陆地

一、四大洋

（一）四大洋的形成

关于四大洋的形成，有多种说法，目前最具有说服力的是板块构造学说。板块构造是从大陆漂移说、地幔对流说和海底扩张说基础上发展起来的关于全球构造运动的最新的学说。

两亿年以前，全球大陆曾经连在一起。到了中生代，由于地球自转赤道与两极的离心力差，漂浮在地幔之上的大陆地壳发生了不等速的漂移，从而分裂成了几块，逐渐形成了现在全球大陆和大洋的分布状况，即6大板块：太平洋板块、欧亚板块、非洲板块、印澳板块、美洲板块、南极洲板块。这些板块的运动形成了我们今天所见的四大洋，即：太平洋、印度洋、大西洋、北冰洋。

（二）四大洋的特点

地球上的四大洋有着各自的特点。

太平洋：是四大洋中最大、最深和岛屿、珊瑚礁最多的海洋，约有岛屿一万个，总面积占世界岛屿总面积的45％。海水地形可以分为中部深水区域、边缘浅水区域和大陆架三部分。大多数活火山和地震都集中在太平洋地区。有"太平洋火圈"之称。海洋资源丰富，海洋渔获量占世界的一半。矿产多石油、天然气、煤。

印度洋：岛屿众多，大部分是大陆岛。海水较深，有海沟，地形复杂。位于热带，气温普遍偏高。动植物种类繁多。海底石油资源最为丰富。世界石油最大的产区波斯湾就在这里。

大西洋：是世界第二大洋，有许多重要的属海和海湾，如：加勒比海、墨西哥湾。

大西洋的海底大陆棚面积大。岛屿与群岛众多，有大不列颠岛、爱尔兰岛等。海洋资源丰富，海底富含石油和天然气。

北冰洋：北冰洋被陆地包围，近于半封闭，海岸线曲折，有较宽的大陆架。北冰洋大陆棚发达，最宽达 1200 千米以上。气候寒冷，洋面大部分常年冰冻。在北极附近常可见极光。大陆架有丰富的石油和天然气。

（三）太平洋

是世界上最大的大洋，南起南极地区，北到北极，西至亚洲和澳洲，东界南、北美洲。太平洋约占地球面积的 1/3，南北长约 1.59 万千米，东西最大宽度约 1.99 万千米，面积 17968 万平方千米，占世界海洋总面积的 49.8%，占地球总面积的 35%。

太平洋可分为中部深水区域、边缘浅水区域和大陆架三大部分。大陆架面积约 938 万平方千米，主要分布在太平洋西部和西南部以及北部。西部大陆架最宽 750 千米，中国的黄海几乎全在大陆架上。太平洋地处热带和副热带地区，它的气候分布、地区差异主要是由于水面洋流及邻近大陆上空的大气环流影响而产生的，多为热带和副热带气候。太平洋约有岛屿一万多个，占世界海洋岛屿总面积的 45%，主要海盆有 4 个，西部岛弧外侧有超过一万米的 5 条海沟。全洋平均水温 4.7℃，平均盐度 34.58‰，是火山活动最频繁的地区。南北海域分成两大环流，两大环流之间为赤道逆流。太平洋在国际航运中占有重要的地位。太平洋大陆架蕴涵着丰富的石油和天然气。海底砂锡矿、金红石、钛、铁等储量也很丰富。

（四）印度洋

印度洋位于亚洲、非洲、南极洲和大洋洲大陆之间，面积 7492 万平方千米，约占世界海洋总面积的 1/5，是世界第三大洋。它平均深度 3897 米，仅次于太平洋，居第二位。印度洋最深处在阿米兰特群岛西侧的阿米兰特海沟，水深 9074 米。

印度洋大部分位于热带、亚热带范围内，南纬 40°以北的广大海域，全年平均气温为 8℃~15℃；赤道地带全年气温为 28℃，有的海域高达 30℃，比同纬度的太平洋和大西洋海域的气温高，故被称为"热带海洋"。印度洋气候具有明显的热带海洋性和季风性特征。洋底中部有"入"字形的中央海岭，高出洋底 1000~2000 米，大陆架面积小，主要岛屿为马达加斯加岛。主要海盆有中印度洋海盆、西澳海盆等。印度洋的自然资源相当丰富，矿产资源以石油和天然气为主，主要分布在波斯湾，印度洋的油气年产量约为世界海洋油气总产量的 40%。印度洋有重要的海运地位，东西分别经马六甲海峡和苏伊士运河通太平洋及大西洋。

(五) 大西洋

大西洋面积 9336.3 万平方千米，是世界第二大洋。它位于欧洲、非洲、美洲和南极洲之间，平均深度 3627 米，最深 9219 米。大西洋距今只有一亿年，是最年轻的大洋。

大西洋南北伸延，赤道横贯其中部，其明显的气候特征是南北对称和气候带齐全。同时受洋流、大气环流、海陆轮廓等因素影响，各海区间气候又有差别。平均盐度为35.9‰。大西洋岛屿众多，总面积达 107 万平方千米，一类是大陆岛，如：大不列颠岛、爱尔兰岛、纽芬兰岛等；一类是火山岛，如：亚速尔群岛。大西洋生物资源丰富，最主要的是鱼类，其捕获量约占大西洋中海洋生物捕获量的 90% 左右，渔获量居第二位。主要矿产资源有石油、天然气、煤、铁、重砂矿和锰结核等。大西洋两岸边缘的海盆中构成两个油气带，即东大西洋带和西大西洋带。另外，大西洋航运居世界之首，以西大西洋最为繁忙，几乎世界商船的 1/3 都在这条航线上航行。

(六) 北冰洋

北冰洋曾叫"大北洋"，面积 1478 万平方千米，是世界四大洋中面积最小的大洋，约相当于太平洋面积的 1/14，约占世界海洋总面积的 4.1%。北冰洋位于亚洲、欧洲和北美洲之间。平均深度约 1200 米，也是四大洋中最浅的一个。南森海盆最深处达 5449米，是北冰洋最深点。

北冰洋气候寒冷，常年千里冰封，气候寒劣。北极海区最冷月平均气温可达-20℃~-40℃，暖季也多在 8℃以下；年平均降水量仅 75~200 毫米，格陵兰海可达 500 毫米；寒季常有猛烈的暴风。在北极点附近，几乎每年从 10 月到来年 3 月这 6 个月是极昼，高空会出现光彩夺目的极光，一般呈带状、弧状、幕状或放射状。4—9 月这半年是极昼。北冰洋有丰富的石油和天然气，还有煤及有色金属。海洋生物相当丰富，以靠近陆地为最多，邻近大西洋边缘地区有范围辽阔的渔区和繁茂的绿藻。海洋里有白熊、海象、海豹；苔原中多皮毛贵重的北极狐、雪兔等。

二、海洋环境

(一) 海洋的形成

关于海洋的形成目前尚没有最后的答案，大多数科学家认为：大约在 50 亿年前，

从太阳星云中分离出一些大大小小的星云团块在运动过程中，互相碰撞，彼此结合逐渐成为原始的地球。原始的地球没有大气，没有海洋，是一个没有生命的世界。在地球形成后的最初几亿年里，由于地壳比较薄，地球的内部放射性元素的蜕变等原因，地球内部的岩溶浆不断上升喷出。大量的水蒸气、二氧化碳等气体也随岩浆一起喷出。这种气体上升到空中笼罩了地球，地球冷却后，这些水蒸气形成云层，产生降雨。经过很长时间的降雨，原始地壳低洼处汇集了巨大的水体，形成了原始的海洋。

原始的海洋，海水不是咸的，而是带酸性、又是缺氧的。海水不断地蒸发，反复地成云致雨，把陆地和海水岩石的盐分溶解，汇于海中，经过了亿万年的融合，形成了大体均匀的咸水。同时，大洋地壳不断地运动，逐渐形成了大陆架、海沟、海底火山和岛屿等海洋地貌。大约在 38 亿年前，在海洋里产生了有机物，先有低等的单细胞生物。在 6 亿年前的古生代，有了海藻类，在阳光下进行光合作用，产生了氧气，慢慢地才有了生物登陆。又经过不断地变化，逐渐形成了今天的海洋。

（二）海

海是海洋的边缘，是大洋的附属部分。海水透明度比较小，深度一般在 2000 ~ 3000 米以下，面积占海洋总面积的 11%。海水的温度受大陆的影响很大，具有明显的季节变化，一般情况下，由于夏季大陆温度比冬季高，所以夏季海水会变暖，冬季海水会变冷甚至结冰。海水在不断地蒸发，如果蒸发量比较大，其含盐度会很高，如果海水没有淡水注入，它的含盐量也会比较高；如果海水蒸发量小或者有很多的淡水注入，这种海水含盐度就比较低。海上一般不会自发产生潮汐，潮汐多从大洋传来。海流有自己的环流形式，季节变化很明显。地球上的海洋有 50 多个，太平洋中的海域数量最多，其次是大西洋，印度洋和北冰洋的海差不多。海又可以分为边缘海和内陆海。

（三）洋

洋指的是地球表面连续的广阔水体，又称为"大洋"或"世界大洋"。洋是海洋的中心部分，是海洋的主体。洋的透明度高，水中极少有杂质。大洋的水深，一般在3000 米以上，最深处可达 1 万多米。洋离陆地遥远，它不受陆地的影响，所以它的水文和盐度的变化不大。洋有稳定的物理化学性质、独立的潮汐系统和强大的洋流系统，洋底沉积物一般为钙质软泥、硅质软泥和红黏土等海相沉积。世界大洋的总面积很大，约占海洋面积的 89%。世界有四大洋，即太平洋、印度洋、大西洋、北冰洋。其中太平洋是世界上最深、最大、最古老的大洋。除北冰洋之外，其他三大洋在南半球连在一起。

（四）边缘海

边缘海又称"陆缘海"，它指的是位于大陆边缘，以半岛、岛屿或群岛与大洋分隔，仅以海峡或水道与大洋相连的海域。边缘海水流交换通畅，主要潮汐和海流直接来自大洋，水文特征受大陆影响，变化比大洋大。边缘海按其主轴方向分为纵边缘海和横边缘海。边缘海主轴方向平行于陆地的主断层线，被称为纵边缘海，如：白令海、鄂霍次克海、日本海等；边缘海的主轴线与断层线大体上直交，被称为横边缘海，如：北海等。位于澳大利亚东面的珊瑚海是世界上最大的边缘海，也是世界上最大的海，海域总面积约有 479 万平方千米。

（五）内陆海

内陆海又称"地中海"，是位于大陆的内海，仅通过一个或几个狭窄海峡与大洋或其他海相通的水域，如我国的渤海。里海是世界上最大的内陆海。内陆海水文特征受周围大陆影响比较显著。世界大洋的内陆海总面积占大洋面积的 8.8%。内陆海又可以分为陆间海和陆内海两种。陆间海又称陆间地中海，是位于几大大陆之间的海，如：欧洲的地中海、美洲的地中海、亚洲的地中海、北极的地中海等，陆间海总面积占大洋总面积的 8.2%；内陆海又称陆内地中海，是深入一个大陆的海，如哈得逊湾、红海、波罗的海、波斯湾等。陆内海总面积占大洋总面积的 0.6%。

（六）海岸

海岸是由地壳的运动形成的，指的是海洋和陆地相互接触和相互作用的地带，它是海岸线上边很狭窄的那一带陆地。它经常能遭受到海浪等的作用，即从波浪所能作用到的深度向陆地到暴风浪所能达到的地带。海岸的宽度一般从几十米到几十千米。海岸一般包括上部地带、中部地带和下部地带。上部地带，又称为陆上岸带，是过去因海水侵蚀作用而形成的阶地地形，一般风浪和潮汐都不会到达这里；潮间带，是由海滩和潮坪两部分组成的，这一带是海浪活动最积极的地带，当然作用也比较强烈；过去的海岸就是下部地带，又称水下岸坡带，如今已下沉到海水底下的地方，这里波浪、潮汐没有显著的作用。根据海岸的动态变化可分为堆积海岸和侵蚀海岸；根据地质构造可分为上升海岸和下降海岸；根据海岸组成物质的性质可分为基岩海岸、沙砾质海岸、淤泥质海岸、红树林海岸和珊瑚礁海岸。

在漫长的海岸带蕴藏着丰富的生物、矿产、能源、土地等自然资源。还有众多深邃的港湾，以及贯穿内陆的大小河流。它不仅是国防的前哨，又是海陆交通的枢纽。自古以来，海岸一直是人类经济活动频繁的地带。这里遍布着工业城市和海港。海岸还具有奇特的、引人入胜的地貌特征，可以辟为旅游胜地。

（七）海岸线

海岸线指的是海水面与陆地的分界线。世界海岸线长约 44 万千米，中国海岸线长 1.8 万多千米，岛屿海岸线长 1.4 万多千米。

海岸线会随着潮水的涨落而变动位置。一般指海边在多年的大潮时，高潮时所到达的线。海岸线并不是固定不变的，而是不断变动的。海水昼夜不停地反复涨落，海平面与陆地交接线也在不停地升降改变。如果每时每刻海水与陆地的交接线都能留下鲜明的颜色，那么一昼夜间的海岸线痕迹是具有一定宽度的一个沿海岸延伸的条带。气候的急剧变化，引起了世界洋面水位的升降，是造成大范围海岸线变动的原因。地壳的升降运动也是造成局部地区海岸线变化的原因。如果沿海的某一地区处于地壳隆起带，海岸线就会向内陆退缩；反之，海岸线向海中伸展。海岸线的变动还有其他因素，比如特大的潮灾、地震、海啸，这些自然灾害可以在瞬间破坏海塘，毁坏海岸，造成海岸线的突变。

（八）海洋的最深点

每个海洋都有其最深点，主要海洋的最深点为：

太平洋：11033 米

大西洋：8605 米

加勒比海：7680 米

印度洋：7455 米

墨西哥湾：5203 米

南海：5567 米

地中海：5121 米

北冰洋：5527 米

白令海：4773 米

（九）世界著名海港

上海港（中国）：它是中国沿海最大的港口和运输枢纽，也是国际贸易上最著名的港口之一。

香港（中国）：是当今世界上最优良的三大海港之一，是仅次于纽约、伦敦的国际金融中心。

大连港（中国）：大连为辽宁省辖市，是东北地区最大的海港和对外开放的门户。

符拉迪沃斯托克港（俄罗斯）：符拉迪沃斯托克是俄罗斯滨海边疆首府，是俄罗斯太平洋沿岸著名港城。

新加坡港（新加坡）：是太平洋与印度洋之间的航运要道马六甲海峡的东口。

横滨港（日本）：仅次于东京、大阪，是日本的第三大城市。

神户港（日本）：位于日本本州岛西南部，大阪湾北岸。

名古屋港（日本）：是仅次于东京、大阪、横滨的日本第四大城市，第三大贸易港。

纽约港（美国）：是美国第一大城市和最大海港，也是美国最大的金融、商业、贸易和文化中心。

洛杉矶港（美国）：是美国仅次于纽约和芝加哥的第三大城市，西部海岸的最大商港。

圣弗朗西斯科港（美国）：圣弗朗西斯科是美国太平洋沿岸仅次于洛杉矶的第二大港市。华人称旧金山。

温哥华港（加拿大）：温哥华是加拿大第三大城市，也是加拿大最大的海港。

悉尼港（澳大利亚）：悉尼是澳大利亚最大的城市和重要港口，新南威尔士州首府。

奥克兰港（新西兰）：奥克兰是新西兰最大的城市和港口。

巴拿马港（巴拿马）：位于中美地峡东南部，南濒太平洋，北临加勒比海。巴拿马城是巴拿马共和国首都和重要海港。

孟买港（印度）：是印度最大海港和第二大工商业城市，马哈拉施特拉邦首府。

里斯本港（葡萄牙）：里斯本是葡萄牙首都，全国最大城市和海港，经济、文化中心。

（十）海浪

海浪是由海风作用下海水往复运动的现象。这种运动能产生巨大的能量。海浪周期一般为0.5~25秒，海浪主要有风浪、涌浪和近岸浪三种。风浪是在风的直接作用下生成的，通常风力达到5级时，海面上就会出现风浪，波面比较陡。当风停止后，风浪可以离开风吹刮的区域继续向外传播，这时的浪称为涌浪。风浪和涌浪传至岸边时几乎成为一条直线，这种浪称为近岸浪。海浪在水平方向上可以传播近万里。在太平

洋北部的阿拉斯加海岸，可以观测到1万多千米外南极风暴区传来的海浪。海浪一般高达6米以上，最高的可达35米，其冲击力每平方米可达30~40吨，能将重达10多吨的巨石抛到空中，是一种严重的海洋灾害。海浪对人类的危害主要表现为冲击摧毁沿海的堤岸、海塘、码头和各类建筑物，吞没船只、人畜和水产养殖品，给沿岸地区的人类造成了很大的损失。

（十一）海浪是如何冲上海岸的

我们会看到大海上有一道道的海浪冲向岸边。当一道波浪向岸边冲过去时，水粒子就会做环形运动，它们上升时就会成为浪尖，下沉时便成为浪谷，一浪推一浪，不停地向前运动。在海岸附近，由于受到海岸的阻力，海水的这种运动周期性就会减弱，海浪减速以后，浪尖形成卷曲的形状，并且冲上海岸。这就是我们在海岸看到的一朵朵浪花。

（十二）潮汐周期

我们在海岸可以见到一般潮的涨落为12.4小时的周期，而最大潮和最小潮的潮期大约为半月（14.8日）。与此相对应的生物活动周期称为潮汐周期。一般潮汐可分为全日周潮、半日周潮和混合潮。全日周潮：在一个太阴日，即大约24小时50分钟内发生一次高潮和一次低潮的现象；半日周潮：发生两次高潮和两次低潮的现象；混合潮：在半日周潮海区中，如两次高潮和低潮的潮位、涨落潮的时间不相同，并且半月中有数天出现全日周潮的现象。其中混合潮又可分为不正规日周潮和不正规半日周潮。

（十三）海啸

海啸是海浪中破坏性最大的波浪。它是由海底地震、火山爆发或水下塌陷和滑坡所激起的巨浪。是一种频率介于潮波和涌浪之间的重力长波，其波长为几十到几百千米，周期为2~200分钟。海啸震源的水面最初升高的幅度在一两米之间。地震发生时，海底低层发生断裂，部分地层出现猛烈上升或下沉，由此造成从海底到海面的整个水层发生剧烈的"抖动"，这种抖动是从海底到海面的水面波动，蕴涵着惊人的能量，这就是海啸。但破坏性的海啸在地震构造运动出现断层，震源深度小于50千米，震级大于6.5时才发生。世界上的海啸大都发生在太平洋地区，海啸可以传播几千米而能量损失很小，所以会对沿海地区的人类造成巨大的危害。

（十四）海啸预警系统

半个多世纪以来，科学家们致力于研究海啸发生的规律，尤其是地震引发的海啸，他们希望能够准确预报，防患于未然。在夏威夷群岛发生海啸后的第三年（1948年），美国在檀香山设立了海啸预警中心。后来一些国家先后加入，如：澳大利亚、新西兰，以及法国和俄罗斯等。海啸预警系统一般是把参与国家的地震监测网络的各种地震信息全部汇总，输入计算机进行分析，并设计成电脑模式，来判断出哪些地方会发生海啸以及海啸的规模和破坏性。比如：太平洋内的任何海域发生6级以上地震时，海啸预警系统就会自动报警，它能找出震中所在地，确定其震级，并对震中附近水位波动情况进行观测若经过分析后可能发生海啸，该报警中心会立即通知相关国家或地区。

（十五）海洋的深度、颜色、味道

我们知道地球上有70%的区域是被水覆盖的。全球海水的平均深度有3800米，马里亚纳海沟是世界海洋范围内最深的地方，苏联用声波反射测得海沟的深度为11034米。假如把地球上的所有山脉全部削平均匀地铺在地球上，覆盖球面的海水会达到2500米深。海洋的颜色是蔚蓝的，这是由于海水分子和悬浮颗粒对光的吸收、反射和散射形成的。太阳光中的红、橙、黄光穿透能力比较强，容易被水分子吸收，蓝、紫光穿透能力比较弱，遇到纯净海水时，最容易被反射。由于人的眼睛对蓝光最敏感，所以人们看到的大海是一片蔚蓝。海水的味道是咸的，海水中的盐类物质主要是由流入海中的河水带来的。水在流动过程中，经过各种土壤和岩层，并经过分解产生各种盐类物质被带入大海。海水不断蒸发，经过了亿万年，盐的浓度越来越高。其中有90%左右是氯化钠，即我们所说的食盐。

三、主要大洲

（一）亚洲

亚洲的全称是"亚细亚洲"，意思是"太阳升起的地方"。它位于东半球的东北部，东临太平洋，南临印度洋，北濒北冰洋，西靠大西洋的属海地中海和黑海，是世界上最大的洲。亚洲面积4400万平方千米（包括附近岛屿），约占世界陆地总面积

的 29.4%。

亚洲分为东亚、东南亚、南亚、西亚、中亚和北亚。亚洲人口约占世界总人口的 66%，黄种人是亚洲最多的人，约占全洲人口的 3/5 以上，其次是白种人，有很少的黑种人。亚洲还是佛教、伊斯兰教和基督教三大宗教的发源地。亚洲大陆地跨寒、温、热三个气候带，气候类型复杂多样，主要特征是季风气候显著，影响范围广，温带大陆性气候分布广。亚洲自然资源和矿产种类繁多，有丰富的石油、铁、锡，储量都居各洲首位；森林总面积约占世界可开发森林总面积的 13%；可开发水力资源年可发电量达 26000 亿千瓦时，占世界可开发水力资源量的 27%；沿海渔场面积约占世界沿海渔场总面积的 40%。

（二）非洲

非洲的全称是"阿非利加洲"。希腊里"阿非利加"是阳光灼热的意思。因为赤道横穿非洲的中部，非洲大部分土地受到太阳的垂直照射，年平均气温为 20℃以上，热带占全洲的 95%，有些地区终年炎热。非洲位于东半球的西南部，地跨赤道南北，东濒印度洋，西临大西洋，东北以红海和苏伊士运河为界与亚洲相邻，北隔地中海和直布罗陀海峡与欧洲相望，西北部的部分地区伸入西半球。

非洲占地面积约 3020 万平方千米（包括附近岛屿），约占世界陆地总面积的 20.2%，仅次于亚洲，是世界第二大洲。截至 2021 年 1 月，非洲人口约 12.86 亿。世界人口 75.85 亿，仅次于亚洲，居世界第二位。非洲人口以年均 2.3% 的速度增长，远高于亚洲的 1%，其中撒哈拉以南非洲人口增长率又高于北非。贫困人口众多，到 2050 年预计将达 20 亿。其中大部分居民是黑种人，约占总人口的 2/3，其余为白种人和黄种人。非洲目前有 56 个国家和地区，分为北非、东非、西非、中非、南非 5 个地区。黄金、金刚石、铁、锰、磷灰石、铝土矿、铜、铀、锡、石油等的产量都在世界上占有重要地位。非洲的尼罗河全长 6671 千米，是世界最长的河流。

（三）欧洲

欧洲的全称是"欧罗巴洲"。"欧罗巴"意思是"日落的地方"或"西方的土地"。欧洲西临大西洋，北靠北冰洋，南隔地中海和直布罗陀海峡与非洲大陆相望，东与亚洲大陆连成一块，占地面积为 1016 万平方千米。

欧洲中西欧大部分是发达国家，是世界上平均生活水平最高的洲。整个欧洲地势的平均高度为 340 米，以平原为主，南部耸立着一系列山脉，即有名的阿尔卑斯山系，海拔 4807 米的勃朗峰在法国境内，是西欧第一高峰。欧洲的河网稠密，水量丰沛。最长的河流是伏尔加河，长 3690 千米，其次是多瑙河，全长 2850 千米，是世界上流经国家最多的河。欧洲多岛屿和半岛，海岸线长 3.8 万千米，是世界上海岸线最曲折的洲。欧洲拥有人口约 7.4 亿人（2014 年），约占世界总人口的 12.5%，是地球上人口密度最大的一个洲。欧洲 99% 的居民都是白种人，他们多信奉基督教，还有少数伊斯兰教徒。欧洲分为南欧、西欧、中欧、北欧和东欧 5 个地区。欧洲的矿物资源以煤、石油、铁比较丰富。

（四）北美洲

北美洲的全称是"北亚美利加洲"，位于西半球北部，东濒大西洋，西临太平洋，北濒北冰洋，南以巴拿马大运河为界与南美洲相分。北美洲占地面积 2422.8 万平方千米（包括附近岛屿），约占世界陆地总面积的 16.2%，是世界第三大洲。

北美洲总人口为 5.2872 亿人（2008 年），约占世界总人口的 8%。大部分居民是欧洲移民的后裔，其中以盎格鲁—萨克逊人最多，其次是印第安人，黑人。通用英语、西班牙语，其次是法语、荷兰语、印地安语等。居民主要信奉基督教和天主教。全洲人口分布很不均衡，绝大部分分布在东南部地区，其中以纽约附近和伊利湖周围人口密度最大，每平方千米在 200 人以上；而面积广大的北部地区和美国西部内陆地区人口稀少，每平方千米不到 1 人。北美洲有 23 个独立国家和十几个地区。分为东部地区、中部地区、西部地区、阿拉斯加、加拿大北极群岛、格陵兰岛、墨西哥、中美洲和西印度群岛 9 个地区。1776 年美国独立，19 世纪许多国家相继独立。北美洲有世界上最大的淡水湖群——五大湖。格陵兰岛为世界最大岛。大部分属于温带和亚热带气候。北美洲主要矿物是石油、天然气、煤炭、铁、铜、镍、铀、铅、锌等。森林面积约占全洲面积的 30%，约占世界森林总面积的 18%。

（五）南美洲

南美洲的全称是"南亚美利加洲"。它位于西半球的南部，东濒大西洋，西临太平洋，北濒加勒比海，南隔德雷克海峡与南极洲相望。一般以巴拿马运河为界与北美洲分开。

南美洲占地面积 1784 万平方千米，人口 4.34189442 亿人（2019 年），约占世界总人口的 5.6%。人口分布不平衡，西北部和东部沿海一带人口稠密，集中在少数大城市。广大的亚马孙平原是世界人口密度最小的地区之一，每平方千米不到 1 人。南美洲主要为印欧混血种人、白种人、印第安人、黑种人。印第安人用印第安语，巴西的官方语言为葡萄牙语，法属圭亚那官方语言为法语，圭亚那官方语言为英语，苏里南官方语言为荷兰语，其他国家均以西班牙语为官方语言。居民绝大多数信天主教，少数信基督教。南美洲大部分地区属热带雨林和热带草原气候。气候特点是温暖湿润，以热带为主，大陆性不显著。南美洲包括 13 个国家（哥伦比亚、委内瑞拉、圭亚那、苏里南、厄瓜多尔、秘鲁、巴西、玻利维亚、智利、巴拉圭、乌拉圭、阿根廷）和地区（法属圭亚那）。矿产资源储量丰富。委内瑞拉石油储量、巴西的铁矿储量居世界前列；天然气主要分布在委内瑞拉和阿根廷；煤主要分布在哥伦比亚和巴西；铝土矿主要分布在苏里南；智利铜的储量居世界第二位，秘鲁居第四位；铋、锑、银、硝石、铍和硫磺储量均居各洲前列；锡、锰、汞、铂、锂、铀、钒、锆、钛、金刚石等矿物也很丰富。哥伦比亚绿宝石的储量是世界最多的。

（六）大洋洲

大洋洲位于太平洋西南部和南部的岛屿和大陆，介于亚洲、南北美洲和南极洲之间，西邻印度洋，东临太平洋。大洋洲占地总面积约 897 万平方千米，约为地球陆地总面积的 6%，是世界上最小的一个洲。广义的大洋洲还包括太平洋东南部的全部岛屿。

大洋洲有 14 个独立国家，其余十几个地区尚在美、英、法等国的管辖之下。它在地理上划分为澳大利亚、新西兰、新几内亚、美拉尼西亚、密克罗尼西亚和波利尼西亚 6 区。大洋洲居民约占世界总人口的 0.5%，绝大部分居民使用英语。除南极洲外，大洋洲是世界上人口最少的一个洲。居民多信奉基督教，少数信天主教，印度人多信印度教。大洋洲大部分地区处在南、北回归线之间，绝大部分地区属热带和亚热带，除澳大利亚的内陆地区属大陆性气候外，其余地区均属海洋性气候。大洋洲多火山，夏威夷岛的冒纳罗亚火山海拔 4170 米，是大洋洲最高的活火山。矿物质以镍、铝土矿、金、铬、磷酸盐、铁、银、铅、锌、煤、石油、天然气、铀、钛和鸟粪石等较为丰富。镍储量约 4600 万吨，居各洲前列；铝土矿储量 46.2 亿吨，居各洲第二位。

（七）南极洲

南极洲，也叫"第七大陆"，是人类最后到达的大陆。它位于地球的最南端，由围绕南极的大陆、陆缘冰和岛屿组成，四周濒临太平洋、印度洋和大西洋，平均海拔 2350 米，内陆高原达 3700 米，是世界上地理纬度最高的洲，也是跨经度最多的一个大洲。

南极洲占地总面积约 1424.5 万平方千米，约占世界陆地总面积的 9.4%，是世界第五大洲。南极洲分东南极洲和西南极洲两部分。东南极洲从西经 30° 向东延伸到东经

170°，面积1018万平方千米。西南极洲位于西经50°～160°之间，面积229万平方千米。南极洲无定居居民，仅有一些来自其他大陆的科学考察人员和捕鲸队。南极洲的气候异常寒冷、风大和干燥。全洲年平均气温为−25℃，内陆高原平均气温为−56℃左右，极端最低气温曾达−89.8℃，南极洲几乎没有任何草木，是世界最冷的陆地。那里仅有的生物就是一些简单的植物和一两种昆虫。但是，海洋里却充满了生机。南极洲蕴藏的矿物有220余种，主要有煤、石油、天然气、铂、铁、锰、铜、镍、钴、铬、铅、锡、锌、金、银、石墨、金刚石等。

（八）北极地区

北极地区又称"北极地方"，是一片被浮洋覆盖的海洋——北冰洋，其包括亚洲、欧洲和北美洲大陆北部沿岸和岛屿。它陆地面积约为800万平方千米，总面积达2100万平方千米，约占地球总面积的1/25。北极海区最冷月平均气温可达−40℃～−20℃，暖季也多在8℃以下。气候严寒，多暴风雪。陆上冻土遍布，冬有极夜，夏有极昼。这里的植被主要为苔藓、地衣。动物主要有白熊、北极狐、驯鹿。北极地区约有人口700万，主要是因纽特人，以狩猎和捕鱼为生。北极地区蕴藏着丰富的石油、天然气、煤、金、铜、铅、锌等矿物和渔业资源。

四、地貌

（一）地貌成因与地貌类型

地貌成因

陆地上大型的山系、高原、盆地、平原，以及大洋中脊、洋盆、海沟、大陆架、大陆坡等地貌的形成无一不受构造运动的影响。构造运动造就了地球表面的巨大起伏。比如陆地，大型的平原、盆地、高原与地块的整体升降运动有关；大型的山脉与山系或地壳褶皱带有关。

地貌形成的原因很多，有气候、岩性、生物等自然原因，也有人为原因。

高纬和高山寒冷气候条件下，冰川边缘作用使山地形成角峰、刀脊、冰斗、U形谷、冰川三角面等冰川地貌，以及冰核丘、石河、石带、石海、石环等冰缘地貌。温暖潮湿气候条件下，各种流水地貌在流水的作用下发育而成，如平原、缓丘、穹状或钟状基岩岛山。干旱气候条件下，风和间歇性洪流促使风蚀残丘、风蚀洼地、沙丘、沙垄、洪积扇、洪积平原等地貌形成。

各种岩石因成分、硬度、性质等不同，对外界作用力的抵抗能力不同，因而形成不同的地貌。坚硬和胶结良好的岩石往往会形成山岭和峭壁；松软的岩石往往会形成陡崖和石柱；碳酸盐岩石在湿热气候条件下容易发育成喀斯特地貌。

生物作用常使岩石发生机械风化和化学风化，进而影响地貌发育。植物根系的生长、穴居动物挖洞等行为可导致岩石机械风化。而生物特别是微生物新陈代谢和遗体分解过程中的有机酸可促使岩石化学风化。此外，生物的遗体可形成生物岩。

人类对地貌发育的影响主要有两种：一种是通过改变地面植被、水流等地貌发育条件来加速或延缓某种地貌的形成；另一种是通过修建梯田、挖掘矿石、建筑水库等方式来直接改变地貌。

山地

山地是地球表面高度较大、坡度较陡，蜿蜒曲折、巍峨奇特的高地的统称。山地一般有这样一些特点：绝对高度和相对高度都比较大、顶部高耸、坡度陡峭、沟谷比较深、岭谷连绵起伏。它通常位于地质结构比较复杂、构造运动和外力剥蚀作用比较活跃的地区。

山地是大陆最基本的地形之一，因此分布十分广泛。世界上山地分布最广的地区是欧亚大陆和南北美洲大陆。我国的山地大多分布在西部地区。

山地中的山一般都由山顶、山坡和山麓三个部分组成，它们的海拔一般在 500 米以上，以较小的高度区别于高原，以较大的高度区别于丘陵。山地按照成因可分为构造山、堆积山和侵蚀山；按照高度又可分为小起伏山地（小于 500 米）、中起伏山地（500~1000 米）和大起伏山地（1000~2500 米），以及极大起伏山地（大于 2500 米）；按照海拔高度可分为低山（小于 1000 米）、中山（1000~3500 米）、高山（3500~5000米）和极高山（大于 5000 米）；按照山的成因可分为断层山、褶皱山、火山、侵蚀山等。通常情况下，将沿一定的构造线延伸的岭谷相间的山体称为山脉，将按一定方向延伸的、有成因联系的一组山脉称为山系。

高原

高原指的是海拔一般在 1000 米以上，面积广大、地形开阔，周围有陡峭的坡地为界限，相对完整的大面积隆起的地区。高原的主要特征是海拔较高，完整地大面积隆起，广阔而平坦。高原以较大的高度区别于平原，以较大的平缓地面和较小的起伏区别于山地。

高原也是大陆最基本的地形之一，它在世界上也有着广泛的分布。我国的高原总面积约占总面积的 26%，我国著名高原有青藏高原、黄土高原、云贵高原等。每座高原上都有独特而迷人的景观。我国的青藏高原平均海拔约在 4000～5000 米左右，有"世界屋脊"之称。

高原按组成岩石的性质不同可分为黄土高原、岩溶高原等；按照分布状况可分为山间高原、大陆高原、海底高原和山麓高原。山间高原一般都是和它周围的山脉同时形成的，部分或者是全部被山脉包围着，著名的山间高原有青藏高原。山麓高原是指介于山脉和平原之间的高原，著名的高原有巴塔哥尼亚高原。大陆高原指的是从低地或者是海边陡然升起的高原，如南非的一些高原。海底高原又叫作海台，它是顶面平坦而宽阔的海底高地，一般相对于临近低地高差在 1000 米以上。

丘陵

丘陵指的是地球表面一般高度在 500 米以下，相对高度不超过 200 米的坡度缓和、起伏不大、顶部呈浑圆状态的连续分布的圆丘状地貌。丘陵有这样的一些特征：相对高度较小，坡度较缓，切割破碎，散布。

在地貌的演化过程中，丘陵属于山地向平原过渡阶段的中间地貌形态。从构造上看，丘陵一般都处于地壳抬升比较缓慢的地区。

丘陵按照高度可以分为两种类型：200 米以上的为高丘陵；200 米以下的为低丘陵。按坡度的陡峭程度可分为：坡度大于 25°的为陡丘陵；小于 25°的为缓丘陵。按照岩石的组成可分为花岗岩丘陵、火山岩丘陵、各种沉积岩丘陵，如黄土丘陵、红土丘陵等。按成因又可分为构造丘陵、火山丘陵、风成沙丘丘陵、荒漠丘陵、冻土丘陵、岩溶丘陵和剥蚀－夷平丘陵等。按照分布位置可以分为山间丘陵、山前丘陵、海洋丘陵、平原丘陵等。

平原

平原指的是海拔高度较低的平坦而开阔的地面，它的海拔一般约在 200 米以下，地表有时呈平缓起伏的状态。平原介于丘陵和高原之间，它以较小的高差区别于高原，以较小的起伏区别于丘陵。

平原可以根据它的组成和动力作用不同而分成不同的类型和级别。我们可以按它的成因分为堆积平原、侵蚀平原、构造平原等。

由堆积作用形成的平原称为堆积平原，堆积平原一般表面平坦、上面覆盖着松散的堆积物。堆积平原根据外部的动力作用还可以分为冲积平原、洪积平原、冲积－洪积平原、风积平原、冰碛平原、冻土平原、海积平原、冲积－海积平原等等。在堆积平原类型中分布最广的是冲积平原。

侵蚀平原是在各种不同外力作用下侵蚀而形成的平原。侵蚀平原一般面积都比较小，而且它的分布还具有一定的地域性，如各种石质平原和岩溶平原。

构造平原一般是由于平原所在地的底层倾角平缓，岩石的性质一致，外力的侵蚀作用微弱而形成的平原，这样的平原最典型的特点就是在形成的时候，受外力作用比较小。

盆地

盆地指的是四周隆起、中间凹成盆状的地貌。地球上盆地的面积有大有小，一些比较小的盆地面积只有几平方米或者是几十平方米，如山间盆地；而一些较大的盆地则可以达到几十万平方千米，如我国的塔里木盆地，它比我国东部的一个省还要大。有的盆地海拔在几千米左右，而有些盆地可能在海平面以下。一般情况下，盆地中常有水、湖泊或者是很厚的沉积物。

按盆地的地理位置，可以分为内陆盆地、深海盆地和大陆边缘弧盆。盆地按形成原因还可以分为构造盆地和外力侵蚀盆地。按平面形态还可以分成圆形、椭圆形和矩形盆地。还可以按照盆地的敞口或封闭形态分为山间盆地、外流盆地和内流盆地。

山间盆地在山区中比较常见，它的面积一般比较小，通常只有几平方米或者是几十平方米，尽管山间盆地的面积不大，但它通常是山区经济最发达的地方，这和盆地中平坦的地表和丰富的水源有关。有些盆地并不是一个完整的盆状体，而是周围留有缺口，并有河流从中间穿过，这样的盆地被人们称作是外流盆地。外流盆地的水源一般比较充足，地势平坦，土壤肥沃，比较适合人们生产生活。有些盆地周围的地势比较高，河流只能进入盆地而不能流出，这样的盆地被称作是内流盆地。内流盆地一般都处于大陆内部地区，矿产比较丰富，但干旱少雨。

岛屿

我们通常将散布在海洋、湖泊和河流中的四面环水、自然形成的陆地叫作岛屿。将彼此相距比较近的一组岛屿称为群岛。

岛屿的面积大小相差悬殊，小的不到 1 平方千米，大的可达几百万平方千米。通常情况下，将较大的岛屿称为"岛"，特别小的岛屿称为"屿"。地球上的岛屿特别多，足有几万个，总面积约有 970 万平方千米。世界上最大的岛屿是格陵兰岛，总面积达 217.56 万平方千米；最大的群岛是马来群岛，岛屿数量在两万个以上。

岛屿的成因最主要的有三种：一，因地壳运动而引起陆地下沉或者是海面上升，最终部分陆地与大陆分离，形成岛屿；二，海底火山喷发出来的物质堆积成岛，或者是珊瑚礁形成岛屿；三，由河流或者是湖泊中的泥沙堆积而形成岛屿。

岛屿按照成因可以分为大陆岛、火山岛、珊瑚岛和冲积岛四大类。大陆岛是由地壳运动使得部分陆地与大陆分离而形成的。火山岛是由海底火山喷发，岩浆堆积而形成的，主要分布在太平洋的西南部、印度洋的西部、大西洋的中部地区。珊瑚岛是由浅海区的珊瑚遗体堆积而形成的，一般位于南北纬20°之间。冲积岛是由河流泥沙堆积而形成的，一般位于河流的入海口处。

半岛

仔细阅读世界地图，我们通常会发现各个大陆边缘总有一些伸入到海洋之中的陆地，它们形态各异，不尽相同，比较著名的如亚平宁半岛、印度半岛等等。这些伸入到海洋或者是湖泊之中的、三面临水一面与陆地相连的陆地统称为半岛。

一些大的岛屿主要是地层断陷形成的。此外，有些地区由于沿岸的泥沙流携带着大量的泥沙由陆地向岛屿堆积，或者是岛屿受海浪的冲击侵蚀，使得一些碎屑物质由岛屿向陆地堆积，最终使得岛屿与陆地相连，形成了陆连岛。一般的半岛都是在多种因素共同作用下形成的。

世界上有许多非常著名的半岛，如美国的佛罗里达半岛、非洲大陆东部的索马里半岛。世界上最长的半岛是加利福尼亚半岛，最大的半岛是阿拉伯半岛（面积约为322万平方千米）。亚洲的印度半岛和中南半岛是世界上的第二和第三大半岛。

海峡

海峡和海湾一样，也是海洋的一部分，它介于两块大陆或者是大陆与沿岸的岛屿之间，就像一座天然的水上桥梁一样，将两片比较宽阔的海域连接在一起，通常被人们称为"海上通道""黄金水道"等。

海峡是地壳运动的产物。地壳运动的时候，临近海洋的陆地地壳发生断裂，随后开始下沉，最终凹陷为深沟，被海水淹没，把整块大陆或者大陆与其临近的海岛，或者是相邻的两块大陆分割开来，形成了海峡。由于海峡是大陆地壳发生断裂，受海水侵蚀形成的，因此，侵蚀的时间越久，海峡的深度就越大。一般通过海峡的水流都比较急，有些地区的潮流作用十分强烈。当潮流流经狭窄的海峡时，携带沙砾的潮流流速加快，强烈地冲击海峡两岸。当潮流到达开阔的海域以后，流速开始减慢，携带的沙砾就会呈扇形堆积在海底，形成潮流三角洲。

世界上有许多著名的海峡，相对比较重要的约有三四十个，其中马六甲海峡、直布罗陀海峡、霍尔木兹海峡、台湾海峡等尤为重要。这些海峡不仅仅是重要的海上交通要道，而且还具有重要的经济和军事意义。为了进一步沟通各大洋之间的联系，人们还开凿了一些著名的人工海峡，如苏伊士和巴拿马运河。这些人工海峡为海上航行带来了极大的便利，同时也为世界各国的友好往来提供了有利的条件。

海湾

海湾是一片三面环陆、一面为海的海洋，形状有 U 形、圆弧形等。海湾与海洋的分界线一般是湾口附近两个对应海角的连线。

海湾的成因如下：

①大多数海湾都是海平面上升的结果。当海平面上升时，海水进入陆地，海岸线变曲折，凹进陆地的部分就是海湾。

②有的海岸带的岩石硬度较小，在不断遭受海水侵蚀时，逐渐向陆地凹进，逐渐形成了海湾。其中比较坚硬的部分就形成了岬角。

③海岸泥沙纵向运动的沉积物形成沙嘴时，可导致海岸带一侧被遮挡形成呈凹形的海湾。

④地壳的挠曲、褶皱和断层也可形成一些海湾。

世界十大海湾是：墨西哥湾、孟加拉湾、几内亚湾、阿拉斯加湾、哈得孙湾、卡奔塔利亚湾、巴芬湾、大澳大利亚湾、波斯湾、泰国湾。

（二）风化作用与块体运动

风化作用的类型

风化作用包括物理风化和化学风化。物理风化是岩石由整体破裂为碎屑，物理性质发生显著变化，如裂缝、孔隙增加，但化学性质没变的过程，又称为机械分化或崩解。岩石在受到负荷和巨大压力时，裂隙和节理会扩大，温度的昼夜变化会使岩石热胀冷缩，岩石表面的干湿变化会造成岩石胀裂、劈裂，植物根系的生长会对岩石造成挤压和穿透，动物挖掘洞穴也会对岩石表面造成机械破坏。

化学风化是岩石在大气、水或生物作用下发生分解，使岩石的化学成分发生变化，并组成性质不同的新物质。岩石在由地下上升到地表后，其中的矿物成分不再具有稳定性，而是沿裂缝、节理发生水化、水解、溶解和氧化作用。水化作用是岩石矿物吸收水分后转变为含水矿物，体积膨胀、硬度降低，抵抗能力下降，并对周围岩石产生压力。水解作用是矿物遇水发生水解的过程。溶解作用是岩石无机矿物不同程度溶解于水的过程。氧化作用是矿物被大气游离、水体溶解氧氧化，形成高价化合物的过程。

风化壳

经风化作用形成的残留矿物、次生矿物、可溶性物质统称为风化产物。经风化、剥蚀后依然残留原地覆盖在母岩表面的风化产物，称为风化壳。风化壳的形成条件：

一是有高温多雨、岩石多节理、构造破裂显著等有利于风化作用持续进行的气候、岩性和构造条件；二是有地貌较稳定、植被覆盖率高、地下水流动较高等有利于风化产物残留原地的地貌、植被、水文条件。

风化壳的基本特征是：风化壳空间分布上呈不连续性，厚度差异也很大，有的可厚达 100~200 米，有的还不到 1 米；组成物质主要是黏土和碎屑，也包括少量残存的液体；结构疏松，表层分散性强，分解程度高，粒径细，中下层正好相反；发育较好的风化壳可分为强度风化、中度风化和微风化三个层带。

热带和亚热带风化壳的主要类型有，富铝型酸性风化壳和硅铝铁型酸性风化壳。温带森林带的风化壳比较薄，含褐铁矿，颜色呈棕色或黄色，大部分是硅铝黏土型弱酸性风化壳，代表性产物是高岭土类黏土矿物。半湿润、半干旱森林带和草原带，广泛发育碳酸盐型中性至微碱性风化壳。干旱区的风化壳色浅、层薄、碎屑多，富含盐类，呈碱性。高寒区与荒漠区的典型风化壳是残积粗岩屑型风化壳。

崩落与崩塌地貌

陡坡的岩体和土体在重力的作用下突然快速下移的现象称为崩落或崩塌。其发生的条件有：山坡坡度陡，相对高度大，或具有外倾结构面，或处于断层破碎带；风化作用强；降水或地下水引起坡体变化；地表水冲刷坡麓等。这些条件导致岩体、土体失稳，松散堆积物坡度超过休止角，从而引发崩落。

崩落或崩塌可以形成两种地貌——山坡上部的崩塌崖壁和坡麓的岩堆（倒石堆）。崩塌崖壁的坡度较大，一般呈悬崖峭壁状。岩堆的上部岩块较细，下部岩块很大，呈上尖下圆的半锥状。崩落使坡面上部后退，而岩堆使坡面下部前伸，因此坡度逐渐缓和。崩落结束后，岩堆经风化可发育土壤和生长植被。

峡谷两侧是崩落的常发地，滚落的巨大崩塌岩块常常堵塞峡谷。如 1911 年帕米尔坦格河谷山崩之后巨型山崩体堵塞河谷，并形成了长、宽、深分别为 76 千米、1.5 千米、262 米的大湖。

滑坡地貌

滑坡是由岩石、土体或碎屑堆积构成的山坡体在重力作用下沿软弱面发生的整体滑落现象。滑坡只有在重力引起的下滑力超过软弱面的抗滑力时才能发生，因此滑坡必须具备一定的内在因素和诱发因素。内在因素主要有地层岩性、地质结构、坡体结构和有效临空面等。诱发因素主要包括以降水强度、地下水、地震、地表径流对坡麓的冲刷等方面的自然作用，以及以在坡地上蓄水灌溉、建房筑路等人为作用。

滑坡体和滑动面都可形成滑坡地貌。滑坡体形成的地貌主要有滑坡裂缝、滑坡阶地、滑坡垄丘与滑坡洼地等类型。滑坡裂缝主要分布在滑坡体两侧及前缘隆起处，由张力和剪切力形成。滑坡阶地是滑坡体分级下滑的产物。滑坡垄丘是滑坡体前缘的隆起形态，丘后部相对低洼处就是滑坡洼地。

蠕动

坡面的土体、岩体及其风化碎屑物在重力作用下，缓慢移动的现象叫作蠕动。蠕动发生的最适宜坡度是 15°～30°。冻融交替、干湿变化等均可引起蠕动。

蠕动的速度非常缓慢，每年的进程只有几毫米或几十厘米，因此研究蠕动必须要建立半定位或定位观测站进行长期的观测。岩层蠕动的深度差异较大，通常情况下为 3 ～5 米，最深时可达到 40～50 米。蠕动深度由岩性、产状和坡度三个因素决定。岩层越软，坡度越大，蠕动的深度也会越大。

蠕动可分为松散层蠕动和岩体蠕动两种类型。松散层蠕动是颗粒在重力的作用下，由冷热、干湿变化引起体积膨胀、收缩。岩层蠕动是坡面的岩体在重力作用下，发生缓慢的塑性变形或弹性变形，在页岩、片岩、千枚岩、粘土岩等柔性岩层组成的坡地上比较容易发生。

蠕动可产生新的地貌，如在青藏高原就因蠕动而形成了鳞片状山坡和蠕动泥流地貌。此外，长期的蠕动还会给人类的生产和建设带来危害，如电线杆倾倒、围墙扭裂、厂房破坏、水坝变形等，这直接影响人类的生活环境。

（三）流水地貌

流水作用

流水作用包括侵蚀作用、搬运作用和堆积作用。

流水对坡面、沟谷、河谷等都有侵蚀作用。流水对坡面的侵蚀呈片状，并且比较均匀。对河谷和沟谷的侵蚀呈线状，有下切、侧蚀和溯源侵蚀三种形式。下切主要影响谷底，能让谷底加深；侧蚀可使谷坡后退，谷底拓宽；溯源侵蚀则会使谷地向源头方向伸长。溯源侵蚀最强的是黄土高原的某些沟谷，一次暴雨就可让其源头前进数十米。

流水的搬运主要有两种形式，一种是推移，另一种是悬移。推移就是使沙砾沿着沟底或河床滑动、滚动和跃动。据计算，启动流速的六次方和颗粒质量成正比，因此山区河流可以搬运质量比较大的砾块。河流中细粒物质呈悬浮状态的运动是悬移。流水的搬运能力发生变化，搬运粒径物质的方式也会发生相应的变化，但体积较大的砾石以悬移方式运动的可能性较小。

河水的搬运能力在含沙量较多、搬运能力下降时，一部分泥沙就会发生堆积。长期的堆积会形成新的地貌。另外，流量和流速的减小、河床比降由陡变缓都会导致堆积作用的产生。

坡面流水地貌

坡面流水是雨水或冰雪融水直接在坡面上形成的薄层片流和细流。细流是受坡面微小起伏影响汇集而成的，在流动过程中时分时合，没有固定流路，因此对地表的冲刷和侵蚀比较均匀。由坡面冲刷下来的物质是江河泥沙的主要来源。

坡面侵蚀强度受坡度、坡长、坡面组成物质、降水强度、降水持续时间、植被覆盖度等因素的影响。随着坡度的增加，侵蚀力也会相应地增强，在坡度为40°时，达到最强。坡度超过40°后，坡面积和径流量显著减小，侵蚀力会随之减弱。坡面长度的增加有利于增加水量和动能，提高侵蚀力，但如果泥沙量增加，侵蚀作用就会受到影响。降水强度大，坡面的径流一般会大，但这也受坡面植被的影响。

坡面侵蚀物质堆积在缓坡、洼地、坡麓上时，能形成由亚黏土、沙粒和细岩屑组成的，分选度和磨圆度低，粗具倾斜层理的坡积物。如坡积物在坡麓处成片分布，就会形成裙裾地貌，称之为坡积裙或坡积裾。

沟谷流水地貌

沟谷河流是由坡面细流顺坡而下时汇集而成的，流路相对稳定，侵蚀冲刷能力显著增强的水流。在沟谷河流的影响下会形成独特的沟谷地貌。

沟谷河流是沟谷地貌形成的主要力量，而岩性的软弱、植被的稀疏、降水强度的大小，对沟谷的形成也有促进作用，对谷坡形态的形成也有较大的影响。

沟谷一般比较短小。从纵剖面上看，上游较陡，下游较缓；横截面多成V形。但在水平岩层分布区，水平产状且垂直节理发育的岩层上常形成呈直立状或阶状的沟坡。而较大的沟谷沟头因由集水盆地和沟口，有间歇性洪流堆积物时，经常发育出冲积锥。冲积锥呈半圆锥形，锥顶坡度略大，向下逐渐变缓，分选度和磨圆度都较低，面积一般也不会超出1平方千米。

河谷的发育

河谷地貌的形成以河流作用为主，是一种常见的地貌形态，是在坡面流水和沟谷流水作用下形成的狭长形凹地。

河谷由谷坡和谷底组成。谷坡位于谷底两侧，发育时除受河流的影响外，还受坡面岩性、风化作用、重力作用、坡面流水等因素的影响。谷坡上一般经常发育阶地，但强烈下切的山区河谷不会出现这种情况。谷底的形态各异，如山地河流的谷底就只有河床，而平原、盆地河流的谷底则有河床和河漫滩。

河谷发育初期，河流以下蚀为主，谷地形态多是 V 形谷和峡谷。接下来的时期侧蚀强烈，凹岸冲刷与凸岸堆积形成连续的河湾和交错山嘴。河湾在向两侧扩展的同时也向下游移动，最后切平山嘴而展宽河谷，谷地发生堆积而形成河漫滩。

河流的下切深度受侵蚀面的影响。海平面是入海河流的基面，湖盆、干支流交汇处、坚硬的岩坎或堤坝也可以成为局部河流或暂时的基面。假如不发生地壳运动或海平面变化，河谷纵剖面比降会因河流的长期下蚀而逐渐变小，而侵蚀作用也将以侧蚀为主，侵蚀作用和堆积作用最终会相对平衡，河谷纵剖面将会成为平滑下凹曲线。但实际情况是，河床中总是深槽和浅滩相间分布的。

河床与河漫滩

1. 深槽与浅滩

冲击性河床中深槽和浅滩是交替出现的，因为水流能量集中的某一河段会发生侵蚀形成深槽，而能量分散的河段则会发生堆积形成浅滩。弯曲河床的深槽位于弯曲段，浅滩位于过渡段，相邻深槽或浅滩的间距大约是河床宽度的 5~7 倍。

侵蚀性河床中深槽和浅滩的形成受岩性与构造的影响。岩石硬度小或构造作用比较破碎时，容易形成深槽，反之就会形成浅滩。

2. 边滩与河漫滩

弯曲河床的水流在惯性离心力的作用下，形成表流向凹岸、底流向凸岸的横向环流。凹岸及其岸下河床受环流侵蚀而形成深槽，岸坡出现崩塌而后退。侵蚀物被底流带到凸岸形成小边滩。小边滩随河谷的拓宽而不断发展成为大边滩。汛期来临时，河漫滩的相对冲积物覆盖在河床相冲积物上，边滩发展成为河漫滩。

3. 心滩与江心洲

河床横剖面形态不规则时，水流被河床分为两股或多股主流，形成复式环流。在复式环流的作用下，泥沙在江心堆积而形成心滩，当心滩淤积的高度超出水位后，便成了江心洲。江心洲大部分时间是露出水面的，洪汛期时被淹没。此外，入海河流的河口附近，水流受潮流阻滞比较容易形成心滩与江心洲。

三角洲

河流流入海洋或湖泊时，下游的流速逐渐降低，河流中携带的大量泥沙在河口地区的陆上和水下沉积，形成平面形态近似三角形的堆积体，称为三角洲。三角洲又称河口平原，从平面上看像三角形，顶部指向上游，底部是它的外缘。三角洲的面积较大，土层深厚而肥沃，水网密布，地势平坦。

三角洲形成的初期是冲积物在河口堆积，出现一系列水下浅滩、心滩或沙嘴，使水流发生分汊，同时形成向海倾斜的水下三角洲。随着沉积面积的逐渐扩大，水下三角洲的前缘不断向海推进，而堆积高度的增加使其凸出水面，成为水上三角洲。

从平面和剖面上，三角洲的沉积都可以分为三角洲平原、三角洲前缘和前三角洲三带。三角洲平原带是由河流沉积物组成的三角洲陆上沉积部分。三角洲平原的沉积一般包括分汊河床沉积、天然堤沉积、决口扇沉积、河漫滩沉积等。三角洲前缘带呈环状分布，沉积物是分选好、成分纯净的沙质物质，可分为汊流河口沙坝与三角洲前缘席状沙两类。前三角洲带由黏土悬浮物和胶体溶液沉积而成。

按三角洲的形态特征，三角洲可分为四类，分别是鸟足状三角洲、尖头状三角洲、扇形三角洲、多岛型三角洲。

世界主要河流三角洲

密西西比河三角洲：是密西西比河在注入墨西哥湾时沉积而成的，依形态，它属于鸟足状三角洲。鸟足状三角洲一般形成于汊流发育的弱潮河口，形状类似于鸟足，沿线比较曲折。

埃布罗河三角洲：属于尖头状三角洲。尖头状三角洲呈尖头状向海凸出，岸线比较平直，沿岸发育沙嘴或沙堤。

尼罗河三角洲和尼日尔河三角洲：尼罗河三角洲形成于埃及北部的开罗，面积巨大，是埃及首要的耕作区。尼日尔河三角洲位于西非尼日利亚南部，由尼日尔河冲积形成。南濒几内亚湾，北起农河与福尔卡多斯河分流处，西起贝宁河，东达邦尼河。以上两个三角洲都属于扇形三角洲，前缘受海浪作用，岸线圆滑并基本上被沙堤和堡岛封闭。

湄公河三角洲：是发源于中国的澜沧江在越南最南端形成的平原，又称九龙江平原。水稻种植业发达，是越南最富饶的地方，也是越南人口最密集的地方。湄公河三角洲属于多岛型三角洲，主要受潮流作用控制，汊流河口多成喇叭形，口门外有长条状潮流沙坝。

洪积扇与冲积扇

洪积扇是一种扇形堆积地貌，主要形成于干旱、半干旱地区，是季节性或突发性洪流在河流出山口因比降突减、水流分散、水量减少而形成的。

扇顶坡度约为5°~10°，主要组成物质是沙砾，分选度低。扇缘坡度约为1°~2°，主要组成物质多为粉沙、黏土和亚黏土，也有粗粒物质透镜体，分选度较好，并出现近水平层理。扇缘低地常有泉水冒出，形成绿洲。

并列的洪积扇相互连接可以形成面积较大的山麓洪积倾斜平原。气候变化与地壳上升也可使洪积扇遭受切割，形成洪积扇阶地。

冲积扇和洪积扇之间没有明显的界线，主要区别是发育的环境不同，冲积扇由常年径流形成，洪积扇由间歇性洪流形成。

河流阶地

谷底受河流下切的作用力而上升到洪水位以上，且呈阶梯状分布在河谷两侧的地貌称为河流阶地。此外，新构造运动、气候变迁、海平面变化都可能导致阶地的形成。

阶地由阶面和阶坡组成。阶面是原有谷底的遗留部分；阶坡是由河流下切形成的。阶地高度是阶面与河流平水期水面高度的差。高出河漫滩的最低一级阶地称为一级阶地，随高度的增加分别为二级阶地、三级阶地……

按照组成物质和阶地的结构，可将其分为侵蚀阶地、堆积阶地和基座阶地三种类型。

侵蚀阶地由基岩构成，多发育在山区河谷中，阶地面是河流长期侵蚀而成的切平构造面。堆积阶地由冲积物组成，多分布于河流中下游，是在谷地展宽并发生堆积，而后期下切深度没有达到冲积层底部的情形下而形成。基座阶地的形成与堆积阶地相似，区别在于后期下切深度超过冲积层而进入基岩，上部由冲积物组成，下部由基岩组成。

河谷类型

河谷类型包括顺向河谷、次成河谷、逆向河谷、先成河谷和叠置河谷。

顺着原始地面或构造面发育的河谷称为顺向河谷或顺坡河谷，这一类型的河谷有海退后出现的海滨倾斜平原；火山锥、背斜或向斜两翼顺着岩层倾向发育的河谷；沿着斜槽发育的河谷。

顺向河谷形成后，若地面岩层受到破坏，其支流往往沿着背斜两翼或轴部较新的软弱岩层，和构造破碎带发育成次成河谷。次成河谷主要包括背斜谷、单斜谷、断层谷，形成时期往往在顺向河谷之后。

次成河谷继续下蚀，在逆着岩层倾向的斜坡上，就会发育一些与岩层倾斜方向相反的河流，形成逆向河谷。

某条已经形成的河流流域内，局部发生地壳上升运动，而河流下蚀速度超过地壳上升速度，所以河流仍能保持原来的流路。因这种河谷的发育早于隆起构造，被称为先成河谷。

有的基岩面上有松散的堆积物，河流先在其上面流动，受因流域内地壳上升的影响，河流不断下切，并基本保持原来的流路切入基岩中，这种与地质构造不相符的河谷就是叠置河谷。

河流劫夺

河流劫夺是一条河流溯源侵蚀导致分水岭外移，以致占据相邻河流流域的过程。

侵蚀基面高低差异，分水岭距局部基面远近不同，分水岭两侧岩性、构造和地貌特征不一致等因素都可引发溯源侵蚀差异和分水岭移动，从而产生河流劫夺。

分水岭在河流劫夺中起重要作用。可作两条河流或水系间分水岭的地貌有很多，包括山脊、高原、平原、丘陵、冰川，甚至还可以是洪积扇。青藏高原是太平洋、印度洋与亚洲内陆水系的分水岭；华北平原上有海河各支流的分水岭；额尔齐斯河与乌伦古河的河间地是北冰洋水系与亚洲中部内陆水系的分水岭。

河流因分水岭外移发生劫夺后，劫夺点附近的谷地走向定会发生急剧的转折，形成劫夺湾；劫夺点还常形成急流；谷地也会因强烈下切而发育成阶地或形成谷中谷。因被夺河上游改道，因此下游便成为失去源头的断头河，被夺河原有谷地的一部分则成为劫夺河与断头河的分水岭，即"风口"。

准平原与山麓面

准平原是在湿润气候条件下，地表在长期风化和流水作用下形成的接近平原的地貌形态。准平原发育初期的原始地面比较平缓；之后因构造上升而形成 V 形谷或峡谷，分水岭宽平；然后谷地的侧蚀加强，河谷展宽，分水岭被切割成尖锐的山岭；随着不断接受侧蚀作用，地表开始形成宽广的谷底平原，谷间分水岭降低、变缓，上凸下凹；最后地面近似平原，在少数地段存在着低矮孤立的残丘。准平原是一种大规模夷平面，也可能会因构造上升而成为高原或发生变形，也可能会在被切割后仅保存于山岭顶部成为峰顶面。

在干旱、半干旱气候条件下，坡面洪流不断搬运风化碎屑导致山坡大体保持原有坡面平行后退，随着山体的逐渐缩小，山麓处逐渐形成大片的基岩夷平地面，被称为山麓面。山麓面上有呈孤立岛状的被分割的山丘。山麓面与岛状山地貌组合是地貌在相对稳定情况下，受干燥剥蚀作用而形成的晚期地貌特征。东疆噶顺戈壁、阿尔金山南麓都有山麓面与岛状山相结合的地貌。当地壳发生间歇性上升运动时，山麓面将会抬升成为山前梯地。

（四）喀斯特地貌

喀斯特地貌的特点

喀斯特地貌，也叫岩溶地貌，指的是地表的石灰岩等其他碳酸盐类的岩石受到水和二氧化碳的溶解作用以后形成的地貌特征。喀斯特地貌最早是在亚得里亚海边的喀斯特地区发现的。

岩溶发育的地区往往会形成奇峰耸立、怪石嶙峋的地质景观。地表上的岩溶地貌常有石林、峰丛、溶沟、漏斗、落水洞、溶蚀洼地等；而地下则发育着地下河、溶洞等。溶洞中一般都有多姿多彩的石笋、石柱、石钟乳等，景象奇特而优美。

我国是世界上岩溶地貌分布广泛的国家之一，我国的碳酸盐类岩石分布面积约为130万平方千米，约占全国陆域总面积的1/7。我国的广西、贵州、云南等地石灰岩分布广泛，岩溶地貌发育完整，形成闻名世界的风景区。风景如画的桂林山水以及优美壮观的云南路南石林就是岩溶地貌的典型代表。

20世纪80年代以来，我国又在石灰岩地区发现了大型的溶洞，洞内的钟乳石、石笋、石柱等岩溶沉积物数不胜数，十分壮观，现在多处已经被开辟为著名的风景区。如广东的凌霄岩、浙江的瑶琳洞、江苏的善卷洞、江西的龙宫洞、北京的石花洞等等。

地表喀斯特地貌

1. 溶沟与石芽

溶沟由地表水沿岩石裂隙溶蚀、侵蚀而成，底部常充填泥土或碎屑。石芽是蚀余产物，热带厚层纯石灰岩上发育的石芽常高达数十米，被称为石林。

2. 喀斯特漏斗

由流水沿裂隙溶蚀而成，呈碟形或倒锥形洼地，底部有垂直裂隙或落水洞，宽几十米，深数米至十几米。

3. 落水洞

也是流水沿裂隙溶蚀而成，多分布在较陡的坡地两侧、盆地、洼地底部，宽一般不会超过10米，深度达数十米至数百米，我国广西、重庆及川南地区称之为"天坑"。

4. 溶蚀洼地

一般由喀斯特漏斗扩大或合并而成，具有封闭性，面积小于10平方千米。

喀斯特盆地与喀斯特平原

喀斯特盆地是一种大型的喀斯特洼地，边缘略陡并发育有峰林，底部平坦并且覆盖着残留红土，多分布在地壳相对稳定的地区。喀斯特盆地继续扩大就形成喀斯特平原。

峰丛、峰林与孤峰

峰丛是同一基座而峰顶分离的碳酸盐岩石峰，经常与洼地组合成峰丛—洼地地貌。峰林一般由峰丛发展而成，是分散的碳酸盐岩山峰，受构造和气候条件的影响很大。孤峰是峰林发育晚期残存的孤立山峰，常分布在喀斯特盆地底部或喀斯特平原上。

地下喀斯特地貌

1. 溶洞与地下河

地下水沿岩石裂隙或落水洞向下运动并溶蚀岩石，进而形成形态各异的管道或洞穴，它们相互沟通、合并而形成了统一的地下水位。但如果地壳上升，地下水位就会随着河流的下切而降低，溶洞就成为干溶洞。但其顶部裂隙渗出的地下水中的碳酸钙沉积，因温度升高、压力减小、水分蒸发而沉淀，形成了由洞顶向下生长的石钟乳。由石钟乳滴下的水在洞底因碳酸钙沉积而形成石笋。石笋与石钟乳相接就是石柱。它们的形态各异，常被人赋予神话传说。

水平溶洞发育大多与当地侵蚀基面相适应，因此阶地或河面与其相比，可知构造上升的高度。而垂直溶洞的深度可达数百至数千米，可看作是地壳上升的标志之一。

2. 暗湖

暗湖也称"地下湖"，是在可溶岩体内，由岩溶作用形成的、具有较大的空间集聚地下水的湖泊，一般与暗河相连通。有的暗湖是在暗河的基础上局部扩大而成的。暗湖有储存和调节地下水的作用，如云南六郎洞。

喀斯特地貌的地域分异

热带湿润气候的喀斯特地貌

热带湿润气候条件下，水中含有大量的二氧化碳和有机酸，地上、地下的岩溶作用都很强烈，广泛发育溶蚀洼地、喀斯特盆地、喀斯特平原、峰林等喀斯特地貌。

亚热带季风气候的喀斯特地貌

亚热带季风气候是地带性热量条件与非地带性降水条件相结合的产物。这种气候条件下，岩溶作用仍然强烈，但地貌类型主要是喀斯特丘陵和溶蚀洼地。

温带季风气候的喀斯特地貌

温带季风气候对地下喀斯特地貌的发育非常有利，干旱地区富含硫酸盐的地下水尤其利于地下喀斯特地貌的发育。

寒带和高原寒冷气候的喀斯特地貌

寒带和高原寒冷气候条件下，水中二氧化碳的含量很高，但因常年冻土，阻碍了地表水的渗透，只能发育小型溶沟和浅洼地。有些冻土层下也能形成溶洞。

（五）冰川地貌和冻土地貌

冰川作用

冰川作用包括侵蚀作用、搬运作用与堆积作用。

冰川运动由可塑带的流动和底部的滑动组成，其中冰川滑动是侵蚀产生的根本原因。冰岛的冰源河流含沙量是非冰川河流的 5 倍，侵蚀力是一般河流的 10~20 倍。因此冰川是一股强大的侵蚀力量，冰内尤其是冰川底部所含的岩石碎块对地表的侵蚀作用尤其强烈。冰川滑动过程中，不断锉磨冰川床的作用称为刨蚀作用。冰川下因节理发育而松动的岩块的凸出部分，与冰冻结在一起，冰川移动时把岩块拔出带走的作用就是拔蚀作用。因侵蚀作用而形成的地貌有冰斗、刃脊、角峰、U形谷、石洼地、峡湾、羊背石等。

冰川侵蚀作用中产生的大量碎屑，会进入冰川系统，随冰川一起运动，这就是冰川的搬运作用。冰川的搬运作用很强。大陆冰川可以把大片的基岩搬运到别处，如波罗的海南部平原上就有由冰川从另一岸搬运来的巨大岩块。山岳冰川的搬运能力也不小，喜马拉雅山中就有重量过万吨的大漂砾。

冰川搬运的物质按照在冰川内的位置可分为：表碛、内碛、底碛、侧碛、中碛、终碛、后退碛、漂石。搬运过程中，被抛出的物质还会发生堆积作用，形成冰碛丘陵、侧碛堤、终碛堤、冰水扇、冰砾埠、冰水湖等地貌。

冰蚀地貌

典型的冰蚀地貌包括冰斗、槽谷、峡湾、刀脊、角峰、羊背石、卷毛岩、冰川磨光面、悬谷、冰川三角面等。

冰斗是一种三面环有陡峭岩壁、呈半圆形或圈椅状的洼地。雪线附近山坡下凹部分多年积雪斑边缘的岩石，因频繁受冻融作用而崩解为岩屑，被搬运至低处后，积雪斑后缘变陡，雪斑下的地面逐渐蚀低为洼地，形成雪蚀洼地。积雪演化为冰川后，对底床的刨蚀作用使洼地变深，并在前方造成坡向相反的岩槛，同时后缘陡壁受冰川拔蚀作用而后退变高，形成冰斗。

冰斗因分布位置不同可分为谷源冰斗和谷坡冰斗。方向相反且相邻的谷源冰斗壁后退可形成极为尖峭的角峰。谷坡冰斗壁后退则常使山脊的形状锋锐，形成刀脊。

槽谷是冰川过量下蚀、展宽而成的典型冰川谷，两侧通常有平坦谷肩，横剖面近似U形。U形谷底的岩层较软处形成冰盆，坚硬岩层则形成冰槛。峡湾是冰川槽谷的一种特殊形式，是在大陆冰流、岛屿冰盖或山谷冰川入海处，由冰床蚀低、冰川消亡而成的。U形谷谷坡上的支冰川的侵蚀能力远小于主冰川，因此谷底常比主谷高几十米至一二百米，这类谷地被称为冰川悬谷。

另外，槽谷底部较硬的岩石表面，在冰川运动过程中因受冰体挟带砾石的摩擦而布满平行擦痕，形成冰川磨光面。特别坚硬的岩石则形成羊背石。

冰碛地貌

冰川消融后，表碛、内碛、中碛都沉入冰川谷底，受到谷底地形的影响，与底碛堆积成坡状起伏的冰碛丘陵。与山岳冰川相比，大陆冰川区的冰碛丘陵规模较大。

侧碛堤。侧碛堤位于冰川谷两侧，呈堤状向冰川上游延伸，可一直到雪线附近，是由侧碛和表碛在冰川后退处共同堆积而成的。

终碛堤。当冰川的补给和消融处于平衡状态时，冰川的末端可长时间停留在同一位置，此时由冰川搬运来的物质在冰川尾端堆积成弧状的终碛堤。山岳冰川的终碛堤较高，长度较小，弧形曲率较大。大陆冰川则正好相反，终碛堤高度较小，但长度可达数百千米，弧形曲率较小。

鼓丘。通常认为鼓丘是因冰川的搬运能力减弱，冰碛遇到阻碍堆积而成的。形状近似于椭圆形，长轴与水流方向一致，迎冰面较陡，背冰面较缓。主要分布在大陆冰川终碛堤几千米到几十千米以内，常成群出现，造成鼓丘田。山岳冰川的鼓丘数量较少。

冰水堆积地貌

1. 冰水扇和冰水河谷沉积平原

冰融水所携带的大量砂砾从冰舌末端排出后，在终碛堤的外围堆积成扇形地，称为冰水扇，可绵延数千米。几个冰水扇相连就可形成广阔的冰水冲积平原。此类平原在山谷中就形成河谷冲积平原。

2. 季候泥

季候泥是冰水湖泊中的沉积物，粗细及颜色深浅差别较大，比较容易辨认。冰水湖有明显的季节变化，夏季水量较大，大量物质被冲入湖泊，其中较粗的颗粒快速沉积，沉积物颜色较淡；而冬季水量较小，这时长期悬浮的细颗粒黏土开始沉积，沉积物颜色较深。

3. 冰砾埠与冰砾埠阶地

冰砾埠原是冰川表面的洼地，底部是冰水沙砾沉积物，冰川消融后，冰面穴隙上的沉积物沉到底床堆积成形状不规则、呈层状的丘陵地貌，表层通常有一层薄冰碛。冰砾埠阶地是冰川两侧的水道堆积的冰水沙砾物质在冰川退缩后形成于谷坡上的阶地，只存在于山岳冰川中。

4. 锅穴

冰水冲积平原上因残冰融化引起地表下陷而形成的圆形洼地就是锅穴，直径从数米到数十米不等。

5. 蛇形丘

蛇形丘是大陆冰盖下封闭水道中的沙砾物质组成的狭长曲折的高地，呈蛇形弯曲，两壁陡直，丘顶狭窄，延伸的方向与冰川流向大体一致，主要分布在大陆冰川区。

冰面地貌

1. 冰瀑与冰裂隙

山谷冰川经冰斗或粒雪盆进入 U 形谷时，受冰床坡度陡峻和温度的影响，通常会形成冰瀑。

冰川运动过程中，冰瀑、冰舌上的冰层受压力作用可发育成宽数十厘米至数十米的冰裂隙。冰裂隙的种类有横裂隙、纵裂隙、斜裂隙、边缘裂隙等。

2. 冰川弧拱

冰川表面运动的速度存在一定的差异，使得同一冰层形成中央靠前、两侧靠后的前凸弧拱构造，称为冰川弧拱。

3. 冰面河与冰面湖

冰面融水积聚于冰川表面的洼地就形成了冰面湖。有的是由充满水的洞穴和隧道的顶部塌陷而成的，有的是由冰川低陷处积水而成的，也有的是地面各积水潭融合而成的。冰面湖切割冰面就会形成冰面河。

4. 冰蘑菇和冰塔林

冰川末端消融差异而残留的塔状冰体，称为冰塔。成群出现的冰塔就称为冰塔林。

冰川周围嶙峋的角峰上有较大体积的岩块落下，覆盖在冰川上时遮住了太阳，使其下部的冰不能融化，由此形成盖有岩块的孤立冰柱——冰蘑菇。它是冰川地区的一种特殊地貌。

冻土地貌

1. 石海与石河

石海是基岩在剧烈冻融崩解后产生的、就地堆积在平坦地面上的一大片巨石角砾。石海整体运动时就变成了石河。当山坡上冻融崩解的碎屑填满凹槽或沟谷时，岩块就会顺着湿润的碎屑垫面或多面冻土层顶面产生整体运动。石河的运动速度一般每年不到 2 米。

2. 构造土

构造土是多年冻土地面松散物质因冻裂和冻融分选形成的、具有一定几何形态的沉积构造和各种微地貌。几何形态多呈环形和多边形。按组成物质与作用性质的差别，构造土可以分为泥质构造土和石质构造土。泥质构造土是多边形土，石质构造土的典型是石环。

3. 冻胀丘

地下水受冻结地面或多年冻土层的阻碍，无法流出地表，在比较薄弱的地带冻结膨胀，致使地表隆起，称为冻胀丘。冻胀丘呈圆形或椭圆形，顶部扁平，周边的坡度很陡。冻胀丘有一年生和多年生两类。

4. 冰锥

冰锥是寒冷季节流出封冻地表或冰面的地下水或河水冻结后形成的丘状隆起冰体。

冰锥一般是一年生，主要发展时期是 1~4 月，8~9 月完全消失。

5. 热融地貌

热融地貌是由热融作用产生的地貌，热融作用主要有热融滑塌和热融沉陷两种。热融滑塌的地形开始为新月形，后逐渐发展成长条形、分又形等。热融沉陷形成的地貌主要有沉陷漏斗、浅洼地、沉陷盆地等。

（六）风沙地貌与黄土地貌

风沙作用

风沙作用包括风蚀作用、搬运作用、风积作用。

风蚀作用包括吹蚀和磨蚀两方面。吹蚀是由风压力与气流紊动而引起的沙粒吹扬。但是只有当风力达到可使沙粒移动的临界速度时才能发生吹蚀。引起吹蚀的风叫做起沙风，其风速受地表起伏、沙粒含水量高低及沙粒大小的影响。起沙风不仅可对地面进行吹蚀，更主要的是还会产生磨蚀。磨蚀可使砾石表面形成风棱，甚至可深入岩石孔隙发生旋磨，形成风蚀龛、风蚀穴等特殊的地貌，还会使石柱基部变细而成蘑菇状。

风的搬运作用主要通过风沙流（挟带沙粒的气流运动）来实现。绝大部分的沙粒在离地面 30 厘米以内，10 厘米以内更是占大多数，并分别以悬移、跃移和表层蠕动的形式移动。其中跃移的沙粒约占 75%，而悬移沙粒只有 1%~5%。当风速显著超过起沙风时，搬运沙粒的数量将会急剧增加。

风力减弱或风沙流遇阻时，风中挟带的沙粒沉积到地面的现象就是风积作用。风积物质主要是风成沙和风成黄土两类。风成沙的粒度均匀、分选好、磨圆度高，矿物成分因地而异，堆积形态是各种沙丘。

风蚀地貌

1. 风棱石与石窝

戈壁砾石的迎风面经长期风蚀后被磨光、磨平，在瞬时大风中发生移动，迎风面发生变化，并经风蚀再次被磨平，两个或多个迎风面之间就会形成风棱。按风棱的数量，风棱石可分为单棱石、三棱石、多棱石。

石窝是一种直径 20 厘米~2 米、深 10 厘米~1 米的圆形或椭圆形小洞或凹坑，由风沙旋磨岩石裂隙而成。迎风崖壁上经常出现，密集时像蜂窝。

2. 风蚀柱与风蚀蘑菇

垂直或水平裂隙较发育的裸露基岩在风的长期吹蚀下，形成孤立的风蚀柱。在进

一步磨蚀基部的情况下形成风蚀蘑菇。

3. 风蚀洼地与风蚀盆地

风蚀洼地是风吹蚀地面松散物质形成的、直径在 10～100 米之间、深约 1 米的洼地。平面呈圆形或马蹄形。遇到坚硬的岩石或进地下水水位时，洼地加深受阻，因此风蚀洼地通常很浅。

而风蚀盆地的面积就很大，南非、埃及、利比亚等国家都有面积超过 100 平方千米的风蚀盆地。

4. 风蚀残丘

风侵蚀年轻而相对坚固的沉积物时，可形成宽窄不一、底部崎岖不平、走向多与盛行风向平行的谷地，称为风蚀谷。风蚀残丘就是几个风蚀谷之间的残留高地或孤立丘岗。

雅丹地貌

雅丹地貌泛指干燥地区的一种风蚀地貌，是由河湖相土状沉积物形成的地面经风化、风蚀、间歇性流水冲刷作用后，形成的与盛行风向相同并相间排列的风蚀土墩和风蚀凹地（沟槽）地貌的组合。我国新疆罗布泊东北发育着很典型的雅丹地貌。

雅丹地貌的类型包括三种。以风蚀作用为主的雅丹地貌，分布于离山地较远的平原，因山地降水形成的洪水无法到达这里，所以风力是主要作用；以流水侵蚀作用为主的雅丹地貌，分布于邻近山地的地区，如阿奇克谷地东段的三陇沙雅丹；风、水共同作用的雅丹地貌，处于上述两类雅丹地貌之间，如白龙堆雅丹、龙城雅丹。

雅丹地貌形态各异，但形成过程基本相似。形成的第一步是地表遭到风化破坏，然后在风蚀和水流侵蚀的双重作用下，堆积在地表的泥岩层间的疏松沙层，被搬运到了远处，这使原本平坦的地表变得起伏不平、凹凸相间，雅丹地貌的雏形形成。之后，在风力、流水等作用下，洼地进一步加深、扩大，有泥岩层保护的外露部分较稳定，但疏松沙层受到侵蚀，地面呈现出各种形态，雅丹地貌最后形成。

丹霞地貌

丹霞地貌指的是由红色砂岩、砾岩等组成的各种特殊地貌的总称，是岩石地貌类型之一。丹霞地貌的地形构造独特而稀少，它一般发育在厚厚的红色砾岩、砂岩地区，这种岩石透水性特别强，在流水等外力作用下，形成方山、台地、峰林等各种地表形态，远看就像是披着一层红色的轻纱一般，泛着红光，犹如"丹霞"。以我国广东省仁化县境内的丹霞山最为典型，因此命名为丹霞地貌。

丹霞地貌最显著的特点就是有广泛的"赤壁丹崖"发育，形成了顶平、身陡、山麓平缓的石墙、石柱、石峰等奇险的形态。

世界上的丹霞地貌主要分布在中国、美国西部、中欧及澳大利亚等地，其中我国的分布面积最广。我国广东丹霞山的面积最大，约为 280 平方千米，发育最为典型，类型最齐全、风景最优美、形态最丰富，被人誉为是"中国的红石公园"。

丹霞地貌区一般情况下奇峰林立，景色诱人，具有丰富的旅游资源，我国的一些丹霞地貌区早已被开辟为旅游风景区，如丹霞山、金鸡岭、武夷山等。我国河北承德丹霞地貌区的红砾岩已经有 1 亿多年的历史，经过各种外力作用，如今这里已经形成了各种形态的石峰和石山，这在北方地区尤为罕见。

风积地貌

风积地貌主要指各种沙丘。按形态和与风向的关系来看，沙丘可分成横向沙丘、纵向沙丘、多风向形成的沙丘三种基本类型。

横向沙丘的走向与合成起沙风风向垂直或交角不小于 60°，主要类型有新月形沙丘、新月形沙丘链和复合新月形沙丘链。新月形沙丘一般是在单风向作用下由沙堆演变而来的，呈新月形，弧形凸向主风向，迎风坡缓，背风坡陡。两个或两个以上的新月形沙丘相连就形成新月形沙丘链。巨大沙丘链上，叠置小型新月形沙丘则称为复合新月形沙丘链。

纵向沙丘的走向与合成起沙风风风向平行或交角小于 30°，也称为"沙垄"。沙丘纵向丘脊线常有起伏，横剖面基本对称，而迎风坡和背风坡的差别比较明显。

多风向形成的沙丘主要有金字塔沙丘、蜂窝状沙丘、格状沙丘、星状沙丘、反向沙丘等。

沙丘移动是沙丘表面沙粒从迎风坡被吹扬到背风坡的过程。沙丘移动的速度与输沙量成正比，与沙丘高度成反比，与风速的三次方成正比。沙丘移动速度还受植被、沙丘水分、地表起伏等因素的影响，如植被可减小风速，干燥的风沙只需要较小的起沙风等。

沙漠

沙漠也是荒漠的一种，它指的是沙质的荒漠，是荒漠中分布最广、占地面积最大的一种。沙漠的地面上全都覆盖着流沙，这里风力作用强劲，沙丘广布，形成了各种类型的风蚀地貌和风积地貌。

沙漠主要的形成原因有两点：气候干旱；沙石来源丰富。沙漠中的沙石大多分布在沉积物很多的山间内陆盆地中，或者是一些剥蚀高原的洼地和平地上。沙漠上的沙石有很多来自古代或者是现代的各种沉积物中。如我国的塔克拉玛干沙漠的砂石来自古河流冲积物；腾格里沙漠、毛乌素沙漠的大部分沙石都来源于古代和现代的冲积物和湖积物中；塔里木河中游和库尔勒西南滑干河下游的沙漠都来自现代河流冲积物；

鄂尔多斯中西部高地上的沙丘来源于基岩风化的残积物。

　　沙漠在世界上有很广阔的分布，沙漠的面积占全球陆地总面积的 1/10。沙漠主要分布于北非、西南亚、中亚等地区。我国的沙漠面积约有 64 万平方千米，约占国土总面积的 7.4%，较大的有塔克拉玛干沙漠、毛乌素沙漠等。

黄土地貌

　　黄土地貌包括两种，一种是黄土沟谷地貌，一种是黄土沟间地地貌。

　　黄土沟谷地貌。根据形态特征，可将黄土沟分为细沟、浅沟、切沟、冲沟和河沟。这几种类型的黄土沟是依次形成的。细沟由坡面细流冲刷而成；浅沟由较大坡面股流冲刷而成，深度不到 1 米；切沟深数米，纵剖面起伏大；切沟进一步发展而成为冲沟，纵剖面上陡下缓；冲沟停止下切，谷坡侧蚀就形成了河沟，河沟纵剖面较缓，侧蚀作用强，常年有流水。

　　黄土沟间地地貌的典型类型是塬、梁、峁。塬是由沟谷、河谷环绕的平坦高地，边缘极为曲折，经常受沟谷溯源侵蚀而被肢解。我国最大的黄土塬是甘肃的董志塬，面积约 2000 平方千米。陕北洛川塬的面积也较大。面积在 10 平方千米以下的塬称为残塬。梁属于黄土丘陵地貌，呈长条形，顶部为残塬的是塬梁，顶部较平坦的是平顶梁。峁呈馒头状，是顶部浑圆上凸、斜坡较陡的黄土小丘，其边缘可发育大量辐散状沟谷。所有黄土沟间地地貌都容易形成陷穴、崩塌和滑坡。

（七）海岸地貌与海底地貌

海岸地貌

　　海岸地貌包括海蚀地貌和海积地貌两种。海蚀地貌是海岸线在海蚀作用下形成的地貌。海蚀作用包括波浪对海岸的撞击、冲刷，对波浪挟带碎屑物质的研磨，以及海水对海岸带基岩的溶蚀。海蚀地貌的主要类型包括：海蚀穴，潮汐高潮面的波浪将海滨陆地冲淘成的槽形凹穴，沿海岸线分布；海蚀崖，海蚀穴不断扩大，导致顶部基岩崩塌而形成的陡壁；海蚀拱桥，两个方向相反的海蚀穴被蚀穿，而相互连通；海蚀柱，海蚀崖后退过程中残留的柱状岩体；海蚀台，在崖壁上不断形成海蚀穴和崩塌过程中形成。

　　海积地貌是由海滨沉积物堆积而成的。海滨沉积物是海岸的松散物质，如河流冲积物、贝壳、生物残骸等，在波浪变形作用力推动下移动，被进一步研磨、分选沉积而成。以横向移动为主的海积地貌主要有侵蚀凹地、海滩、滨岸堤（沿岸堤）、水下堆积台、离岸坝、潟湖等；以纵向移动为主的海积地貌主要有沙嘴、泥滩、草滩、岛沙坝等。

岩岸与沙岸

岩岸按海岸带地貌特征可分为以下几种：

①里亚式海岸：海水淹没与海岸直交的谷地，典型地貌是西班牙的里亚地区。

②达尔提亚式海岸：海水淹没与海岸平行的谷地，典型地貌是亚得里亚海的达尔提亚海岸。

③峡湾海岸：海水淹没山地古冰川U形谷，挪威西岸的地貌最为典型。

④断层海岸：沿断层分布，岸线平直，如中国台湾东岸。

⑤喀斯特海岸：海水淹没海岸的喀斯特山地，如我国大连市黑石礁一带。

沙岸大部分是平原海岸，主要有分布在河流入海三角洲海岸，淤泥堆积平原海岸，沿岸有潟湖分布的潟湖岸，海水淹没平原河口形成的溺谷海岸，溺谷经潮流和波浪的强烈冲刷而扩展成的三角湾海岸。另外，低纬度海区还分布着珊瑚礁海岸和红树林泥滩海岸。

我国沿海的构造地貌排列方式多样，因此海岸类型相当复杂，平原海岸主要有淤泥堆积平原海岸、三角洲海岸、三角湾海岸等。

海岸线

海岸线是指海水面与陆地面的分界线，事实上陆地与海洋是以海岸为界的，而海岸的延长线就是海岸线。由于海水的涨落和风引起的海水运动，海岸线会经常移动，通常我们在某一时间内看到的海岸线只是暂时的，不稳定的，海岸线一直处于变化之中，因此我们不能简单地将它当作是某一条线。通常人们把多年平均高涨时海水到达的界限，当作是海岸线。

在地质史上，由于地壳运动以及大范围的气候变迁，海岸线有过大范围的变化。科学研究表明，在距今约7万年到2万年的时期内，海水一直处于下降的趋势，因此当时的海面比现在的约低100多米。正因为此，当时的海陆分布和海岸线的位置与现在的完全不同。当时我国东部的黄海海底大部分都是陆地，而我国的大陆和台湾岛、海南岛及日本、朝鲜还是连在一起的。

海岸线从古至今一直处于变化之中，因此有古海岸线与现代海岸线之分。通常海岸的类型不同，海岸线也就不同，有的海岸线蜿蜒曲折，有的则十分平直。一般在山地海岸地区，海水长期侵蚀岸边的山地和丘陵，所以形成了许多陡峭的崖壁，这里的海岸线一般比较曲折，水深湾长，多天然良港。平原地区，地面辽阔坦荡，海岸平直，海水比较浅，海岸线也比较直，可以建立盐场、渔场等。

海底地貌

海水覆盖下的固体地球表面形态统称为海底地貌。海底地貌多种多样，有高耸的海山、绵延的海岭，深邃的海沟，也有坦荡的深海平原。其中，纵贯大洋中部的大洋中脊，绵延约8万多千米，宽约数百至数千千米，总面积能与全球的大陆面积相比。大洋最深点位于太平洋的马里亚纳海沟，深为11034米，超过了陆地上最高的珠穆朗玛峰。

整个海底的地貌可分为大陆边缘、大洋盆地和大洋中脊三大基本单元，以及许多次一级的地貌单元。

1. 大陆边缘

大陆边缘是大陆和大洋两大台阶面之间的过渡地带，它约占海洋面积的22%。通常又将它分为大西洋型大陆边缘和太平洋型大陆边缘。大西洋型大陆边缘一般由大陆架、大陆坡、大陆隆三个地形单元组成，地形平缓而宽阔，多处于大西洋、印度洋、北冰洋和南大洋的周边地带。太平洋型大陆边缘的大陆架比较狭窄，陆坡陡峭，大陆隆一般被海沟代替，它也可分为两类，即海沟—岛弧—边缘盆地系列和海沟直逼陆缘的安第斯型大陆边缘，主要分布在太平洋的周边地带。

2. 大洋盆地

大洋盆地一般位于大洋中脊和大陆边缘之间，它的一侧和大洋中脊平缓坡麓衔接在一起，另一侧则与大陆隆或海沟相邻，约占海洋总面积的45%。大洋盆地被海岭等正向地形分割，构成若干外形略呈等轴状，水深约在4000—5000米左右的海底洼地，称海盆。宽度较大、两坡较缓的长条状海底洼地，叫海槽。海盆底部发育深海平原、深海丘陵等地形。长条状的海底高地称海岭或海脊，宽缓的海底高地称为海隆，顶面平坦、四周边坡较陡的海底高地称海台。

3. 大洋中脊

大洋中脊是地球上最长最宽的环球海洋山系，约占海洋总面积的33%。大洋中脊可分为脊顶区和脊翼区。脊顶区由一些近乎平行的岭脊和谷地相间组成。脊顶为新生洋壳，上覆沉积物极薄或缺失，地形十分崎岖。脊翼区随洋壳年龄增大和沉积层加厚，岭脊和谷地间的高差逐渐减小，有的谷地可被沉积物充填成台阶状，远离脊顶的翼部可出现较平滑的地形。

大陆架

大陆架是大陆向海洋自然延伸的一部分，它的范围是指从海岸低潮线起，海底以非常平缓的坡度向海洋方向倾斜延伸，一直到坡度发生显著大转折处停止。世界上大陆架的总面积约为2710万平方千米，占全球面积的5.3%，约占海洋总面积的7.5%，几乎所有的大陆岸外都有大陆架发育。大陆架地区的地形十分平坦，但偶尔也有起伏

不大的丘陵、盆地和山谷等地貌。

大陆架的显著特征是地质构造上与大陆保持一致，坡度平缓、水深比较浅、资源十分丰富。通常情况下，大陆架内的海水深度不超过 200 米，河床的坡度不超过 1/10 度。

大陆架地区蕴藏着丰富的石油、天然气以及其他各类矿产资源，其中世界上 20% 的石油产量来源于大陆架。同时，大陆架海域中的海洋资源也十分丰富，种类繁多，世界上 90% 的捕鱼量都来源于大陆架上的水域。

大陆架所属问题

国际法认为大陆架是邻接一国海岸的，但在领海以外一定区域内的海床和底土。沿海的国家有权为了勘探和开采大陆架上的自然资源而对它行使主权。

大陆架在 1945 年 9 月才正式成为一个法律概念，当时美国总统杜鲁门发表了《大陆架宣言》，历史上称为《杜鲁门公告》。因此，美国率先将地质学上的"大陆架"引到了海洋法的范畴之中，这被认为是二战后世界性分割海洋的开始。1958 年联合国第一次海洋法会议上通过的《大陆架公约》，对大陆架做出了新的规定。1982 年通过的《联合国海洋公约法》对以前的规定做了新的修改。最终，200 米的海水深度和据大陆边外缘 200 海里的距离成为大陆架法律规定的范围，而在这一范围中，大陆架所属的国家可以在这里行使主权。

大陆坡

大陆坡是大陆架外缘向深海方向急剧变化的海底部分，它介于大陆架和大洋海底之间，属于大陆架的一部分，一头连接着陆地，一头连接着海洋，是海陆的桥梁。大陆坡的上界水深多在 100~200 米，下界水深渐渐变深，一般在 1500~3500 米。大陆坡的宽度一般在 20~100 千米以上，全球的大陆坡总面积为 2870 万平方千米，占全球总面积的 5.6%。大陆坡的坡度平均为 3°~6°，1800 米深度以上的大陆坡平均坡度为 4°17′。

大陆坡地壳上层的岩石一般属于花岗岩，属于大陆性地壳，只有少部分属于过渡性地壳；而大陆坡坡脚以外的地壳属于大洋地壳，通常以玄武岩为主，由此可见大陆坡坡脚是大陆地壳和大洋地壳的分界处。大陆坡通常隐藏在深水地区，因此很少受到破坏，基本保持着古大陆破裂时的原始形态。

大陆坡的表面极不平整，通常上面分布着许多巨大而幽深的海底峡谷。海底峡谷一般都横切在大陆坡上，有的像树枝一样分叉分布，将大陆坡切割得支离破碎。大陆坡的表面有时也有比较平坦的地方，这些平坦的地带被人们称为深海平台，有时候，一条大陆坡上分布着多级深度不同的大陆平台。

深海平原

深海的底部也有如同陆地平原一样的地貌，通常被人们称为深海平原，又称为深海盆地。深海平原一般位于水深约 3000～6000 米的海底。它的面积比较大，通常可以延伸到几千平方千米，底部表面一般较平整，有的向一定方向倾斜，有的则略有起伏，坡度一般为 1/1000～1/10000 度。

深海平原上大多都有厚厚的沉积物，沉积物的平均厚度约为 1 千米，这些厚厚的沉积物主要来自大陆架，它被海流沿斜坡向下一直搬运到了地势低洼的地方，将原来比较复杂的原始地貌掩盖了起来。

世界上的各个大洋都有深海平原的分布，其中大西洋是深海平原最多的海洋。这是因为大西洋的陆源沉积物比较丰富，而且边缘没有海沟阻隔，为海底平原的形成提供了有利的条件。太平洋有许多海沟，所以海底的深海平原就十分少见，仅仅在东北部地区有所分布。深海平原一般常见于大陆坡向海的一侧，终止于深海丘陵向陆的一侧。在有海槽存在的海域里，常有槽底深海平原存在，而在海槽向海的一侧则缺少深海平原。深海平原大多都在海沟出现的地方突然中止。

海沟

海沟是海底最壮观的地貌之一，同时也是海洋最深的地方，但是它并不位于海洋的中心，大多分布在大洋的边缘地区。海沟是海洋板块和大陆板块相互作用的结果，一般情况下，海沟的剖面形状就像是英文字母的"V"字，但是两边并不对称，往往靠大洋的一侧比较平缓，靠大陆的一侧比较陡峭。

世界大洋中共有 30 多条海沟，其中最主要的海沟有 17 条，这 17 条海沟中有 14 条属于太平洋，而且大都集中在西侧；大西洋只有两条，而印度洋只有一条。

海沟的深度一般都大于 6000 米，世界上最深的海沟为马里亚纳海沟，位于太平洋西侧，据测它的最深点查林杰深渊的最大深度为 11034 米。一般情况下，海沟的长度不一，几百千米到几千千米不等。世界最长的海沟是印度洋中的爪哇海沟，长达 4500 千米。有些人还把智利海沟和秘鲁海沟合二为一，称为秘鲁—智利海沟，长度达 5900 千米。据调查这两条海沟虽然靠得很近，但是仍没有连在一起。海沟的宽度一般在 40～120 千米，全球最宽的海沟是太平洋西北部的千岛海沟，平均宽度约为 120 千米。

近年来，科学家们还认为到海沟和地震有关系，环太平洋火山地震一般都发生在海沟附近。这是因为海沟区的重力值一般要比正常值低，因此海沟下面的岩石圈在巨大的压力作用下，被逼着向下沉。

海底沉积物

海底沉积物包括近海沉积和远海沉积两种。

近海沉积主要指大陆架上的沉积，分为机械沉积、化学沉积、生物沉积。机械沉积主要是河流、海浪和风搬运来的陆源物质，以中细颗粒和泥质为主，很少有粗大的砾石，并有一定分选，越远离大陆，沉积物的颗粒越细。近海的光热条件较好，有大量的浮游生物和底栖生物，种类多、数量大、繁殖快。生物的遗体一部分混入机械沉积，一部分聚集形成单独的生物沉积，并固结为石灰质砂岩、泥灰、石灰岩。河流为近海带来大量溶解物质，当溶解物质饱和后，便开始结晶，形成化学沉积。一般是铝、铁、锰氧化物首先沉积，其次是磷酸盐、硅酸盐，最后为碳酸盐。但碳酸盐的沉积最多，形成了大量的石灰岩和白云岩。

和近海相比，远海区的面积虽大，但沉积物不多。因陆源物质较难达到深海，远海沉积中机械沉积的物质来源比较少，只包括风吹来的少量微尘、洋流携带的细小物质和火山灰。生物沉积、化学沉积的数量也很少。

（八）火山地貌

火山

地球内部处于高温和高压的状态时，上覆岩层容易发生破裂，地壳背斜也容易褶皱升起，导致地下炽热的岩浆沿岩层破裂面或背斜轴部喷出地表，形成火山。形成火山的现象叫火山喷发，其形式有两种：裂隙喷发和中心喷发。

火山一般由火山锥、火山口、火山喉管三部分组成。火山锥是火山喷出物质在火山口附近堆积成的锥状山体，是火山地貌的一种，分为火山碎屑锥、熔岩锥、混合锥、熔岩滴丘四类。火山口是火山锥顶部喷发地下高温气体和固体物质的出口，大部分呈漏斗形。底部呈坑状的火山口被称为熔岩坑，坑口常能积水成湖的则是火山口湖。火山喉管是火山喷发时岩浆喷出地表的通道。通道中心喷发的火山喉管呈圆筒状；裂隙喷发的则呈长条状或不规则状。

按火山喷发的特点和形态特征，火山可分为三种类型，分别是盾形火山、碎屑锥火山、复合火山。

火山地貌的分类

火山地貌有两种，一种是裂隙式喷发形成的火山地貌，一种是中心式喷发形成的火山地貌。

裂隙式喷发若发生在海底，会形成洋脊和洋盆；若发生在陆地上，则会形成面积较大的玄武岩高原，如巴西南部高原、印度德干高原、埃塞俄比亚高原、我国内蒙古东南部高原等。

中心式喷发形成的火山地貌包括的种类很多。灰渣火山锥是由火山碎屑物在火山口周围堆积而成的锥形体，如菲律宾的马荣火山；流动性小、富含硅质的熔岩流喷出形成富硅质熔岩穹丘；流动性大的基性熔岩流反复喷出堆积成基性熔岩盾；古火山锥再次喷发破坏了锥顶，使其成扩大成环形凹地，并在其中形成次生火山锥；多次喷发的火山碎屑和熔岩呈层状混合堆积成复合火山锥；爆炸式火山喷发后形成破火山口；填塞在火山喷发通道中的大块凝固熔岩，在火山锥被剥蚀后露出地表而形成火山塞，如美国怀俄明州的"鬼塔"；火山口积水可形成火山口湖，如白头山的天池。

五、著名山脉

（一）山脉的定义

山脉是指沿一定方向延伸，包括若干条山岭和山谷组成的山体。因像脉状而称之为山脉。构成山脉主体的山岭称为主脉，从主脉延伸出去的山岭称为支脉。几个相邻山脉可以组成一个山系，如喜马拉雅山系，包括柴斯克山脉、拉达克山脉、西瓦利克山脉和大、小喜马拉雅山脉。世界上著名的山脉主要有亚洲的喜马拉雅山脉、欧洲的阿尔卑斯山脉、北美洲的科迪勒拉山脉、南美洲的安第斯山脉等。喜马拉雅山脉为世界上最大的山脉，它的主峰珠穆朗玛峰海拔 8844.43 米，为世界上最高的山峰。科迪勒拉山脉，长 7000~8000 千米，它的支脉与南美洲的安第斯山脉相连，全长 1.7 万千米，构成世界上最长的山系。

（二）喜马拉雅山脉

喜马拉雅山脉位于中国青藏高原的西南边缘，是坐落在西藏高原和印度次大陆之间的雄伟山系，分布在中国西藏自治区、巴基斯坦、印度、尼泊尔、锡金和不丹境内，是世界最高大的山系，有"世界屋脊"之称。

喜马拉雅山脉西起克什米尔印度河转折处，东至雅鲁藏布江转折处，呈向南凸出的弧形，东西长约 2450 千米，南北宽约 200~350 千米，面积 594400 平方千米，有 30 多座海拔超过 7300 米的高峰，其中珠穆朗玛峰是世界最高峰，位于我国与尼泊尔边界上，海拔 8848.43 米，是世界第一高峰，有"地球第三极"之称。喜马拉雅山脉由南向北分为西瓦利克山、小喜马拉雅山、大喜马拉雅山、高喜马拉雅山四个宽度不等的山带。西瓦利克山是喜马拉雅山脉南麓的丘陵地带，海拔 1000 米左右，宽 10～50 千米，有许多谷地，以印度北方邦的台拉登最著名；小喜马拉雅山，宽约 80 千米，高 4500 米，谷地海拔 900 米，像一块切割高原，共有 3 条山脉；大喜马拉雅山，海拔 6000 米以上，是喜马拉雅山的主脊，冰川纵横，雪峰林立：高喜马拉雅山降水丰富，南坡雪线可达 4900 米，多冰川，覆盖面积达 33200 平方千米，其中根戈德里冰川是喜马拉雅山脉最大的冰川，长 32 千米，面积 300 平方千米。喜马拉雅山是独特的山地气候，具有典型的自然带结构，有亚热带常绿阔叶林、山地暖温带常绿阔叶林等。

（三）阿尔卑斯山脉

　　阿尔卑斯山脉是欧洲最高大的山脉，它位于欧洲南部，西起法国东南部的尼斯附近地中海海岸，呈弧形向北、东延伸，经意大利北部、瑞士南部、列支敦士登、德国西南部，东止奥地利的维也纳盆地。阿尔卑斯山脉不仅有优美的自然景观，其中几个中世纪的城堡更增添了几分传奇色彩。

　　阿尔卑斯山脉总面积约 22 万平方千米，长约 1200 千米，宽 130～260 千米，平均海拔 3000 米左右。勃朗峰海拔 4810 米，是阿尔卑斯山的主峰，也是西欧第一高峰。其四周群峰竞秀、巍峨壮观、气象万千。马特峰也是阿尔卑斯山脉中最著名的山峰之一，海拔 4478 米，位于瑞士和意大利的交界处。阿尔卑斯山脉的气候成为中欧温带大陆性气候和南欧亚热带气候的分界线。山地气候冬凉夏暖，大致每升高 200 米，温度下降 1℃，在海拔 2000 米处年平均气温为 0℃。整个阿尔卑斯山脉湿度很大，年降水量一般为 1200～2000 毫米。但因地而异。高山区年降水量超过 2500 毫米，海拔 3000 米左右为最大降水带。背风坡山间谷地只有 750 毫米。冬季山上有积雪。阿尔卑斯山脉植被呈垂直分布，可分为亚热带常绿硬叶林带和森林带，森林以上为高山草甸带。有大角山羊、山兔、土拨鼠等动物。

（四）安第斯山脉

　　安第斯山脉全长约 8900 千米，几乎是喜马拉雅山脉的三倍半，是世界上最长的山脉。安第斯山脉纵贯南美大陆西部，大体上与太平洋岸平行，其北段支脉沿加勒比海岸伸入特立尼达岛，南段伸至火地岛。跨委内瑞拉、哥伦比亚、厄瓜多尔、秘鲁、玻利维亚、智利、阿根廷等国。

　　安第斯山脉平均海拔 3660 米，有许多高峰终年积雪，超过 6000 米的高峰有 50 多座，其中汉科乌马山海拔 7010 米，是美洲最高峰，也是西半球的最高峰，由一系列平行山脉和横断山体组成，中间有高原和谷地，海拔多在 3000 米以上。智利境内的阿空

海洋和陆地

加瓜山海拔6960米，是美洲第二高峰，也是世界上最高的死火山。世界最高的活火山哥多伯西峰就在安第斯山脉中，海拔5897米。许多著名的河流发源于此地。气候和植被类型复杂多样，垂直分带明显，随纬度的不同而异，北段气候湿润，年平均气温27℃；中段降水少，比较干旱；南段温和湿润。骆马是这里著名的动物，貘是安第斯山脉的

安第斯山脉

代表物种。安第斯山脉矿藏丰富，有一条文明世界的金属矿富集地带，铜、锡、银、金、铂、锂、锌、铋、钒等储量均居世界前列，钨、硝石等也是重要矿藏。马拉开波盆地是南美洲最大的石油产区。

（五）比利牛斯山脉

比利牛斯山脉西起大西洋比斯开湾，东至地中海利翁海湾，是法国与西班牙两国的界山，是阿尔卑斯山脉向西南的延伸部分，是欧洲西南部最大、最雄伟的山脉。

比利牛斯山是阿尔卑斯山脉主山系的西南分支，具有阿尔卑斯山脉的特征，山体中轴由强烈错动的花岗岩和古生代页岩以及石英岩组成，两侧为中生代和第三纪地层，北坡为砾岩、砂岩、页岩等岩层交错沉积所组成的复理层。山脉呈东西走向，长435千米，一般宽80~140千米，东端宽仅10千米，中部最宽达160千米。海拔3352米的珀杜山峰是其中心。离地中海岸约48千米处有海拔仅300米的山口，为南北交通要道。山的北麓是温带海洋气候，多针叶林，南麓是亚热带气候，多硬叶常绿林。山地植被有明显的垂直分层结构，海拔400米以下是地中海型植物，如：油橄榄等；海拔400~1300米是落叶林分布带；海拔1300~1700米是山毛榉和冷杉混交林带；海拔1700~2300米是高山针叶林带；海拔2300米以上是高山草甸；海拔2800米以上有冰雪覆盖和冰川。这里有许多亮丽的景点和温泉浴池，吸引了众多的游人。矿藏主要有铁、锰、铝土、硫黄、汞和褐煤等。阿尔塔米拉洞窟位于西班牙北部桑坦德市西面的比利牛斯山区，以精美的史前绘画和雕刻闻名于世，是西班牙重要的文化遗迹。

（六）阿特拉斯山脉

阿特拉斯山脉是阿尔卑斯山系的一部分，位于非洲大陆西北部，西南起于摩洛哥

大西洋岸，东北经阿尔及利亚到突尼斯的舍里克半岛。长 2400 千米，南北最宽约 450 千米。横跨摩洛哥、阿尔及利亚、突尼斯三国（并包括直布罗陀半岛），把地中海西南岸与撒哈拉沙漠分开。

阿特拉斯山脉是由中生代和第三纪沉积岩褶皱组成，拥有非洲最广大的褶皱断裂山地。山脉呈东北—西南走向，由一系列平行的山脉组成，分为南北两支。北支摩洛哥境内称里夫阿特拉斯，海拔 2000 米左右；阿尔及利亚和突尼斯境内称泰勒阿特拉斯，西窄东宽，最高峰朱尔朱拉山海拔 2308 米。南支西部称摩洛哥阿特拉斯山，由大阿特拉斯山、中阿特拉斯山、外阿特拉斯山组成，海拔多在 2000 米以上，多陡峭高峰，最高峰为图卜卡勒峰，海拔 4167 米，位于摩洛哥西南部。东部阿尔及利亚境内称撒哈拉阿特拉斯山，高度稍低。海拔约 1500 米。阿特拉斯山脉是季节性降雨，为滂沱大雨，东部比西部降水量多，泰勒阿特拉斯的东部降水量最多。穆卢耶河是源自中阿特拉斯山的常年河流。北坡属地中海气候，多森林和果园，山区森林面积约 8 万平方千米。其余部分是半沙漠气候，山间多盐湖。山区富产磷灰石、铁等矿藏。

（七）高加索山脉

高加索山脉位于欧洲和亚洲之间，西濒黑海和亚速海，东临里海，横贯格鲁吉亚、亚美尼亚和阿塞拜疆三国。

高加索山脉是由阿尔卑斯造山运动形成的褶皱山系，多火山和冰川。山脉呈西北—东南走向，形成大高加索和小高加索两列主山脉。大高加索山脉是亚欧分界线的一部分，全长 1200 千米，宽 200 千米，包括山麓地带在内占地 44 万平方千米。山上的最高峰是厄尔布鲁士峰，海拔 5642 米，山上气候寒冷，终年积雪。小高加索山脉的走向大致与大高加索山脉平行，位于大高加索山脉以南，两山之间是黑海沿岸的科尔希达低地、面向里海的库拉—阿拉克斯低地与连科兰低地。山脉北侧是温带大陆性气候，冬季气温-30℃，夏季气温 20℃～25℃，年降水量为 200～600 毫米。山脉南侧是亚热带气候，年平均温度在 20℃左右，年降水量为 1200～1800 毫米。山上海拔 2000～2800 米之间分布着针叶林和高山草甸。常见动物有狼、棕熊、山猫、高加索鹿、狍、欧洲野牛、豹等。

（八）喀尔巴阡山脉

喀尔巴阡山脉位于欧洲中部阿尔卑斯山脉的东伸部分，在多瑙河中游以北，西起奥地利与斯洛伐克边界的多瑙河峡谷，向东呈弧形延伸，经波兰、乌克兰边境至罗马尼亚与塞黑边界的多瑙河谷的铁门处。

喀尔巴阡山脉全长超过 1500 千米，宽从 12 千米到 500 千米不等。山脉分为西、南、东三部分。多数山峰一般在海拔 2000 米以下，最高点是西喀尔巴阡的格尔拉赫峰，海拔 2655 米，冰川地貌仅限于少数高耸山峰。喀尔巴阡山多为断块山地，地表有受流水侵蚀的明显特征，由多列平行延伸的山岭所组成，地势不高。喀尔巴阡山脉主要可分 3 条地质构造带。外带是由页岩、砂岩组成，为山顶浑圆、山坡平缓的中山地貌；中带由结晶岩和变质岩构成，地势较高，多呈块状山；内带为火山岩构成的山脉。山脉地区属于西欧海洋性气候和东欧大陆性气候之间的过渡型。1 月份平均气温 -2℃ ~ 5℃，7 月份平均气温在 17℃ ~ 20℃，年降水量在 800 ~ 1000 毫米之间，在最高地段和迎风坡年降水量可达 1200 毫米以上，山麓和内部盆地一般只有 600 ~ 800 毫米。积雪期在山地可以达 5 个月。山上植被有明显的垂直分布，有草地、矮松和山毛榉等。动物主要有熊、狼、猞猁等。外带山麓矿藏丰富，有石油和天然气等。

（九）科迪勒拉山脉

科德勒拉山脉纵贯南、北美洲大陆西部，北起阿拉斯加，南至火地岛，绵延约 1.5 万千米，是世界上最长的山系。它由一系列山脉、山间高原和盆地组成，属环太平洋火山地震带的一部分，火山地震比较频繁，是世界上著名的火山、地震多发带。

科迪勒拉山脉宽约 800 ~ 1600 千米，海拔 1500 ~ 3000 米，包括东、西两列山带和宽广的山间高原盆地带。东带以落基山脉为主体。西带又可分内、外两带。内带至北向南包括阿留申山脉、阿拉斯加山脉、加拿大海岸山脉、喀斯喀特—内华达山脉和加利福尼亚半岛山脉等。外带北自阿拉斯加南岸的科迪亚克岛起，南至加利福尼亚半岛，主要为沿海岛山带及美国境内的海岸山脉。科迪勒拉山脉自然资源丰富。有多种不同的垂直带结构。北美洲西北沿海和南美洲的赤道附近以及安第斯山南部，森林茂密，水能丰富。科迪勒拉山系构造复杂，由一系列褶皱断层造成，并伴有地震、火山现象，高山冰川普遍。有铜、锌、铅、锡、金、银、石油、煤等多种矿藏。

六、著名江河

（一）鄂毕河

鄂毕河位于西伯利亚西部，是俄罗斯第三大河，仅次于叶尼塞河和勒拿河，也是世界著名长河。其自身长度为 3700 千米，流域面积达到了 260 万平方千米。

鄂毕河流域的可航行河段总长度将近 15000 千米，经托博尔河，可以在秋明与叶卡捷琳堡—彼尔姆铁路相连，然后与俄罗斯的腹心地带的卡马河与伏尔加河连接。额尔齐斯河是鄂毕河最大支流，发源于中国新疆维吾尔自治区的阿勒泰山南坡，中国境内河长 63 千米，流域面积 5.73 万平方千米。鄂毕河流域的气候属于典型的大陆性。冬季寒冷漫长，1 月的平均气温低于 −20℃，夏季较温暖，南部 7 月平均气温 22℃，在北部，由于太阳光辐射热的减少，7 月的平均气温只有 9℃～10℃ 左右。鄂毕河蕴藏着巨大的水资源，达 2500 亿千瓦时。已开发利用的水能资源不超过 10%，建有新西伯利亚水电站、布赫塔尔马水电站和乌斯季卡缅诺戈尔水电站等。

（二）第聂伯河

第聂伯河流经乌克兰的首都基辅，发源于俄罗斯瓦尔代丘陵南部混交林地带的沼泽地，最后在赫尔松西南 30 千米处注入黑海，是乌克兰的象征。

第聂伯河流全长 2280 千米，流域面积 50.4 万平方千米，全流域有 300 多个水域观测站。从源头至乌克兰的基辅为第聂伯河的上游，长约 333 千米；从基辅至扎波罗热为中游，长 621 千米；从扎波罗热至河口为下游，长 331 千米。河水结冰期上游在 12 月，下游在 4 月初；解冻区上游在 4 月初，下游在 3 月初。第聂伯河流域属于大陆性气候，温暖湿润。降雨量由北向南递减：瓦尔代丘陵和明斯克丘陵区年降水量为 762～821 千米，基辅附近为 708 千米，扎波罗热以下为 454 千米，东南部在 300 千米以下。第聂伯河也是重要的水上交通要道，乌克兰通过它使黑海的区和波罗的海地区建立了联系。

（三）顿河

顿河发源于俄罗斯丘陵东坡，经俄罗斯平原南半部，在亚速夫以西 15 千米处注入亚速海的塔甘罗格湾，是俄罗斯在欧洲部分的第三大河。

顿河全长 1870 千米，流域面积为 42.2 万平方千米，年均径流总量约 295 亿立方米。河的上游是从源头起到索斯纳河口止；中游从索斯纳河口起至伊洛夫利亚河汇流处止；大坝以下至河口段为下游，河床比降很小，水流缓慢，河谷宽 20～30 千米，水深 20 米。其干流可以通到里海、波罗的海等著名海峡。通航里程 1604 千米。霍皮奥尔河和北顿涅茨河是顿河最大的支流，霍皮奥尔河发源于伏尔加丘陵西坡，在维申村以下注入顿河。河长 1008 千米，流域面积 6.112 万平方千米；北顿涅茨河是顿河右岸的最大支流，在罗斯托夫城上游 150 千米处注入顿河。河长 1076 千米，流域面积 9.866

万平方千米。顿河地区的气候东暖夏凉，1月份的平均气温在-15℃左右，7月份的平均气温在 25℃左右。顿河水力资源丰富，194~1952 年建成了伏尔加—顿河通航运河和齐姆良斯克水利枢纽。

（四）莱茵河

莱茵河发源于瑞士东南部的阿尔卑斯山北麓，流经瑞士、德国、法国、荷兰等国，在荷兰鹿特丹附近注入北海，是欧洲西部第一大河，是德国最长的河流，是德意志民族精神的象征，被德国人称为"命运之河"。

莱茵河全长 1320 千米，通航里程将近 900 千米，其中大约 700 千米可以行驶万吨海轮。莱茵河水量巨大，支流众多。其主要支流有阿勒河、伊尔河、摩泽尔河、内长河、莱茵河、兰河、鲁尔河等，总流域面积 22.4 万平方千米。莱茵河在德国境内有867 千米，流域面积占德国总面积的 40%，是德国的摇篮。沿途风景最美的一段在中游的莱茵河谷段，从德国的美因兹到科布伦茨之间。莱茵河流经德国最重要的工业区，沿途有许多重要城市和工业区，德国的现代化工业区鲁尔就在它的支流鲁尔河和利珀河之间。所以自古莱茵河就是欧洲交通最繁忙的水上通道，航运十分方便，被称为"黄金水道"。沿河港口密布，主要港口有巴塞尔、斯特拉斯堡、美因茨等。莱茵河还通过一系列运河与其他大河连接，构成一个四通八达的水运网。

（五）多瑙河

多瑙河发源于德国西南部黑林山东麓海拔 679 千米的地方，自西向东流经奥地利、捷克、斯洛伐克、匈牙利、塞尔维亚、保加利亚、罗马尼亚和俄罗斯，在罗马尼亚的利纳附近注入黑海，流经 8 个国家，是世界上流经国家最多的河流。多瑙河是一条著名的国际河流，是欧洲的第二长河，常被人们赞美为"蓝色多瑙河"。

多瑙河全长 2850 千米，流域面积 81.7 万平方千米，年平均入海量 203 立方千米。河网密布，支流众多，普鲁特河、锡雷特河、奥尔特河都是多瑙河的主要河流。河的上游长 966 千米，是从河源到西喀尔巴阡山脉和奥地利阿尔卑斯山脉之间的峡谷，它的源头是名叫布列盖河与布里加哈河的两条小河。上游流经的地区河道狭窄，河谷幽深，水中多急流险滩，河水主要依靠山地冰川和融水补给；中游长约 900 千米，是从匈牙利门到铁门，流速缓慢，泥沙沉积；铁门以下为下游，左岸是瓦拉几亚平原，右岸是多瑙河平原，河谷宽阔，水流平稳，接近河口宽度扩展到 15~20 千米，有的地段可以达到 28 千米以上。多瑙河携带大量泥沙到土耳恰城附近分成基里亚河、苏利纳河、格奥尔基也夫三条支流，冲积形成了一个面积 4300 平方千米的扇形河口三角洲。

多瑙河航运发达，水力资源丰富，有著名的铁门水电站。

（六）伏尔加河

伏尔加河位于俄罗斯欧洲部分，发源于俄罗斯联邦西北部，源头海拔 228 米，是欧洲第一长河，也是世界上最大的内流河，是俄罗斯最重要的内河航道，享有"俄罗斯的母亲河"之称。

伏尔加河自北向南流经俄罗斯平原的中部，注入里海，全长 3690 千米，流域面积 138 万平方千米。河流比降较小，流速缓慢，河道弯曲。上游流经冰河区，联结一系列小湖，河岸发育差。伏尔加格勒以下为下游，分出一条汉河——阿赫图巴和，与干流近于平行流到河口地区，然后分成 80 余条汉河注入里海。伏尔加河每年供应里海的水量几乎等于亚速海的水量，减缓了里海变小的速度。伏尔

伏尔加河

加河的河水补给来源主要是雪水，其次是地下水和雨水。奥卡河是伏尔加河右岸最大和水量最多的支流，发源于中俄罗斯丘陵，地处奥廖尔以南，河源海拔 226 米，在高尔基城附近注入伏尔加河。沿河有多座水利枢纽工程，包括雷宾斯克、高尔基、切博克萨雷、古比雪夫、萨拉托夫、伏尔加格勒附近的水库和水电站有 10 多个。

（七）赞比西河

赞比西河曾译为"桑比西河"或"三比西河"，也称"里巴河"。它发源于安哥拉中东部和赞比亚西北部高地，是非洲南部最大的一条河流，也是非洲流入印度洋各条河流中最大的一条河。这里是刚果河和赞比西河的分水岭，两河源头相距不到 1 千米。赞比西河全长 2660 米，流域面积为 133 万平方千米，河网密集，支流众多，主要支流有宽多河、乔贝河、卡富埃河、卢安瓜河等。河水水量丰富，河口年平均径流量为 1.6 万平方米/秒，在亚洲居第二位，此河蕴涵水力资源 1.37 亿千瓦，占非洲的 12% 左右。河的上游流速缓慢，河水至赞比亚与津巴布韦交界处，突然跌入一个千丈峡谷，形成了著名的"维多利亚大瀑布"，它是此河中游的起点。下游在英桑比克境内，长约 600 多千米，大部分从平原上流过，入海处形成巨大河口三角洲。赞比西河处于热带草原

气候带，河流有明显的洪水期和枯水期。

（八）尼罗河

尼罗河发源于赤道南部东非高原上的布隆迪高地，自南向北流经布隆迪、卢旺达、坦桑尼亚、乌干达、苏丹和埃及等国，最后在开罗以下注入地中海，是世界第一大长河。

尼罗河全长6670千米，流域面积约287万平方千米，流经埃及的长1530千米。尼罗河是由卡盖拉河、白尼罗河、青尼罗河三条河流汇合而成。干流自卡盖拉河源头至入海口，尼罗河下游谷地河三角洲则是人类文明的最早发源地之一，三角洲平原上地势平坦，是现代埃及的文化中心。苏丹的尼穆莱以上为上游河段，长1730千米，自上而下分别称为卡盖拉河、维多利亚尼罗河和艾伯特尼罗河。从尼穆莱至喀土穆为尼罗河中游，长1930千米，称为白尼罗河，其中马拉卡勒以上又称杰贝勒河，最大的支流青尼罗河在喀土穆下游汇入。青尼罗河发源于埃塞俄比亚高原上海拔1830米的塔纳湖，高原多雨湿润，水量比较大，河口处流量为1640立方米/秒，而白尼罗河只有845立方米/秒，是青尼罗河的一半。白尼罗河和青尼罗河汇合后称为尼罗河，属下游河段，长约3000千米。尼罗河干流流经的地区多为苏丹和埃及的沙漠地区，这里日照充足，是世界著名的长绒棉产地。河口附近形成了巨大的尼罗河三角洲，土地肥沃，埃及人口主要集中在这里。

（九）刚果河

刚果河又称"扎伊尔河"，位于中西非。上游卢阿拉巴河发源于扎伊尔沙巴高原。干流流贯刚果盆地，河道呈弧形穿越刚果民族共和国，注入大西洋。在非洲仅次于尼罗河，是非洲第二长河。1482年，葡萄牙航海家迪奥戈·卡奥率领探险队沿非洲西海岸航行时第一次发现了这条河以及河口附近的刚果王国，于是此河因此而得名。

刚果河全长约4700千米，流域面积约370万平方千米，流量最大为17.5万立方米/秒。刚果河的上游位于赞比亚境内东非大裂谷的高地山区，乌班吉河是刚果河右岸最大支流，是刚果民主共和国、中非共和国和刚果共和国的边界河流，由姆博穆河与韦莱河汇流而成。马伊恩东贝湖是流域内的大湖泊。刚果河上游河段年平均降雨量约1300毫米，年平均径流深约200毫米，水比较少。中游地区气候湿润，年雨量1500~2000毫米，年径流深约500毫米，盆地中心年径流深可达1000毫米，是全流域的多水区。刚果河水力资源丰富，其水能资源主要集中在上游及下游，蕴藏量达4亿千瓦，大约占世界已知水力资源的1/6。英加大型水利枢纽是主要水利工程。

（十）长江

长江发源于中国的青藏高原唐古拉山脉主峰各拉丹冬雪山的西南侧，源头冰川末端海拔 5400 多米。干流流经青、藏、川、滇、鄂、湘、赣、皖、苏、沪等 10 个省、市、自治区，在崇明岛以东注入东海。是中国第一大长河，也是世界第三长河。

长江全长 6300 多千米，流域面积达 180 多万平方千米。长江流域大部分处于亚热带季风气候区，温暖湿润。多年平均降水量 1100 毫米，多年平均入海水量近 1 万亿立方米，占中国河川径流总量的 36% 左右，水量居世界第三位，仅次于亚马孙河和刚果河，相当于黄河水量的 20 倍。长江水系发达，支流众多，流经甘、陕、黔、豫、浙、桂、闽等省、自治区境内。流域面积 1 万平方千米以上的支流有 49 条，嘉陵江、汉江、岷江、雅砻江 4 大支流的流域面积均在 10 万平方千米以上。长江中下游是中国淡水湖分布最集中的地区，主要有鄱阳湖、洞庭湖、太湖、巢湖等。长江在航运上具有重要的作用，是得天独厚的"黄金水道"。此外，南水北调工程和运河扩建工程使长江发挥了更大的作用。长江地区中积形成长江三角洲，呈扇形，面积 5 万多平方千米。这里雨量充沛、气候温和湿润、土壤肥沃、交通便利，物产极其丰富，盛产鱼虾，有"鱼米之乡"的美誉。这里是中国工农业生产基地最大、最富庶的三角洲，被称为"金三角洲"。

（十一）黄河

黄河发源于青海省巴颜喀拉山支脉的各姿各雅山东麓，流经青海、四川、甘肃、宁夏、内蒙古、陕西、山西、河南、山东 9 个省、自治区，在利津注入渤海，是中国第二大河，是中华民族的摇篮，被称为"中国的母亲河"。

黄河全长 5464 千米，流域面积 75 万多平方千米。黄河河道通常以河口镇和孟津为界，划分为上、中、下游三段。上游龙羊峡以上为河源段，巴颜喀拉山西段北麓的卡日曲的涌泉是黄河之源；龙羊峡—青铜峡间为峡谷段，包括龙羊峡、积石峡、刘家峡、青铜峡等 20 多个峡谷；青铜峡—河口镇为冲积平原段，在著名的银川平原和河套平原上，黄河过境此间，也称"客籍河"。中游段，出河口镇—禹门口为晋陕峡谷段，著名的壶口大瀑布便是在此段"咆哮万里触龙门"；禹门口—风陵渡为汾渭平原段，黄河在此接纳了它的重要支流，如：汾河、洛河、径河、渭河等。从这一段开始，黄河携带了大量的泥沙，风陵渡—孟津为晋豫峡谷段，著名的三门峡就在这里。下游段在华北大平原上，河床比较宽，水流缓慢，泥沙淤积旺盛，河床高出两岸地面 4~5 米，成了举世闻名的"地上河"，约束干流的黄河大堤是黄河和淮河流域的分水岭。

（十二）密西西比河

密西西比河发源于美国西部偏北的落基山北段的群山峻岭之中，向北注入墨西哥湾。它是北美洲最长的河流，是世界第四大河，有"老人河"之称。

密西西比河全长达 6262 多千米，密苏里河是它的最大支流，上游包括整个密苏里河流域和密西西比河本身的上游流域，被称为"向西进发的门户"的圣路易斯和印第安纳波利斯等，就坐落在密西西比河中游河畔；开罗以下为下游部分，全长 1570 千米。这个下游河段比较平坦，气候温和，雨量充沛，属于亚热带湿润地区。其主要支流有怀特河、阿肯色河、亚祖河和雷德河。泥沙在河口堆积，形成了面积为 2.6 万平方千米的三角洲。密西西比河有近 50 条支流可以通航，干支流通航里程可达 2.59 万千米，是美国内河的交通大动脉。它有四通八达的现代化水运网，圣路易斯、孟菲斯、新奥尔良是其主要港口。密西西比河水力资源丰富，水能蕴藏量高达 2630 万千瓦，主要分布在俄亥俄河及其支流，开发程度比较高，有巨大的田纳西河水电工程。

（十三）圣劳伦斯河

圣劳伦斯河的上源是圣路易斯河，在美国的明尼苏达州，下游在加拿大的东陲，以卡伯特海峡为河口，注入大西洋的圣劳伦斯湾，是北美洲东部的大河。

圣劳伦斯河全长 1287 千米，流域面积约 30 万平方千米。美国和加拿大两国约各占一半。主要支流有渥太华河、里歇柳河、萨吉纳河等。圣劳伦斯河水道系统可分为三大段：从安大略湖口至蒙特利尔为上游，长约 300 千米，前 2/3 河段构成加、美两国的边界。因河床基岩突露，形成许多小岛，在湖口以下 64 千米内计有 1 700 余个，称为千岛河段。魁北克以下为下游，长 700 多公里，接纳萨格奈河等支流；河面展宽，水深增至 10~30 米，流速更缓。圣劳伦斯河水力资源丰富，建有河坝和水闸。水产丰富，有鲟鱼、鲈鱼、鳟鱼、青鱼、沙钻鱼等。

（十四）哥伦比亚河

哥伦比亚河发源于加拿大落基山脉西坡的哥伦比亚湖，向西南流经美国西北部，在阿斯托里亚注入太平洋。1792 年波士顿商人罗伯特·格雷来此探险，他所乘的船名为"哥伦比亚"，于是这条河就以此命名。

哥伦比亚河长 1953 千米，流域面积 67.1 万平方千米。河水主要靠融雪补给为主，部分靠冬季降水。河流水量大，河口年平均流量 7860 立方米/秒，水位季节变化小。

河流大部分流经深谷，河床比降大，多急流瀑布，总落差 820 米，水力资源储量大，是世界水力资源最丰富的河流之一。它的最大支流是斯内克河，全长 1610 千米，流域面积 28.2 万平方千米，多年平均流量 1390 立方米/秒。干支流建有许多水坝，用于灌溉和发电。其中大古力水电站是美国规模最大的水电站。河流泥沙含量小，是流域内重要的工农业水源。河流下游盛产鲑鱼。

（十五）俄亥俄河

俄亥俄河位于美国中东部，发源于阿巴拉契亚山地，流向西南，在伊利诺伊州的开罗附近，注入密西西比河，是密西西比河最大的支流。

俄亥俄河全长 2100 千米，流域面积 52.8 万平方千米。其主要支流有卡诺瓦河、肯塔基河、沃巴什河、坎伯兰河和田纳西河。流域内降水丰富，年降水量 1000 毫米，主要是雨水补给，水量丰富，占据了密西西比河 56% 的水量，河口年平均流量达 7080 立方米/秒。河的上游是从匹兹堡至朴次茅斯，河谷狭窄，平均宽度小于 800 米；下游从朴次茅斯到开罗，比上游稍宽，水流缓慢。俄亥俄河一直是美国中东部重要的水运航道，干支流水力资源丰富，通航里程约 4000 千米，全年皆可通航，并有运河与伊利湖相通，主要输送煤、砂石、石油等。

（十六）育空河

育空河发源于加拿大境内的苇基山脉西麓，西距太平洋 24 千米，流经育空地区中南和美国阿拉斯加州中部，在高原西部注入白令海。育空河是北美第三长河，被称为北美的"母亲河"，孕育着北美的文明。

育空河全长 3185 米，流域面积 85 万平方千米。其中 1149 千米河流在加拿大，占总流域的 1/3，是河流的上游地区，峡谷幽深；中游河谷宽阔，蜿蜒曲折，干流最宽 64 千米，有大片湿地；下游与科尤库克河的下游共同形成一面积广大的河口三角洲，地势低平。潮水可涨到 160 千米，7—8 月为洪水期。河水主要由冰雪补给。此河因 1896 年在其支流克朗代克河发现金矿而闻名于世。育空河地区气候寒冷，一年有 9 个月封冻，大大降低了航运价值。其渔业丰富，森林、金矿、银矿著名。

（十七）亚马孙河

亚马孙河位于南美洲北部，发源于秘鲁境内安第斯山科迪勒拉山系的东坡，是南美洲第一大河，也是世界上流域面积和流量最大的河流。

亚马孙河长 6570 千米，仅次于尼罗河，为世界第二大河。它有两支河源：一支为马拉尼翁河，发源于秘鲁境内安第斯山高山区；另一支为乌卡亚利河，源头是阿普里马克河。亚马孙河上游约长 2500 千米，分为上、下两段。上段长约 1000 千米，落差达 5000 米；下段为两条巨大支流注入亚马孙河的两个河口之间的河段。亚马孙河中游流经秘鲁、哥伦比亚、巴西，全长约为 2200 千米。两侧支流众多，都发源于安第斯山东坡；下游长达 1600 千米，河宽而水深，地势低平，有湖泊。亚马孙河高温多雨，物种丰富，淡水鱼类多达 2000 余种。涌潮是亚马孙河的一个世界自然奇观，它可以和我国的钱塘江大潮相媲美。在穿越了辽阔的南美洲大陆以后，亚马孙在巴西马拉若岛附近注入大西洋。

（十八）巴拉那河

巴拉那河发源于格兰德河和巴拉那伊巴河交汇处，向西南流，经巴西中南部至瓜伊拉，最后注入大西洋，是南美洲仅次于亚马孙河的第二大河。

巴拉那河全长 4100 千米，其中巴拉那河干流（从格兰德河与巴拉那伊巴河交汇处算起）全长 2580 千米，拉普拉塔河入海口段长 320 千米。巴拉那河总流域面积 310.3 万平方千米，其中巴拉那河占 260.5 万平方千米，乌拉圭河占 36.5 万平方千米，拉普拉塔河口段占 13 万平方千米。巴拉那河干支流流经南美洲巴西、玻利维亚、巴拉圭、乌拉圭和阿根廷等 5 个国家，是这几个国家的重要水上航道，全河全年通航里程约 2698 千米。巴拉那河流域北部为热带气候，夏季多雨，冬季干旱。中、下游地区是亚热带气候，夏季炎热，冬季寒冷。巴拉那河有众多干支流，蕴藏着巨大的水能，建有多个核电站。伊瓜苏河、格兰德河、铁特河是巴西境内的几大支流，其中最大的是伊瓜苏河，蕴藏着巨大的水能，建有多座核电站。

（十九）拉普拉塔河

拉普拉塔河位于阿根廷和乌拉圭两国之间，发源于巴拉那河和乌拉圭河，向东南流入大西洋。在西班牙语中拉普拉塔是"银子"的意思，由于上游内地富产银矿，所以此河被称为"拉普拉塔河"。

拉普拉塔河全长 370 千米，面积达 3.5 万平方千米，河口线处宽 223 千米，为世界上最宽的河口之一。其流域面积 13.56 万平方千米，年平均流量 2.35 万立方米/秒。由于巴拉那河和乌拉圭河水量充沛，富含泥沙，致使拉普拉塔河泥沙堆积，形成了众多浅滩，河床较浅。拉普拉塔河河岸较为曲折，多港湾和岬角其，北岸地势高，有布宜诺斯艾利斯、拉普拉塔、罗萨里奥、圣非等港口。拉普拉塔河—巴拉那河全流域属亚热带湿润气候，四季皆有降雨，年降雨量 1200~2400 毫米，水力资源丰富，支流众多，主要支流有格兰德河、伊瓜苏河等。伊瓜苏河水资源蕴藏量最大，建有多所水电站。

（二十）苏伊士运河

苏伊士运河位于埃及境内尼罗河三角洲和西奈半岛之间狭长的苏伊士地峡上，1869 年建成，是连通欧、亚、非三大洲的主要国际海运航道，在国际航运中具有重要的战略意义。

苏伊士运河长 500 米，宽 70 米，有 70 米水深的船位容纳量。它连接红海与地中海，使大西洋、地中海与印度洋连接起来，大大缩短了东西方航程。与绕道非洲好望角相比，通过苏伊士运河从欧洲大西洋沿岸各国到印度洋缩短 5500~88009 千米；从地中海各国到印度洋缩短了 8000~10000 千米；对黑海沿岸来说，则缩短了 12000 千米。由于红海和地中海水位相当，运河没有闸门。从超大型油轮到航空母舰，再到小型货轮，每年各种形状、各种大小的船只繁忙地穿梭在运河中。苏伊士运河每年承担着全世界 14% 的海运贸易，是世界上最繁忙的水道，也是埃及人民的骄傲。

（二十一）墨累河

墨累河发源于澳大利亚新南威尔士州的东南部，注入印度洋的因康特湾，是澳大利亚最长、最大的河流。

墨累河全长 3719 千米，流域面积 105.7 万平方千米。河网密布，支流众多，其主要支流有达令河和马兰比吉河。达令河入口以上为墨累河上游，全长 1750 千米，流域面积 26.7 万平方千米，是墨累河最长的支流，发源于新南威尔士州新英格兰山脉的西麓穿越新南威尔士州，在文特沃思西南注入墨累河。这里地势平坦，在海拔 200 米以上，属于典型的平原地区。马兰比吉河是墨累河右岸的主要支流，位于新南威尔士州东南部，发源于东部高地山坡的坦坦加拉水库，在奥克斯利市以南约 30 千米处接纳拉克伦河后在罗宾韦尔市附近注入墨累河。墨累河流域主要位于南澳大利亚州以东、大分水岭以西、昆士兰州沃里戈岭以南的地区。墨累河谷是重要的经济区，建有许多水库。

（二十二）伊洛瓦底江

伊洛瓦底江被称为"大金沙江"或"丽水"，由北部的恩梅开江和迈立开江汇合而成，南流经缅甸中部，注入印度洋安达曼海，是缅甸最大的河流，也是缅甸民族发展的摇篮，被称为"天惠之河"。

伊洛瓦底江有东西两支河源，东源叫恩梅开江，发源于中国的察隅县境伯舒拉山南麓；西源迈立开江发源于缅甸北部山区。河流全长 2714 千米，流域面积 43 万平方千米，约占缅甸全国面积的 60%，有一条纵谷，面积占全国面积的 1/3。伊洛瓦底江最大的支流钦敦江发源于缅甸克钦邦拉瓦附近，全长 840 千米，流域面积 11.4 万平方千米。钦敦江、漠河和蒙河是其右岸的主要支流。伊洛瓦底江流域属于亚热带雨林气候，全年分为 3 季：3—5 月为暑季、6—10 月为雨季、11—12 月为凉季。1 月份气候最低，平均 20℃～25℃；4 月份最热，平均 25℃～30℃。中部平原和下游三角洲是缅甸重要的工农业区，中游有油田，下游河口三角洲盛产水稻。江畔的蒲甘是有名的"万塔之城"。伊洛瓦底江蕴涵着丰富的水资源，金水达水电站是有名的水电站。

七、著名湖泊

（一）黑海

黑海位于欧洲东南部和亚洲小亚细亚半岛之间的内海，平均盐度只有 12%～22%，深层海水严重缺氧。据观测，在 220 米以下水层中已无氧存在。在缺氧和有机质存在的情况下，经过特种细菌的作用，海水中的硫酸盐产生分解而形成硫化氢等，而硫化氢对鱼类有毒害，动植物几乎荡然无存，水色深谙，故名"黑海"。

黑海形似椭圆形，东西最长 1150 千米，南北最宽 611 千米，中部最窄 263 千米，面积 42.2 万平方千米，海岸线长约 3400 千米，平均水深 1315 米，最大水深 2210 米，年降水量 600～800 毫米，同时汇集了欧洲一些较大河流的径流量，年平均入海水量达 355 立方千米。黑海表层水温冬季 0℃～8℃，夏季 22℃～24℃，盐度 17℃～22℃，冬季北岸结冰。黑海沿海重要城市有伊斯坦布尔、布尔加斯、瓦尔纳、康斯坦察、图尔恰、敖德萨、塞瓦斯托波尔、巴统等。并且黑海在航运、贸易和战略上具有重要地位。

（二）贝加尔湖

贝加尔湖位于俄罗斯东西伯利亚南部，是世界上最深和蓄水量最大的淡水湖，因贝加尔湖具有得天独厚的条件，1993 年俄罗斯专门在这里建立了"贝加尔湖自然保护区"。

贝加尔湖形状狭长弯曲，长 636 千米，宽平均 48 千米，最宽 79.4 千米，总面积 3.15 万平方千米，平均深度 730 米，最深 1620 米。其容积达 2.36 亿立方千米，超过了波罗的海的蓄水量，也超过了北美五大湖的总蓄水量，占全球淡水湖总蓄水量的 1/5。贝加尔湖湖面波涛汹涌，经常掀翻船只。有记载以来，贝加尔湖的历史就是一部沉船史。在 1908 年 6 月 30 日，在湖西北方 800 千米处发生了通古斯大爆炸，影响了湖附近的森林。贝加尔湖地区阳光充沛，雨量稀少，冬暖夏凉，有 300 多处矿泉，湖中有植物 600 种、水生动物 1200 种，其中 3/4 为贝加尔湖特有的，从而形成了其独一无二的生物种群，如各种软体动物、海绵生物以及海豹等珍稀动物。贝加尔湖中有约 50 种鱼类，分属 7 科，最多的是杜文鱼科的 25 种杜文鱼。大马哈鱼、苗鱼、鲱型白鲑和鲟鱼也很多，是俄罗斯东部地区最大的疗养中心和旅游胜地。

（三）维多利亚湖

维多利亚湖是非洲的第一大淡水湖，是以英国女王维多利亚命名的，也是世界第二大淡水湖。它位于东非两条大裂谷之间的平地上。

维多利亚湖海拔 1134 米，南北最长 400 千米，东西最宽 240 千米，面积 6.9 万平方千米，仅次于美洲苏必利尔湖。维多利亚湖岸线曲折，长达 7000 多千米，多优良港湾，湖中多岛屿群和暗礁，岛屿面积近 6.9 万平方千米，其中乌凯雷韦岛最大，高出湖面 200 米，岛上人口稠密，长满树木。湖的西南岸有 90 米高的悬崖，北岸平坦而光秃。其集水面积约 20 万平方千米。常年有卡盖拉河、马拉河等众多河流注入其中，湖水唯一出口是北岸的维多利亚尼罗河，在那里形成里本瀑布，排水量每秒达 600 立方米，著名的尼罗河支流白尼罗河就发源于此。维多利亚湖周围森林茂密，有许多非洲的野生动物。湖中有鳄鱼和河马，岛上花草繁茂，风光旖旎，是不错的旅游胜地。

（四）休伦湖

休伦湖位于美国密歇根州和加拿大安大略省之间，是第一个被欧洲人发现的湖泊，是北美洲五大湖之一。它由西北向东南延伸，长 330 千米，最宽 295 千米，面积 5.96 万平方千米，在五大湖中居第二位。湖面海拔 177 米，平均水深 60 米，最大深度 229 米。湖岸线曲折，长 2700 千米，湖岸多为沙滩、砾石滩和悬崖绝壁，湖中多岛屿，主要分布在乔治亚湾，世界最大的湖岛——马尼图林岛就在此湖区，面积 2766 平方千米。岛上景色优美，环境怡人，是不错的旅游和疗养胜地。湖区矿产资源丰富，为重要工业区，有铀、金、银等。圣克莱尔河东岸多炼油厂和石油化工厂，被称为加拿大的"化工谷"。湖中有鱼，渔业发达。休伦湖是重要的水上交通要道，全年通航期 7~8

个月。阿尔皮纳、萨尼亚、罗克波特等都是其重要港口。

（五）威兰德拉湖区

威兰德拉湖区位于新南威尔士西南部的墨累河盆地。威兰德拉湖区由一系列干湖组成，形成于第三纪早期，1981 被列入《世界遗产名录》。

威兰德拉湖区面积 6000 平方千米，是新生代第四纪形成的筒状湖。盆地是距今 40 万年以前拉克伦河、马兰比季河和墨累河围成的三角洲，还有 12 万年前冲击成的地层。威兰德拉湖区是拉克伦河的支流，注入互相联系的湖区流域。流域由 6 个主要的湖和一些较小的洼地组成。其中从小池塘到占地 500 平方千米、深 10 米的加纳朋湖，大小不一。此地留有许多人类文化遗迹。考古学家在这里发现了大约 2.6 万年前的古人类骨骼化石，还发现了 5 个 3 万年前的火炉遗迹。通过数次放射性同位素地质年测定，人类至少在 3 万年以前就开发这个地区了。

（六）苏必利尔湖

苏必利尔湖的东北面是加拿大，西南面是美国，为美国和加拿大共有。它是北美五大湖之一，是世界第二大湖，仅次于里海，也是世界面积最大的淡水湖。

湖面东西长 616 千米，南北最宽处 257 千米，湖面平均海拔 180 米，水面积 8.24 万平方千米，平均深度 148.4 米，最大深度 405 米，是五大湖中最深的湖泊。其蓄水量 1.2 万立方千米，占五大湖蓄水量一半以上。湖岸线长 3000 千米，沿岸森林密布，北岸曲折多湖湾，有 200 多条河流注入，尼皮贡和圣路易斯河为最大。湖水通过圣玛丽斯河流入休伦湖。湖中最大岛为罗亚尔岛，长 72 千米，最宽 14 千米，岛上多野生动物，湖的西岸建有美丽的国家公园。湖区气候冬寒夏凉，风力强盛，湖面多波浪，冬季水位较低，夏季较高。湖区水温较低，夏季中部水面温度一般不超过 4℃。冬季湖岸带封冰，全年可航期一般约 6~7 个月。主要港口有加拿大的桑德贝和美国的塔科尼特等。矿产资源丰富，主要有铁、镍、铜等。

（七）大盐湖

大盐湖是西半球最大的内陆盐湖。它位于美国犹他州的西北部，东面是落基山支脉沃萨奇岭，西面是沙漠。此湖盐类储量丰富，湖盆累积达 60 亿吨，食盐占 3/4，故称"大盐湖"。

大盐湖沿西北一东南向延伸，长 120 千米，宽 63 千米，深 4.6~15 米，面积 3525

平方千米。湖面海拔约 1284 米。四周群山环绕，常年积雪。大盐湖是个死水湖，没有泄水口，湖水流失主要靠太阳的自然蒸发，湖水的补充则主要来自大自然的雨和融化的雪水，致使盐度越来越高，盐度高达 150‰~288‰大盐湖资源丰富，湖水中含有 76 种矿物质和微量元素，种类齐全，同时具有天然杀菌的效果，盐类储量较大，还有镁、钾、锂、硼等。大盐湖也是一大旅游胜地。盐湖城是该州内最大的城市和首府，位于湖的东南岸。大盐湖具备迄今世界上含量最多、最齐全、最均衡的天然矿物质和微量元素。湖中有野生动物保护区，有许多野禽，如：苍鹭、燕鸥等在这里生息繁衍。

（八）图尔卡纳湖

图尔卡纳湖曾叫"卢多尔夫湖"，它位于肯尼亚北部，北靠埃塞俄比亚，是非洲最大的咸水湖。

图尔卡纳湖同样是东非裂谷带上许多湖泊中的一个。湖区窄长呈条带状，南北长 256 千米，向北一直抵达埃塞俄比亚边界，东西宽 40~60 千米，最深 73 米，面积 6405 平方千米，湖南海拔 375 米。图尔卡纳湖形成于几千万年前，它不仅景色迷人，而且以"人类的摇篮"著称于世。图尔卡纳湖处于干旱地区，水源不足，湖盆周围的侵蚀作用比较微弱，湖水不能外流，形成了一个面积巨大的碱水湖泊，含盐度高，有较强的去污能力。湖周围多火山，特累积火山是比较著名的一个。湖中无常年河流注入，有北岛、中央岛、南岛，岛上还随处可见蝰蛇、眼镜蛇、响尾蛇等毒蛇，因此在这个岛上捕鱼的人不多。中央岛已辟为国家公园，有 1.2 万条鳄鱼，是世界上最大的鳄鱼群之一。

（九）马拉开波湖

马拉开波湖位于委内瑞拉的西北部，湖的东、西、南三面被佩里哈山脉和梅里达山脉环绕，是委内瑞拉以及南美洲最大的湖泊，也是世界上著名的石油湖。

马拉开波湖湖面宽广，一望无际，平均水深 20 多米，靠南的部分有大小 150 多条内陆河注入，湖北部出海口有近 10 千米宽的水面与加勒比海相接。它口窄内宽，南北长 190 千米，东西宽 115 千米，最长处 212 千米，最宽处 92 千米。湖岸线长约 1000 千米，面积 1.43 万平方千米。含盐度 15‰~38‰。马拉开波湖北浅南深，最深达 34 米，容积 2.8 亿立方米。除北部委内瑞拉湾沿岸气候干燥、年降水量不足 500 毫米外，湖区大部分高温多雨，年平均气温 28℃，年降水量 1500 毫米以上，为南美洲最湿热地区之一。马拉开波湖石油资源丰富，湖区的石油产量占全国的 80% 以上，有"石油湖"之称。油田集中于东北岸和西北岸。1917 年打出第一口生产井，1922 年起大规模开采，使委内瑞拉成为世界重要的石油生产国和出口国之一。湖上水道可通大型海轮和油轮。湖的北端有一座长 8 千米、宽 18 米、高 45 米的大桥,是目前南美洲跨度最大的桥。

(十) 马拉维湖

马拉维湖又称"尼亚萨湖"。"马拉维"在当地尼昂加语中是"火焰"的意思,指金色的太阳照射在湖面上,湖水泛起了一片耀眼的火焰般的光芒。1984 年马拉维湖国家公园被联合国教科文组织列为"世界自然遗产"。

湖区大部分水域位于马拉维共和国境内,只有东部和北部一小部分属于坦桑尼亚和莫桑比克。湖水由四周 14 条常年有水的河流注入,其中以鲁库鲁河水量最大,向南流经希雷河同赞比西河相连。马拉维湖面积 3.08 万平方千米,南北长 584 千米,东西宽 16~18 千米,平均水深 273 米,北端最深处达 706 米,湖面海拔 472 米,是非洲第三大淡水湖、第二大深湖,世界第四深湖。湖的四周高山环绕,绿水青山,云雾缭绕。表层水温随季节变化,一般在 23℃~27℃ 之间,深水层为 22℃ 左右,有 200 多种鱼。是一个美丽富饶的国土。

(十一) 乍得湖

乍得湖位于非洲中北部,在乍得、尼日尔、尼日利亚、喀麦隆交界处,乍得盆地中央,是非洲的第四大湖。"乍得"出自当地方言,意为"大片的水"。

乍得湖水位年变幅 0.6~0.9 米,流域面积 100 万平方千米。乍得湖湖面海拔 281 米,湖面面积随季节变化,雨季时可达 2.2 万平方千米,旱季时可缩小一半以上。湖面面积低水位时为 9840 平方千米,高水位时为 25760 平方千米。沙里河是它的主要水源,占总补给量的 2/3,其次有科马杜古约贝河、恩加达首都恩贾梅纳鸟瞰河、姆布利河和富尔贝韦尔河等注入。乍得湖是非洲第四大湖,是古乍得海残余。湖长 220 千米,宽约 70 千米,湖东部深、西部浅,平均深度为 1.5 米,最大水深 12 米。北岸受沙丘侵袭,陡峭;南岸平坦、多沼泽。湖中有半岛和多个岛屿,湖底还有一道岭脊,故南北湖水循环不畅。湖中水产资源丰富,产河豚、鲇、虎形鱼等。沿岸多鸟类。沿湖为重要灌溉农业区。由于气候持续干旱,蒸发强烈,湖面正不断缩小。据考证,3000~4000 年前,乍得湖与尼罗湖相通,后因出口河道淤塞,才演变为今日的内陆湖。乍得湖风光优美,湖里多鱼,岸边多鸭、珍珠鸡等。周围居住着杜马人、库里人、卡涅姆布人,他们以渔猎、农业为主。

（十二）巴尔喀什湖

巴尔喀什湖又称"夷播海"，它位于中亚的哈萨克斯坦东部，是一个内陆冰川堰塞湖，是世界第四长湖，东西长约605千米，南北宽8~70千米，西部宽74千米，面积1.83万平方千米。湖区海拔340米，平均水深6米，最深达26米。流经中国新疆的伊犁河，接纳了大量来自天山的冰雪融水，占总入水量的75%~80%。湖被萨雷姆瑟克半岛从南岸中部向北岸分为东西两半：西部有伊犁河注入，水浅淡，盐度1.5‰，东部有数条小河注入，湖水混浊，颜色浅淡，盐度10.5‰巴尔喀什湖地区属于温带大陆性气候，年平均气温5℃左右。湖中可定期通航，主要大港布鲁拜塔尔和布尔柳托别。每年11月一次年4月湖面结冰。巴尔喀什湖盛产多种鱼类，有鲤、鲈等。湖区动物繁多，在芦苇丛中有大量鸥、野鸭、天鹅等禽类。其北岸铜矿著名，港口城市巴尔喀什是哈萨克斯坦的重要炼铜中心。

（十三）伊塞克湖

伊塞克湖位于帕米尔高原的北部、吉尔吉斯斯坦的东北部，是吉尔吉斯斯坦境内最大的湖泊，也是世界上最大的高山内陆湖之一。伊塞克湖终年不结冰，以"热湖"著称。

伊塞克湖东西长178千米，南北宽60千米，面积约6236平方千米，湖面海拔1608米，平均水深278米，最深处达668米，水中盐度5.8‰，微咸。其面积仅次于的的喀喀湖，但其深度居世界第一。湖水主要靠雪水补给，湖岸线长597千米，一半以上为沙岸。湖区位于大陆性气候带中部，气候温和干燥。1月平均气温-6℃，7月平均气温15℃~25℃。年降水量约200~300毫米，山地地区可达800~1000毫米，蒸发达820毫米，湖盆区2.3万平方千米的平原低地是吉尔吉斯斯坦的重要产粮区和畜牧区。湖中矿物含量达6%，有90多条河流汇入该湖，且夏季气候凉爽宜人，是中亚著名的疗养、旅游避暑胜地。湖区开设有各类疗养院、休闲所。

（十四）大熊湖

大熊湖位于加拿大西北地区，北极圈经其北部，是加拿大第一大湖，也是北美第四大湖和世界第八大湖。

大熊湖面积为31153平方千米，总水量为2236立方千米，平均深度是72米，最深处达446米，海拔186米。湖岸线长达2719千米，湖水西经110千米长的大熊河流入马更些河，湖区多北极熊，故称"大熊湖"。湖的周边地区人口稀疏。湖形不规则，长约 322 千米，宽 40~177 千米。湖区气候严寒，常年结冰，仅 8、9 两个月可通航。湖中多小岛，湖水清澈，湖岸陡立，产白鱼和湖鳟等。湖东岸有沥青铀矿开采中心，除提炼镭、铀外，而且有银、铜、钴、铅等副产品。埃科贝是采矿中心，它和西岸商业集中地富兰克林堡是湖区的主要居民点。

（十五）坦噶尼喀湖

坦噶尼喀湖位于东非大裂谷区的西部裂谷部分，是一个国际湖泊，其周围有 4 个国家。东岸大部分属于坦桑尼亚，东北端有一部分属于布隆迪，西岸属于扎伊尔，南岸属于赞比亚。坦噶尼喀湖仅次于贝加尔湖，是非洲第二大湖，也是世界上最长的淡水湖。

坦噶尼喀湖属于断层湖，湖形狭长，呈条状，南北长约 710 千米，东西宽度平均是 50 千米，平均水深 700 米，最深处达 1436 米，面积 3.29 万平方千米。包括了 1828 千米的海岸线，最深度位于坦噶尼喀湖的北部。湖的下游区域约涵盖 23.1 万平方千米，除了有两条主要的河流流入坦噶尼喀湖，还有很多小河也流进湖中，这两条流入坦噶尼喀湖的河川中，以鲁济济河最大，它从湖的北边流入。另一条是马拉加拉西河，它是东非国家坦桑尼亚的第二大河。湖岸线蜿蜒曲折，湖滨平原狭小，许多地方陡峭的山坡直插水中，形成笔直的悬崖峭壁。湖区四周森林茂盛，各种热带林木竞相生长。最引人注目的是香蕉林。湖上鸟类众多，被人们称为"鸟的王国"。鸟类不仅数量多，而且种类也很多，有白胸鸦、红喉雀、斑鸠、白鹭、黄莺、灰鹤、鹦鹉等，久负盛名的还要数红鹤。湖上海运发达，主要港口有定期航班。

（十六）咸海

咸海位于哈萨克斯坦和乌兹别克斯坦之间，旧称"阿拉海"。南半部属于乌兹别克斯坦，北部属哈萨克斯坦。离塔什干市约 640 千米。湖面海拔 53 米，面积 6.45 万平方千米，为世界第四大湖。

咸海最长 428 千米，宽 235 千米，连同附近岛屿共 6.45 万平方千米，是亚洲仅次于里海的第二大湖。咸海的水源主要靠阿姆河和锡尔河注入，平均水深 22 米，20 世纪五六十年代，两河上游地区的人们开展的大规模开荒造田运动使大量的河水被用于灌溉农田。由于缺乏科学的灌溉系统，水资源浪费现象极为严重，阿姆河和锡尔河已基本不能再为咸海输水。湖面已缩小到 4.1 万平方千米。由于咸海沿岸沙漠化严重，所以大风把大量盐分吹入大气之中，咸海每升湖水中含盐量为 9 克，现在上升到 22.5 克，由于农药的使用，使咸海沿岸居民的健康受到威胁。

八、著名岛屿

（一）马来群岛

马来群岛又称"南洋群岛"，位于亚洲东南部太平洋与印度洋之间辽阔的海域上，东西沿赤道延伸6100千米，南北最大宽度3520千米，总面积约247.5万平方千米，约占世界岛屿面积的20%，是世界上面积最大的群岛。

马来群岛由苏门答腊岛、加里曼丹岛、爪哇岛、菲律宾群岛等2万多个岛屿组成，多为山地，平原狭小，有人口2.25亿，民族众多，是东南亚至世界各地的交通要道。马来群岛的动植物群非常繁多。纬度较低，赤道横贯中部，炎热多雨的气候与肥沃的火山土壤为热带经济作物提供了适宜的生长环境。岛上居民多以种植业为生。岛上盛产橡胶、椰子、胡椒等。轻工业主要是纺织、造纸肥皂等，并藏有丰富的石油、天然气、锡等矿产资源。

（二）中南半岛

中南半岛位于中国和南亚次大陆之间，东临南海与泰国湾，西临孟加拉湾、安达曼海和马六甲海峡，又叫"印度支那半岛"，是亚洲南部三大半岛之一。

中南半岛面积206.5万平方千米，许多国家，如缅甸、泰国等都在半岛上。岛上是典型的热带季风气候，每年3—5月为热季，冬夏季风均消退，气候炎热，月均温达25℃~30℃；6—10月为雨季，盛行西南季风，降水充沛；11月—次年2月为凉季，盛行东北季风，天气干燥少雨。年均降水量受地形影响，在迎风坡达5000毫米，而背风坡则不足2000毫米。湄公河是中南半岛最大的国际河流，为人们提供了极其丰富的水力资源。其主要港口有海防、岘港、曼谷、新加坡等。半岛上蕴藏大量有色金属矿藏，其中铅、锌、银、锑、铜、锡、钨等矿藏均占有重要地位。植物盛产柚木、橡胶和胡椒等。

（三）印度半岛

印度半岛东临孟加拉湾，西临阿拉伯海，是亚洲南部的三大半岛之一。

印度半岛南北长 1700 千米，东西最宽 1600 千米，面积 209 万平方千米，平均海拔 600 米。印度大部分国土都在此岛上。印度半岛的地形以平原和台地缓丘为主，北部为山地，中部为平原，南部为高原。南北地区气候差异比较明显，大部分地区属于热带季风气候，全年分为干季和雨季。每年 10 月—次年 5 月为干季，这时大部分地区干燥少雨。6—9 月是雨季，几乎降雨量占全年的 70%～90%，充沛的雨量有利于农作物的生长。水力资源蕴藏丰富，为农业灌溉和发电创造了有利条件。农业是印度国民经济的主体，主要有甘蔗、烟草、棉花、黄麻等。此外，茶叶、橡胶、咖啡等产量也较多。主要工业有采矿、冶金、机械、化学和纺织工业。

（四）阿拉伯半岛

阿拉伯半岛位于亚洲西南部，以北亚喀巴湾北端—阿拉伯河口一线为界，东北临波斯湾和阿曼湾，东南临阿拉伯海，南临亚丁湾，西临红海，是世界上最大的半岛。

阿拉伯半岛南北长约 2240 千米，东西宽约 1200～1900 千米，面积约 322 万平方千米。半岛上有也门、阿曼、科威特、沙特阿拉伯等国，居民主要是阿拉伯人，通用阿拉伯语。伊斯兰教的创教人穆罕默德就在这里出生和生活。位于半岛上的麦加是伊斯兰教的圣地。以阿拉伯半岛为中心的阿拉伯帝国曾横跨欧、亚、非大陆。半岛上所有国家都以伊斯兰教为国教。半岛有热带荒漠、热带干草原和沙漠中的绿洲 3 种。热带荒漠占半岛的 1/3。阿拉伯半岛有许多野生动物，如：豹子、猴子、羚羊、白羚羊等。岛上资源丰富，盛产石油，波斯湾沿岸是世界上石油、天然气蕴涵最丰富的地区之一。

（五）大不列颠岛

大不列颠岛位于欧洲大陆西岸外的大西洋中，是欧洲最大的岛屿，是英国领土的主要组成部分。大不列颠岛上有英国的 3 个区：英格兰、苏格兰和威尔士。

大不列颠岛面积 22 万平方千米，地势是西北高，东南低。英格兰西部、苏格兰和威尔士处于高地势，大不列颠岛上的最高峰是尼维斯山，海拔 1344 米。东南地区海拔在 200 米以下，英格兰的中部和东部处在这个地区。岛上多海湾，海岸线曲折，冬天不结冰。水力资源丰富，可用于灌溉。大不列颠岛属于温带海洋性气候，冬暖夏凉，秋冬多雾，年降水量在 600～1500 毫米之间。主要河流有泰晤士河、塞文河和特伦特河。河水稳定，有利于航运。其中塞文河是岛上第一长河，全长 338 千米。岛上工农业发达，人口稠密，英国是一个发达的资本主义国家。岛上多矿藏，以石油、天然气、煤和铁为最多。

（六）巴尔干半岛

巴尔干半岛位于欧洲东南部，西临亚德里亚海，东濒黑海，南滨伊奥尼亚海和爱琴海，北以多瑙河、萨瓦河为界。

巴尔干半岛面积约 50.5 万平方千米，包括阿尔巴尼亚、希腊、保加利亚、马其顿 4 国全部，南斯拉夫的大部及罗马尼亚、土耳其的一小部分领土。半岛地处欧、亚、非三大陆之间，具有重要的战略地位，是欧、亚联系的陆桥，南临地中海重要航线。岛上人口 6500 多万，主要是阿尔巴尼亚人、保加利亚人等。岛上大部分为山地，主要山脉有喀尔巴阡山脉、巴尔干山脉等。喀尔巴阡山脉的主峰博特夫，海拔 2376 米。北部和东部有平原。半岛西部和南部属地中海型气候，夏季炎热少雨，冬季温和湿润。半岛内部属温和大陆性气候，冬冷夏热。海岸线曲折，长 9300 千米，港口较多。矿藏有煤、石油、铜等。

（七）格陵兰岛

格陵兰岛位于北美洲东北部，北冰洋和大西洋的交汇处，是丹麦的属地。它西临罗伯逊海峡、史密斯海峡、巴芬湾和戴维斯海峡与加拿大北极群岛相望，是世界最大的岛屿。

格陵兰岛是一个由高耸的山脉、庞大冰山、壮丽的峡湾和贫瘠裸露的岩石组成的地区。其西海岸有世界最大的峡湾，切入内陆 322 千米。格陵兰岛面积 217.56 万平方千米，有 4/5 的面积在北极圈内，气候严寒，年平均气温低于 0℃，常有大风暴和雪暴。岛上大部分面积被厚厚的冰雪覆盖，厚度约 1500 米，只有在沿岸可以见到少量的无冰带。因格陵兰岛处在极地地区，它的北部有连续 5 个月的极昼和 5 个月的极夜。格陵兰岛是丹麦领土的一部分，岛上居民主要分布在气候比较温暖的西部和西南部，因纽特人占多数，主要以狩猎为生。格陵兰岛有世界最大的食肉动物——北极熊，还有北极狐、麝牛、海豹、狼等。

（八）台湾岛

台湾岛北临东海，东北接琉球群岛，东滨太平洋，南界巴士海峡与菲律宾相邻，西隔台湾海峡与大陆福建省相望，是中国第一大岛，被誉为"宝岛"。

台湾岛及其附近属岛面积共 3.59 万平方千米。其中台湾岛南北长 394 千米，东西最宽处在北回归线附近约 144 千米，绕岛一周的海岸线长 1139 千米，面积 3.57 万平方千米，约占总面积的 97% 以上。台湾岛上多山，山地和丘陵占全岛面积 2/3，主要分布在东部和中部，自东向西有台东、中央、玉山、雪山和阿里山 5 条平行山脉，呈北东—南西走向，以中央山脉为主分水岭。其中海拔 1000 米以上山地约占全部山地的一半，海拔 3500 米以上山峰有 30 余座。玉山是岛上的最高峰，海拔 3997 米，也是中国东南部第一高峰。台湾岛地跨北回归线南北，受黑潮影响，属南亚热带湿润气候，高温、多雨、多风，平均气温 21℃ ~ 25℃。台湾岛蕴涵着丰富的矿藏，现在已经探明的各种矿藏有 200 多种，目前已经开采的矿藏有 30 多种，在台湾北端大屯山一带，还出产重要的化工原料——硫黄。这里是中国天然硫黄储量最多的地方，估计达 200 多万吨。岛上的油气田多分布在西北山麓和平原地区，有较多的热带动植物。

（九）马尔维纳斯群岛

马尔维纳斯群岛又称"福克兰群岛"，位于南美大陆南端以东、麦哲伦海峡东南450 千米处的南大西洋水域，西距阿根廷 500 多千米。1690 年，英国人约翰·斯特朗发现了东西马岛之间的海峡，将它命名为"福克兰海峡"，此岛便为福克兰岛。

全境由索莱达（东福克兰）、大马尔维纳（西福克兰）两大主岛和 200 多个小岛组成，面积 1.19 平方千米。岛上多丘陵，海岸曲折，群岛以北部两条东西走向的山脉为主，最高峰尤斯伯恩山海拔达 705 米。岛上气候温暖潮湿，温差较小。年平均气温5.6℃。年均降水量 667 毫米，一年中雨雪天气多达 250 天左右。西风盛行。岛上居民多为英国后裔，大部分居住在索莱达岛。岛上物产丰富，主要出产羊毛、皮革等。岛上有绵羊 71.2 万只，年产羊毛 230 万千克。岛上蕴藏着丰富的矿才资源，有石油和天然气等。

（十）夏威夷群岛

夏威夷群岛位于太平洋的心脏地带，向东到美国西海岸的圣弗朗西斯科近 4000 千米，向西到日本的横滨约 6300 千米，向北到阿拉斯加约 4000 千米，中间几乎没有岛屿。有"太平洋的十字路口"之称。

夏威夷群岛是一群火山岛，从西到东由 8 个大岛和 130 多个小岛组成，绵延 2400多千米，总面积 28313 平方千米。群岛位于太平洋地壳断裂带上，由火山喷发的岩浆形成，现在火山口还经常有火山喷发。岛上多山地和丘陵，少平原。许多山地和丘陵被浓密的森林和草地覆盖着。岛上的基拉韦厄和冒纳罗亚火山是世界上活动力旺盛的火山。在基拉韦厄火山的山顶有一个巨大的破火山口，在破火山口的西南角有个翻腾着炽热熔岩的火山口，其中的熔岩，有时向上喷射，形成喷泉，有时溢出火山口外，形如瀑布，吸引了众多的游人。岛上属于热带雨林气候，气温不高，迎风坡降雨多，背风坡降雨少。一年四季温度都在14℃～32℃之间，变化不大。岛上主要产蔗糖和菠萝，其中菠萝占全世界产量的3/4。岛上植物和昆虫众多，有世界上罕见的"绿色人面兽身蝶"。

（十一）斯里兰卡岛

斯里兰卡岛位于南亚次大陆南端，西北靠马纳尔湾，隔保克海峡与印度相望，东北部为孟加拉湾，是印度洋上的岛国。

斯里兰卡岛呈鸭梨形，平均宽度22千米，面积6.56万平方千米。岛上多高原，2/3是平均3000米的起伏不平的高原。岛的南部是山区，海拔在1000米以上，沿海地区为平原，整个西部海岸线平直；北部地区平坦，丛林较多；东部海岸狭窄，沿岸多岩礁。岛上多属于温热带气候，沿海地区平均气温26℃～28℃，中部和南部高原地带日夜温差比较大，平均气温10℃～26℃，年平均降水量1283～3321毫米。岛上主要矿藏有石墨、钛铁、云母等，是世界上著名的宝石之乡。农作物主要有茶叶、橡胶、椰子，被称为斯里兰卡的特产三宝。斯里兰卡是岛上的主要国家，是佛教之国，大多数国民信奉佛教。

（十二）塔斯马尼亚岛

塔斯马尼亚岛是澳大利亚的一个岛，在维多利亚州以南240千米处，中间隔巴斯海峡，主要包括主岛塔斯马尼亚以及布鲁尼岛、金岛、弗林德斯岛、麦夸里岛和沿海小岛，距离南极洲只有2500千米。

塔斯马尼亚岛面积6.83万平方千米。岛呈心形，多山，为大分水岭的余脉，最高峰奥萨山海拔1617米。它西部多山脉、峡谷；中部为高原，有众多湖泊；东部主要是低高地。德文特和南埃斯克是岛上的主要河流。岛上气候湿润，夏季暖热，冬季温和。2月份最热，平均温度到达21℃。西部山区年降雨量超过2500毫米，雨水充沛地区有温带雨林。沿海地区渔业发达。岛上的主要矿产有铁、锌、铅、铜、锡、钨、煤等。中西部有丰富的水电资源。农牧产品有木材、水果、羊毛、乳品等。

（十三）新地岛

新地岛位于俄罗斯北部的喀拉海和巴伦支海之间，属于北冰洋群岛，主要由南北两大岛组成，还有另外的一些小岛从东北向西南延伸1000多千米。

新地岛总面积 8.26 万平方千米。此岛是呈长形的石山，寸草不生，有很多冰河遗迹及峡湾，岛上山顶积着厚雪，有千年冰川。南北两大岛之间是马托奇金海峡，宽度仅为 1.6~2.4 千米。位于新地岛南端的库素瓦地岛隔喀拉海峡与瓦伊加奇岛及大陆相望。岛上属于极地荒漠带，气候严寒，多风，并常有大雾。新地岛的无名海湾沿岸的岩石上，有 200 多万只海鸟占据着，其中以海雀、三趾鸥、贼鸥为主，又被称为"鸟的天堂"。岛上也是海豹、海象的栖息地。岛上有一座 18 世纪时两位探险家过冬的小屋，现只剩一根木梁插在屋址供人凭吊。地上石块长满黑苔藓及地衣。

1. 新不列颠岛

新不列颠岛是西南太平洋俾斯麦群岛中最大的岛屿。1884 年它是德国属地，1944 年为澳大利亚托管地新几内亚的一部分，现为巴布亚新几内亚的属岛。此岛长约 480 千米，宽约 80 千米，面积 3.7 万平方千米，人口 22.2 万（1980 年）。新不列颠岛地势崎岖多山，有多处活火山，最高峰为乌拉万峰，海拔 2300 米，海岸线曲折，有许多优良港湾。岛上气候较为炎热，温暖湿润。岛上有许多经济作物，盛产椰子、可可、咖啡、木材等，出口以椰干为主。拉包尔是岛上的主要城市。新不列颠岛曾发现一怪兽，灰色、4 只角、高 3 米、头像狗，有一条鱼尾，当地村民称此怪兽已经吃了 3 条狗，警方已经下令逮捕，据称是一只海龟。

2. 九州岛

九州岛古时候为筑紫、筑后、丰前、丰后、肥前、肥后、日向、萨摩、大隅 9 国，因此称为"九州岛"。它位于日本西南端，东北隔关门海峡与本州岛相对，东隔丰予海峡和丰后水道与四国岛相望，东南临太平洋，西北隔朝鲜海峡与韩国为邻，西隔黄海、东海与中国遥对。

九州岛面积 4.34 万平方千米（包括属岛）。岛的北部是筑紫山地，低矮平缓，海拔 500 米左右，多盆地和平原；南部地势高峻，九州山脉纵贯，祖母山是其主峰，海拔 1758 米。岛上河流众多，水流湍急，水力资源丰富，海岸线曲折，多海湾、半岛和火山。岛上是四季分明的气候类型，温暖多雨，年平均气温 13℃~16℃，年降水量 1500~2500 毫米。岛上有大片森林，占全岛面积的 1/5。农副产品丰富，有各种水果、蔬菜和加工品。煤炭资源丰富，产煤量居日本前列。

（十四）海南岛

海南岛古代被称为"朱崖""琼崖"或"琼州"。它位于琼州海峡之南，所以被称为"海南岛"。海南岛是一个大陆岛，也是中国第二大岛。

海南岛的地形是中央高，四周低，以山地和台地为主，南北长245千米，东西宽258千米，面积32200平方千米，岛上有3列主要山脉：呈东北一西南走向，中部五指山横空出世，非常著名。南部沿海，多低山和丘陵，部分伸入海中，成为半岛和小岛。海岸线长1477千米，曲折多港湾。岛上属于热带海洋季风气候，全年高温，光照丰富。雨量充沛，每年5—10月份的降水量占全年降水量的3/4以上。大部分地区年降水量在1700毫米左右，是中国降水较多的地区之一。岛上河流众多，比较短小。南渡江和万全河是较大的河流。有丰富的地下水资源。岛上盛产橡胶、咖啡、可可、椰子、槟榔、胡椒等。其中橡胶占中国橡胶种植面积的一半以上。沿海港口有海口、三亚等。

（十五）蒂汶岛

蒂汶岛南隔蒂汶海与澳大利亚相望，是东南亚努沙登加拉群岛中最大、最东的岛屿，面积3.4平方千米。岛上高山连绵，海岸陡峭，有火山。法塔迈洛是岛上最高点，海拔2920米。岛上气候炎热，年降雨量1500毫米，有干季和雨季之分。岛上盛产红木、檀木、柚木等。矿藏主要有砂金、铜、锰、铁等。农作物和经济作物有玉米、稻米、椰子、咖啡、橡胶等。岛上有帝力、古邦等城市。

（十六）哈马黑拉岛

哈马黑拉岛又称"济罗罗岛"。它属于印度尼西亚，是印尼的马鲁古省中最大的岛屿。岛上多山岭，山岭纵贯了全岛，苏拉山是岛上的最高峰，海拔1508米。岛上有许多火山，其中大都集中在西北半岛，形成了一个火山群，火山群中有5座活火山，是一个地震多发区。岛上海岸陡峭，珊瑚礁较多。岛上属于热带气候，终年炎热多雨，有大片热带森林。岛上经济比较发达，居民以农业和工业为生。农产品和经济作物丰富，有椰子、西谷、烟叶、甘蔗、藤条、树脂和珍珠贝等。岛上最丰富的矿产是镍和钴，主要用于出口，曾和多个国家签订镍、钴生产约定。镍、钴产量可以分别达到4.85万吨和4600吨。

（十七）四国岛

四国岛濒临大阪海湾和太平洋，包括德岛、香川、爱媛和高知4个县，是日本群岛中面积最小的一个，是日本第四大岛。四国岛面积18200平方千米，岛上多山，山脉纵贯全岛，山地约占全境面积80%。岛上的最高峰为石锤山，海拔1982米。四国岛河流短小，水流湍急，有丰富的水流资源，主要河流有吉野川、四万十川和仁淀川等。

岛上南北气候有明显的差别，北部温暖多雨，南部气温高，降雨量也较多，年降水量在 2000 毫米以上。其农业和渔业都比较发达，主要农作物是稻米和蔬菜。爱媛的柑橘产量与质量均居全国首位。工业有石油、化学、机械、造船业等。矿产比较贫乏。

（十八）新喀里多尼亚岛

新喀里多尼亚岛位于大洋洲的美拉尼西亚南边，是法国领土的一部分，官方语言为法语。新喀里多尼亚岛主要由新喀里多尼亚岛和洛亚蒂群岛组成，是大洋洲的第三大岛。

新喀里多尼亚岛长约 500 千米，宽 50 千米，面积 18575 平方千米，周边有公正岛、松柏岛、贝莱普岛以及其他诸多小岛，有世界上最大的潟湖。岛上植物种类繁多，是太平洋众多岛屿中植物种类最多的一个。这里有世界上最丰富的热带森林之一以及长期的火山运动，这里有着令人惊叹的自然风光。东西部差距较大，东部是滨海地区，气候非常湿润，覆盖有茂密的植被，如：椰子树、紫藤等；而西部则是一片稀树草原。岛上有喀里多尼亚本地人（或称美拉尼西亚人）与欧洲人、印度尼西亚人、波利尼西亚人及亚洲人混合居住在一起。

（十九）松巴哇岛

松巴哇岛是印度尼西亚的岛屿，它与龙木岛组成西努沙登加拉省。此岛东西长约 251 千米，南北宽 70~80 千米，面积 1.5 万多平方千米，拥有人口 30 多万。岛上多山地，其中 1000 米以上的山峰约有 20 座，坦博拉活火山是群山中的最高峰，海拔 2821 米。1815 年坦博拉活火山曾发生大爆发，给印度尼西亚造成了一定的损失。岛上有众多海湾，曲折深入，位于中部的萨莱湾最大，几乎将岛屿分成了两段。岛上有一定的物产，如：稻米、柚木、白檀木和良马，并且开采硫黄。拉巴位于岛的北岸，是此地区的行政中心。比马是一个比较有名的外港，是重要的马匹出口港。

（二十）萨马岛

萨马岛位于米沙鄢群岛东部，萨马海和菲律宾海之间，又被译为"三描岛"。它仅次于吕宋岛和棉兰老岛，是菲律宾第三大岛。

萨马岛东西宽 40~96 千米，南北长 160 千米，面积 13271 平方千米。1980 年萨马岛拥有人口 120 多万，岛上居民多为萨马人和米沙鄢人。萨马岛上多山地、丘陵，海滨有狭窄平原。岛上河流众多，从岛的中心流向四周，海的中部为海拔 800 米左右的山地。岛上年平均气温在 26℃ 以上，年雨量 2000~3500 毫米。岛上主要城市有西萨马、卡巴浴甘、甲描育等。其中西萨马位于萨马岛中西部，临萨马海是此岛上的一个优良海港，约有人口 4.8 万，是萨马岛上的交通要冲，有公路连接岛上的主要居民点。岛上森林茂密，农产品主要有稻米、椰子、甘蔗、蕉麻、烟草、咖啡等。工业以制药、制糖、木材加工为主。主要矿藏有铬、铁、煤、金、铜、磷等。

（二十一）新爱尔兰岛

新爱尔兰岛位于巴布亚新几内亚。它是西南太平洋俾斯麦群岛的第二大岛。新爱尔兰岛呈狭长状，长约 322 千米，面积约 8650 平方千米。岛上山脉众多，有茂密的森林。岛的东部靠海，土地比较肥沃，主要种植经济作物，有椰子、可可等。卡维恩位于岛的西北端，是主要港口，也是此地区的行政中心。

（二十二）巴拉望岛

巴拉望岛位于棉兰老岛和北婆罗洲之间，地处菲律宾，被称为"菲律宾的最后一片净土"。在 2 万多年以前，这里就有了人类的活动，为菲律宾迄今为止自然生态环境保护最完好的地方，故又被称为"最后的边疆"和"野生动植物的乐园"，1976 年被列为国家公园，公园有一条长 8 千米的地下河。巴拉望北部的卡拉依特岛是野生动物的天堂，充满原始森林的风貌。这里有来自非洲的动物和菲律宾本土的动物。普林赛萨港是巴拉望州政府所在地，是该州的主要对外通道，也是与其他岛屿的联络点。塔本洞窟是巴拉望南部的著名景观，被称为菲律宾的"文化摇篮"。

（二十三）班乃岛

班乃岛位于内格罗斯岛的西北部，南北长 152 千米，东西宽 120 千米，面积 11520 平方千米。它西部有许多山地，海拔千米以上；中部为班乃河各地，地势比较低，土壤肥沃，为重要农业区；东部有丘陵，绵延起伏。一般地区有明显的干湿季，年平均气温 25℃~28℃，年降雨量 1500~3000 毫米。岛上农田较多，稻田占第二位，仅次于吕宋岛。另外，还有玉米、甘蔗、烟草和水果等。沿海盛产鱼，恰朗、罗哈斯是主要港口。内地有山区，岛上居民多为米沙鄢人，山区有少量矮黑人，多以养马为生。

（二十四）牙买加岛

牙买加是位于拉丁美洲加勒比海上的一个岛国，是西印度群岛的第三大岛。它隔海与古巴为邻。岛上泉水密布，在高山幽谷间流淌，所以有"泉水之岛"之称。

牙买加岛的面积 1.1 万平方千米，岛上多山岭，山峰都不很高，最高峰也只有 2256 米。岛上属于热带气候，湿润多雨，丛林密布，鸟语花香。境内分布着大面积的石灰岩，这些岩石被酸性水侵蚀而出现裂缝、溶洞，岩石层中也出现了盛水的空间。当岩层受到地壳的挤压时，就会出现缺口，岩层中的水便流出地表形成泉水。牙买加 1962 年从英国获得独立，目前实行君主立宪制，约有人口 253 万。牙买加首都金斯敦位于东南岸海湾内岛上最高山峰兰山西南脚下，附近有肥沃的瓜内亚平原，风景秀丽，是世界第七大天然深水良港，也是旅游、疗养胜地。

（二十五）邦加岛

邦加岛位于南海西南，苏门答腊以东，隔邦加海峡，北濒南中国海，西隔加斯帕海峡至忽里洞岛，南临爪哇海，面积 1.1 万平方千米。岛上约有人口 30 万，岛上居民主要是印尼人和汉族人口。邦加岛地势多为残丘低地，没有较高的山脉，其中有几座山头高 300~600 米，沿岸多沼泽地。岛上气候较热，温暖湿润，年降雨量达 3000 毫米。岛上矿藏较为丰富，有锡、铁、铜、铅等。锡砂产量最多，占全国一半以上，居世界首位。文岛港是主要的炼锡厂，位于西北岸。沿海重要港口有行政中心槟港和东南亚著名的胡椒市场文岛。岛上农作物主要有旱稻、橡胶、胡椒、椰子、西谷、安息香、木材等。

（二十六）松巴岛

松巴岛东临萨武海，北隔松巴海峡与松巴哇岛和弗洛勒斯岛相望，是印度尼西亚小巽他群岛中的岛屿。松巴岛长 224 千米，宽 80 千米，面积 1.4 万平方千米。松巴岛气候为典型的热带气候，全年平均气温在 26℃~28℃。从 12 月到次年 3 月为雨季，雨量丰富，河流一般不能通航。岛上多高地，大都在 600~1000 米，松巴峰是岛上最高峰，海拔 1340 米。岛上居民多饲养良种马，并以此著称于世。岛上还有玉米、咖啡、烟草和水果等农副产品。官方语言为印尼语，但酒店、机场、旅游业人员可以说英语。哇英加普位于岛的北岸，是此地区的行政中心。

（二十七）布雷顿角岛

布雷顿角岛位于加拿大新斯科舍省东部，隔坎索海峡与大陆相望，是北美洲大西洋上的岛屿。岛上有布拉多尔湖，将整个岛屿几乎分成了两半。布雷顿角岛面积 10000

平方千米。岛的东部是工业区，锡德尼是钢铁工业区，还有采煤业。岛的西部是种植区，种有许多谷物、蔬菜等。另外养羊业、渔业和木材加工业也比较重要。布拉杜尔湖畔的巴德德克有电话发明人亚历山大·贝尔纪念馆，路易斯堡国家历史公园有18世纪法国要塞遗址，都是著名景观。

（二十八）维提岛

维提岛是斐济群岛的第一大岛，面积为10390平方千米，占全国陆地面积的50%以上，也是斐济群岛中经济最为发达和人口比较集中的地方，首都苏瓦市和楠迪国际机场就在这里。岛上有几条主要河流，部分河段适于航运。岛上的初级产品加工业和旅游业都比较发达。

（二十九）伊利安岛

伊利安岛位于西太平洋的赤道南侧，西与亚洲东南部的马来群岛毗邻，南隔阿拉弗拉海和珊瑚海与澳大利亚大陆东北部相望，又称"新几内亚岛"，是太平洋第一大岛，仅次于格陵兰岛，是世界第二大岛。

伊利安岛呈西北—东南走向，长约2400千米，中部最宽处640千米，面积约78.5万平方千米。岛上多山，是世界上海拔最高的岛屿，大部分山地、高原，海拔都在4000米以上。查亚峰（旧称卡斯滕士峰）是岛上最高峰，海拔5030米，也是大洋洲的最高点。岛上山峰多为死火山锥。部分山区近期还发生火山喷发，并有频繁的地震。这些山岭道路崎岖，不利于交通。岛上属于赤道多雨气候，气温比较高，年较差小。沿岸有沼泽和红树林。主要河流有曼伯拉莫河、塞皮克河、拉穆河、马克姆河，迪古尔河和弗莱河等。

（三十）维多利亚岛

维多利亚岛南与大陆隔海峡、海湾相邻，是北美大陆北部北冰洋群岛中三大岛屿之一，是以英国女王维多利亚的名字命名的，属加拿大西北地区，是世界第九大岛屿。维多利亚岛面积13万平方千米，岛上地面低平，多为冰雪覆盖。岛上只有3个小居民点，最大的在坎布里奇湾，约有500人。岛上居民主要是因纽特（爱斯基摩）人，主要以捕猎稀少的野生动物为生。

（三十一）埃尔斯米尔岛

埃尔斯米尔岛位于加拿大的最北端，东北紧临格陵兰岛，是伊丽莎白女王群岛中面积最大的岛屿，为加拿大第三大岛。

埃尔斯米尔岛面积约 20 万平方千米，岛上多峡湾，如阿切峡湾，两侧悬崖高出海面 700 米，蔚为壮观。岛上生活着因纽特人，他们以麝牛和驯鹿为食，用它们的皮毛、骨骼做衣服和武器，猎杀海洋动物。在岛上有一片最大的绿洲便是黑曾湖地区。湖畔生机勃勃，长有苔藓、伏柳、石楠和虎耳草等。夏季，草原上有成群的麝牛和驯鹿，还有成千上万只雪白的北极野兔竞相奔跑。

（三十二）加拉帕戈斯群岛

加拉帕戈斯群岛位于太平洋中，东距南美洲大陆约 1000 千米。于 1978 年被联合国教科文组织宣布为"人类自然财产保护区"。

加拉帕戈斯群岛东西长 300 千米，南北约 200 千米，面积有 8000 多平方千米，是由海底抬升的熔岩堆积物形成的一组海洋岛，包括 15 个大岛、42 个小岛、26 个岩礁。群岛中最大的岛屿是面积 4588 平方千米的伊莎贝拉岛，是由第三纪晚期的海底火山爆发形成的。加拉帕戈斯群岛上有 4 个气候带，沿海地区降水稀少，平均温度 21℃，中部地区温热多雨，平均温度为 17℃。岛上有许多矿产及珍奇异兽。最著名的动物有巨型海龟（又称"象龟"），它们的数量成千上万，身长多在 1 米以上，成熟的龟体重约 180 千克，最重的体重可达 250 千克，寿命最长的可达 400 年。1835 年 9 月 15 日，岛上来了一艘名叫"贝格尔"号的英国海军测量船，著名生物学家达尔文就在这艘船上，他在岛上收集标本，研究发现岛上部分动植物是举世无双的。

九、著名海峡

（一）海峡的定义

海峡指的是连接着两个大面积水域的狭窄通道。也就是说，海峡是夹在两个陆地之间连接两个海或洋的狭窄水道，一般深度比较大，水流比较急。海峡是海上交通的走廊，它连接着两个海或两个洋或海和洋，如台湾海峡沟通东海和南海、麦哲伦海峡沟通太平洋和大西洋、直布罗陀海峡沟通地中海和大西洋。大约 1.5 万年以前，爱斯基摩人和印第安人就越过白令海峡从亚洲进入美洲；澳洲的土著居民大约在 2.5 万多年以前从南洋群岛到托雷斯海峡而定居下来。这时海峡就成了两个大陆之间交通的捷径。现在许多海峡处于重要的战略地位，是海洋上的交通要道，所以向来是兵家的必争之地。全世界共有海峡 1000 多个，适于航海的海峡约有 130 多个，有 40 多个交通比较繁忙。

（二）海峡的分类

根据海峡水域同沿岸国家的关系，海峡可以分为以下几种：

内海海峡：位于一个国家的领海基线以内，航行制度由沿岸国家自行制定，如中国的琼州海峡。

领海海峡：如果海峡两岸分属两国，其宽度在两岸领海宽度以内，通常允许外国船舶享有无害通过权。航行制度由沿岸两国共同制定。如果是国际通航海峡，则适用过境通行制度。

非领海海峡：位于领海以外的海峡水域中，宽度大于两岸的领海宽度，这种海峡不属于任何国家，所以一切船舶均可自由通过。

（三）海峡的形成

一般来讲，有两种作用可以形成海峡，一是海水通过地峡的裂缝经长期侵蚀可以形成海峡，一是海水淹没下沉的陆地低凹处可以形成海峡。海峡内一般水比较深，水流湍急且多涡流。海峡内的海水温度、盐度、水色、透明度等水文要素的垂直和水平方向的变化较大。底质多为坚硬的岩石或沙砾，细小的沉积物较少。一般的海峡都利于航行，是大海之间沟通的重要航道。有的海峡多暗礁，不利于航行。

（四）马六甲海峡

马六甲海峡位于东南亚马来半岛与苏门答腊岛之间，连接南海与安达曼海，是世界最繁忙的海峡之一，因在马来亚海岸上的贸易港口马六甲而得名，是太平洋与印度洋之间的重要通道，主要深水航道偏于海峡东侧，可容巨轮通过。海峡处于赤道无风带，适合航行。沿岸的新加坡港，是世界著名大港，能容纳许多船只同时停泊。许多发达国家进口的石油和战略物资，都要经过这里运出。马六甲海峡长 1080 千米，北口宽 370 千米。峡底较平坦，水深为 25~27 米，最深 200 米。马六甲海峡年平均气温在

25℃以上，年降雨量在 3000 毫米左右。两岸地势低平，热带丛林遍布两岸，到处可见高 60 米的树木。两岸又是热带橡胶、锡和石油的重要产地。西岸多红树林和海滩，淤积旺盛，东西海岸线每年可伸展 60~500 米，通航历史达两千多年，是环球航线的一个重要航线。

（五）直布罗陀海峡

直布罗陀海峡位于西班牙伊比利亚半岛南端和非洲西北角之间，北岸为西班牙，南岸为摩洛哥。它是大西洋和地中海之间的唯一海上通道，被称为"西方的生命线"。两岸山势雄伟，景色优美。沿岸有直布罗陀、阿耳赫西拉斯和休达等港口。1704 年英国占领了直布罗陀，建立军事基地，控制着海峡的交通。直布罗陀海峡全长约 90 千米，西宽东窄，东端介于直布罗陀市和阿尔霍

直布罗陀海峡

山之间；中段介于马基罗和锡雷斯之间，宽 22 千米；西端介于特拉法尔加角和斯帕特尔之间，宽 43 千米。东深西浅，最浅处水深 301 米，最深处水 1181 米，平均深度约 375 米。直布罗陀海峡处于副热带高压带，年平均气温比较高，日照强烈，干旱少雨。冬春季节气温都在 0℃以上。

（六）英吉利海峡

英吉利海峡位于英国和法国之间，是大西洋的一部分，西通大西洋，东北经多佛尔海峡连通北海，是世界上最繁忙的海上要道之一。具有重要的战略地位，有"银色航道"之称。海峡两岸港口密布，工业发达。南安普敦与勒阿弗尔是海峡上最大的港口。英吉利海峡是分割大不列颠岛和欧洲大陆的狭窄浅海，也是欧洲最小的一个陆架浅海。海峡长 563 千米，东窄西宽，平均宽为 180 千米，最宽处 241 千米，最窄处 33 千米。面积 8.9 万平方千米。英吉利海峡潮汐落差较大，有丰富的水利资源，并且潮汐资源是世界海洋潮汐能源最丰富的地区。海峡盛产鱼类，也是重要的渔场。海峡地区气候冬季温暖，夏季凉爽，温差比较小，常年温暖湿润，多雨，并有大雾，日照比较少。1 月气温最低，平均约为 4℃~6℃，7 月最高，约 17℃。

（七）莫桑比克海峡

莫桑比克海峡位于马达加斯加岛和非洲大陆之间，沟通南北印度洋，是世界上最长的海峡。

莫桑比克海峡全长 1670 千米，最大宽度为 960 千米，平均水深约 3000 米，最大水深为 4316 米。海峡南北两端有尤罗帕岛和科摩罗群岛扼守，形势极为险要。海峡两岸地形复杂，两侧大陆架峡窄，陆坡陡峭。海底由戴维海岭、莫桑比克海盆、马达加斯加边缘台地和科摩罗海盆组成，戴维海岭纵贯海峡中部，海岭的西南面为莫桑比克海盆。莫桑比克海峡属于热带，终年炎热多雨，海中多珊瑚礁。莫桑比克海峡地理位置极其重要，是世界上较繁忙的海上航道之一。自苏伊士运河通航后，欧亚之间的海上航程大为缩短，但 20 万吨级以上的超级油轮，仍需经过莫桑比克海峡取道好望角，每年有 2.5 万多艘海轮经过莫桑比克海峡。主要港口有贝拉、马普托、马任加等。

（八）德雷克海峡

德雷克海峡是从南美洲最顶端的合恩角一直延伸到南极半岛的一片水流非常湍急的区域，它位于南美洲和南极洲之间，紧邻智利和阿根廷两国，是大西洋和太平洋在南部相互沟通的重要通道。1578 年 9 月，英国航海家弗朗西斯·德雷克首次抵达德雷克海峡，此后该海峡就以他的名字来命名。

德雷克海峡全长 900 千米，它是世界上最宽的海峡，其最宽处达 950 千米，最窄处也有 890 千米。该海峡是世界上最深的海峡，其最大深度为 5840 米。德雷克海峡地处南极，气候寒冷，海上多风暴，并且多发生地震，常吞噬航行的船只。表层水温比较低，但富含磷酸盐，有利于生物的生长。

（九）白令海峡

白令海峡位于亚洲东北部的楚科奇半岛和北美洲西北端的阿拉斯加半岛之间，是沟通北冰洋和太平洋的唯一水上通道。1728 年丹麦探险家白令发现了此海峡，于是被命名为"白令海峡"。

白令海峡长 60 千米，宽 35~86 千米，水深 30~50 米。它是两大洋（太平洋和北冰洋）、两个海（白令海和楚科奇海）、两个洲（亚洲和北美洲）、两个国家（俄罗斯和美国）、两个半岛（阿拉斯加半岛和楚科奇半岛）的分界线，国际日期变更线也通过海峡水道的中央。代奥米德群岛处于海峡的中央，将海峡分隔成三条通道。白令海峡地处高纬度，气候寒冷、多暴风雪，冬季最低气温可达-45℃以下，表层能结冰厚 2 米多，每年 10 月到次年 4 月结冰，严重影响航行。白令海峡在第四纪冰期时，海面比现在低一二百米，海峡成为亚洲和北美洲之间的"陆桥"，当时欧亚大陆上的许多动物便通过"陆桥"进入北美洲的中部和南部，并在那里定居下来。

（十）台湾海峡

台湾海峡位于中国台湾地区和福建省之间，是连接东海和南海的唯一通道，是中国最大的海峡。

台湾海峡呈东北—西南走向。南北长约 380 千米，东西平均宽约 230 千米，最窄处仅 130 千米，面积约 7.7 万平方千米，平均深度约 80 米，最大深度约 1400 米。台湾海峡通常以福建平潭岛至台湾富贵岛的连线为北界，以福建省的东山岛至台湾岛的猫鼻岛连线为南界。海峡中南部偏东侧有澎湖列岛，它与台湾岛西岸由一宽约 37 千米的澎湖水道隔开。台湾海峡全部位于大陆架上，海底地形起伏不平，资源丰富，鱼虾种类多，台湾浅滩是中国重要渔场之一。主要经济鱼类有带鱼、鱿鱼、鲨、黄花鱼等。养殖业很发达，主要有牡蛎、花蛤等，藻类有石花菜、紫菜和海带等。海峡两岸南部，是中国有名的海盐产地，素有"东南盐仓"之称。此外，海峡地区富有石油资源，还有磁铁矿等矿产。台湾海峡具有重要的国际航行价值，东北亚各国与东南亚、印度洋沿岸各国间的海上往来，从这儿经过比较近便，台湾海峡有中国东南的"海上走廊"之称。

（十一）马里亚纳海沟

马里亚纳海沟位于菲律宾东北、马里亚纳群岛附近的太平洋底，是世界上最深的海沟。

马里亚纳海沟最深的地方有 1.1 万米，是 1951 年英国"挑战者"在太平洋测量时发现的。现在达到了 11034 的记录。海沟全长 2550 千米，为弧形，平均宽 70 千米，大部分水深在 8000 米以上。对于此海沟的形成一般认为是海洋板块与大陆板块相互碰撞造成的，这里是地质活动强烈的区域，经常发生火山和地震。因为海洋板块岩石密度大，位置低，便俯冲插入大陆板块之下，进入地幔后逐渐溶化而消亡。在发生碰撞的地方会形成海沟，在靠近大陆一侧常形成岛弧和海岸山脉。这个海沟是一个高压、漆黑和冰冷的世界，通常的温度是 2℃，水压超过 1266 千克/平方厘米。如果把一个 0.45 千克重的钢球投到海沟里，这个钢球需要 64 分钟才能到达海底。

（十二）鞑靼海峡

鞑靼海峡又称"间宫海峡"或"涅维尔斯科依海峡"。日本探险家间宫林藏于1808年对该海峡进行了探查，日本人将其命名为间宫海峡。俄国人称为涅维尔斯科依海峡。此海峡位于俄国境内，太平洋西北部，是沟通鄂霍次克海和日本海的海峡。海峡长633千米，宽40~342千米，深30~230米，最窄处7.3千米。尼古拉耶夫斯克是沿岸主要城市。

（十三）宗谷海峡

宗谷海峡位于俄罗斯萨哈林岛南端与日本北海道岛西北端之间，由第四纪初岛架沉降而形成，是沟通鄂霍次克海和日本海的海峡。8世纪80年代俄国航海家拉彼鲁兹航行到此，海峡被称为"拉彼鲁兹海峡"，日本人称"宗谷海峡"。海峡长101千米，最窄处43千米，深50~118米。海峡中有两股海流，中北部海水温度低于南部，北部平均水温为6.5℃，盐度为32.5‰，南部平均水温为15℃，盐度为34.1‰，冬季多流冰和大风，夏季多大雾，不利于航行。科尔萨科夫是北部良港。海峡附近盛产鲱鱼和海带。

（十四）津轻海峡

津轻海峡位于日本本州与北海道之间，是沟通日本海与太平洋的水道。可以通到鄂霍次克海和阿留申群岛，具有重要的战略地位。海峡长110千米，宽18.5~78千米，深131~521米，中间宽两端窄。海底地形崎岖不平，东深西浅，西部最浅处133米，东部最深处449米。中央水道一般水深200米，最深处521米。海峡内海浪波涛汹涌，不利于航行，1982年建成了连接日本本州的青森和北海道函馆的青函隧道。海峡内汇合有几种海流，富含营养物质，有大量的浮游生物，并且盛产鱼类，沿海地区有渔业基地。

（十五）朝鲜海峡

朝鲜海峡位于朝鲜半岛东南与日本九州、本州岛之间，是沟通日本海与东海、黄海的重要通道。是从日本海进出太平洋的要道，它对于俄罗斯的海军意义重大，是俄罗斯太平洋舰队进入太平洋最宽、最重要的航道，具有重要的战略地位。

朝鲜海峡呈东北—西南走向，长约 260 千米，宽约 185 千米，水深约为 50~150 米，最大水深 228 米。海峡底部地形平坦，便于航行。海峡两端区域开阔，海岸线曲折，多岛屿，有巨济、对马、平户和福江岛等。海峡被对马岛分割成东西两大水道。两岸海港众多，较优良。海峡地区属于温带季风气候，表面水温冬季 10℃~15℃，夏季 23℃~28℃。冬季海浪大，气温比较低，夏季多西风和西南风，降水比较丰富，年降水量达 1400~2200 毫米。海峡渔产丰富，渔港有釜山、长崎、福冈等。

（十六）对马海峡

对马海峡位于亚洲东部偏北。向西与黄海相通，向西南抵达东海，东入太平洋，北连日本海，是中国东海和日本海间的交通要道，具有重要的战略地位。广义指日本对马岛与懿岐岛之间的水道。海峡呈东北—西南走向，长 222 千米，宽 50 千米，中部水深过百米，底部比较平缓。海岸线曲折，多岛屿。著名港口有下关、福冈、北九州等。对马海峡有方向相反的一股暖流和一股寒流。暖流控制下，温暖多雨，年平均水温 20℃~24℃。海峡地区还是重要的渔场。冬春之际日本海的冰坡与对马岛暖流汇合，为最佳捕鱼时间。

（十七）根室海峡

根室海峡位于日本北海道和国后岛之间，是沟通鄂霍次克海和太平洋的海峡。海峡宽 35~70 千米，中部海峡最狭处仅 16 千米，深 5~30 米，南口水深 20~30 米，中部 5~10 米，北口的中部超过 2000 米。1~2 月水面结冰，海峡地区盛产鱼类，知床半岛东岸的罗臼港是著名的渔业基地。

（十八）关门海峡

关门海峡旧称"下关海峡"或"马关海峡"，位于日本山口县下关市与九州北端北九州市门司区之间，是沟通日本海与濑户内海的海峡。海峡长 24 千米，最窄处 0.7 千米，深 13~20 米。1942 年和 1944 年分别凿通了两条铁路隧道，下条长 3614 米，上条长 3605 米；1958 年在东部凿通了一条公路隧道，全长有 3460 米，宽 4~7.5 米，方便了交通。

（十九）大隅海峡

大隅海峡位于日本九州岛南端的大隅半岛和大隅诸岛之间，是沟通东海与太平洋的海峡。海峡宽 28.2 千米，最深处 117 米。许多国家的船只都从这里经过，是东海进入太平洋到达北美的最近航道，各国船只可以自由通过。中美贸易的运输量占这条海路运输总量的 1/4 左右。

（二十）济州海峡

济州海峡位于朝鲜半岛西南端与济州岛之间，西连黄海，东通朝鲜海峡。宽 130 千米，是朝鲜半岛东西两岸海上联系的重要航道。半岛侧 100 米左右有大陆架，比较发达。渔产丰富，并有海底石油。济州岛侧水深达 140 米。海峡中有众多岛屿，揪子群岛、巨文岛、珍岛等是比较有名的岛屿。

（二十一）渤海海峡

渤海海峡位于中国的辽东半岛和山东半岛之间，是沟通渤海与黄海的海峡，是渤海内外海运交通的唯一通道。海峡长 11.5 千米，宽 105.6 千米，深 30~74 米。庙岛群岛位于海峡中，把海峡分隔成 8 条长短不同的水道，有老铁山水道，大、小钦水道，北砣矶水道，南砣矶水道，长山水道，登州水道等。一般水道在 20~40 米之间，其中老铁山水道最深处 83 米。海峡渔产丰富，庙岛群岛为重要的渔场。

（二十二）苏里高海峡

苏里高海峡是沟通莱特湾和保和海的海峡。海峡呈狭长形状，长 55.56 千米，最窄处宽 18.52 千米。南口较窄约 22.2 千米，北口较宽约 46.3 千米，呈喇叭状。海峡内水流湍急，旋涡翻滚，两岸有礁石和悬崖峭壁，山峰林立。从地形上看这是一处绝佳的伏击阵地，舰队只要在出口一字排开，敌人就很难通过海峡。所以自古以来也是战略要地。

（二十三）新加坡海峡

新加坡海峡位于马来半岛南部的新加坡和廖内群岛之间。此海峡连接南海、马六甲海峡和安达曼海，是沟通太平洋和印度洋的重要的水上航道。海峡长 110 千米，宽 4.6~37 千米，深 22~157 米。海峡内多岛屿和浅滩，海峡地区终年高温多雨，风力比较弱，两岸景色秀丽，利于航行，也是著名的旅游胜地。此海峡是世界上航运最繁忙的水道。

（二十四）巴斯海峡

巴斯海峡位于澳大利亚东南端突出部分与塔斯马尼亚岛之间，是由第三纪新构造运动大陆陷落形成的，是沟通南太平洋和印度洋的海峡，1798 年英国航海家 G·巴斯率队第一次穿过该海峡，便以他的名字命名为"巴斯海峡"。海峡东西长约 317 千米，南北宽 128～224 千米。面积 7.8 万平方千米，水深 50～97 米，平均水深 70 米。海峡西边有名金岛，东端有名弗林德斯岛，横列在海峡两端。海峡东北水域近海一带有石油资源。

（二十五）库克海峡

库克海峡位于新西兰南岛和北岛之间，是由地壳构造运动中沉陷而形成的，是沟通南太平洋和塔斯曼海的海峡。1770 年英国航海家 J. 库克曾到此，所以此海峡被命名为"库克海峡"。海峡长 205 千米，宽 23～150 千米，深 71～457 米，平均水深 128 米。海峡两侧是悬崖峭壁，海面波涛汹涌，水流湍急。海峡地区气候冬温夏凉、年温差变化不大，1 月平均气温 15℃左右，7 月平均气温 8℃左右，年降水量约 1000 毫米。惠灵顿岛和南岛布莱尼姆之间通火车轮渡。

（二十六）哈得孙海峡

哈得孙海峡位于加拿大魁北克省北部和西北部巴芬岛之间，是加拿大东海岸外一条海底大峡谷。1610 年英国探险家亨利·哈得孙首次驶船通过该海峡，由此海峡便以他的名字命名。

哈得孙海峡长约 800 千米，宽 65～240 千米，最深 942 米，是连接哈得孙湾和福尼斯湾与拉不拉多海的通道。海峡地区气候寒冷，大部分时间有冰冻。仅夏末秋初可通航，其余大部分时间用破冰船开通航道。

（二十七）丹麦海峡

丹麦海峡位于格陵兰东南部和冰岛之间，处于北极圈上，是沟通北冰洋和北大西洋的海峡。海峡长 520 千米，宽 260～450 千米，深 227～1600 米。峡中多浮冰和冰山，是由东格陵兰寒流带来的。第二次世界大战期间英德海军曾在此海峡处激战。

（二十八）卡特加特海峡

卡特加特海峡位于欧洲日德兰半岛和瑞典西海岸之间，是斯卡格拉克海峡的延伸部分，是波罗的海通向大西洋的水上交通要道。海峡长220千米，宽60~140千米，深10~124米，平均水深26米。流入海峡的河流众多，有约塔河，哈兰省的拉甘河、尼桑河、艾特兰河和维斯坎河等。海峡有许多岛屿，最大的岛是珊索岛、莱斯岛和安霍尔特岛。海峡冬季结冰，盛产鲱、鲭等鱼。此海峡是航运比较繁忙的水域之一，主要港口有哥德堡、奥胡斯等。

（二十九）利姆海峡

利姆海峡位于北欧日德兰半岛的北部，原是北海和卡特加特海的两个峡湾，100多年前才形成海峡。海峡呈西南—东北走向，长180千米，宽24千米，深3~5米，最深15米多。横贯日德兰半岛北部，把北部地区同丹麦大陆分开。海峡西部多湖泊，有动植物。

（三十）厄勒海峡

厄勒海峡位于瑞典南部和丹麦的西兰岛之间，是英国和法国之间连接北海和英吉利海峡的海上通道，法国称"加来海峡"。

厄勒海峡长56千米，大部分地段宽30~40千米，最窄处28.8千米，水深20~37千米，最深64千米。海流由西南向东北流，受海峡约束，海潮增大，最大潮差9千米多，海峡地区多雾，航道窄，航运比较繁忙，是西北欧十多个国家与世界各地间的海上航线，所以船只几乎全部从这里通过，是世界上最繁忙的海上航道之一。1993年全长53千米的海底隧道正式投入使用，是目前世界最宽敞的海底隧道。沿岸港市有多佛尔和敦刻尔克加来。

（三十一）大贝尔特海峡

大贝尔特海峡又称"大海峡"，位于丹麦西兰岛和菲英岛之间，北经萨姆索海峡同卡特加特海峡相通，南由朗厄兰海峡同波罗的海相连。海峡长64千米，最狭处宽16千米，水深12~58米。冬季比较严寒，水面结冰，不能通航。海峡上有大贝尔特桥，长1624米，是世界上第二长的悬索桥。桥孔高65米，任何巨轮都可以通航。

（三十二）小贝尔特海峡

小贝尔特海峡又称"小海峡"或"小带海峡"，位于丹麦菲英岛和日德兰半岛之间，北连卡特加特海峡，南通波罗的海基尔湾。海峡长约 48 千米，宽约 0.8 千米，水深 7~80 米。冬季比较寒冷，水面结冰，不能通航。港口较多，菲英岛的米德尔法特、阿森斯和日德兰半岛上的腓特烈西亚是主要港口。海峡上有新小贝尔特桥和旧小贝尔特桥。

（三十三）费马恩海峡

费马恩海峡位于德国费马恩岛和丹麦的洛兰岛之间，是欧洲波罗的海西南部的海峡，连接基尔湾和梅克伦堡湾的水上航道。海峡宽 18 千米，最深 30 千米。费马恩岛的普特加登和洛兰岛的勒德比是沿岸主要港口。

（三十四）卡尔马海峡

卡尔马海峡位于瑞典大陆东南部和厄兰岛之间，是波罗的海内的海峡。海峡长 140 千米，宽 3~22 千米。主要港口有卡尔马、奥斯卡、博里耶霍尔姆等。这里有欧洲最长的公路联系两地，长 6070 米。

（三十五）伊尔别海峡

伊尔别海峡位于爱沙尼亚萨列马岛南端和拉脱维亚西北岸之间，在波罗的海的东南部，是沟通里加湾和波罗的海的海峡。海峡长 65 千米，宽 33 千米，深 10~20 米。冬季水面结冰，不能通航。

（三十六）北克伐尔肯海峡

北克伐尔肯海峡位于波的尼亚湾南、北部，宽 75 千米，深度 6~29 米。

（三十七）北海峡

北海峡位于英国的苏格兰和爱尔兰岛东北部之间，是沟通大西洋和爱尔兰海的海峡。海峡长 170 千米，宽 20 千米，深 272 米。阿伦岛和吉厄岛位于海峡上，岛上设有灯塔。

（三十八）圣乔治海峡

圣乔治海峡位于英国的威尔士和爱尔兰岛之间，是沟通爱尔兰海和大西洋的海峡。南北长约 160 千米，东西宽约 80~153 千米。

（三十九）多佛尔海峡

多佛尔海峡又称"加来海峡"，位于英国和法国之间，是沟通北海和大西洋的海峡。海峡长 30~40 千米，平均宽度 33 千米，最窄处仅 28.8 千米，大部分水深 24~50 米，最深 64 米。此海峡是国际上的重要航道，西北欧 10 多个国家与世界各地之间的海上航线有许多从这里通过；同时它又是欧洲大陆与英伦三岛之间距离最短的地方。是航运比较繁忙的海峡之一。

（四十）墨西拿海峡

墨西拿海峡位于亚平宁半岛和西西里岛之间，是地中海中沟通第勒尼安海和爱奥尼亚海的海峡。长 40 千米，宽 3.5~22 千米，深 85~1240 米。海峡内有希拉岩礁与卡里布迪斯大漩涡，水流湍急，不利于航行。墨西拿和雷焦卡拉布里亚分别位于海峡的西岸和东岸，是两个主要港口。墨西拿海峡上建设的墨西拿大桥是世界上最长的悬索桥。

（四十一）突尼斯海峡

突尼斯海峡位于非洲突尼斯与欧洲意大利的西西里岛之间，是地中海中段的重要水道。海峡最窄处 148 千米，最深处 1300 多米，历来是东、西地中海之间的航运要道。水道东坡有意大利的藩泰莱利亚岛把持，西有突尼斯的舍里克半岛扼守。

（四十二）马耳他海峡

马耳他海峡是沟通地中海东、西部的海峡，最窄处宽 93 千米。

（四十三）奥特郎托海峡

奥特郎托海峡是沟通亚得里亚海与爱奥尼亚海的海峡。长 120 千米，最窄处宽 76 千米，深 115~978 米。

（四十四）科孚海峡

科孚海峡位于爱奥尼亚海北部，在阿尔巴尼亚南端海岸同希腊克基拉岛（科孚岛）和埃皮鲁斯地区西北海岸之间，是阿尔巴尼亚西南沿海和希腊西部沿海间的海上通道。海峡长 48 千米，北口宽 2.4 千米，南口宽 9.6 千米。

（四十五）卡尔帕托斯海峡

卡尔帕托斯海峡是沟通爱琴海和地中海的海峡。宽 42.6 千米。

（四十六）博斯普鲁斯海峡

博斯普鲁斯海峡又名"伊斯坦布尔海峡"，北连黑海，南通马尔马拉海和地中海，把土耳其领土分隔成亚洲和欧洲两部分。是亚欧巴尔干半岛东部突出部分，东岸是亚洲小亚细亚半岛西北端的突出部分，是黑海沿岸国家唯一出海口，也是国际著名水道。关于海峡名称的由来，还有一个传说：古希腊万神之王宙斯，曾变成一头雄壮的神牛，驮着一位美丽的人间公主，从这条波涛汹涌的海峡游到对岸。海峡便因此而得名。

博斯普鲁斯海峡全长 30.4 千米，最宽 3.6 千米，最窄 708 千米，最深 120 千米，最浅 27.5 千米。海峡中央一带，渔业资源丰富。博斯普鲁斯海峡大桥位于海峡南端的最窄处，是欧洲第一大吊桥，横跨在海峡西岸的奥尔塔科伊和东岸的贝伊勒尔之间，连接着欧、亚大陆。海峡中段有一座古堡，现在海峡地区已经成为土耳其的旅游胜地。

（四十七）贝尔岛海峡

贝尔岛海峡位于北美洲的加拿大纽芬兰岛和拉布拉多半岛之间，是圣劳伦斯湾通往大西洋最靠北的通道，也是从欧洲到圣劳伦斯地区最直接的航道。1534 年 6 月 9 日卡尔迪耶穿过了这个海峡，并且发现了一个小岛，他把此岛命名为"贝尔岛"意为"美丽之岛"。这个海峡就被称为"贝尔岛海峡"。海峡长 50 千米，宽 16~24 千米。冬春两季常冰封，不能通航。

（四十八）卡博特海峡

卡博特海峡是沟通圣劳伦斯湾与大西洋的海峡。长 90 千米，宽 50~161 千米，深 380~529 米。

（四十九）莫纳海峡

莫纳海峡是沟通加勒比海与大西洋的海峡。长 110 千米，宽 105 千米，深 60~1570 米。

（五十）牙买加海峡

牙买加海峡是沟通加勒比海不同海域之间的海峡。宽 187 千米。

（五十一）阿内加达海峡

阿内加达海峡位于英属维尔京群岛和圣马丁岛之间，是沟通大西洋和加勒比海的海峡。宽 60 千米，深 1800 米，最深 2300 米以上。

（五十二）瓜德罗普海峡

瓜德罗普海峡位于瓜德罗普岛和安提瓜岛之间，是小安的列斯群岛中背风群岛的海峡，是加勒比海和大西洋之间的水上通道。宽约 55 千米。

（五十三）圣文森特海峡

圣文森特海峡是沟通加勒比海与大西洋的海峡。宽约 40 千米。

（五十四）麦哲伦海峡

麦哲伦海峡位于南美洲大陆南端和火地岛、克拉伦斯岛、圣伊内斯岛之间。海峡东连大西洋，西通太平洋，是由地壳断裂下陷而形成的。1520 年，葡萄牙航海家麦哲伦首先驶船通过此海峡，故以他的名字命名为"麦哲伦海峡"。

麦哲伦海峡东西长 580 千米，南北宽 3.3~33 千米。弗罗厄得角位于海峡中部，把海峡分成东西两段。西段海峡曲折狭窄，入口处宽度 48 千米，最窄处仅 3.3 千米，最深处达 1170 米。海峡海岸线曲折，两岸岩壁陡峭。海峡处于西风带，峡中低温多雨并且多大风和雾，水流湍急，不利于航行。但巴拿马运河开通以前是南大西洋和南太平洋之间的重要航道。

（五十五）明打威海峡

明打威海峡是沟通印度洋不同海域的海峡。宽 90~137 千米。

（五十六）霍尔木兹海峡

霍尔木兹海峡位于西亚的阿曼半岛和伊朗之间，是波斯湾通向印度洋的唯一通道。霍尔木兹一词来自波斯语，意为"光明之神"。霍尔木兹海峡中有一座霍尔木兹岛，公元 1100 年阿拉伯人在岛上建立霍尔木兹王国，因此海峡被命名为"霍尔木兹海峡"。

霍尔木兹海峡全长 150 千米，最窄处仅 33 千米，水深 60~90 米，平均水深 70 米。海峡中多岛屿、岩石和海滩，南岸穆桑代姆半岛突入海峡，使海峡呈"人"字形。海峡地区属于热带沙漠气候，终年干燥。表层水温比较高，年平均为 26.6℃，最热月达 31.6℃，最冷月为 21.8℃。蒸发强烈盐度大，年降水量只有 300 毫米。霍尔木兹海峡是重要的国际石油输出通道，是西方国家的石油"大动脉"，号称"世界油库的总阀门"。此海峡被阿曼、伊朗、阿拉伯联合酋长国三国扼守，被称为"石油海峡"。这里分布着大约 34 个运输石油和天然气的管道端点，每年从这里运出的石油占世界石油出口总量的一半以上。

（五十七）奔巴海峡

奔巴海峡是沟通印度洋不同海域之间的海峡。宽 57 千米。奔巴海峡沿岸是著名的旅游胜地。位于肯尼亚南部海滨，距离蒙巴萨岛 80 千米。

（五十八）喀拉海峡

喀拉海峡位于俄罗斯西伯利亚以北，是北冰洋的一部分，是沟通巴伦支海与喀拉海的海峡。海峡长 33 千米，宽 45~58 千米，深 50~119 米。在西边，新地岛和喀拉海峡将喀拉海与巴伦支海隔开，在东边，北地群岛又将喀拉海与拉普捷夫海分离。喀拉海长约 1450 千米，宽约 970 千米，水域面积 88 万平方千米，平均水深 110 米。注入喀拉海的河流有鄂毕河、叶尼塞河和皮亚西纳河。其沿岸的主要城市是诺维港和迪金森。喀拉海是重要的渔场，海底富含石油和天然气。

（五十九）尤戈尔斯基沙尔海峡

尤戈尔斯基沙尔海峡位于俄罗斯北部与瓦加奇岛之间，是沟通巴伦支海与喀拉海的海峡。长39千米，宽2.5~12千米，深15~36米。

（六十）马托奇金沙尔海峡

马托奇金沙尔海峡是沟通巴伦支海与喀拉海的海峡。长98千米，宽0.6~21千米，深2~150米。

（六十一）拉普捷夫海峡

拉普捷夫海峡位于西伯利亚沿岸的泰梅尔半岛、北地群岛、新西伯利亚群岛之间。1935年为纪念首先勘测沿岸的拉普捷夫兄弟而得名。东连东西伯利亚海，西通喀拉海，北临北冰洋。面积约70万平方千米，海水体积36.3万立方千米，平均水深519米，最大水深3358米。北深南浅，海域有3/4面积位于大陆架上。海域位于北极圈内，气候严寒。海面封冰期9个月以上，夏季仍有浮冰，不利于航运。提克西是主要港口。沿岸有海豹、海象、北极熊等动物。

（六十二）朗加海峡

朗加海峡位于俄罗斯北冰洋沿岸与弗兰格尔岛之间，是沟通东西伯利亚海与楚科奇海的海峡。长95千米，宽125~165千米，深40~44米。

十、著名峡谷瀑布

（一）峡谷的定义

峡谷指的是两坡陡峭，深度大于宽度并且中间狭而深的谷地。一般发育在构造运

动抬升和谷坡由坚硬岩石组成的地段。世界上有许多著名峡谷，如：科罗拉多大峡谷、布莱斯峡谷、东非大裂谷等。有许多峡谷是修建水库坝址的理想地段，如：中国长江的三峡，黄河干流的刘家峡、青铜峡等。

（二）峡谷的分类

峡谷是指狭而深的谷地。峡谷按照其形成原因可以分为三类：风蚀峡谷：是由风蚀作用加宽加深冲沟所成的谷地；水蚀峡谷：是由流水的长期侵蚀作用形成的峡谷；冰蚀峡谷：是由冰川的侵蚀作用形成的峡谷。

（三）峡谷的形成

峡谷一般形成在构造运动抬升的时候，谷坡由坚硬的岩石组成。当地面隆起速度与下切作用协调时，比较容易形成峡谷。

（四）科罗拉多大峡谷

科罗拉多大峡谷位于美国西部，是世界陆地上最长的峡谷。1540 年，一支远征队长途跋涉路经此地，始发现大峡谷，并为其惊人的景色惊叹不已。从此大峡谷的面貌才逐渐为世人所知。1919 年，威尔逊总统批准将它辟为国家公园，总面积达 1100 多平方千米。

科罗拉多大峡谷是由于科罗拉多河的冲蚀形成的，大约形成于 5 万～6 万年以前，峡谷两岸北高南低。峡谷长 400 千米，宽度从 6000 米到数十千米不等；平均谷深 1600 米，谷底宽度 762 米；谷底河面海拔不到 1000 米，谷岸最高海拔 3000 米。大峡谷山石多为红色，从谷底到顶部分布着从寒武纪到新生代各个时期的岩层，层次清

科罗拉多大峡谷

晰，色调各异，并且含有各个地质年代的代表性生物化石，又被称为"活的地质史教

科书"。1919年，科罗拉多大峡谷被辟为国家公园。此地农业发达，畜牧业规模较大，北岸是森林草原，年平均降雨量约660毫米，南岸只有400毫米，多白松。

（五）东非大裂谷

东非大裂谷位于非洲东部，是世界上最大的断层陷落带，是非洲大地上最有魅力的自然景观。也是非洲地震最频繁、最强烈的地区，被称为"地球的伤痕"。

东非大裂谷南起莫桑比克海岸的贝拉港附近，向北延伸到马拉维湖北端，从马拉维湖北端起分为两支：东支裂谷带沿维多利亚湖东侧，向北经坦桑尼亚、肯尼亚中部，穿过埃塞俄比亚入红海。全长近6000千米，平均宽度48~56千米，最宽超过200千米。这支裂谷在肯尼亚境内轮廓清晰，有一连串位于断层盆地内的小湖泊，裂谷两侧壁坡陡峭，在阿伯德尔与马乌断块山的山脊处，裂谷两侧的高度往往超过3000米。东支裂谷经图尔卡纳湖向东北进入埃塞俄比亚高原，继续向北入红海海岸附近的达纳基尔洼地后，裂谷再次分为两支。东支形成亚丁湾，西支形成红海，并继续延伸到亚喀巴湾、死海和约旦河谷地。南支裂谷带大致沿维多利亚湖西侧由南向北穿过坦噶尼喀湖、基伍湖湖泊，向北240千米逐渐消失，规模比较小。根据板块构造学说，大裂谷是陆块分离的地方。地壳下呈高温熔融状态的地幔物质上涌，先使地壳隆起，继而变薄，然后断裂形成的。裂谷地带雨量充沛，土地肥沃，是肯尼亚主要的农业区。东非大裂谷带湖区。河流从四周高地注入湖泊，湖区雨量充沛，河网稠密，马隆贝湖、马拉维是其南部湖泊。

（六）死谷

死谷位于美国加利福尼亚州东部的沙漠地区，为西北—东南延伸的断层地沟。死谷长225千米，宽6~6千米，周围山势起伏，风光旖旎，有着100万年的历史。它是北美洲最热、最干旱的地方，被称为"人间地狱"。死谷的最低点在海平面下82米，低于海平面的面积达1408平方千米，是美洲海拔最低的地区。谷地夏季气候炎热，平均气温52℃，最高气温曾达56.7℃。年降水量不足100毫米。约5万年以前，大量湖水充满了该谷地，后来，约在5000—2000年以前，这里还有一个浅湖，当湖水蒸发完，在该湖最低处留下了一层盐，形成了我们今天看到的盐盆。当水往沙漠里流时，水便蒸发掉，没有淌出来，古代的形状使这里成了最热的地区，1913年的记录温度达到了57℃，在石头上能把鸡蛋煎熟。谷上有硼砂、铜、金、银、铝等矿藏。1933年美国在此建立死谷国家公园。

（七）布莱斯峡谷

布莱斯峡谷位于美国犹他州帕绍甘梯高原的东端。1875 年，有一名叫作埃比尼泽·布莱斯的苏格兰拓荒者在峡谷底部建立了一个牧场，这里环境险恶，生活艰难。他称这峡谷是"养不活一头牛的地狱"，这座峡谷也是以他的名字命名的。

约 6 万年以前，这片地区被淹没在水里，形成了一层由淤泥、沙砾和石灰组成的沉积物，厚 600 米。后来由于地壳的运动，这些岩石在抬升中再裂成块状，岩石经风化后形成了奇形怪状的石头。特别是褐岩红石更加引人注目。冬季的布莱斯峡谷别具一格，红石、白雪、蓝天、翠柏，色彩斑斓，令人叹为观止。布莱斯峡谷是嶙峋的、呈半圆形的高原之端，并不是由河流切蚀而形成的。犹他州南部的地形呈巨大的阶梯状，顶部便是布莱斯峡谷，海拔 2800 米。最低一级位于大峡谷的边缘。

（八）雅鲁藏布江大峡谷

雅鲁藏布江大峡谷位于"世界屋脊"青藏高原之上，平均海拔 3000 米以上，险峻幽深，侵蚀下切达 5382 米，具有从高山冰雪带到低河谷热带季内雨林等 9 个自然带，是世界自然带最齐全、最完整的地方。

雅鲁藏布江大峡谷两侧是高耸的南迦巴瓦峰和加拉白峰，其山峰均为强烈上升断块，巍峨挺拔，直入云端。峰岭上冰川悬垂，云雾缭绕，气象万千。雅鲁藏布江大峡谷是青藏高原上的最大水汽通道，受印度洋暖湿气流的影响，大峡谷南段年降水量高达 4000 毫米，北段也在 1500~2000 毫米之间，整个大峡谷地区异常湿润，森林茂密，形成了世界上生物种类最丰富的峡谷。大峡谷水流险恶，河水平均流量达 4425 立方米/秒，河流流速高达 16 米/秒，水流湍急。

（九）瀑布的定义

瀑布指的是从悬崖或河床纵断面陡坡处倾泻下的水流。由于远看如挂着的白布，所以被称为瀑布。世界上有许多著名瀑布，如：尼亚加拉大瀑布、安赫尔瀑布、伊瓜苏瀑布等。

（十）瀑布的类型

瀑布按照水流的高宽比例可以分为：垂帘型瀑布和细长型瀑布；按照岩壁的倾斜

角度可以分为：悬空型瀑布、垂直型瀑布和倾斜型瀑布；按照有无跌水潭可以分为：有瀑潭型瀑布和无瀑潭型瀑布；按照水流与地层倾斜方向可以分为：逆斜型瀑布、水平型瀑布、顺斜型瀑布和无理型瀑布；按照所在地形可以分为：名山瀑布、岩溶瀑布、火山瀑布和高原瀑布。

（十一）瀑布的形成

瀑布的形成首先要具备水和高低陡然变化的地形。大自然中有以下几种作用可以形成瀑布：

1. 地壳运动，发生断裂错动，断裂的两侧又产生了相对升降，造成了很陡的岩壁，河流经过这里，直泻而下，便形成了瀑布。

2. 火山喷发以后，在火山顶端留下火山口，如果积水成湖，湖水溢出，也能形成瀑布。

3. 火山爆发，喷出岩浆，或是地震引起了山崩，堵塞了河道，形成天然的堤坝，提高了水头，水流溢出，也会形成瀑布。

4. 由于构成河流河床的岩石性质不同，它抵抗水流冲刷的能力也不同，硬性岩石抵抗力强些，不易被冲蚀，软性岩石抵抗力较弱，容易被冲蚀。因此产生了河底地形的高低差别，这也是瀑布形成的一个原因。

5. 在冰川分布地区，由于冰川刨蚀深度的差异，留下了深浅不一的冰川"U"形谷，后来被河流占据了，水流在深浅差异很大的谷地交接处流过，就形成了瀑布。

6. 在河流注入海洋处的海岸，常常由于猛烈的海浪拍击，迫使海岸后退，河流缩短，原来高出海面的河底就会"悬置"在海岸上，河流在入海处就形成了瀑布。

7. 在石灰岩地区常有地下暗河，在暗河流过的地方，如果地势高低陡然变化或者暗河从陡峭的山崖涌出，这样就会形成瀑布，蔚为壮观。

（十二）伊瓜苏瀑布

伊瓜苏瀑布位于巴西的巴拉那河，流经巴西南部、巴拉圭和巴西、阿根廷两国的交界处。进入阿根廷东北部，至巴拉那折向东海，注入拉普拉塔河。1984 年被联合国教科文组织列为世界自然遗产。

伊瓜苏瀑布宽 4000 米，在汇入巴拉那河之前，水流渐缓，在阿根廷与巴西边境，河宽 1500 米，像一个湖泊。水往前流陡然遇到一个峡谷，河水直泻而下，凸出的岩石将奔腾而下的河水切割成大大小小 270 多个瀑布，形成一个景象壮观的半环形瀑布群，平均流量每秒 1750 多立方米，总宽度 3000 米至 4000 米，平均落差 80 米，最高最壮观

的瀑布位于正中,叫"鬼喉瀑"。伊瓜苏瀑布水力资源丰富,蕴藏着巴西一半以上的水资源,有众多支流,巴拉圭河、铁特河、伊瓜苏河等。20世纪7D年代以来,阿根廷和巴拉圭在这里修建水电站,有科尔普斯水电站和亚西雷塔一阿皮佩水电站。

(十三) 尼亚加拉大瀑布

尼亚加拉大瀑布位于加拿大和美国交界的尼亚加拉河流至安大略湖南边的悬岩。南起美国纽约州的布法多城,北至加拿大安大略的杨格镇。是世界三大奇景之一,它与南美的伊瓜苏瀑布、非洲的维多利亚瀑布合称世界三大著名瀑布。

尼亚加拉河横跨美国纽约州与加拿大安大略生的边界。河流蜿蜒而曲折,南起美国纽约州的布法多,长54千米,海拔却从174米直降至75米。从距伊利湖北岸32千米起河道变窄,水流加速,河水忽然从50多米的高崖垂直下泻,形成世界上罕见的奇观——巨瀑。尼亚加拉河在下坠成瀑布之前被鲁那岛和山羊岛分成三部分,靠东的一股称为"美利坚"瀑布;靠山羊岛的一股称为"新娘"瀑布;第三股在美国和加拿大的交界,称为"加拿大"瀑布。三条瀑布流面宽达1160米,水量丰富,极为壮观。瀑布发出的轰隆之声震耳欲聋,在几千米之外都能听到。

(十四) 维多利亚瀑布

维多利亚瀑布又称为"莫西奥图尼亚",它位于非洲的赞比西河上,是非洲最大的瀑布,也是世界三大瀑布之一。1989年被列入《世界遗产目录》。

赞比西河流至赞比亚西部河津巴布韦交界处时,前面出现了一个千丈峡谷挡住去路,在宽约1800米的瀑布上骤然翻身,规模巨大,发出雷鸣般的声响,声音可传出十几千米,方圆五六十千米以外都隐约可见,惊心动魄,激起千层浪花,以其形状和声音闻名遐迩。1855年英国传教士利文斯敦首先来到这里,以英国女王的名字命名为"维多利亚瀑布"。维多利亚瀑布带是长达97千米的"之"字形峡谷,落差106米。整个瀑布被利文斯敦岛等4个岩岛分为五段,因流量和落差的不同被命名为"魔鬼瀑布""主瀑布""马蹄瀑布""彩虹瀑布"和"东瀑布"。这五段瀑布各有特点,都是世界上少有的奇观。

(十五) 安赫尔瀑布

安赫尔瀑布又名"丘伦梅鲁瀑布",它位于南美洲委内瑞拉玻利瓦尔州的圭亚那高原、卡罗尼河支流丘伦河上,在密林深处,是世界上落差最大的瀑布。

1937 年 10 月 9 日美国飞行员安赫尔架着飞机到委内瑞拉寻找传说中的溪流，无意发现了这个瀑布，不幸飞机坠毁，后人为了纪念他，把这条瀑布叫作"安赫尔瀑布"。安赫尔瀑布是一个多级落差瀑布，第一级落差 807 米，接着又下跌 17.2 米，直至丘伦河谷地。瀑布宽 150 米，从悬崖峭壁凭天泻下，落差达 979.6 米，约是尼亚加拉瀑布高度的 18 倍。每当晨昏之际，瀑布从悬崖飞泻直下，宛如一条英姿勃勃的银龙从天而降，发出隆隆的雷鸣声，蔚为壮观。在安赫尔瀑布下游，有个叫作"卡奈马"的地方。这里也是瀑布众多，景色迷人。委内瑞拉政府在这里开辟了旅游区，修建了一条能起落喷气客机的跑道。

（十六）土格拉瀑布

土格拉瀑布位于南非纳塔尔省西部土格拉河上游，是一个多级瀑布。落差 950 米，仅次于南美洲的安赫尔瀑布，居世界第二，也是世界上最高的瀑布。

土格拉河发源于莱索托北部边界上的泉山，沿途接纳克利普河、布法罗河等支流，在纳塔尔省埃绍韦南 40 千米处注入印度洋。上游峡谷深切，多瀑布，其中最著名的就是土格拉瀑布。土格拉瀑布分为 5 级，落差共 950 米，其中最高一级落差为 411 米，景色雄伟，气势磅礴。附近有占地 341.23 平方千米的巨人堡野生动物保护区和占地 80 平方千米以上的皇家纳塔尔国家公园。这里是著名的游览胜地，吸引了众多的游人。

（十七）卡兰博瀑布

卡兰博瀑布位于赞比亚和坦桑尼亚边境地区，在赞比亚姆巴拉西北 32 千米处，地处卡兰博河的火山岩峡谷中，为多级瀑布，是非洲第二大瀑布。河水在坦噶尼喀湖附近，从陡峭的悬崖飞流直下，形成 215 米高的飞瀑，气势磅礴，蔚为壮观，是此地著名的游览胜地。

（十八）约塞米蒂瀑布

约塞米蒂瀑布位于美国加利福尼亚州内华达山脉西坡、旧金山以东 240 千米处，在约塞米蒂国家公园内。瀑布由上、下约塞米蒂两瀑布组成，落差分别为 436 米和 98 米，加当中一段，总落差 739 米，是世界落差最大的瀑布之一。此瀑布是约塞米蒂国家公园的主要景观。

（十九）拉库克南瀑布

拉库克南瀑布位于盖亚那和委内瑞拉边境，是卡罗尼河支流库克南河的源头。瀑布落差 610 米，是南美洲最大的瀑布之一。

（二十）东马多拉瀑布

东马多拉瀑布位于挪威，落差 517 米，为多级瀑布，单级最高落差为 297 米。

（二十一）加瓦林瀑布

加瓦林瀑布位于法国中比利牛斯省的波河上，是一个二级瀑布。总落差 422 米，单级最大落差 281 米，宽 15 米，流量 6.3 米/秒。是法国落差最大的瀑布。

（二十二）格尔索帕瀑布

格尔索帕瀑布又称"焦格瀑布"，位于印度卡纳培克邦西部，沙拉瓦蒂河上，高差达 289.09 米。是印度落差最大的瀑布，这里景色壮丽，是著名的旅游胜地。建有马哈提马甘地水电站。

（二十三）孔恩瀑布

孔恩瀑布是湄公河最大的瀑布，位于老挝南部边境，是老挝著名的大瀑布，占巴塞省南部临近柬埔寨边境边，离柬埔寨不远。瀑布总宽 10 千米，洪汛落差 15 米，枯水落差 24 米。年平均流量 1.2 万立方米/秒，被称为是世界上流量最大的瀑布。

孔恩瀑布被岩礁分成两部分。西边的是桑法尼瀑布，地势较高，枯水时断流；东边的名为法芬瀑布，是孔恩瀑布的主瀑布。此瀑布枯水时落差 18 米。雨季洪汛流量为 4 万立方米/秒。

（二十四）壶口瀑布

壶口瀑布位于中国山西省吉县以西 23 千米处。黄河进入中游后，两岸高山夹峙，水流非常湍急，有许多暗礁、险滩和瀑布。特别是从壶口到龙门的一段，两岸山崖高达数百米，河水飞流直下，水声震耳欲聋。悬挂在断岩上的水流好似一把巨大的水壶正在向外倾倒，"壶口瀑布"便由此得名。

壶口瀑布落差30米，宽度最大时可以达到1000米以上，最大瀑面3万平方米。滚滚洪流，到这里急速收敛，注入深潭，声似雷鸣，几千米以外都可以听到。水波飞溅，激起百丈水柱，形成腾腾雾气，有惊涛拍岸、浊浪排空之势！壶口瀑布不仅有"水中冒烟"的奇景，更有"旱地行船"之说。上游船只到此，必须离开水面，经人抬或车运绕过壶口，才可以入水继续航行。

（二十五）德天跨国大瀑布

德天跨国大瀑布位于中越边境中国广西壮族自治区大新县境内，横跨中国和越南两个国家，是亚洲第一、世界第二大的跨国瀑布。为国家特级景点。

德天跨国大瀑布源起广西靖西市归春河，终年有水，流入越南又回流广西，经大新县德天村处遇断崖跌落而成瀑布。此瀑布与越南板约瀑布相连，宽200多米，纵深60多米。瀑布气势磅礴，有三级。声势浩大，声闻数里，蔚为壮观。德天瀑布雄奇瑰丽，变化多姿。瀑布地区，树木繁茂，有不错的田园风光。

十一、著名海湾

（一）海湾的定义

海湾是海或洋的一部分延伸入大陆，其深度和宽度逐渐减小的水域。通常以湾口附近两个对应海角的连线作为海湾最外部的分界线。世界上的海湾主要分布在北美洲、欧洲和亚洲沿岸，比较大的海湾有240多个。有的海湾和海不加以区别，如：阿拉伯海是湾，又称为海；墨西哥湾、孟加拉湾名字上带湾，但实际上是海。海湾一般水比较深，海浪比较小，海底地形比较平坦，各种船只都可以在海湾停泊、栖息。海湾地处陆地边缘，是人类从事海洋活动的重要场地。

（二）海湾的形成

一般来讲，有以下几种作用可以形成海湾：沿岸泥沙纵向运动的沉积物形成沙嘴时，使海岸带一侧被遮挡而呈凹形海域时会形成海湾；当海面上升时，海水进入陆地，海岸线变曲折，凹进的部分就会形成海湾；当伸向海洋的海岸带岩性软硬程度不同，软质岩层不断遭受侵蚀而向陆地凹进，便逐渐形成了海湾。

（三）孟加拉湾

孟加拉湾位于印度半岛、中南半岛、安达曼群岛和尼科巴群岛之间，北临缅甸和孟加拉国，南在斯里兰卡至苏门答腊岛一线与印度洋本体相交，经马六甲海峡与暹罗湾和南中国海相连，是世界上最大的海湾。

孟加拉湾总面积为 217.2 万平方千米，总容积为 561.6 万立方千米，平均水深为 2586 米，最大深度 5258 米。孟加拉湾的深海盆呈 "U" 字形，深度达 4500 米。盆底有两个特征：北部有很直，长达 5000 千米的东经 900 以及由陆架沉积物冲积而成的恒河三角洲。海脊的顶峰，水深约为 2134 米，覆盖着恒河三角洲的沉积物。恒河和布拉马普特拉河是它的主要源泉。孟加拉湾的海流随风向变化，春、夏两季，潮湿的西南风引起顺时针方向的环流；秋季和冬季，受东北风的作用，转变为反时针方向环流。水温 25℃~27℃，盐度 30‰~34‰。沿岸有多种喜温生物，如恒河口的红树林、斯里兰卡沿海浅滩的珍珠贝等。孟加拉湾是太平洋和印度洋之间的重要通道。

（四）墨西哥湾

墨西哥湾是北美洲东南部海湾，因濒临墨西哥而得名 "墨西哥湾"。海湾的东部与北部是美国，西岸与南岸是墨西哥，东南方的海上是古巴，形状呈椭圆形。经过佛罗里达海峡与大西洋相通；经过尤卡旦海峡与加勒比海连接。

墨西哥湾东西长约 1609 千米，南北宽约 1287 千米，面积 154.3 万平方千米，仅次于孟加拉湾，是世界第二大海湾。平均深度 1512 米，最大水深 5203 米。海湾沿岸曲折多湾，岸边多沼泽、浅滩和红树林。北岸有著名的密西西比河流入，把大量泥沙带进海湾，形成了巨大的河口三角洲。在尤卡旦海峡，有一条海槛，位于海面下约 1600 米深，作为墨西哥湾和加勒比海的分界。墨西哥湾位于热带和亚热带，高温多雨，8 月份气温最高，可达 28℃ 以上；2 月份气温最低，北部约 12℃，南部达 22℃。冬季常有强风，夏季多飓风。年平均降水量达 1500 毫米左右。西北与西部沿岸和附近大陆架盛产石油、天然气和天然硫黄。

（五）几内亚湾

几内亚湾又称 "妇女湾"。西起利比里亚的帕尔马斯角，东到加蓬的洛佩斯角，是非洲西部大西洋的一个海湾。

几内亚湾面积 153.3 万平方千米，平均水深 2960 米，最大水深 6363 米。盐度 34‰~3‰，因为有尼日尔等大河注入，现在减为 30‰。突出海湾的尼日尔河三角洲把海湾分为西部的贝宁湾和东部的邦尼湾。几内亚湾海岸线平直，湾内多岛屿，有比奥科岛、圣多美和普林西比岛等。几内亚湾沿岸南北两侧的广大地区是热带草原气候，东非高原虽然地处赤道附近，但是，海拔较高，不具备形成热带雨林的条件，所以也是热带草原气候。沿岸多浅滩、潟湖和茂密的红树林。几内亚湾是重要的水上交通要道，是西非沿岸国家间和通往大西洋的水域。矿产资源非常丰富，种类繁多，储量大，不少矿产占世界重要地位。例如：黄金、金刚石的储量和产量都占世界第一位；铜、铁、铀和其他金属矿产的储量也多。沿岸主要经济作物有可可、油棕、咖啡、橡胶等，主要港口有阿比让、阿可拉等。

（六）阿拉斯加湾

阿拉斯加湾位于北太平洋东北角，北美大陆的西北侧，西邻阿拉斯加半岛和科迪亚克岛，东接斯潘塞角，在美国的阿拉斯加州南缘，是太平洋东北部的一个宽阔海湾，是世界上最大、最富饶的渔场之一。

阿拉斯加湾宽 2200 千米，面积 153.3 万平方千米，平均水深 2431 米，最大水深 5659 米，沿岸多峡湾和小海湾。阿拉斯加湾地处太平洋的冰冷水域，海水温度比较低，水质肥沃，没有污染。有丰富的海洋生物资源。其中渔业资源最为丰富，盛产风味独特的三文鱼，肉质精细的大比目鱼、鳕鱼及鲽鱼，还有海参和各种蟹鱼类产品等。

（七）哈德逊湾

哈德逊湾位于加拿大东北部的巴芬岛与拉布拉多半岛西侧，是一个多雾、多冰、近封闭的内陆浅海。1609 年有一个来自荷兰西印度公司的代表，他曾经带领探险团队找寻欧洲通往太平洋的"西北通道"，后来这个海湾就以他的名字——哈德逊命名。

哈德逊海湾形似扁盘，面积约 82 万平方千米，平均水深 100 米，最大水深 257 米。海湾中经常有风暴和浓雾，一年中雾日达 300 天左右。海水 10 月开始结冰，不利于航行。哈德逊湾有一种有名的狼，被称为"哈德逊湾狼"，这种狼生活在哈德逊湾附近，主要居住在哈德逊湾的西部和北部，有时也会随着驯鹿群而迁徙到南部去。狼的体型中等，冬季毛色几乎是纯白的，有利于在雪地中隐蔽自己，过去常被错误地称为"苔原狼"。哈德逊湾北部时常有北极熊出现，这里的北极熊要比一般的北极熊生活地靠南许多，因为哈德逊湾每年的 10 月到次年 4 月都会结冰，它们以捕食冰中的海豹等为食。哈德逊湾的主要港口有彻奇尔等。

（八）波斯湾

波斯湾位于阿拉伯半岛与伊朗之间，阿拉伯语中称作"阿拉伯湾"，简称"海湾"，通过霍尔木兹海峡与阿曼湾相连。

波斯湾总面积约 23.3 万平方千米，长 990 千米，宽 58~338 千米。水域不深，平均深度约 50 米，最深 90 多米，它是底格里斯河与幼发拉底河出海的地方。海湾地区降水稀少，东西两岸又多为副热带干旱荒漠，水温很高，西北部水温为 16℃~32℃，东南部为 24℃~32℃，浅海区夏季水温高达 35.6℃，是世界上最热的海区之一。年蒸发量达 2000 毫米以上，大大超过降水量，因而海水盐度较高，西北部盐度达 38‰~41‰。海湾四周，从东向南，围绕着伊朗、伊拉克、科威特、沙特阿拉伯、巴林、卡塔尔、阿拉伯联合酋长国和阿曼 8 个国家，被称为海湾国家，或海湾地区。海湾地区总面积约为 481 万平方千米，人口约 1.18 亿，波斯湾多珊瑚礁，渔产丰富。居民主要是阿拉伯人和波斯人，大多数人信奉伊斯兰教。沿海居民从事航海、商业、渔业者较多。海底与沿岸是世界上石油储量最多的国家之一，供应了世界一半以上的石油需求。

（九）卡奔塔利湾

卡奔塔利湾位于澳大利亚北部阿纳姆地与约克角半岛之间，岛的三面都是陆地，西接安恒地区，东临约克角半岛，南临昆士兰州的一部分，是阿拉弗拉海的一个大海湾。海湾东西最大宽度 670 千米，南北长约 600 千米。深度较浅，水深一般不超过 60 米。此海湾形成的时间不长，是一个比较年轻的海湾。海湾南岸多红树林和海滩。诺曼顿、伯克敦位于海湾东南端，是两个主要的港口。海湾多岛屿，以格鲁特岛、韦尔斯利群岛比较有名。沿岸和岛屿有铝土矿、锰矿等矿产。湾内富产虾。

（十）巴芬湾

巴芬湾是以英国航海家威廉·巴芬的名字命名的。它介于格陵兰岛与埃尔斯米尔岛、德文岛和巴芬岛之间，呈西北—东南走向。东南经戴维斯海峡和大西洋相通；北经史密斯海峡、罗伯逊海峡与北冰洋相连；西经琼斯海峡和兰开斯特海峡入加拿大北极群岛水域。它是北冰洋属海。巴芬湾长 1126 千米，宽 112~644 千米，面积 68.9 万平方千米；水深 366~2744 米，海水容积 59.3 万立方千米。海湾地区气候严寒，表面水温冬季-2℃，夏季 5℃~6℃，盐度 30‰~32‰。全年仅 8~9 月可完全通航。岸边植物有 400 种之多，如：桦、柳及低等喜盐植物和草丛、青苔、地衣等。海湾有大量海

藻，这些丰富的养料孕育了大量无脊椎动物，如：著名的磷虾，还有比目鱼等。海兽有海豹、海象、海豚和鲸；海岸上栖息着大群海鸥、海鸭、天鹅、雪枭和海鹰。动物有啮齿类、北美驯鹿、北极熊和北极狐等。

（十一）大澳大利亚湾

大澳大利亚湾位于塔斯马尼亚湾的西边，以塔斯马尼亚岛为界，以东属于太平洋，以西属于印度洋，它是印度洋凹入澳大利亚大陆南部的海湾。

大澳大利亚湾东西长 1159 千米，南北宽 350 千米，面积 48.4 万平方千米。海湾北岸近海区水浅，向远海深度逐渐加深，平均水深 950 米，最大水深 5600 米。海岸线平直，有连绵不断的悬崖。冬季受西北风控制，能掀起巨大的风浪，会吞噬船舶，船舶难以停泊，东岸的斯特里基湾风浪较小，船舶在这里能安全停泊。海湾内有许多岛屿，如：勒谢什群岛、纽茨群岛和调查者号群岛等。大澳大利亚湾中的主要港口是林肯港。

（十二）暹罗湾

暹罗湾又名"泰国湾"，它位于南海西南部、中南半岛和马来半岛之间，海湾与南海水域相连。

暹罗湾是由第三纪地壳运动中的断裂陷落而成，断陷海盆底部沉积着第三纪以来厚达 7500 米的沉积层。海湾沿岸大部分是陡峭岩岸，湾口有连片沙岸。暹罗湾长约 720 千米，宽约 370 千米，面积约 25 万平方千米，平均水深 45.5 米，最大水深 86 米。注入湾中的主要河流有湄南、夜功、邦巴功等河。沿岸多红树林沼泽。海湾地区大部分属热带季风气候，每年 11 月至次年 3 月盛行干燥的东北风，降水稀少，称为干季；4 月到 10 月盛行潮湿的西南风，降雨迅速增多，称为雨季。海湾南端属于赤道多雨气候，年降雨量比较均匀，没有明显的干季和雨季之分。海湾内营养盐类丰富，利于海洋浮游生物繁殖，有产羽鳃鲐、小公鱼、小沙丁鱼、对虾等。海湾内散布着珊瑚礁和红树林。

十二、著名火山

（一）喀斯喀特山

喀斯喀特山位于美国西部，从美国加利福尼亚州的北部一直延伸到加拿大不列颠

哥伦比亚的南部。它是太平洋海岸山脉的一部分。

　　喀斯喀特山全长 1100 多千米，海拔 1800~2500 米，有许多山峰海拔都在 3000 米以上。俄勒冈州的最高点是胡德山，海拔 3424 米。喀斯喀特山脉的最高峰是雷尼尔山，海拔 4392 米，位于美国华盛顿州中西部西雅图的南面。雷尼尔山两侧的风光因海拔不同而变化，低处是茂密的森林，高处白雪皑皑，高山上有草地，各种野花野草争妍斗奇，景色宜人。喀斯喀特山脉南段有一个火山口湖，湖的轮廓近似圆形，最大深度 589 米，直径 10 千米，面积 54 平方千米，是美国最深的湖泊。喀斯喀特山的南段，有众多火山，有的仍然处于活动之中，如自 20 世纪 80 年代以来连续喷发的圣海伦斯火山。山中动物有熊、美洲豹、麋鹿、山羊、狼獾、秃鹰等。在喀斯喀特山还有一处著名的国家公园，因公园内有拉森峰而被称为拉森国家公园。

（二）乞力马扎罗山

　　乞力马扎罗山位于非洲东部，坦桑尼亚北部，临近肯尼亚边境，是非洲最高的山，是世界上最高的火山。当地斯瓦希里中意为光明之山，所以非洲人称此山为"神山"。

乞力马扎罗山

　　乞力马扎罗山是直径约 80 千米的死火山群，最著名的两主峰是基博和马文济。基博峰海拔 5895 米，是非洲第一高峰，是最年轻的火山丘，整个峰顶永久覆盖积雪，是一大奇观。在主峰东边 11 千米处是马文济峰，高 5149 米，山上无常年积雪，南坡和东坡的溪流注入潘加尼河、察沃河和去佩湖。两主峰间由一条高约 4900 米的马鞍形山脊相连接。乞力马扎罗山上的气候随高度而变化，山上的植被有明显的垂直分布，迎风坡降水较多，亚热带常绿阔叶林带和温带森林带有大片森林，5200 米以上是冰川积雪带。山区多野生动物，为了保护稀有动物和旅游资源，已辟为乞力马扎罗禁猎区。

（三）阿空加瓜山

　　阿空加瓜山位于阿根廷门多萨省西北端，临近智利边界，是南美洲安第斯山脉的第二高峰，属冰川山系。也是世界上最高的死火山，有"美洲巨人"之称。

阿空加瓜山海拔6960米，由第三纪沉积岩层褶皱抬升而形成的，同时伴随着岩浆侵入和火山作用，主要是由火山岩构成的，峰顶较为平坦。东、南侧雪线高4500米，冰雪厚达90米左右，有许多现代冰川，其中菲茨杰拉德冰川最长，有11.2千米，终止于奥尔科内斯河，然后泻入门多萨河。阿空加瓜山现在是阿根廷著名的游览胜地，山麓有许多温泉，建有疗养院。此山四面都可以攀登，在海拔6500米处有最后一个棚屋，是登山者的最后营地。

（四）埃特纳火山

埃特纳火山位于地中海中部意大利的西西里岛东岸，南距卡塔尼亚29千米，周长约160千米，喷发物面积广阔。主要喷火口海拔3323米，直径500米；常年积雪。是欧洲最高、爆发次数最多的火山。

在世界火山中，埃特纳火山以喷发次数之多著称。据史料记载，火山首次喷发在公元前475年，至少已经喷发500多次。最猛烈的一次喷发是在1669年，持续时间长达4个月，使附近的城市卡塔尼亚等2万多人丧生，毁灭了好几个村庄。21世纪以来喷发次数已经超过10次。1981年3月17日的喷发，是近几十年来最猛烈的一次，掩埋了数十公顷树林和许多葡萄园，数百间房屋被毁。埃特纳火山有森林带，处于海拔900~1980米的地区，种有栗树、山毛榉、栎树、松树、桦树等，这些树木为当地提供了大量的木材。在海拔1980米以上的地区，覆盖着许多火山堆积物，这里只有稀疏的灌木。

（五）维苏威火山

维苏威火山过去被称为"苏马山"或"索马山"，位于欧洲亚平宁半岛西侧，意大利的那不勒斯市附近，是世界著名火山之一。维苏威火山海拔1277米，它的火山口周边长1400米，深216米，基底直径3千米。它原是海湾中一岛屿，因火山爆发与喷发物质的堆积和陆地连成一片。在历史上多次喷发，公元63年发生了地震，对当地城市和居民造成了巨大损失。公元79年8月，发生了火山大爆发，掩埋了附近的城市，后来人们打井时在被埋没的圆剧场上发现了赫库兰尼姆和庞贝两座城市的遗址。20世纪，维苏威火山已经发生了6次大规模的喷发，夺去了无数人的生命。1845年在火山附近建立了世界上最大的火山观测站——维苏威火山观测站，观测站里面有现代化的设施，电脑可以模拟火山喷发的过程。火山的低山坡和山麓平原土地肥沃，可以种植水果及葡萄，火山的上坡则荒凉险恶。

（六）尼拉贡戈火山

尼拉贡戈火山位于刚果北基伍省省会戈马市以北 10 千米，海拔 3469 米，是非洲中部维龙加火山群中的活火山，是非洲最著名的火山之一。

尼拉贡戈火山曾经多次发生猛烈的喷发，造成重大的人员伤亡。尼拉贡戈火山火山口直径 2000 米，深 244 米，底部有熔岩平台和熔岩湖。在尼拉贡戈火山的东部和南部有许多火山堆，有的火山堆部分被它覆盖。2002 年 1 月 17 日，尼拉贡戈火山再次发生了大规模的爆发，这次喷出的岩浆是从火山上的三个裂口流出来的。近 10 万名戈马市居民被迫逃离家园，进入卢旺达吉塞尼镇。

（七）厄尔布鲁士山

厄尔布鲁士山位于欧、亚两洲交界处的俄罗斯和格鲁吉亚边界的高加索地区，是大高加索山群峰中的"龙头老大"，是博科沃伊山脉的最高峰，也是欧洲的最高峰，有"火山之子"之称。

厄尔布鲁土山海拔 5642 米，是由许多火山喷发物堆积而成的。厄尔布鲁士山有两个山峰，生来呈一大一小、一高一矮的"双峰并峙"态势，西边是主峰，海拔为 5642 米，东边是辅峰，海拔为 5595 米。两座高峰矗立于大高加索山脉倾斜比较平缓的北坡上，显得更加巍峨壮观。山上植被呈垂直变化，1200 米以下为阔叶林；1200～2200 米为针叶林；2200～3000 米为亚高山和高山草甸；2600～3500 米为高山苔原；3000～3500 米以上为高山冰雪带。山上风光绮丽，吸引了众多的登山者和旅游者。

（八）堪察加火山

堪察加火山群位于俄罗斯的堪察加州，是世界上最著名的火山区之一，它拥有不同类型和特征的活火山。

堪察加火山群处于太平洋火山带上，总面积大约为 3.3 万平方千米，海拔高度在海平面及 3621 米之间。活火山和死火山总数超过 300 座，其中有克留契夫、阿瓦恰、科里亚克、贝兹莫内等活火山 28 座，是世界上活火山最集中的地方。堪察加火山群的火山密度高，喷发形式多种多样，这里地貌十分复杂，有曲折的洞穴、重叠的地层和间歇泉、温泉、喷泉等奇观异景，是这里的著名景点。堪察加半岛的中央被两座山脉环绕着，是类大陆性的气候，而且火山喷发物营养丰富，适合植物的生长繁殖。这里生长着丰富的生物物种，有白桦、云杉、落叶松等。野生动物种类繁多，有棕熊、驯鹿、北极狐等。

（九）恩戈罗火山

恩戈罗火山位于坦桑尼亚中北部，坐落在东非大裂谷的东支，距阿鲁沙西 128 千米处。

恩戈罗火山的存在已有 250 万年之久。这座火山，停止喷发大概已有 25 万年。火山处于活动时期时，多次喷发形成了一个碗形火山口。这个火山口周围峭壁陡立，是世界上最大的火山口。恩戈罗火山海拔 2135 米，火山口宽度 14.5 千米，深度从 610～762 米不等，底部直径约 16 千米，占地总面积达 264 平方千米。它的外缘有 6 座海拔 3000 米以上的山峰拔地。火山地区属于热带雨林气候，年平均气温在 20℃ 左右，但昼夜温差极大。降雨主要集中在 12 月到次年 5 月。火山地区的居民为马赛人。他们到处迁徙，寻找水源和食物，很少猎杀野生动物。火山口壁是禁猎区，形成了一个天然围场。非洲著名的野生动物保护区恩戈罗国家公园就坐落在火山口地区，是非洲最重要的野生动物保护区之一。这里有许多泉水和一个大咸水湖，即使在最炎热的时候里面的水也不会干涸，为人们和动物提供了一定的水源。火山口底部约有 2.5 万～3 万头动物，有斑马、羚羊、豹、豺、角马、黑犀牛等。

（十）马荣火山

马荣火山位于吕宋岛东南部，地处菲律宾，在首都马尼拉东南方约 340 千米处。火山东南方距黎牙实比城约 15 千米，是菲律宾最大的活火山，被人们誉为"世界上最完美的火山锥"。也是菲律宾著名的旅游景点。

菲律宾有 52 座火山，其中有 11 座是活火山，平时它不断喷出白色烟雾缭绕山头，入夜，烟雾呈暗红色，宛如一座巨大的三角形烛座。马荣火山自 1616 年 2 月 19 日首次喷发以来，至今已经爆发了 50 多次。最具毁灭性的一次爆发发生在 1814 年 2 月 1 日，熔岩流掩埋了附近的城市，造成 1200 人死亡。由于此火山处于地壳活动比较频繁的地带，根据长时间的地面研究，科学家表示：频繁的火山性地震、大量的二氧化硫持续喷发和熔岩流不断流出，显示马荣火山仍然在隆起中，随时都有喷发的可能。

（十一）富士山

富士山是位于日本本州岛中南部静冈、山梨两县交界处的一座活火山，东距东京约 80 千米，是日本第一高峰，已成为日本的象征，也是众多诗人描述的对象。

富士山山顶终年积雪，山体外貌是典型的圆锥形，是世界上形态最完美的火山。山顶火口湖直径约800米，深200米，看上去令人毛骨悚然。山上最高点为剑锋，海拔3776米，山顶3773米设有气象观测站。富士山形成约有1万年，是典型的层状火山。自公元781年有文字记载以来，共喷发18次，800年、864年和1707年出现了3次大

富士山

喷发。最近一次喷发在1707年，此后一直处于休眠状态。在富士山北麓分布着5个湖泊，统称"富士五湖"，其中山中湖最大，面积为6.75平方千米，风景秀丽，是著名的旅游胜地。富士山有4个主要的登山口，分别为富士宫口、须走口、御殿场口、富士吉田（河口湖）口等，其中前3个登山入口都在静冈县内。富士山地区属于温带季风气候，其南部属于亚热带季风气候，具有海洋气候特征，冬季温和，夏季凉爽。山顶和山麓的气候相差较大，山顶终年积雪，多雾。富士山的植被具有明显的垂直分布，周围生长着2000多种植物，有亚热带常绿林、温带落叶阔叶林和寒带针叶林等。

（十二）奇里基火山

奇里基火山又名"巴鲁火山"，位于塔拉曼卡山脉东南延伸部分。在环太平洋火山带，是巴拿马西部的熄火山。奇里基火山海拔3477米，是巴拿马国内最高峰。火山南麓和西麓有柑橘林，盛产柑橘，山坡种植咖啡。

（十三）伊拉苏火山

伊拉苏火山位于哥斯达黎加首都圣何塞以东约60千米处，火山底部有一潭绿水，山上烟雾缭绕，宛如仙境，吸引了众多的游人，是哥斯达黎加著名的旅游胜地，有"中美洲的花园"之称。

伊拉苏火山海拔3432米，火山口直径1050米，深300米。火山主要由玄武岩和安山岩组成。此火山是一座间歇性火山，曾于1841年、1920年、1963年喷发过，留有3个火山口。1963年火山喷发时，浓烟滚滚，大股黑灰向外喷射，升起2000米，毁坏了附近的村庄和农田，火山灰落遍整个中央高原。最近一次喷发是在1978年。

（十四）塔胡木耳科火山

塔胡木耳科火山位于危地马拉西部边境，海拔 4211 米，是中美洲的最高点。火山喷出物向着加勒比海方向，逐渐变薄。由下伏岩层的褶皱和断层构造，形成一系列陡峭山脉。南部是高地，东西多谷地。南部高地是两列与太平洋岸平行的山弧，是中新世以后褶皱、岩浆侵入和火山活动的产物。

（十五）雷尼尔火山

雷尼尔火山位于华盛顿州西部，是一个层状火山，海拔 4391 米，是美国喀斯喀特山脉的最高峰。此火山是一座圆锥形火山，基盘是由花岗岩构成的，火山体是由安山岩构成的。山麓下是一大片茂密的原始森林，湖泊、瀑布错落其间。植物呈垂直分布，低坡生长着针叶林（冷杉、松等），海拔 2600～2800 米为高山草甸，更高为永久积雪和冰川。埃蒙斯冰川位于东面山坡，是美国最大的冰川。雷尼尔火山是美国东部前往俄勒冈地区和自太平洋进入普吉特海峡的西海岸的船舶航行的陆标。

（十六）沙斯塔火山

沙斯塔火山位于美国加利福尼亚州的北部，喀斯喀特山脉南端，是一座死火山。沙斯塔火山海拔 4316 米，山顶呈圆锥形，主要是由安山岩组成的。山顶终年白雪皑皑，有冰川。1854 年首次登上峰顶。

（十七）胡德火山

胡德火山位于美国的俄勒冈州，是州内的最高峰，海拔 3424 米，是处于太平洋火山带上的一座死火山。1792 年英国航海家布劳顿首次测出火山高度，以英国将领胡德勋爵之名命名。火山最后一次喷发约在 1865 年。火山顶终年积雪，早期移民以此为路标。现在火山是旅游胜地胡德山国家森林的中心点。

（十八）散福德火山

散福德火山位于美国的阿拉斯加山脉的东南端，是阿拉斯加州南端最高的火山，地处太平洋火山带。散福德火山海拔 4949 米，火山附近有兰格尔—圣伊莱亚斯国家公园和冰川湾国家公园。

（十九）喀拉喀托火山

喀拉喀托火山是亚洲的一座活火山，是 100 万多年以前形成的一座锥形火山，也是近代喷发最猛烈的一座活火山。它位于印度尼西亚苏门答腊岛与爪哇岛之间的巽他海峡南口的拉卡塔岛。1883 年此火山爆发以前是 45 平方千米、长 9 千米、海拔 813 米的火山岛。1883 年 8 月 26 日，一阵震耳欲聋的爆炸声响起，在 3200 千米以外的澳大利亚都能听见。随即天空中充满了灰色的火山灰烟云。第二天喀拉喀托火山经历了最猛烈的爆发，19 立方米的巨大的岩石被炸成尘埃，喷射到空中，这次火山爆发还引起了强烈的地震和海啸，海浪高达 20～40 米，摧毁了附近的村庄，使得 3.6 万人丧生。周围 280 千米的区域都处于昏暗的状态，持续了两天。在此后的一年中，太阳和月亮看上去都是呈绿色或蓝色。全世界都能感受到这次火山喷发的影响，是有史以来最大的火山爆发。

（二十）皮纳图博火山

皮纳图博火山位于菲律宾的吕宋岛，海拔 1486 米。1991 年 6 月 15 日下午，当台风经过时，皮纳图博火山最强烈的喷发开始，火山碎屑流沉积填满河谷，一个巨大的火山灰和气体烟柱进入大气圈，是 20 世纪世界上最大的火山喷发之一，喷出了大量火山灰和火山碎屑流。火山喷发使山峰的高度大约降低了 300 米，并形成了一个直径 2.5 千米的火山口。从此，皮纳图博火山才广泛为人所知。后来地质学家对皮纳图博火山沉积物进行了放射性同位素测年，测得最年轻的为 600 年左右。根据上述年龄菲律宾火山地震研究所把皮纳图博火山划为活火山。皮纳图博火山周围生活着 1 万多山民，近百万人生活在附近三个省的城镇和军事基地。1991 年皮纳图博火山的成功预报极大地减少了人员的损失。

第三章　世界国家

　　走出国门，才知道世界不止一个国家，不止一处文明；闭关自守，无异于自取灭亡。人类自荒蛮走来，各据一方，创建了大大小小的国家。不同国家之间有冲突，也有合作。在现代文明之光的照耀下，国家之前更多的是竞争中的合作关系，在竞争中证明着自身的价值。

一、世界陆地面积最大的十个国家

（一）俄罗斯

陆地面积 1707.54 万平方千米。

（二）加拿大

陆地面积 909.3507 万平方公里。

（三）中国

陆地面积 960 万平方千米。

（四）美国

陆地面积 915.8960 万平方千米。

（五）巴西

陆地面积 851.49 万平方千米。

（六）澳大利亚

陆地面积 769.2 万平方千米。

（七）印度

陆地面积 298 万平方千米。

（八）阿根廷

陆地面积 278 万平方千米。

（九）哈萨克斯坦

陆地面积 272.49 万平方千米。

（十）阿尔及利亚

陆地面积 238.1741 万平方千米。

二、世界人口最多的十个国家（截止 2023 年）

（一）中国

人口约 14.12 亿。

（二）印度

人口约 14.08 亿。

（三）美国

人口约 3.31 亿亿。

（四）印度尼西亚

人口约 2.73 亿。

（五）巴基斯坦

人口约 2.31 亿。

（六）巴西

人口约 2.14 亿。

（七）尼日利亚

人口约 2.13 亿。

（八）孟加拉国

人口约 1.69 亿亿。

（九）俄罗斯

人口约 1.43 亿。

（十）墨西哥

人口约 1.26 亿。

三、世界各国首都

（一）亚洲

1. 中国——北京
2. 马来西亚——吉隆坡
3. 印度——新德里
4. 巴基斯坦——伊斯兰堡
5. 泰国——曼谷
6. 越南——河内
7. 斯里兰卡——科伦坡
8. 缅甸—仰光
9. 孟加拉国——达卡
10. 不丹—廷布
11. 阿富汗——喀布尔
12. 柬埔寨——金边
13. 尼泊尔——加德满都
14. 老挝——万象
15. 锡金——甘托克
16. 菲律宾——马尼拉
17. 阿塞拜疆—巴库
18. 格鲁吉亚——第比利斯
19. 亚美尼亚——埃里温
20. 塔吉克斯坦——杜尚别
21. 土库曼斯坦——阿什哈巴德
22. 新加坡——新加坡
23. 马尔代夫——马累
24. 文莱——斯时巴加湾
25. 东帝汶——帝力
26. 印度尼西亚——雅加达
27. 伊拉克——巴格达

28. 伊朗——德黑兰

29. 约旦——安曼

30. 沙特阿拉伯——利雅德

31. 阿联酋——阿布扎比

32. 阿曼——马斯喀特

33. 科威特——科威特

34. 以色列——特拉维夫

35. 也门——亚丁

36. 巴勒斯坦——耶路撒冷

37. 卡塔尔——多哈

38. 巴林——麦纳麦

39. 叙利亚——大马士革

40. 黎巴嫩—贝鲁特

41. 蒙古——乌兰巴托

42. 塞浦路斯——尼科西亚

43. 哈萨克斯坦——阿斯塔纳

44. 乌兹别克斯坦——塔什干

45. 吉尔吉斯——比什凯克

46. 韩国——首尔

47. 朝鲜——平壤

48. 日本——东京

（二）欧洲

1. 英国——伦敦

2. 罗马尼亚——布加勒斯特

3. 希腊——雅典

4. 法国——巴黎

5. 波兰——华沙

6. 斯洛伐克——布拉迪斯拉发

7. 瑞士——伯尔尼

8. 瑞典—斯德哥尔摩

9. 意大利——罗马

10. 德国——柏林

11. 摩纳哥—摩纳哥

12. 拉脱维亚——里加

13. 荷兰——阿姆斯特丹

14. 斯洛文尼亚——卢布尔雅那

15. 阿尔巴尼亚——地拉那

16. 挪威——奥斯陆

17. 南斯拉夫——贝尔格莱德

18. 保加利亚——索菲亚 19. 爱尔兰——都柏林

20. 捷克——布拉格

21. 立陶宛——维尔纽斯

22. 葡萄牙——里斯本

23. 列支敦士登一瓦杜兹

24. 土耳其——安卡拉

25. 丹麦——哥本哈根

26. 卢森堡——卢森堡

27. 西班牙——马德里

28. 圣马力诺一圣马力诺

29. 匈牙利——布达佩斯

30. 梵蒂冈——梵蒂冈城

31. 冰岛——雷克雅未克

32. 安道尔——安道尔

33. 芬兰——赫尔辛基

34. 俄罗斯——莫斯科

35. 乌克兰——基辅

36. 白俄罗斯——明斯克

37. 法罗群岛——曹斯哈恩

38. 摩尔多瓦——基希讷乌

39. 爱沙尼亚——塔林

41. 马其顿——斯科普里

42. 克罗地亚——萨格勒布

43. 比利时——布鲁塞尔

4J4. 马耳他——瓦莱塔

（三）美洲

1. 美国——华盛顿

2. 加拿大——渥太华

3. 秘鲁——利马

4. 委内瑞拉——加拉加斯

5. 哥斯达黎加——圣约瑟

6. 特立尼达和多巴哥——西班牙港

7. 格林纳达——圣乔治

8. 海地——太子港

9. 萨尔瓦多——圣萨尔瓦多

10. 智利——圣地亚哥

11. 古巴——哈瓦那

12. 尼加拉瓜——马那瓜

13. 巴哈马——拿骚

14. 巴拿马——巴拿马城

15. 玻利维亚——拉巴斯

16. 洪都拉斯——特古西加尔巴

17. 厄瓜多尔——基多

18. 牙买加——金斯敦

19. 乌拉圭——蒙得维的亚

20. 巴巴多斯——布里奇顿

21. 圣卢西亚——卡斯特里

22. 圭亚那——乔治敦

23. 危地马拉——危地马拉

24. 多米尼加——圣多明各

25. 墨西哥——墨西哥城

26. 哥伦比亚——波哥大

27. 安提瓜——圣约翰

28. 苏里南——帕拉马里博

29. 伯利兹——贝尔莫潘

30. 阿根廷——布宜诺斯艾利斯

31. 维尔京群岛——罗德城

（四）非洲

1. 安哥拉——罗安达

2. 埃塞俄比亚——亚的斯亚贝巴

38. 肯尼亚——内罗毕

39. 南非——比勒陀利亚

40. 科摩罗——莫罗尼

41. 津巴布韦——索尔兹伯里

42. 突尼斯——突尼斯

43. 莱索托——马塞卢

44. 莫桑比克——马普托

45. 索马里——摩加迪沙

46. 象牙海岸——阿比让

47. 喀麦隆——雅温得

48. 塞内加尔——达喀尔

49. 塞舌尔——维多利亚

50. 塞拉利昂——弗里敦

51. 摩洛哥—拉巴特

52. 赞比亚——卢萨卡

53. 圣赫勒拿——詹姆斯敦

54. 留尼汪——圣但尼

55. 斯威士兰——姆巴巴纳

56. 西撒哈拉——阿尤恩

57. 刚果——布拉柴维尔

（五）大洋洲

1. 澳大利亚——堪培拉

2. 新西兰——惠灵顿

3. 斐济—苏瓦

4. 马里亚纳群岛——塞班

5. 汤加——库阿洛法

6. 巴布亚新几内亚——尔兹比港

7. 西萨摩亚——阿皮亚

8. 关岛——阿加尼亚

9. 图瓦卢——富纳富提

10. 所罗门群岛——霍尼亚拉

11. 波利尼西亚——帕皮提

12. 诺福克岛——金斯敦

13. 库克群岛——阿瓦鲁阿

14. 瑙鲁——瑙鲁

四、国旗与国花

（一）各国的国花

1. 中国——牡丹

2. 英国——玫瑰

3. 俄罗斯——向日葵

4. 意大利——紫罗兰、雏菊

5. 日本——樱花

6. 法国——鸢尾花

7. 荷兰——郁金香

8. 澳大利亚——金合欢

9. 巴西——毛蟹爪莲

10. 德国——矢车菊

11. 韩国国花——木槿花

12. 美国——玫瑰

13. 新西兰——桫椤

14. 瑞士——也得怀

15. 圣马力诺——仙客来

16. 墨西哥——仙人掌

17. 希腊——橄榄花

18. 坦桑尼亚国花——丁香花

19. 新加坡——万代兰

20. 西班牙——石榴

21. 智利——百合花

22. 阿根廷——木棉

23. 埃塞俄比亚——马蹄莲

24. 摩纳哥——石竹

25. 缅甸——龙船花

26. 比利时——虞美人
27. 泰国——睡莲
28. 柬埔寨——水仙
29. 加拿大——枫叶

（二）世界国家国旗上的动物

阿尔巴尼亚——双头鹰，象征着民族英雄斯坎德培。

不丹一龙，表示权力与宏大。

多米尼加——鹦鹉。鹦鹉是多米尼加的国鸟。

委内瑞拉——骏马。骏马代表委内瑞拉人的独立和自由。

乌干达——皇冠鸟。皇冠鸟标志自由和幸福，是乌干达的国鸟。

西班牙——狮子。与鹰象征威严和勇敢。

巴布亚新几内亚——天堂鸟。极乐鸟象征独立、自由和幸福。

蒙古——两条鱼，表示警惕。

危地马拉——格查尔鸟，象征自由与友谊，是危地马拉国鸟。

安道尔——两头牛，象征着贝尔恩伯爵的权力。

斯里兰卡——黄色狮子，象征刚强和勇敢，也标志着该国的古称"狮子国"。

墨西哥——雄鹰叼蛇。描绘了墨西哥人祖先阿兹特克人建国的历史。

百慕大群岛——红狮。这只红狮是指英格兰，象征了百慕大与英格兰的关系。

哈萨克斯坦——鹰。鹰是哈萨克斯坦的图腾，被视为神鸟。

厄瓜多尔——秃鹫。是猛禽类中最大的鸟，被当地人称为"百鸟之王"。

斐济——戴着皇冠的黄色狮子和叼着橄榄枝的鸽子，象征国王与和平。

基里巴斯——军舰鸟，象征力量、自由和基里巴斯的文化。

摩尔多瓦——鹰，象征着力量。

津巴布韦——津巴布韦鸟，象征津巴布韦古老的文化。

秘鲁——南美骆马。代表国家的动物资源和自然资源，是秘鲁的国兽。

（三）世界国家国旗上的植物

黎巴嫩——国旗上是一棵雪松。雪松是黎巴嫩国家的国树。

圣文森特和格林纳丁斯——国旗上是一片面包果树叶。这种树是常绿乔木，树高十余米，果实可食用，肉质粗松如面包，含有淀粉，味道像马铃薯。

塞浦路斯——国旗上是两条交叉的绿色橄榄枝，橄榄枝是和平的象征。

斐济——国旗上是一棵可可树、三根甘蔗和一串香蕉，象征着该国家的经济特点。

格林纳达——国旗上是肉豆蔻，是格林纳达国家的特产。

海地——国旗上是一棵高大挺拔的棕榈树。

伯里兹——国旗上居中位置有 50 片绿色的树叶环绕国徽。象征着伯里兹国家森林资源丰富。

赤道几内亚——国旗上绘有一棵高大粗壮的红树。

加拿大——加拿大素称"枫树之邦"，国旗上有一枚枫叶，是加拿大民族的象征。

五、世界国家国旗的象征

（一）中国国旗

中国国旗中的大五角星代表着中国共产党，红色旗面，象征着革命，其中五颗五角星互相连缀、疏密相间，象征着中国人民的大团结。每颗小星各有一个尖角正对大星中心点，表示人民对党的向心之意。

（二）美国国旗

50 颗星代表美国的 50 个州，13 个红蓝相间的条纹则代表 1774 年参与美国独立战争的其中 13 个州。白色代表廉洁公正：红色代表勇敢无畏；蓝色代表警惕、坚韧和正义。

（三）哥伦比亚国旗

黄色象征金色的阳光、谷物和丰富的自然资源；蓝色代表蓝天、海洋和河流；红色象征爱国者为争取国家独立和民族解放而洒下的鲜血。

（四）加拿大国旗

国旗含义长与宽之比为 2：1，从左至右由红—白—红两色组成，两条红边表示太平洋和大西洋，中间的白色表示加拿大辽阔的国土，红枫叶表示居住在这片富饶土地的全体加拿大人民。又因为枫树是加拿大的国树，枫叶是加拿大民族的象征。

（五）英国国旗

长与宽之比为 2：1。为"米"字旗，由深蓝底色和红、白色"米"字组成。旗中带白边的红色正十字代表英格兰守护神圣乔治，白色交叉十字代表苏格兰守护神圣安德鲁，红色交叉十字代表爱尔兰守护神圣帕特里克。

（六）斯里兰卡国旗

国旗是"狮子旗"，1950 年在斯里兰卡国旗委员会审定下通过。旗右 3/2 是褐红色地，地中央是持战刀的黄色雄狮，地四角各有一片叶柄朝外的菩提树叶。旗的左边有绿色和橙黄色竖条各一条。旗四周套黄边。

（七）巴西国旗

国旗呈长方形，长与宽之比为 10：7。旗地为绿色，中间是一个黄色菱形，其四个顶点与旗边的距离均相等。菱形中间是一个蓝色天球仪，其上有一条拱形白带。绿、黄色是巴西的国色。绿色象征该国广阔的丛林，黄色代表丰富的矿藏和资源。天球仪上的拱形白带将球面分为上下两部分，下半部象征南半球星空，其上大小不同的白色五角星代表巴西的 26 个州和一个联邦区。

法国国旗

（八）法国国旗

由蓝、白、红三个面积相等的竖条组成。这面旗帜最早出现在法国大革命时期，颜色取自当时的法国国徽（红和蓝），再加上法国王室的颜色白色。其中蓝色是圣马丁长袍的颜色，白色纪年民族英雄圣女贞德，而红色则是圣丹尼斯的军旗的颜色。

（九）菲律宾国旗

国旗呈横长方形，长与宽之比为 2：1。靠旗杆一侧为白色等边三角形，中间是放

射着八束光芒的黄色太阳，三颗黄色的五角星分别在三角形的三个角上。旗面右边是红蓝两色的直角梯形，两色的上下位置可以调换。平时蓝色在上，战时红色在上。太阳和光芒图案象征自由，八道较长的光束代表最初起义争取民族解放和独立的八个省，其余光芒表示其他省。三颗五角星代表菲律宾的三大地区：吕宋、萨马和棉兰老。蓝色象征忠诚、正直、红色象征勇气，白色象征和平和纯洁。

（十）印度国旗

印度国旗由橙、白、绿三个相等的横长方形组成。旗面中心有一个含 24 根轴条的蓝色法轮。橙色象征了勇气、献身与无私，也是印度教士法衣的颜色，白色代表了真理与和平，而绿色则代表繁荣、信心与人类的生产力。

（十一）俄罗斯国旗

国旗采用传统的泛斯拉夫颜色，旗面由三个平行且相等的横长方形组成，由上到下依次是白、蓝、红三色。旗帜中的白色代表寒带一年四季的白雪茫茫，蓝色代表亚寒带，又象征俄罗斯丰富的地下矿藏和森林、水力等自然资源，红色是温带的标志，也象征俄罗斯历史的悠久和对人类文明的贡献。三色的排列显示了俄罗斯幅员的辽阔。

（十二）缅甸国旗

国旗为红色，长 9 英尺，宽 5 英尺，左上方有一深蓝色长方形，里面的白色图案由麦穗和齿轮组成，分别代表农业和工业。齿轮外有 14 颗星围绕，代表 14 个省、邦。红色象征勇敢，白色象征纯洁，蓝色象征和平。

（十三）科威特国旗

科威特国旗在靠旗杆一侧为黑色楔形，右侧自上而下由等宽的绿、白、红三色平行组成。白色象征人民的目的和行为之纯洁，黑色象征打败敌人，绿色象征绿洲，红色象征为祖国流血。对于黑色和红色另一解释是黑色象征战场，红色象征未来。

（十四）不丹王国国旗

龙象征着国家的权利。金黄色象征国王在领导宗教及世俗事务中的权利和作用。橘红色是僧侣长袍颜色，象征着佛教的精神力量。白色表示忠诚和纯洁。

（十五）柬埔寨王国国旗

呈长方形，长与宽之比为3：2。由三个平行的横长方形相连构成，中间是红色宽面，上下均为蓝色长条。红色象征吉祥和喜庆，蓝色象征光明和自由。红色宽面中间绘有白色镶金边的吴哥庙，这是著名的佛教建筑，象征柬埔寨悠久的历史和古老的文化。

（十六）越南社会主义共和国国旗

红色象征革命，金星代表越南劳动党以及工人、农民、士兵和知识分子。

（十七）老挝人民民主共和国国旗

蓝色象征富饶美丽的国土和人民过着和平安宁的生活，红色象征革命，白色圆月表示人民革命党的领导。

（十八）蒙古国旗

红色象征欢乐和胜利，蓝色象征忠于祖国。左侧黄色图案是民族自由和独立的象征，火、日、月表示人民世代兴隆，三角形和长方形象征人民的智慧、正直、忠于职责，阴阳图案象征和谐。

（十九）丹麦国旗

国旗也叫作"丹尼布洛"，图案为红地白十字。在1219年丹麦与爱沙尼亚的战争中，处于劣势的丹麦军队看见这面旗帜从天神的指缝中飘扬而下，一个丹麦士兵将其高高举起，丹麦军队便反败为胜。从此这面旗帜就成为丹麦民族的象征。

（二十）奥地利共和国国旗

奥地利共和国国旗自上而下由红、白、红三个平行长方形组成。中央绘有奥地利国徽图案。据说奥匈帝国的巴本堡公爵在与英王理查一世血战时，白色军衣被鲜血染红，只有佩剑处留下一道白痕。国旗由此而来。一般场合用不带国徽的国旗；是最古老的国旗。

（二十一）塞浦路斯国旗

国旗呈长方形，长与宽之比约为 5 : 3。在白色的旗地上绘有黄色的该国国土轮廓图形，其下有两枝交叉的绿色橄榄枝。白色象征纯洁和希望；黄色代表丰富的矿产资源。

（二十二）荷兰王国国旗

蓝色表示国家面临海洋，象征人民的幸福，白色象征自由、平等、民主，还代表人民纯朴的性格特征；红色象征革命胜利。

（二十三）意大利国旗

意大利国旗也叫三色旗，旗面由三个平行相等的竖长方形相连构成，从左至右依次为绿、白、红三色，绿色代表希望，白色代表信念，红色代表仁慈。

（二十四）匈牙利共和国国旗

匈牙利共和国国旗长方形，长宽之比为 3 : 2。旗面自上而下由红、白、绿三个平行相等的横长方形相连而成。红色象征爱国者的热血，还象征国家的独立和主权；白色象征和平，代表人民追求自由和光明的美好愿望，绿色象征着匈牙利的繁荣昌盛，象征人民对未来充满信心和希望。

（二十五）德国国旗

德国国旗呈横长方形，长与宽之比为 5 : 3。旗面自上而下由黑、红、黄三个平行相等的横长方形组成。黑、红、黄为德意志民族所喜爱的颜色。最早可追溯到公元一世纪的古罗马帝国，在后来 16 世纪的德国农民战争和 17 世纪的德国资产阶级民主革命中，代表共和制的三色旗也飘扬在德意志大地上。1918 年德意志帝国垮台后，魏玛共和国也采用黑、红、黄三色旗为国旗。1949 年 9 月德意志联邦共和国成立，依然采用魏玛共和国时期的三色旗，同年 10 月成立的德意志民主共和国也采用三色旗，只是在旗面正中加了包括锤子、量规、麦穗等国徽图案，以示区别。1990 年 10 月 30 日，统一后的德国仍沿用德意志联邦共和国国旗。

（二十六）澳大利亚国旗

澳大利亚国旗为长方形，旗面为蓝色，靠旗杆侧上角有英国米字旗，靠旗杆侧下方有一颗白色的七角星，其余部分有四颗较大的白色七角星与一颗较小的白色五角星，代表的是太平洋上空的南十字星座。国旗的左上角为英国国旗图案，表示澳大利亚与英国的传统关系。最大的一颗七角星代表的是澳大利亚的六个州与一个区，蓝色象征着大海环抱着的澳大利亚领土。

（二十七）葡萄牙共和国国旗

葡萄牙共和国，国旗呈长方形，长与宽之比为3∶2。旗面由左绿、右红两部分组成，绿色部分是一个竖着的长方形，红色部分接近正方形，其面积为绿色部分的一倍半。红、绿连线的中间绘有葡萄牙国徽。红色表示对1910年成立第二共和国的庆贺，绿色表示对被称为"航海家"的亨利亲王的敬意。

（二十八）安道尔国旗

安道尔国旗，旗面从左至右由蓝、黄、红三个长方形组成，中央绘有国徽。其中蓝色与红色也是安道尔的北邻国法国旗帜上所拥有的颜色，黄色与红色也是安道尔的南邻国西班牙旗帜上所拥有的颜色。安道尔公国与其邻国法国与西班牙拥有着密切的关系，安道尔公国国旗上显示着两国的颜色也是一种妥协。

（二十九）西班牙国旗

西班牙国旗，国旗呈长方形，长与宽之比为3∶2。旗面由三个平行的横长方形组成，上下均为红色，各占旗面的1/4；中间为黄色。黄色部分偏左侧会有西班牙国徽。红、黄两色是西班牙人民喜爱的传统颜色，并分别代表组成西班牙的四个古老王国。旗的中左部是国徽图案，中心图案为盾徽。盾面上有六组图案：左上角是红地上黄色城堡，右上角为白地上头戴王冠的红狮，城堡和狮子是古老西班牙的标志，分别象征卡斯蒂利亚和里昂；左下角为黄、红相间的竖条，象征东北部的阿拉贡；右下角为红地上金色链网，象征位于北部的纳瓦拉；底部是白地上绿叶红石榴，象征南部的格拉纳达；盾面中心的蓝色椭圆形中有三朵百合花，象征国家富强、人民幸福、民族团结。盾徽上端有一顶大王冠，这是国家权力的象征。

（三十）巴基斯坦伊斯兰共和国国旗

白色象征和平，绿色象征繁荣，新月和五星除了代表伊斯兰教还分别象征了进步和光明。

（三十一）韩国国旗

韩国国旗

红色象征朝鲜人民浴血斗争的爱国主义精神和革命力量，白色象征朝鲜是单一民族，蓝色象征与世界人民的团结。五角星象征共和国继承革命传统，奋勇向前。国名含义：朝鲜语意为"朝日鲜明"，即清晨之国。

（三十二）日本国旗

国旗中的红太阳象征日本是日出之国。"日本"的含义是"太阳升起的地方"。

六、国家与城市的别称

（一）亚洲国家的别称

中国——瓷器之国、丝绸之国

日本——樱花之国

印度——电影王国、孔雀之国

巴基斯坦——清真之国

印度尼西亚——千岛之国、火山之国

新加坡——花园之国

菲律宾——椰子之国

泰国——千佛之国、稻米之国

老挝——万象之国

科威特——石油之国

阿富汗——山之国

塔吉克斯坦——高原之国

马来西亚——棕榈油王国

韩国——产金国

孟加拉国——水国、黄麻之乡

沙特阿拉伯——石油王国

阿拉伯联合酋长国——油海之国

牙买加——森林和泉水之国

尼日尔——沙中之国

文莱——东南亚的科威特

尼泊尔——亚洲山国、寺庙之国、神秘山国

斯里兰卡——东方十字路口、印度洋的珍珠、宝石之国、印度洋的宝石、红茶之国

也门——宫殿之国

（二）欧洲国家的别称

奥地利——音乐之邦、中欧花园

联邦德国——香肠之国、酒花之国

瑞典——欧洲锯木场

梵蒂冈——无理发店之国

挪威——渔业之国、半夜太阳国、万岛国

英国——写信王国

荷兰——郁金香王国、风车之国、低洼之国、花卉之国

卢森堡——红土之国、钢铁王国、千堡之国、世界第七大金融中心、欧洲的绿色心脏

冰岛——冰火之国

芬兰——千湖之国

圣马力诺——袖珍国家、国中之国

马耳他——地中海心脏

阿尔巴尼亚——山鹰之国

保加利亚——玫瑰王国

哥斯达黎加——美洲花园、南北美洲野生动物的桥梁

列支敦士登——世外桃源

葡萄牙——软木之国

西班牙——旅游王国

突尼斯——欧洲的钥匙、橄榄之国

塞浦路斯——黄铜之国、爱神之岛

（三）非洲国家的别称

摩洛哥——磷酸盐王国

利比亚——沙漠之国

埃及—金字塔之国、千塔之国

苏丹一火炉国、风暴国、世界火炉

埃塞俄比亚——高原之国、非洲屋脊、东非水塔

塞拉利昂——钻石之乡

瑞士——巧克力之国、钟表王国、博物馆之国

马其顿——众湖之国

冈比亚——河之国

肯尼亚——人类的摇篮、东非十字架、东南亚米仓

加蓬——木材之国、绿色金子国、绿金之国

刚果民主共和国——中非宝石、世界原料仓库

巴西——咖啡之国、足球王国、人种的大熔炉

安哥拉——非洲宝石

津巴布韦——南部非洲粮仓

索马里——非洲之角、乳汁和没药之乡

贝宁——油棕之国

喀麦隆——龙虾之国

锡金——山顶之国

马拉维——水乡之国

卢旺达——千丘之国、非洲的瑞士、常春之国

科摩罗——香岛

赞比亚——铜矿之国

坦桑尼亚——丁香之国、剑麻之乡

莫桑比克——腰果之乡

博茨瓦纳——牛的国度

毛里求斯——印度洋门户的钥匙、印度洋上的明星

（四）大洋洲国家的别称

澳大利亚——骑在羊背上的国家、坐在矿车上的国家
新西兰——畜牧之国、绿色花园之国
西萨摩亚——火山群岛、波利尼西亚的心脏和摇篮
瑙鲁——磷酸盐之国、无土之邦
斐济——南太平洋的十字路口

（五）美洲国家的别称

加拿大——枫叶之国
哥伦比亚——拉丁美洲的门道、黄金之国
扎伊尔——中非宝石、原料仓库
萨尔瓦多——火山国
墨西哥——白银之国、玉米的故乡、陆上桥梁、仙人掌之国
巴哈马——加勒比的苏黎世
巴巴多斯——珊瑚之国、西印度群岛的疗养院
塞内加尔——花生之国
古巴——世界甘蔗园
格林纳达——香料之岛、太阳之岛、海上仙境
委内瑞拉——石油之国
秘鲁——玉米之国

（六）国家城市的雅称

1. 英国伦敦——雾城
2. 意大利首都罗马——博物馆城
3. 巴勒斯坦耶路撒冷——圣城
4. 德国慕尼黑——酒城
5. 巴西里约热内卢——足球城
6. 英国伦敦——金融城
7. 巴西里约热内卢——噪音城
8. 俄罗斯雅库次克——冰城
9. 意大利威尼斯——水城

10. 日本筑波——科学城
11. 新加坡——狮城
12. 美国底特律——汽车城
13. 印尼雅加达——椰城
14. 西班牙卡莱达——鼓城
15. 法国巴黎——花城
16. 奥地利维也纳——音乐城
17. 瑞士首都伯尔尼——表城
18. 希腊雅典——茉莉花城
19. 赞比亚卢萨卡——铜城
20. 德国汉堡——桥城
21. 南极洲的麦克默多——南极第一城
22. 德国莱比锡——书城
23. 芬兰首都赫尔辛基——浴城
24. 印度瓦丹索朋镇——蝙蝠城
25. 印度乞拉朋齐—雨城
26. 保加利亚加布罗沃——玫瑰城
27. 缅甸文化古城蒲甘——塔城
28. 秘鲁的利马——无雨城
29. 埃及开罗——千塔城
30. 日本京都——千年古都
31. 冰岛的雷克雅未克——无烟城
32. 肯尼亚的内罗毕——太阳城
33. 叙利亚的大马士革——古迹之城
34. 意大利的佛罗伦萨——艺术之都
35. 泰国曼谷——水上城市
36. 瑞士的日内瓦——世界花园
37. 美国好莱坞——电影城
38. 沙特阿拉伯的麦加——安全城
39. 美国的波特兰——玫瑰花城

（七）国家名称与首都名称相同的国家

1. 新加坡共和国——新加坡
2. 科威特国——科威特

3. 突尼斯共和国——突尼斯

4. 吉布提共和国——吉布提

5. 摩纳哥公国——摩纳哥

6. 卢森堡大公国——卢森堡

7. 圣马力诺共和国——圣马力诺

8. 安道尔公国——安道尔

9. 梵蒂冈——梵蒂冈城

10. 墨西哥合众国——墨西哥城

11. 危地马拉共和国——危地马拉

12. 萨尔瓦多共和国——圣萨尔瓦多

13. 巴拿马共和国——巴拿马城

14. 瑙鲁共和国——瑙鲁

七、世界各国货币种类名称

（一）亚洲国家

中国——人民币元

中国香港——港元

中国澳门——澳门元

朝鲜——圆

越南——越南盾

新加坡——新加坡元

柬埔寨——瑞尔

菲律宾——菲律宾比索

马来西亚——马元

土耳其——土耳其镑

老挝——基普

泰国——泰铢

缅甸——缅元

斯里兰卡——斯里兰卡卢比

马尔代夫——马尔代夫卢比

印度尼西亚——盾

巴基斯坦——巴基斯坦卢比

阿拉伯也门——也门里亚尔

印度——卢比

尼泊尔——尼泊尔卢比

阿富汗——阿富汗尼

伊朗——伊朗里亚尔

伊拉克——伊拉克第纳尔

民主也门——也门第纳尔

叙利亚——叙利亚镑

黎巴嫩——黎巴嫩镑

约旦——约旦第纳尔

塞浦路斯——塞浦路斯镑

沙特阿拉伯——亚尔

科威特——科威特第纳尔

巴林——巴林第纳尔

卡塔尔——卡塔尔里亚尔

阿曼——阿曼里亚尔

日本——日圆

（二）欧洲国家

欧洲货币联盟——欧元

英国——英镑

法国——法郎

冰岛——冰岛克朗

德国——马克

丹麦——丹麦克朗

意大利——里拉

挪威——挪威克朗

罗马尼亚——列伊

荷兰——荷兰盾

瑞典——瑞典克朗

芬兰——芬兰马克

俄罗斯——卢布

波兰——兹罗提

捷克和斯洛伐克——捷克克朗

匈牙利——福林

奥地利——奥地利先令

瑞士——瑞士法郎

比利时——比利时法郎

卢森堡——卢森堡法郎

爱尔兰——爱尔兰镑

西班牙——比塞塔

葡萄牙——埃斯库多

马耳他——马耳他镑

南斯拉夫——南斯拉夫新第纳尔

保加利亚——列弗

阿尔巴尼亚——列克

希腊——德拉马克

（三）美洲

加拿大——加元

美国——美元

巴西——新克鲁赛罗

巴拿马——巴拿马巴波亚

墨西哥——墨西哥比索

危地马拉——格查尔

古巴——古巴比索

萨尔瓦多——萨尔瓦多科朗

洪都拉斯——伦皮拉

尼加拉瓜——科多巴

哥斯达黎加——哥斯达黎加科朗

巴哈马联邦——巴哈马元

牙买加——牙买加元

海地——古德

多米尼加——多米尼加比索

阿根廷——阿根廷比索

哥伦比亚——哥伦比亚比索

委内瑞拉——博利瓦

圭亚那——圭亚那元

苏里南——苏里南盾

秘鲁——新索尔

厄瓜多尔——苏克雷

巴巴多斯——巴巴多斯元

玻利维亚——玻利维亚比索

智利——智利比索

特立尼达和多巴哥——特立尼达多巴哥元

巴拉圭——巴拉圭瓜拉尼

乌拉圭——乌拉圭新比索

（四）非洲

埃及——埃及镑

利比亚——利比亚第纳尔

乌干达——乌干达先令

坦桑尼亚——坦桑尼亚先令

卢旺达——卢旺达法郎

布隆迪——布隆迪法郎

苏丹—苏丹镑

突尼斯——突尼斯第纳尔

加纳——塞地

摩洛哥——摩洛哥迪拉姆

毛里塔尼亚——乌吉亚

塞内加尔——非共体法郎

上沃尔特——非共体法郎

科特迪瓦——非共体法郎

多哥——非共体法郎

贝宁——非共体法郎

尼泊尔——非共体法郎

冈比亚——法拉西

几内亚比绍——几内亚比索

几内亚——几内亚西里

尼日利亚——奈拉

阿尔及利亚——阿尔及利亚第纳尔

塞拉里昂——利昂

利比里亚——利比里亚元

喀麦隆——中非金融合作法郎

乍得——中非金融合作法郎

刚果——中非金融合作法郎

加蓬——中非金融合作法郎

中非——中非金融合作法郎

赤道几内亚——赤道几内亚埃奎勒

南非——兰特

吉布提——吉布提法郎

索马里——索马里先令

肯尼亚——肯尼亚先令

扎伊尔——扎伊尔

赞比亚——赞比亚克瓦查

马达加斯加——马达加斯加法郎

塞舌尔——塞舌尔卢比

毛里求斯——毛里求斯卢比

津巴布韦——津巴布韦元

科摩罗——科摩罗法郎

（五）大洋洲

澳大利亚——澳大利亚元

新西兰——新西兰元

斐济——斐济元

所罗门群岛——所罗门元

八、世界十大岛国

（一）英国

是由大不列颠岛（包括该岛南部和中部的英格兰、北部的苏格兰和西部的威尔士三部分）和北爱尔兰（爱尔兰岛北部的一块地方）组成的，一般简称为"联合王国"。位于欧洲西部。它与欧洲大陆之间有北海、多佛尔海峡和英吉利海峡相隔。其东南部与欧洲大陆最近的地方，海岸线长约 11450 千米，是大西洋上最大的岛国。

（二）马达加斯加

马达加斯加位于印度洋西南部，是非洲第一大岛国也是世界第四大岛。隔莫桑比克海峡与非洲大陆相望，海岸线长 5000 千米。

（三）菲律宾

菲律宾共和国位于亚洲东南部的菲律宾群岛上，北隔巴士海峡与我国台湾地区遥对南与马来西亚、印度尼西亚隔海相望。面积 29.97 万平方千米。海岸线，总长 18533千米。是一个群岛国家。

（四）巴布亚新几内亚

巴布亚新几内亚，全称巴布亚新几内亚独立国，是位于太平洋西南部的一个大洋洲岛屿国家，主要涵盖新几内亚岛东半部，西邻印度尼西亚的巴布亚省，南部和东部分别与澳大利亚和所罗门群岛隔海相望。国土面积 46 万平方千米。

（五）爱尔兰

爱尔兰是一个西欧国家，西临大西洋东靠爱尔兰海，与英国隔海相望，爱尔兰是北美通向欧洲的通道。爱尔兰人属于凯尔特人，是欧洲大陆第一代居民的子嗣。它有5000 多年历史，是一个有着悠久历史的国家。

（六）新西兰

新西兰位于太平洋南部，介于南极洲和赤道之间。西隔塔斯曼海与澳大利亚相望，北邻汤加、斐济。新西兰由北岛、南岛、斯图尔特岛及其附近一些小岛组成，面积 27万多平方千米，海岸线长 6900 千米。

（七）印度尼西亚

印度尼西亚位于亚洲东南部，地跨赤道。位于太平洋和印度洋之间。由 7508 万个大小岛屿组成，素称千岛之国。领海面积约是陆地面积的 4 倍。北部的加里曼丹岛与马来西亚接壤，新几内亚岛与巴布亚新几内亚相连。东北部面临菲律宾，东南部是印度洋，西南与澳大利亚相望。海岸线长 3.5 万千米。

（八）古巴

古巴位于加勒比海西北部，东与海地相望，南距牙买加 140 公里，北离美国佛罗里达半岛顶端 217 公里。由古巴岛和青年岛（原松树岛）等 1600 多个岛屿组成，面积约为 11.1 万平方千米，是西印度群岛中最大的岛国。

（九）斯里兰卡

斯里兰卡旧称锡兰，位于亚洲南部，是南亚次大陆南端印度洋上的岛国，它犹如一滴眼泪，镶嵌在广阔的印度洋海面上。"斯里兰卡"在僧伽罗语中意为"乐土"或"光明富庶的土地"，有"宝石王国""印度洋上的明珠"的美称，被马可波罗认为是最美丽的岛屿。

（十）日本

日本位于亚欧大陆东端，是一个四面临海的岛国，自东北向西南呈弧状延伸。东部和南部为一望无际的太平洋，西临日本海、东海，北接鄂霍次克海，隔海分别和朝鲜，韩国、中国、俄罗斯、菲律宾等国相望。

九、世界人口最多的十大岛

（一）爪哇岛

爪哇岛是印度尼西亚的第 4 大岛，爪哇岛位于爪哇海南面，北面是加里曼丹岛（旧称婆罗洲），西北面是苏门答腊岛，东面是巴厘岛，东北面是苏拉威西岛，南面是圣诞岛（面积很小）。爪哇岛是全球第 13 大岛。爪哇岛基本上是由火山运动形成的，爪哇岛是世界上人口最稠密的岛屿。全岛面积 13.2 万平方千米，居住人口 1.14 亿，每平方公里约居住着 864 人。

（二）本州岛

本州岛是日本 4 主岛中最大的岛屿。东为太平洋，西为日本海。岛上有日本最高的富士山和最大的琵琶湖。境内大部分为山地，多火山、地震。中部多 3000 米以上高山，全国第一高峰富士山（海拔 3776 米）主岛面积 22.7 万平方千米，连同属岛面积约 23 万平方千米，占全国面积的 61.2%。人口约占全国人口的 80%。海岸线长 12.182千米。

（三）大不列颠岛

大不列颠岛亦称不列颠。是一个位于欧洲西部大西洋上的岛屿，包含英格兰、苏格兰与威尔士的大部分。大不列颠岛是不列颠群岛中的第一大岛屿，周围环绕着超过 1000 座小型岛屿，大不列颠岛为欧洲最大的岛屿，面积约为 2.4 万平方千米。

（四）苏门答腊岛

苏门答腊是印尼最西面的一个大岛，也是全球第六大岛屿。苏门答腊岛西南与爪哇岛隔着巽他海峡相望，北方隔着马六甲海峡与马来半岛遥遥相对，东方隔着卡里马达海峡毗邻婆罗洲，西方濒临印度洋。强大河流把淤泥带到下游，形成了辽阔的平地，虽然该地区宜耕土地少，对农业不利，但是其对印尼经济发展的重要性不可低估，因为"地上出产油，地下也出产油"：棕榈油和石油。全岛面积达 47 万平方千米。

（五）吕宋岛

即今菲律宾群岛中的吕宋岛，菲律宾最大岛屿。位于菲律宾群岛的北部。面积 10.5 万平方公里，约占全国面积的 35%。人口约 2390 万（1980），约占全国人口的 1/2。主要居民为他加禄人和伊洛克人，北部和东北部山区有矮黑人和其他少数民族。

（六）台湾岛

台湾位于中国大陆东南沿海的大陆架上，地处中国东南海面，面积 3.6 万平方公里，包括台湾岛（面积3.58万平方公里）、澎湖列岛、绿岛、钓鱼岛、兰屿、彭佳屿、赤尾屿。全省共划7市16县。

（七）斯里兰卡岛

斯里兰卡旧称锡兰，是个热带岛国，位于亚洲南部，如同印度半岛的一滴眼泪，镶嵌在广阔的印度洋海面上。"斯里兰卡"在僧伽罗语中意为"乐土"或"光明富庶的土地"，有"宝石王国""印度洋上的明珠"的美称，"宝石之国"和"狮子国"。西北隔保克海峡与印度半岛相望。接近赤道，终年如夏，65610平方千米。年平均气温28℃，各地年平均降水量1283～3321毫米不等。

（八）马达加斯加岛

马达加斯加岛，位于非洲大陆的东南海面上，位于印度洋西南部，隔莫桑比克海峡与非洲大陆相望，最近距离为386千米。面积为62.7万平方千米。马达加斯加岛是向西倾斜而多山的陆块。岛的形状呈狭长形，南北窄、中部宽，全境最宽处达576千米。海岸线总长3991千米。是非洲最大岛屿。

（九）棉兰老岛

棉兰老岛位于菲律宾群岛南部。北与米沙鄢群岛相望，西与巴拉望岛、苏禄群岛等相邻，南为加里曼丹岛。菲律宾仅次于吕宋岛的第二大岛，也是世界第14大岛。位于群岛南部。四周有保和海、菲律宾海、西里伯斯海和苏禄海。棉兰老岛形状不规则，面积9.4万平方千米，南北长471千米，东西宽521千米。岛上多半岛，南有达沃和莫罗湾，北有伊利甘湾，将海岸噬成锯齿形。

（十）婆罗洲

婆罗洲也叫作加里曼丹岛，是世界第三大岛也是世界上独一无二的分属于三个国家的岛屿。这三个国家分别为印度尼西亚、马来西亚和文莱。其中，印尼的四个省占全岛总面积的2/3，为最大的一部分，马来西亚次之，文莱只占小部分。面积为7.4万平方千米。

十、世界十大海盗岛

（一）Tortuga

Tortuga 位于海地北海岸，属于多岩石的岛屿，1630 年左右由于劫持西班牙的商船而被法国政府驱赶的海盗就定居于此。是历史上非常著名的海盗基地。

（二）PortRoyal（皇家港口）

PortRoyal（皇家港口）群岛位于牙买加，是 16 世纪一个非常重要的航海港口。当时的英国政府鼓励海盗定居在此并袭击过往的法国和西班牙商船。在 1692 年 6 月份那次非常严重的地震使海水淹没了岛屿上的城镇之前，这里被称为"海盗乐园"。

（三）Nassau（拿骚）

Nassau（拿骚）位于巴哈马群岛中北部的新普罗维登斯岛（New Providence）北岸，距美国的迈阿密城只有 290 千米。这里曾经是一个非常破烂不堪的小镇，甚至连真正的房子都没有。但是 Nassau 却见证了历史上海盗的黄金时期，作为当时加勒比海域最强大的海盗集团，这里出现了历史上很多非常有名的海盗首领，比如 C alicoJack、Rackham、AnneBonny 和"黑胡子"。一直到 1725 年英国政府特派伍德·罗杰斯来此"剿匪"，这里的海盗团伙才慢慢消失。拿骚岛的格言为"消灭海盗——振兴经济"。

（四）开曼群岛 CaymanIslands（英属）

CaymanIslands 开曼群岛由佛罗里达迈阿密以南 480 英里的 3 个加勒比海岛屿组成，包括大开曼岛、小开曼岛和开曼布拉克岛。在 1503 年被哥伦布发现，由于正好位于墨西哥和古巴航线的中间，可以作为海盗中途停留休息的地方，所以经常被海盗用作基地，特别是臭名昭著的黑胡子——爱德华·蒂奇。

（五）St. Croix（圣克洛伊岛）

圣克洛伊岛在海盗的黄金时期还只是一个荒无人烟的小岛，由于处于三角贸易区的中心位置，又有一个不为众人所知的隐蔽的港口，所以为过往的海盗提供了非常完美的隐蔽场所。

（六）VirginGorda（英属维京果岛）

英属维京果岛是 1493 年由哥伦布在寻找新大陆的第二次旅途中发现的群岛，岛的得名是因为哥伦布认为从海上看过去它就像一个躺着的有着突出的腹部的女人。该岛因为锯齿状的海岸线为海盗提供了非常安全的停泊地点，包括历史上非常有名的海盗"黑胡子"和吉德船长。

（七）LaBlanquilla

LaBlanquilla 岛位于委内瑞拉，在岛上能够看见的距离内没有多少船只经过，《海盗共和国》的作者科林·伍德认为它是那些为了躲避巴巴多斯岛和法属马提尼克岛法律制裁的人们的非常好的藏身之处。海盗"布莱克·萨姆"于 18 世纪在岛上创建了他的海盗基地，并藏匿了很多珍宝。这些宝藏于 1984 年被发现，委内瑞拉政府将于 2007 年6 月份开始用这些宝藏建设国家旅游设施。

（八）ROATAN

洪都拉斯群岛的 ROATAN 岛拥有全世界第二大的珊瑚礁群，使得该岛在 17 世纪就成了上百个海盗团伙的基地，包括历史上非常有名的"摩根船长"和"LaurensdeGraff"。在这里，海盗们袭击来往的西班牙商船，获得了很多来自亚洲的瓷器和来自秘鲁的银器。有传言说 20 世纪 60 年代有很多探宝者找到了"摩根船长"的一些宝藏，而且据说这里肯定还有更多未被发现的财宝。

（九）St. Kitts

根据安格斯所著的《海盗的历史》，17 世纪末，法国政府在一些海盗团伙的帮助下，以（吉德船长）的名义袭击了 St、Kitts（圣基茨）岛。吉德船长生于英国受雇于法国，当他偷了法国军队的一艘船并将船开到了尼维斯岛的时候，很快就成了英国的英雄。但是最后还是因为曾作为海盗而被指控，并在泰晤士河边被实施了绞刑。

（十）Guadeloupe（法属瓜德罗普岛）

Guadeloupe 位于小安的列斯群岛中部，根据《海盗共和国》的作者科林—伍德的描述，著名的"黑胡子"海盗（在他胡子上插着两根点燃的导火线并在其牙齿上钉了徽章）在 1717 年 11 月 28 日逃离该岛。

十一、世界上的国中国

（一）圣马力诺

四周被意大利的领土环抱，全国面积只有 61 平方公里，人口两万多人，是欧洲最古老的共和国之一。

（二）梵蒂冈

面积最小的"国中国"，梵蒂冈的面积只有 0.44 平方千米，位于意大利国土中。

（三）莱索托

莱索托王国四周被南非共和国所包围，面积有 3 万平方千米，是 4 个"国中国"中面积最大、人口最多也是最穷的一个。

（四）摩纳哥

摩纳哥公园三面为法国领土所环绕，只有南部濒临地中海。摩纳哥可谓是"袖珍王国"，全国面积只有 1.89 平方千米，长约 3.5 千米，宽最窄处不足 200 米，全国人口约 3 万人。

十二、世界上跨两个大洲的国家

（一）哈萨克斯坦

位于乌拉尔河下游西岸的领土在欧洲，首都阿斯塔纳属于亚洲，所以是跨洲国家。是中亚面积最大的国家，世界最大的内陆国。

（二）阿塞拜疆

位于欧洲，西南亚南高加索地区东部国家。位于东北部一个狭长地带，在大高加索山脉主脉的北侧，属于欧洲范围。首都第比利斯在亚洲，是跨洲国家。

（三）土耳其

地跨欧、亚两洲，是西南亚国家。大部分国土在亚洲，但在欧洲巴尔干半岛仍占有一席之地，所以是跨洲国家。

（四）俄罗斯

位于亚欧大陆北部，欧洲东部国家。大部分领土在亚洲，主要的政治、经济和文化中心位于欧洲，所以俄罗斯传统上是个欧洲国家。

（五）美国

大部分领土位于北美洲，是北美洲国家。由 50 个州和一个特区组成，其中太平洋上的夏威夷群岛位于大洋洲，所以美国是地跨北美洲和大洋洲的国家。

（六）巴拿马

位于中美洲地峡地区，是中美洲国家。由巴拿马运河一分为二，成为南北美洲的分界线，所以巴拿马地跨南、北美洲。

（七）埃及

位于非洲北部，是非洲东北部国家。大部分领土在非洲，苏伊士运河是非洲和亚洲的分界线，而苏伊士运河上的西奈半岛位于亚洲，所以埃及是地跨非、亚两洲的国家。

（八）格鲁吉亚

位于亚洲，首都第比利斯在亚洲，是西南亚南高加索地区西部国家。它的东北部一个狭长地带，在大高加索山脉主脉的北侧，属于欧洲范围。所有格鲁吉亚是地跨亚、欧两洲的国家。

（九）印度尼西亚

印度尼西亚是亚洲国家，东南亚面积最大、人口最多的国家。位于亚洲东南部，地跨赤道，它最东部的一个省是巴布亚省，建在伊里安岛。该岛属于大洋洲，所以印度尼西亚是地跨亚洲和大洋洲的国家。

十三、GDP 排名前 56 的国家（截止 2022 年）

（一）美国

united States of America（美利坚合众国），简称 U.S.A（美国）。中文旧称花旗国，绰号"山姆大叔"。是一个由五十个州和一个联邦直辖特区组成的宪政联邦共和制国家。位于北美洲中部，领土还包括北美洲西北部的阿拉斯加和太平洋中部的夏威夷群岛等。其北与加拿大接壤，南靠墨西哥湾，西临太平洋，东濒大西洋。大部分地区属于温带大陆性气候，南部属亚热带气候，西部沿海地区分布有温带海洋性气候和地中海气候。国土面积超过 937 万平方公里，位居全球第四，次于俄罗斯、加拿大和中国；其人口总量也超过三亿多人，少于印度。首都为华盛顿哥伦比亚特区（Districtof Columbia），城市人口 5, 949, 403 万（2022 年）；纽约市（Citv of NewYork），美国第一大城市（1790 年至今）和第一大商港，世界金融中心之一。1776 年 7 月 4 日，大陆会议在费城正式通过《独立宣言》，在独立战争后，1783年9月3日，美国与英国签订《巴黎条约》，英国承认美国独立。由此每年的7月4日定为美国独立日。自1870年代以来，美国国民经济就高居全球第一。今天的美国则是联合围安理会五个常任理事国之一，其在全球的政治、经济、军事、娱乐等众多领域的庞大影响力更是其他国家所无法匹敌的。据统计，美国2022年的GDP总计25.4645万亿美元，世界和地区排名均为第一。

（二）中国

中国，全称"中华人民共和国"，古时通常泛指中原地区，与"中华""中夏""中土""中州"含义相同。古代华夏族建国于黄河流域一带，以为居天下之中，故称中国。后来成为我国的专用的简称。1949年10月1日起，国名全称为中华人民共和国。陆地面积960万平方千米，居世界第三位，仅次于俄罗斯、加拿大。拥有领海400多万平方千米。人口约十三亿三千二百万（2009年08月），占据世界人口数目的第一位。首都北京是四个中央直辖市之一。汉语普通话，是现代汉族共同语，是全国各民族通用的语言。国旗是五星红旗。五星呈黄色，有象征中国人为黄种人之意。大星代表中国共产党，四颗小星代表工人、农民、知识分子、民族资产阶级，即原"士、农、工、商"之所谓"四民"；国歌是《义勇军进行曲》，诞生于抗击日本帝国主义侵略的战争年代；1949年10月1日，中华人民共和国成立后将每年的10月1日定为"国庆节"；法定货币是人民币（RMB），另外，在香港特别行政区合法流通港币（HKD），澳门特别行政区合法流通澳门（MOP），台湾地区合法流通新台币。

中华民族是四大文明古国之一，已经走过了5000年的文明历程。在古老的中华大地上，勤劳、勇敢、智慧的各族人民共同开拓了幅员辽阔的国土，共同缔造了统一的多民族国家。现时中国共有56个民族，共同发展了悠久灿烂的中华文化。2022年中国的GDP总计为18.1万亿美元，世界排名第二。

（三）日本

日本即日本国，位于亚欧大陆东部、太平洋西北部的岛国。西、北隔东海、黄海、日本海、鄂霍次克海与中国、朝鲜、俄罗斯相望，东濒太平洋。领土由北海道、本州、四国、九州四个大岛和3900多个小岛组成，总面积为377835平方千米，其中土地面积37万多平方千米，水域面积3091平方千米，领海面积310000平方千米。日本填海造陆的面积多达1600平方千米，是世界上填海造陆最多的国家。日本境内多山，山地成脊状分布于日本的中央，将日本的国土分割为太平洋一侧和日本海一侧，山地和丘陵占总面积的71%，国土森林覆盖率高达67%。富士山是日本的最高峰，海拔3776米。

富士山被日本人尊称为：圣岳。总人口为 127767944，世界排名第 10 名。自 20 世纪 60 年代末期起日本一直是世界公认的第二号经济强国，实行君主立宪政体，被称为"日出之国"。日本为单一民族国家，国内大城市主要有东京、大阪和神户等。而东京是其首都，是全球最大的都市圈之一。国庆日为每年的 2 月 11 日。国歌为《君之代》，通用语言为日语，货币为日元（円）。日本经济发达，尤其是电器工业和汽车工业，2022 年 GDP 总计为 4.2335 万亿美元，世界排名第三。

（四）德国

德国位于欧洲西部，东邻波兰、捷克，南接奥地利、瑞士，西接荷兰、比利时、卢森堡、法国，北与丹麦相连并邻北海和波罗的海与北欧国家隔海相望。国土面积为 357022 平方千米，人口数量为 8211 万，主要宗教：基督教，新教，天主教。国家政体为议会共和制。联邦总统为国家元首。联邦政府由联邦总理和联邦部长若干人组成，联邦总理为政府首脑。德国是世界的第四大经济体。高度发达的工业国家，经济实力居欧洲首位。1990 年 10 月 3 日，冷战以来分裂了 41 年的德国再次统一，因此这一天，被确定为德国的国庆日。德国国旗呈横长方形，长与宽之比为 5：3。自上而下由黑、红、金（黄）三个平行相等的横长方形相连而成。国歌为《德意志之歌》的第三段，曲调

白鹳

采用"交响乐之父"弗朗茨·约瑟夫·海顿所创作的歌曲《上帝拯救弗朗是皇帝》的旋律。国徽为金黄色的盾徽。盾面上是一头红爪红嘴、双翼展开的黑鹰，黑鹰象征着力量和勇气。国花是矢车菊，又名蓝芙蓉、荔枝菊、翠蓝。国鸟是白鹳，一种著名的观赏珍禽。在欧洲，自古以来白鹳就被认为是"带来幸福的鸟"，是吉祥的象征，是上帝派来的"天使"。德国著名的游览胜地有：勃兰登堡门，位于柏林市中心菩提树大街和 6 月 17 日大街的交汇处，是柏林市区著名的游览胜地和德国统一的象征；无忧宫，是仿照法国凡尔赛宫的建筑式样建造的。整个园林占地 290 公顷，坐落在一座沙丘上，故也有"沙丘上的宫殿"之称；科隆大教堂，是世界上最完美的哥特式教堂，位于德国科隆市中心的莱茵河畔。德国资本主义经济发达，2022 年 GDP 总计为 4.0754 万亿美元，世界排名第四。

（五）印度

印度，全称"印度共和国"，古名：身毒、天竺，别称：孔雀之国、婆罗多，位于亚洲南部，国土面积约298万平方千米，居世界第七位，人口为11.66亿，排名世界第二，是南亚次大陆最大的国家，最悠久的文明古国之一，具有绚丽的多样性和丰富的文化遗产和旅游资源。与孟加拉国、缅甸、中华人民共和国、不丹、尼泊尔和巴基斯坦等国家接壤，与斯里兰卡和马尔代夫等国隔海相望。古印度人创造了光辉灿烂的古代文明，印度也是世界三大宗教之一——佛教的发源地。但其国教为印度教，约有82%的居民信奉印度教。英语和印地语同为官方语言，首都新德里，位于该国西北部，坐落在恒河支流朱木拿河（又译：亚穆纳河）西岸。其他主要城市还有孟买、德里、加尔各答、金奈、班加罗尔等。国旗呈长方形，自上而下由橙、白、绿三个相等的横长方形组成，白色长方形中心绘有24根轴条的蓝色法轮。国徽图案来源于孔雀王朝阿育王石柱顶端的石刻。国歌为《人民的意志》，国花是莲花，蓝孔雀是其国鸟，国树为菩提树、榕树。1947年8月15日，印度人民摆脱英国殖民统治，取得独立，因此每年8月15日为独立日。洒红节（Holi），每年公历3、4月间，印度教四大节日之一。该节日正处于印度冬去春来、春季收获季节，因此也被称为春节。灯节（Diwali），在公历10月、11月间，是印度教徒最大的节日，全国庆祝3天。印度IT工业尤其发达，2022年GDP总计为3.3864万亿美元，世界排名第五。

（六）英国

英国全称大不列颠及北爱尔兰联合王国，是由英格兰、苏格兰、威尔士和北爱尔兰组成的联合王国，一统于一个中央政府和国家元首。英国位于欧洲大陆西北面，英国本土位于大不列颠群岛，被北海、英吉利海峡、凯尔特海、爱尔兰海和大西洋包围。因此，英国气候类型主要是温带海洋气候。国土面积24.36万平方千米，人口约6000万，主要民族为英国白人，主要宗教为新教。英国是世界上第一个工业化国家，是一个具有多元文化和开放思想的社会。首都伦敦是欧洲最大和最具国际特色的城市。其他主要城市还有曼彻斯特、利物浦、伯明翰等。官方使用语言为英语，货币为英镑，国旗呈横长方形，为"米"字旗，由深蓝底色和红、白色"米"字组成。英国是现代足球的发源地，其他主要特产还有：烟斗、苏格兰威士忌、泰迪熊、银器、皮革制品等，国内主要旅游景点有：大英博物馆，这是世界上收藏文物数量最多的机构；爱丁堡城堡，站在城堡中可俯视整个爱丁堡城；王子街，爱丁堡最繁华的街道，店铺林立……作为老牌的殖民帝国，英国的资本主义经济也非常发达，2022年GDP总计为3.0706万亿美元，世界排名第六。

（七）法国

法国，全称为法兰西共和国，现在是法兰西第五共和国，面积约为 551602 平方千米，人口约为 6380 万。位于欧洲西部，与比利时、卢森堡、德国、瑞士、意大利、摩纳哥、安道尔和西班牙接壤，隔英吉利海峡与英国隔海相望。法国是欧盟和北约创始会员国之一，也是八国集团之一和欧洲四大经济体之一，其首都巴黎是法国政治、经济、文化和交通中心，卢浮宫博物馆和巴黎圣母院誉满全球，香榭丽舍被誉为世界上最美丽的大街，其地上与地下交通四通八达、非常方便，每天客流量达 1300 万人。巴黎的标志性建筑——埃菲尔铁塔像一个钢铁巨人高高地耸立在恬静的塞纳河畔。其葡萄酒驰名于世，特别是"波尔多红葡萄酒"列为世界葡萄酒"皇后"。位于地中海岸边的戛纳，是一座风景秀丽、气候宜人的小城，每年在此举办的戛纳电影节热闹非凡，其颁发的金棕榈奖被公认为电影界最高荣誉之一。法国的时装在世界上享有盛誉，选料丰富、优异，设计大胆，制作技术高超，使其一直引导世界时装潮流。国旗是三色旗，白色代表国王，蓝、红色代表巴黎市民，是王室和巴黎资产阶级联盟的象征；国歌为《马赛曲》；国庆日为 7 月 14 日，现时使用货币为欧元、法郎，国花为鸢尾花。2022 年 GDP 总计为 2.784 万亿美元，世界排名第七。

（八）俄罗斯

俄罗斯联邦，简称俄罗斯或俄国。国土面积为 1707.55 万平方千米，水域面积占 13%，是世界上面积最大的国家，地域跨越欧亚两个大洲，与多个国家接壤。绵延的海岸线从北冰洋一直伸展到北太平洋，还包括了内陆海黑海和里海。人口约 1.41 亿，共有民族 130 多个。其中俄罗斯人占 82.95‰ 主要少数民族有德意志、鞑靼、乌克兰、楚瓦什、巴什基尔、白俄罗斯、摩尔多瓦、乌德穆尔特等。俄语是俄罗斯联邦的官方语言。主要宗教为东正教，其次为伊斯兰教。莫斯科是俄国首都，全国最大城市，中央联邦区首府，最大铁路枢纽，全国政治、文化和经济、交通中心。有著名的红场和克里姆林宫。其他主要城市有：克里姆林宫、圣彼得堡、叶卡捷琳堡等。文化和自然遗产丰富，有：堪察加火山，贝加尔湖，西高加索山区，喀山克里姆林宫建筑群，费拉蓬特修道院，索洛韦茨基群岛，圣彼得堡，诺夫哥罗德历史古迹，基日岛乡村教堂等。作为苏联的主要加盟共和国，俄罗斯联邦是一个十分有影响力的大国，特别是在由 10 个苏联加盟共和国组成的独联体组织内。1991 年，苏联解体，俄罗斯继承苏联，成为联合国安全理事会常任理事国，对安理会议案拥有否决权。2022 年 CDP 总计为 2.2153 万亿美元，世界排名第八。

（九）加拿大

加拿大，国名源于美洲原住民语言休伦——易洛魁语中的"Kanata"，意为"村庄"。国土面积约为 998 万平方千米排名世界第二，总人口约为 33525300 人。位于北美洲北部。东临大西洋，西濒太平洋，海岸线约长 24 万多公里，是世界上海岸线最长的国家。地处温带气候区，东部气温稍低，南部气候适中，西部气候温和湿润，北部为寒带苔原气候。

首都城市是渥太华，地处安大略省，为加拿大第 4 大城市。其他主要城市还有：多伦多、蒙特利尔、温哥华、渥太华、爱民顿、魁北克市等。官方语言为英语、法语，枫叶是其国花。拿大地域辽阔，森林和矿产资源丰富。矿产有 60 余种，已探明的原油储量为 80 亿桶。森林覆盖面积达 440 万平方千米，产材林面积 286 万平方公里，分别占全国领土面积的 44% 和 29%；木材总蓄积量为 172.3 亿立方米。加领土面积中有 89 万平方公里为淡水覆盖，淡水资源占世界的 9%。制造业和高科技产业发达，以制造高级交通工具如喷气飞机，高速列车为主，是世界上最富有的国家之一，也是西方七大工业国家和世界十大贸易国之一。2022 年 CDP 总计为 2.1398 万亿美元，世界排名第九。

（十）意大利

意大利位于欧洲南部，在北方阿尔卑斯山地区与法国、瑞士、奥地利以及斯洛文尼亚接壤。其领土包围着两个袖珍国——圣马力诺和梵蒂冈。国土面积约为 30 万平方千米，主要由靴子型的亚平宁半岛和两个位于地中海中的大岛西西里岛和萨丁岛组成。全国划分为 20 个行政区，共 103 个省，8088 个市（镇）。人口数量约为 60114021 人，主要民族为意大利人，主要信仰宗教为：天主教。首都是罗马。其他主要城市有：米兰，都灵等。其服务业、旅游业及对外贸易尤为发达。国内各大区经济差距较大，南北差距明显。意大利因其拥有美丽的自然风光和为数众多的人类文化遗产而被称为美丽的国度。意大利是世界上高度发达国家之一，著名景点有：科洛塞竞技场（又译罗马斗兽场），是罗马时代最伟大的建筑之一，也是保存最好的一座圆形竞技场；天使的圣玛丽亚教堂，是 1563 年米开朗基罗利用迪奥克来齐亚诺浴场温水大厅废墟改建的；雄踞在意大利米兰市中心的米兰大教堂亦称圣母降生教堂。2022 年 CDP 总计为 2.012 万亿美元，世界排名第十。

（十一）巴西

巴西联邦共和国是拉丁美洲最大的国家，全国人口 186957906，居世界第五，全国面积 854 万平方千米，国土面积约占南美洲总面积的 46%，仅次于俄罗斯、加拿大、中国和美国，为世界第五大国。其国土位于中南美洲与大西洋之间，与乌拉圭、阿根廷、巴拉圭、玻利维亚、秘鲁、哥伦比亚、委内瑞拉、圭亚那、苏里南、法属圭亚那接壤。巴西拥有辽阔的农田和广袤的雨林。其中，亚马逊平原是世界上最大的平原，亚马逊河是世界上水量最大的河流，巴西高原是世界上面积最大的高原。大部分地区属热带气候，南部部分地区为亚热带气候。亚马逊平原年平均气温 25~27℃，南部地区年平均气温 16~19℃。首都是巴西利亚，圣保罗是南半球最大的城市。巴西国名源于巴西红木。得益于丰厚的自然资源和充足的劳动力，经济发展较快，巴西的国内生产总值位居南美洲第一，世界第十，为南美洲国家联盟的成员国。由于历史上曾为葡萄牙的殖民地，巴西的官方语言为葡萄牙语。2022 年 CDP 总计为 1.9241 万亿美元，世界排名第十一。

（十二）澳大利亚

澳大利亚联邦，简称澳大利亚，国土面积 769 万平方千米，居世界第六，约相当于五分之四个中国。它位于南半球，东临太平洋，西临印度洋，海岸线长达 37000 千米。是世界上唯一一个独占一个大陆的国家。首都为堪培拉，人口约为 2170 多万人，70% 是英国及爱尔兰后裔，18% 为欧洲其他国家后裔，亚裔占 6%，其中华裔约 67 万人，占 3.4%；土著居民约 45.5 万人，占 2.3%。使用语言为：英语（官方语言），土著语言。澳大利亚不仅国土辽阔，而且物产丰富，是南半球经济最发达的国家，是全球第四大农业出口国，也是多种矿产出口量全球第一的国家。澳大利亚是一个移民国家，奉行多元文化，20% 的居民出生在澳大利亚以外的国家和地区。旅游业是澳大利亚发展最快的行业之一，著名的旅游城市和景点有悉尼、墨尔本、布里斯班、阿德莱德、珀斯、大堡礁、黄金海岸和达尔文塔斯马尼亚等。2022 年 CDP 总计为 1.7019 万亿美元，世界排名第十二。

（十三）韩国

韩国，全称"大韩民国"，朝鲜官方称呼为：南朝鲜。韩国的总面积为 99600 平方千米。位于朝鲜半岛南部。朝鲜半岛地处亚洲大陆的东北部。韩国的领海与太平洋最西部的海域交汇。除与大陆相连的半岛之外，韩国还拥有 3200 个大小岛屿。其中最负盛名的自然当属素有东方夏威夷之称的济州岛。韩国属温带季风气候，海洋性特征显著。冬季漫长寒冷，夏季炎热潮湿，春秋两季相当短。总人口约为 5008 万，主要为朝鲜民族，占全国民族总人口的 99%，是一个民族比较单一的国家。通用韩语，民族服饰为韩服。国花为木槿花，花开时节，木槿树枝会生出许多花苞，一朵花凋落后，其他的花苞会连续不断地开，开得春意盎然，春光灿烂。因此，韩国人也叫它"无穷花"。韩国首都：首尔，原名汉城。汽车工业发达，文化产业发展势头良好，在文学艺术等方面都有自己的特色，主要包括绘画、书法、版画、工艺、装饰等，既继承了民族传统，又吸收了外国美术的特长。其中假面具又称"假面舞"，为韩国文化象征，在韩国传统戏剧中占有极为重要的地位。到韩国旅游，这些景点必不可少：景福宫，韩国朝鲜时代最大的王宫；青瓦台，韩国总统府；乐天冒险世界：世界最大的室内娱乐中心；城山日出峰：为汉拿山 360 个子火山之一，也是世界最大的突出于海岸的火山口。2022 年 CDP 总计为 1.6652 万亿美元，世界排名第十三。

（十四）墨西哥

墨西哥，面积 196 万平方千米，是拉美第 3 大国，位于北美洲南部，拉丁美洲西北端，是南美洲、北美洲陆路交通的必经之地，素称"陆上桥梁"。北邻美国，南接危地马拉和伯利兹，东濒墨西哥湾和加勒比海，西临太平洋和加利福尼亚湾。人口数量约 1.12 亿，主要民族为印欧混血种，主要宗教为天主教。墨西哥气候复杂多样。沿海和东南部平原属热带气候；墨西哥高原终年气候温和；西北内陆为大陆性气候。大部分地区全年分旱、雨两季，因墨境内多为高原地形，冬无严寒，夏无酷暑，四季万木常青，自然条件极其优越，有"高原明珠"的美称。首都为墨西哥城，其他主要城市有：维拉克鲁斯、蒙特雷等。墨西哥是美洲大陆印第安人古老文明中心之一，闻名于世的玛雅文化、托尔特克文化和阿兹特克文化均为墨西哥古印第安人创造。公元前兴建于墨西哥城北的太阳金字塔和月亮金字塔是这一灿烂古老文化的代表。墨西哥还是仙人掌的故乡，在仙人掌的 2000 多个品种中，墨西哥有一半以上，因此享有"仙人掌王国"的美誉。同时，仙人掌还是墨西哥国花。墨西哥还是矿产大国：黑曜石，火欧珀，玛瑙，以及产自恰帕斯的独特的蓝珀、血珀、金绿珀、虫珀。2022 年 CDP 总计为 1.4141 万亿美元，世界排名第十四。

（十五）西班牙

西班牙，正式名称为西班牙王国，是一个位于欧洲西南部的国家，与葡萄牙同处于伊比利亚半岛，东北部与法国及安道尔公国接壤。它的领土还包括地中海中的巴利阿里群岛，大西洋的加那利群岛，以及在非洲的休达和梅利利亚。其北濒比斯开湾，西邻葡萄牙，南隔直布罗陀海峡与非洲的摩洛哥相望，东北与法国、安道尔接壤，东和东南临地中海。海岸线长约 7800 千米。国土面积为 505925 平方千米，境内多山，是欧洲高山国家之一。人口数量约为 45200737 人，主要民族有：卡斯蒂利亚人，加泰罗尼亚人，居民主要信仰天主教。首都是马德里，其标志是一只站立着够草莓吃的熊。

它地处海拔 670 米的山间盆地上，是欧洲地势最高的首都之一。这里风光秀丽，阳光灿烂，空气清新，每年的晴天数居欧洲各大首都之首。西班牙是一个旅游大国，有四大旅游区：加那利群岛—热带风光、太阳海岸—地中海沙滩、巴利阿里群岛—地中海浴池、马德里—文化古城。同时西班牙也是一个西欧高度发达的资本主义工业国。2022 年 CDP 总计为 1.4005 万亿美元，世界排名第十五。

（十六）印度尼西亚

印度尼西亚共和国，简称印度尼西亚或印尼，为东南亚国家之一；陆地面积 1904443 平方千米，地跨赤道，其 70% 以上领地位于南半球，因此是亚洲唯一一个南半球国家，由上万个岛屿组成，是全世界最大的群岛国家，疆域横跨亚洲及大洋洲，别称"千岛之国"。人口约为 2.15 亿，世界排名第四。有 100 多个民族，其中爪哇族 47%，巽他族 14%，马都拉族 7%，印尼华人 5%。民族语言 200 多种，通用印尼语。印尼无国教，但规定一定要信仰宗教不然视为共产党（共产主义及其相关活动在印尼为非法）。首都雅加达，是东南亚第一大城市，世界著名的海港，位于爪哇岛西北部沿海。印尼属于典型的热带雨林气候，年平均温度 25~27℃，无四季分别。印尼处在环太平洋地震带中，是一个多地震的国家。同时又是火山之国，共有 400 多座，其中活火山有 77 座。资源丰富，矿产主要有石油、天然气、煤、锡、铝矾土、镍、铜和金、银等。地热资源丰富，森林面积 1.45 亿公顷，约占国土总面积 74%。旅游业是该国的重要创汇行业，政府高度重视，注意开发旅游景点，兴建饭店，培训人员和简化手续。主要景点有巴厘岛、婆罗浮屠佛塔、"美丽的印度尼西亚"缩影公园、日惹皇宫、多巴厘岛婆罗浮屠巴湖等。2022 年 CDP 总计为 1.3188 万亿美元，世界排名第十六。

（十七）沙特阿拉伯

沙特阿拉伯，全称"沙特阿拉伯王国"。"沙特"取自于沙特阿拉伯王国的创始人伊本·沙特之名，而"沙特"在阿拉伯语中，是"幸福"的意思，"阿拉伯"则指"沙漠"。沙特阿拉伯面积 225 万平方千米，位于阿拉伯半岛。东濒波斯湾，西临红海，同约旦、伊拉克、科威特、阿联酋、阿曼、也门等国接壤。海岸线长 2437 千米。地势西高东低。西部高原属地中海气候，其他地区属亚热带沙漠气候。夏季炎热干燥，最高气温可达 50℃ 以上；冬季气候温和。年平均降雨不超过 200 毫米。全境大部分为高原。人口约为 2460 万，其中沙特公民约占 70%。绝大部分为阿拉伯人，信伊斯兰教，女人必须穿黑袍。一天祷告五次，当地人都去清真寺做礼拜。官方语言为阿拉伯语，通用英语。沙特十分重视农业发展。全国有可耕地 3200 万公顷，已耕地 360 万公顷，农业收入占国民生产总值的 4.7%，粮食自给率为 98%。同时，沙特是名副其实的"石油王国"，石油储量和产量均居世界首位。石油和石化工业是沙特的经济命脉，石油收入占国家财政收入的 70% 以上。2022 年 CDP 总计为 1.1081 万亿美元，世界排名第十七。

（十八）荷兰

荷兰，全称是荷兰王国，是位于欧洲西北部的一个国家，国土总面积为 41864 平方千米，濒临北海，与德国、比利时接壤，地处莱茵河、马斯河和斯凯尔特河三角洲，海岸线长 1075 千米。全境为低地，因此"荷兰"在日耳曼语中叫"尼德兰"，意为"低地之国"，境内河流纵横，主要有莱茵河、马斯河。该国气候属温带海洋性气候，冬温夏凉，以海堤、风车和宽容的社会风气而闻名。首都设在阿姆斯特丹，中央政府在海牙。人口数约为 16500156 人，是世界上人口密度最高的国家之一，80.9% 以上为荷兰族，此外还有弗里斯族。官方语言为荷兰语，弗里斯兰省讲弗里斯语。荷兰是发达的资本主义国家，西方十大经济强国之一。虽然自然资源相对贫乏，但天然气储量丰富；工业发达，主要工业部门有食品加工、石油化工、冶金、机械制造、电子、钢铁、造船、印刷、钻石加工等，原料和销售市场主要依靠国外。近 20 年来重视发展空间、微电子、生物工程等高技术产业，传统工业主要是造船、冶金等。荷兰的农业也发达，是世界第三大农产品出口国。2022 年 CDP 总计为 0.9937 万亿美元，世界排名第十八。

（十九）土耳其

土耳其共和国，简称"土耳其"，国土面积约 780576 平方千米，3% 在欧洲，97% 在亚洲，是一个横跨欧亚两洲的国家。北临黑海，南临地中海，东南与叙利亚、伊拉克接壤，西临爱琴海。气候类型变化很大。东南部较干旱，黑海被薄雾笼罩；地中海和爱琴海地区冬季温和，而多山的东部地区积雪期长达数月，异常严寒。全国人口约 7200 万，土耳其人占总人口的 80% 以上，其余为库尔德人（15%）、阿拉伯人、亚美尼亚人等，以土耳其语为官方语言。居民中 99% 信奉伊斯兰教，首都是位处安纳托利亚高原正中央的安卡拉，其他主要城市有：安卡拉，伊斯坦布尔等。名胜古迹有：里洛瓦温泉，特洛伊城遗址，卡帕多西亚，库石湖。还有众多世界遗产：伊斯坦布尔历史区，戈雷迈谷地和卡帕多西亚石窟区，迪夫斯大清真寺和医院，哈图沙，内姆鲁特山，桑索斯和莱顿遗址，赫拉波利斯和斯帕姆科卡莱，桑美兰博卢城。土耳其属发展中经济，私有和公有经济成分并存，主要以农业和制造业为基础。国民生产总值增长快于人口增长。2022 年 CDP 总计为 0.9055 万亿美元，世界排名第十九。

（二十）瑞士

瑞士是一个位于欧洲中南部的多山内陆国，国土面积有 41285 平方千米。东界奥地利、列支敦士登，南邻意大利，西接法国，北连德国。境内多山，其森林面积达 12523 平方千米，占全国面积的 30.3%。地处北温带，地域虽小，但各地气候差异很大。阿尔卑斯山由东向西伸展，形成了瑞士气候的分界线。北是海洋性气候和东欧大陆性气候的交替影响，变化较大；南则属地中海气候，全年气候宜人。人口为 770.02 万，主要信仰加尔文宗教。首都为伯尔尼，其他主要城市还有：苏黎世、日内瓦、巴塞尔、伯尔尼、洛桑。

瑞士也是世界著名的中立国，历史上一直保持政治与军事上的中立，但瑞士同时也参与国际事务，许多国际性组织的总部都设在瑞士。瑞士也是全球最富裕、经济最发达和生活水准最高的国家之一，人均国民生产总值居世界前列。旅游资源丰富，其中较为著名的有：万国宫，过去是国际联盟的所在地，而今是联合国驻日内瓦办事处的总部；奥林匹克博物馆位于洛桑莱蒙湖畔，展厅藏有与奥运会有关的各类艺术品、纪念品；西庸古堡，是瑞士最负盛名的古迹之一，位于日内瓦湖的东端；莱蒙湖，它也是西欧最大的湖泊，自古以来，许多名作家、大诗人都赞美、讴歌过它。拜伦则把它比喻成一面晶莹的镜子，巴尔扎克则把它说成是"爱情的同义词"。今日，在港湾两边绿树掩映之间建起的一栋栋漂亮的别墅和豪宅，又给莱蒙湖增添了几分秀色；莱茵瀑布，是欧洲最大的瀑布。2022 年 GDP 总计为 0.8072 万亿美元，世界排名二十。

（二十一）波兰

波兰，全称波兰共和国，是一个中欧国家，面积为 31 万多平方千米，西面与德国接壤，南部与捷克和斯洛伐克为邻，乌克兰和白俄罗斯在东，东北部和立陶宛及俄罗斯接壤，北面濒临波罗的海。地势北低南高，北部多冰碛湖，南部有低丘陵，主要山脉有喀尔巴阡山脉和苏台德山脉。较大河流有维斯瓦河和奥得河，全境属于由海洋性向大陆性气候过渡的温带阔叶林气候。全国人口约为 3863 万，主要民族是波兰人（98%），其余为乌克兰、白俄罗斯、立陶宛、俄罗斯、德意志和犹太等少数民族。全国约 90%以上的居民信奉罗马天主教。官方语言为波兰语。波兰首都华沙，是历史名城，也全国第一大城市，西北郊热拉佐瓦沃拉是音乐家肖邦的故乡。波兰人的饮食习惯与其他东欧国家大致相似。具体而言，波兰人平时以吃面食为主。他们爱吃烤、煮、烩的菜肴，口味较淡。在饮料方面，他们还爱喝咖啡和红茶。

波兰工业发达，采矿业以煤及褐煤最重要，煤炭储量居欧洲前列，2022 年 GDP 总计为 0.6883 万亿美元，世界排名二十一。

（二十二）阿根廷

阿根廷共和国，简称"阿根廷"，位于南美洲南部，面积 278 万平方千米，为拉丁美洲的第二大国，仅次于巴西。首都是布宜诺斯艾利斯，是拉美最繁华的都市之一，西班牙语意为"好空气"。该市位于拉普拉塔河西岸，风景秀美，气候宜人，有"南美巴黎"之称。阿根廷人口约为 3780 多万。主要民族是欧洲人和印第安人，其中白种人占 97%，多属意大利和西班牙后裔。官方语言为西班牙语。居民 87% 信奉天主教，其余的信奉新教及其他宗教。华丽高雅、热烈奔放的"探戈"舞源于阿根廷，被阿根廷人视为国粹。旅游资源很丰富，著名的乌马瓦卡峡谷，曾是古老的印加文化传到阿根廷的通道，被称为"印加之路"；伊瓜苏瀑布是世界五大瀑布之一；阿根廷湖是一个坐落于阿根廷南部圣克鲁斯省的冰川湖，面积 1414 平方千米，以著名冰块堆积景观而闻名于世；科隆大剧院是世界上最大而且繁忙的歌剧院演出厅之一；阿根廷火地岛国家公园，"世界之端"——乌斯怀亚小城的所在地。

阿根廷物产富饶，气候适宜，土地肥沃，是综合国力较强的拉美国家。工业门类较齐全，主要有钢铁、电力、汽车、石油、化工、纺织、机械、食品等。2022 年的人均 GDP 达到 0.6322 万亿美元，世界排名第二十二。

（二十三）瑞典

瑞典王国位于北欧斯堪的纳维亚半岛东南部，国名来自瑞典语，"安宁的王国"的意思。首都是斯德哥尔摩，是北欧最大的国家，面积约 45 万平方千米。海岸线长 7624千米。地势自西北向东南倾斜。北部为诺尔兰高原。国土约 15% 的土地在北极圈内，但受大西洋暖流影响，冬季不太寒冷，大部分地区属温带针叶林气候，最南部属温带阔叶林气候。人口 929 万，90% 居住在南部和中部。瑞典人约占 90%，还有芬兰人、萨米人。96% 的居民信奉基督教路德宗。通用瑞典语。从 1397 年起是受丹麦控制的卡尔马联盟成员。1523 年重获独立。在两次世界大战中都宣布中立。

瑞典是一个名副其实的"女权国家"。瑞典的议会中，女议员的比例约占 40%，在1986 年，瑞典的 32 个部长中一度由女性占据了其中的 16 席。而瑞典妇女在社会活动中比男人更活跃，据统计，在瑞典的对外贸易活动，女人创造的价值占了近 60%。

瑞典实行发达的私营工商业与比较完善的国营公共服务部门相结合的"混合经济"，以高工资、高税收、高福利著称。森林、铁矿和水力是瑞典的三大自然资源，在此基础上发展并形成了采矿冶金、林业造纸、电力和机械制造四大传统工业体系。20世纪 70 年代中期以后，瑞典工业结构发生了显著变化。瑞典加大科研与发展的力度和投入，高科技产业迅速发展，交通、通讯、医药保健、信息、环保领域在世界上具有较强的竞争力。2022 年的人均 GDP 达到 0.5859 万亿美元，世界排名第二十三。

（二十四）比利时

比利时，位于欧洲西北部，东与德国接壤，北与荷兰比邻，南与法国交界，西临北海。陆地面积 30528 平方千米，领海及专属经济区 3462 平方千米，海岸线长 66.5 千米。陆地面积 2/3 为丘陵和平坦低地，最低处略低于海平面，全境分为西北部沿海佛兰德伦平原、中部丘陵、东南部阿登高原三部分。最高点海拔 694 米。主要河流有马斯河和埃斯考河。属海洋性温带阔叶林气候。人口数量约 1035.6 万，首都布鲁塞尔，有"欧洲首都"之称，是欧洲联盟、北大西洋公约组织等多个国际组织的总部所在地。

比利时是经济发达的资本主义工业国家，经济高度对外依赖，80% 的原料靠进口，50% 以上的工业产品供出口。主要工业部门有钢铁、机械、有色金属、化工、纺织、玻璃、煤炭等行业。外贸为主要经济命脉。2022 年的人均 GDP 达到 0.5822 万亿美元，世界排名第二十四。

（二十五）挪威

挪威位于北欧斯堪的纳维亚半岛西部，面积为 385155 平方千米，东与瑞典接壤，西邻大西洋。海岸线极其蜿蜒曲折，构成了挪威特有的峡湾景色。境内多高原、山地、冰川，属亚寒带针叶林气候，人口数量大约为 4752735，主要民族为日耳曼族，挪威人占 95%，北部有萨米族约 2 万人。首都奥斯陆是挪威的政治中心，也是金融、商业和工业中心，它的造船业在世界造船业中占有突出地位，堪称"海洋之都"。

挪威已连续多年被联合国评为最适宜居住的国家之一。由于广大的国土有三分之一位于北极圈内，因此挪威人饮食离不开鱼类和水产品。首屈一指的是熏鲑鱼、新鲜鳕鱼、鲱鱼和虾。肉类有羔羊肉、小牛肉、牛肉，驼鹿肉和驯鹿肉也比较常见。很多小巧迷你的露天咖啡座都是满座。挪威人最爱喝啤酒、葡萄酒和威士忌，但价钱很高。挪威有个平凡而又特别的习俗：非常喜欢握手。无论何时，当陌生人相会，总要握手及互道姓名。同样的，遇见了不怎么熟的人，你也得在招呼时及道别时握手。

挪威是拥有现代化工业的发达国家。挪威人均 GDP 达到 79085 美元，2009 年全球人均 GDP 世界排名第二，仅次于卢森堡。挪威从 20 世纪 90 年代起油气产量超过英国，成为一个新兴的油气生产国。北部沿海是世界著名渔场。农业面积 10463 平方千米，副食基本可自给，粮食主要靠进口。工业在国民经济中占有重要地位，70 年代兴起的近海石油工业已成为国民经济重要支柱。旅游业发达，主要旅游点有奥斯陆、卑尔根、勒罗斯、北角等地。2022 年的人均 GDP 达到 0.5793 万亿美元，世界排名第二十五。

（二十六）泰国

泰国，全称泰王国，国土面积为 513115 平方公里，位于东南亚的中心，东临老挝和柬埔寨，南面是暹罗湾和马来西亚，西接缅甸和安达曼海，是通往印度支那、缅甸和中国南部的天然门户。在 1949 年 5 月 11 日以前，泰国的名称是暹罗。

全国人口数量约为 6500 多万，共有 30 多个民族。泰族为主要民族，占人口总数的 40%，其余为老挝族、华族、马来族、高棉族，和苗、瑶、桂、汶、克伦、掸、塞芒、沙盖等山地民族。少数民族主要节日有：宋干节，又名泼水节，在每年的 4 月 13 日~15 日举行，这是泰历新年，是泰国最盛大的节日；还有农耕节和鬼节。泰国，在世界上素有"佛教之国""大象之国""微笑之国"等称誉，它是亚洲重要的旅游国家之一。迷人的热带风情以及独具特色的佛教文化是吸引游客的重要因素。如丰富多彩的各种节日，水上人家的清新生活，闻名于世的古典舞和民族舞，饶有趣味的哑剧和洛坤剧，别具一格的泰拳、斗鸡、玩鱼和美丽的人妖等，都令人"乐不思蜀"。旅游业在泰国观光旅游局的大力推动下，成为泰国主要的经济收入来源，游客可以在境内不同的地区享受不同的旅游形式。其中芭堤雅、普吉岛等地的人妖表演已经成为泰国的一大产业，吸引亚洲、欧美国家的大量人口前来观赏，每年为泰国创造上亿元的经济利润。2022 年的人均 GDP 达到 0.5362 万亿美元，世界排名第二十六。

（二十七）爱尔兰

爱尔兰是一个西欧国家，西临大西洋东靠爱尔兰海，与英国隔海相望，爱尔兰为北美通向欧洲的通道。国土面积为 70282 平方千米，人口总数约为 4203200 人，官方语言使用盖尔语和英语，首都是都柏林。其他主要城市还有科克、多尼戈尔等。居民主要信奉天主教。

爱尔兰人属于凯尔特人，是欧洲大陆第一代居民的子嗣。它有 5000 多年历史，是一个有着悠久历史的国家。这里非常美丽迷人。尽管爱尔兰也有自己的语言——盖尔语，但它却是欧洲除英国之外唯一一个英语国家。爱尔兰共和国于 1922 年从英国殖民统治下独立出来，是个和平宁静的国家。爱尔兰北部被称为北爱尔兰，至今仍属于英国。因此，爱尔兰共和国与电视新闻中经常出现的暴力冲突频频的北爱尔兰是有所不同的。

爱尔兰是一个以农牧业为主、经济发达的国家。被称为"欧洲的农村"，但现在已经逐渐被生产业和服务行业压缩了重要性。现在经济收益主要靠消费、建筑和经济投资。2022 年的人均 GDP 达到 0.5297 万亿美元，世界排名第二十七。

（二十八）以色列

以色列国，简称"以色列"，在希伯来语中意为"与神角力者"，是一个位于西亚黎凡特地区的国家，1948年宣布独立建国，目前人口已超过700万，主要来自犹太人族群，也是世界上唯一以犹太人为主体的国家。被视为是中东地区里经济发展、商业自由、新闻自由和整体人类发展度最高的国家。

首都建国时设在特拉维夫，1950年迁往耶路撒冷，但未得到普遍承认，它的政府所在地仍在特拉维夫。希伯来语为国语，与阿拉伯语均为官方语言，通用英语。犹太教为国教，居民中约85%信奉犹太教，13%信奉伊斯兰教。

以色列地处沙漠地带边缘，水资源匮乏。严重缺水使以色列在农业方面形成了特有的滴灌节水技术，充分利用现有水资源，将大片沙漠变成了绿洲。不足总人口5%的农民不仅养活了国民，还大量出口优质水果、蔬菜、花卉和棉花等。50多年来，土地贫瘠、资源短缺的以色列，坚持走科技强国之路，重视教育和人才的培养，使经济得以较快发展。以色列高新技术产业发展举世瞩目，特别是在电子、通讯、计算机软件、医疗器械、生物技术工程、农业以及航空等方面拥有先进的技术和优势。以色列成功的要素，一是近年改走自由市场政策，二是创投企业家精于创办科技公司，然后不是上市，就是高价出售。这个模式的经济潜力到达极限后，以色列发挥其善于创新的文化精神，更全面向全球，特别是新兴市场，行销其科技，续创经济新境。2022年的人均GDP达到0.5225万亿美元，世界排名第二十八。

（二十九）阿联酋

阿拉伯联合酋长国，简称"阿联酋"，俗称沙漠中的花朵，是一个以产油著称的中东沙漠国家，位于阿拉伯半岛东部，北濒波斯湾，海岸线长734千米。西北与卡塔尔为邻，西和南与沙特阿拉伯交界，东和东北与阿曼毗连，属热带沙漠气候。面积83600平方千米。人口423万，四分之三为外来人口，主要来自印度、巴基斯坦等国。官方语言是阿拉伯语，通用英语。居民大多信奉伊斯兰教，多数属逊尼派；在迪拜，什叶派占多数。首都阿布扎比。

石油和天然气资源非常丰富，储量占世界石油总储量的9.5%，居世界第5位；天然气储量也很丰富，因此阿联酋有得天独厚的资源优势。工业以石油化工工业为主。此外还有天然气液化、炼铝、塑料制品、建筑材料、服装和食品加工等工业。农牧林渔业不发达，产值占国内生产总值的3%。近年来，阿联酋工业项目投资总额近100亿美元，重视发展农、牧、渔业；政府充分利用各种财源，重点发展文教、卫生事业，完成和扩大在建项目。2022年的人均GDP达到0.5075万亿美元，世界排名第二十九。

（三十）尼日利亚

尼日利亚联邦共和国，简称尼日利亚，是西非国家，国土面积大约 923768 平方千米，位于非洲几内亚湾西岸的顶点，邻国包括西边的贝宁，北边的尼日尔，东北方与乍得接壤一小段国界，正东则是喀麦隆。地势北高南低，南部低山丘陵，东部边境为山地，西北和东北分别为索科托盆地和乍得湖湖西盆地。河流众多，属热带季风气候，全年分为旱季和雨季。尼日利亚是全非洲人口最多的国家，全国约人口有 1.5 亿人，是民族最多的非洲国家，有 250 多个部族，其中最大的是北部的豪萨——富拉尼族。官方语言为英语，主要民族语言有豪萨语、约鲁巴语和伊博语。居民主要信奉基督教及伊斯兰教，首都是阿布贾，坐落在尼日尔州境内，是全国的地理中心。

尼日利亚石油天然气资源十分丰富。自 1970 年以来，石油出口逐渐成为该国最主要的经济来源。石油出口收入占国家总收入的 83% 是非洲最大的石油生产国和世界第六大石油出口国，也是石油输出国组织 OPEC（欧佩克）成员国尼日利亚石油园区之一。尼原为农业国。七十年代起成开发石油工业，农业日渐萎缩。

尼日利亚是最不安全的国家之一。时代（Time）杂志曾期刊登了 121 个国家的全球安全系数安全不容忽视排名，尼日利亚名列第 117 位，是非洲安全状况最差的国家。主要纷争源自纷乱的种族结构与值得觊觎的丰富天然资源。2022 年的人均 GDP 达到0.4774 万亿美元，世界排名第三十。

（三十一）埃及

埃及，全称阿拉伯埃及共和国。面积约 1001450 平方千米，地跨亚、非两洲，大部分位于非洲东北部。虽然有约 2900 千米的海岸线，但却是典型的沙漠之国，全境95% 为沙漠，属热带沙漠气候，炎热、干燥、少雨。世界最长的河流尼罗河从南到北贯穿埃及，被称为埃及的"生命之河"。尼罗河两岸形成的狭长河谷和入海处形成的三角洲，是埃及最富饶的地区。虽然这片地区仅占国土面积的 4%，但却聚居着全国 99% 的人口。全国人口约 7860 万，主要为阿拉伯人，信奉伊斯兰教，官方语言为阿拉伯语，首都开罗。埃及人口和农业主要分布在尼罗河沿岸和河口三角洲地区，是人类文化的发源地之一。

埃及的名胜古迹闻名世界，其中最为著名的有埃及金字塔，那是古埃及国王为自己修建的陵墓，最大的那个金字塔是第四王朝第二个国王胡夫的陵墓。另外还有埃及博物馆，坐落在开罗市中心的解放广场，1902 年建成开馆，是世界上最著名、规模最大的古埃及文物博物馆；尼罗河风景，尼罗河发源于埃塞俄比亚高原，全长 6700 千米，是非洲第一大河，也是世界上第一条最长的河流；古城堡，为阿尤布王朝国王萨拉丁为抵御十字军保护开罗而建。内有埃及军事博物馆，展示埃及各历史时期军队的武器、装备、服装、著名战例、工事和城堡的实物、仿制品、模型、图画等。2022 年的人均 GDP 达到 0.4752 万亿美元，世界排名第三十一。

（三十二）奥地利

奥地利，全称"奥地利共和国"，意为"东方的国家"。位于欧洲中部，是欧洲重要的交通枢纽。境内有连绵起伏的阿尔卑斯山，为著名的山国。美丽的多瑙河蜿蜒流淌。水力、森林、矿产丰富，经济发达。国土面积 83858 平方千米，西部和南部是阿尔卑斯山脉，北部和东北是平原和丘陵地带，47% 的面积为森林所覆盖。属海洋性向大陆性过渡的温带阔叶林气候。奥地利共有 9 个联邦州，首都是维也纳。人口数为 811.8 万，主要民族为德意志族，居民大多信奉天主教。

奥地利的工业特点是国有化程度高，国有企业控制了 95% 的基础工业和 85% 以上的动力工业，其产值及职工人数均占其总数的 70%。主要工业部门是采矿、钢铁、机械制造、石油化工、电力、金属加工、汽车制造、纺织、服装、造纸、食品等，农业发达，机械化程度高。农产品自给有余。服务业从业人员约占劳动力总数的 56%，其中旅游业是最重要的服务行业，主要旅游点是蒂罗尔州、萨尔茨堡州、克恩顿州和维也纳市。奥地利对外贸易在经济中占重要地位。主要出口产品是钢铁、机械、交通工具、化工制品和食品。进口主要是能源、原料和消费品。2022 年的人均 GDP 达到 0.4717 万亿美元，世界排名第三十二。

（三十三）新加坡

新加坡是马来西亚半岛最南端的一个热带城市岛国，其南面有新加坡海峡与印尼相隔，北面有柔佛海峡与马来西亚相隔，并以长堤相连于新马两岸之间。距离赤道只有 136.8 千米，主要受季风影响，天气较热，没有明显的四季之分，湿度大，降雨量适中，日照充足，是典型的热带气候。全岛面积约为 707.1 平方千米，人口总共有 4987600 人，每平方千米达 4000 多人，是世界上人口密度最大的国家之一。主要宗教为佛教、道教、伊斯兰教、基督教和印度教。首都就是新加坡市，位于新加坡岛南端，是全国政治、经济、文化中心。因其在城市保洁方面效果显著，有"花园城市"之称，是世界上最大港口之一和重要的国际金融中心。

新加坡的经济传统上以商业为主，包括转口贸易、加工出口、航运等，是东南亚最大的海港、重要商业城市和转口贸易中心，也是国际金融中心和重要的航空中心。独立后的新加坡经济发展引人瞩目，被称为亚洲四小龙之一。旅游业是新加坡经济的支柱产业之一。政府坚持自由经济政策，大力吸引外资，发展多样化经济。农业在国民经济中所占比例不到 1%。旅游业也是主要外汇收入来源之一。2022 年的人均 GDP 达到 0.4668 万亿美元，世界排名第三十三。

（三十四）孟加拉国

孟加拉人民共和国，简称孟加拉国，首都达卡，位于南亚次大陆东北部的恒河和布拉马普特拉河冲积而成的三角洲上。东、西、北三面与印度毗邻，东南与缅甸接壤，南临孟加拉湾。属亚热带季风气候，全境地势平坦，总面积 147570 平方千米，海岸线长 550 千米，全国划分为 8 个行政区，下设 64 个县。截至 2022 年 6 月，孟加拉国总人口约 1.7 亿，是一个多民族国家，主要民族为孟加拉族，伊斯兰教为国教。孟加拉语是孟加拉国的官方语言。孟加拉地区曾数次建立过独立国家，版图一度包括现印度西孟加拉、比哈尔等邦。16 世纪时，孟已发展成次大陆上人口最稠密、经济最发达、文化昌盛的地区。18 世纪中叶，成为英国对印度进行殖民统治的中心。19 世纪后半叶，成为英属印度的一个省。1947 年印巴分治，孟加拉划归巴基斯坦。1971 年 3 月，东巴宣布独立，1972 年 1 月，正式成立孟加拉人民共和国。孟加拉国是最不发达国家之一，经济发展水平较低，国民经济主要依靠农业和服装业。孟加拉国奉行温和的外交政策，严重依赖多国外交，特别是联合国和世界贸易组织（WTO）。2022 年的人均 GDP 达到 0.4602 万亿美元，世界排名第三十四。

（三十五）马来西亚

马来西亚，简称大马，首都吉隆坡，是位于东南亚的一个国家。面积 330257 平方千米，由十三个州组成。属热带雨林气候，内地山区年均气温 22~28℃，沿海平原为 25~30℃。马来西亚也是东南亚国家联盟的创始国之一。人口约为 2773 万。其中马来人 68.7%，华人 23.2%，印度人 6.9%，其他种族 1.2%。马来语为国语，通用英语，华语使用较广泛。伊斯兰教为国教，其他宗教有佛教、印度教和基督教等。

具有观光和通讯两大功能的吉隆坡石油双塔，高达 466 米，是亚洲最高塔之一，如两柄银色利剑直插云端。吉隆坡还是一个多民族、多宗教国家的缩影，市内清真寺以及佛教、印度教的寺庙随处可见，基督教的教堂也有 20 多座。

上世纪 70 年代前，以农业经济为主，依赖初级产品出口。70 年代以来不断调整产业结构，大力推进出口导向型经济，电子业、制造业、建筑业和服务业发展迅速。80 年代中期受世界经济衰退影响，经济下滑。1991 年马哈迪在位期间提出 "2020 宏愿" 的跨世纪发展战略，旨在 2020 年要将马来西亚建成发达国家。2022 年的人均 GDP 达到 0.4079 万亿美元，世界排名第三十五。

（三十六）越南

越南，全称越南社会主义共和国，位于中南半岛东部，北与中国接壤，西与老挝、柬埔寨交界，东面和南面临南海，海岸线长 3260 多千米。国土面积大约 331688 平方千米。地形包括有丘陵和茂密的森林，北部地区由高原和红河三角洲组成。东部分割成沿海低地、长山山脉及高地，以及湄公河三角洲。地处北回归线以南，属热带季风气候，高温多雨。人口 8700 万，有 54 个民族，京族占总人口近 90%，大量聚集在冲积三角洲和沿海平原地区。主要语言为越南语，主要宗教有佛教、天主教、和好教与高台教。首都河内是历史名城，中央直辖市，水、陆、空交通便利。城市地处亚热带，临近海洋，气候宜人，素有"百花春城"之称。其他主要城市还有：胡志明市，旧称西贡，越南的经济中心、全国最大的港口和交通枢纽。

越南属发展中国家。1986 年开始实行革新开放。1996 年越共八大提出要大力推进国家工业化、现代化。农业发展均衡，是传统农业国，主要粮食作物包括稻米、玉米、马铃薯、番薯和木薯等，经济作物主要有咖啡、橡胶、腰果、蚕丝等。近年来越南旅游业增长迅速，经济效益显著。主要旅游景点有：河内市的还剑湖、胡志明陵墓、文庙、巴亭广场；胡志明市的统一宫、芽龙港口、莲潭公园、古芝地道和广宁省的下龙湾等。2022 年的人均 GDP 达到 0.4065 万亿美元，世界排名第三十六。

（三十七）南非

南非地处南半球，位于非洲大陆的最南端，全境大部分为海拔 600 米以上高原，陆地面积为 1219090 平方千米，相当于荷兰、比利时、意大利、法国和德国五国面积之和，其东、南、西三面被印度洋和大西洋环抱，北面与纳米比亚、博茨瓦纳、津巴布韦、莫桑比克和斯威士兰接壤。地处两大洋间的航运要冲，地理位置十分重要。其西南端的好望角航线，历来是世界上最繁忙的海上通道之一，有"西方海上生命线"之称。大部分地区属热带草原气候，首都为比勒陀利亚。人口约 4910 万，有黑人、白人、有色人和亚洲人四大种族，有 11 种官方语言，英语和阿非利卡语（南非荷兰语）为通用语言。白人、大多数有色人和 60% 的黑人信奉基督教新教或天主教；亚洲人约 60% 信奉印度教，20% 信奉伊斯兰教；部分黑人信奉原始宗教。

南非基础设施良好，资源丰富，出产黄金和钻石，是世界五大矿产国之一，经济开放程度较高。矿业、制造业和农业是三大经济支柱，制造业、建筑业、能源业和矿业是南非工业四大部门。其中制造业门类齐全，技术先进，产值约占国内生产总值的 16%，2009 年的人均 GDP 为 5824 美元。2022 年的人均 GDP 达到 0.4057 万亿美元，世界排名第三十七。

（三十八）菲律宾

菲律宾共和国，简称菲律宾，位于亚洲东南部，西濒南中国海，东临太平洋，是一个群岛国家，共有大小岛屿 7107 个。这些岛屿像一颗颗闪烁的明珠，星罗棋布地镶嵌在西太平洋的万顷碧波之中，菲律宾也因此拥有"西太平洋明珠"的美誉。由于菲律宾沿海且靠近赤道，属典型的季风热带雨林气候，高温多雨，湿度大。森林茂密，占全国土地面积的 40% 以上。椰子树众多，被称为"椰子之国"。国土面积大概299764 平方公里。人口数量约为 9220 万，马来族占全国人口的 85% 以上，包括他加禄人、伊洛戈人、和比科尔人等；少数民族及外来后裔有华人、阿拉伯人、印度人等；还有为数不多的原住民。国语是以他加禄语为基础的菲律宾语，英语为官方语言。国民大多信奉天主教。2022 年的人均 GDP 达到 0.4043 万亿美元，世界排名第三十八。

（三十九）丹麦

丹麦王国，简称丹麦，位于欧洲北部日德兰半岛及附近岛屿。南部紧挨德国，北部濒临大西洋北海和波罗的海。海岸线长 7314 千米。地势低平，属温带海洋性气候。丹麦并不像人们想象的那么冷，大部分地区气候与我国相似，冬暖夏凉，全年有雨，夏、秋两季较多。国土面积为 4.31 万平方千米，人口数量约为 551.94 万，主要为丹麦人，其他是外国移民。主要宗教是基督教路德宗。首都是哥本哈根，2009 年召开了气候大会。其他主要城市还有博恩霍尔姆，腓特烈堡等。

丹麦也被称为"童话的国度"，因为最著名的童话大师汉斯·克里斯蒂安·安徒生诞生于此，他最著名的作品有《海的女儿》《国王的新衣》和《丑小鸭》等。其中以"美人鱼"为形象的著名雕塑一直静静地矗立在海边纪念这位大师。

人民生活以高福利、高收入、高税收、高消费为特征。旅游业是丹麦服务行业中的第一大产业。年均外国游客约 200 万人。共有旅馆 557 家。主要旅游点有哥本哈根、安徒生故乡欧登塞、乐高积木城及日德兰半岛西海岸和最北角斯卡晏等。2022 年的人均 GDP 达到 0.3907 万亿美元，世界排名第三十九。

（四十）巴基斯坦

巴基斯坦伊斯兰共和国，简称"巴基斯坦"，国土面积为 796095 平方千米，位于南亚，东与印度比邻，南面是印度洋，西与伊朗接壤，西北和阿富汗相连，东北面可通往中国的新疆。巴基斯坦除南部属热带气候外，其余属亚热带气候。印度河流经巴基斯坦，印度河径流季节变化大，为了调节水量，满足灌溉之需，兴建了大批水利工程，为农业生产的发展创造了条件。

在乌尔都语中，"巴基斯坦"这个源自波斯语的字的意思为"圣洁的土地"或"清真之国"。从前首都在卡拉奇，现在首都位于伊斯兰堡。人口总数约1.49亿，是一个多民族国家，其中旁遮普族占63%，信德族占18%，帕坦族占11%，俾路支族占4%等。95%以上的居民信奉伊斯兰教（国教），穆斯林的礼拜习俗特别浓厚，教徒每天要礼拜五次，礼拜前，必须沐浴净身。乌尔都语为国语，英语为官方语言。主要民族语言有旁遮普语、信德语、普什图语和俾路支语等。

巴基斯坦是正处在工业化进程中的农业国。粮食作物以小麦为最重要，自给有余。稻谷产量次于小麦，但稻谷出口量居世界前列。棉花是最主要的经济作物，产量居世界前列，并是棉花出口国。巴基斯坦工业发展比较迅速。棉纺织业为最大工业部门，纺织品是最重要的出口工业产品。化肥、水泥、冶金、机械等工业部门也得到了发展。2022年的人均GDP达到0.3765万亿美元，世界排名第四十。

（四十一）伊朗

伊朗伊斯兰共和国，简称伊朗，1935年以前称为波斯，163.6万平方千米，位于亚洲西南部，属中东国家，伊朗中北部紧靠里海、南靠波斯湾和阿拉伯海。国土绝大部分在伊朗高原上，是高原国家。海拔一般在900~1500米之间，德马万德峰海拔5670米，为伊朗最高峰。西部和西南部是宽阔的扎格罗斯山山系，约占国土面积一半。中部为干燥的盆地，形成许多沙漠，平均海拔也有1000余米。主要河流有卡流伦河与塞菲德。里海是世界最大的咸水湖，伊朗东部和内地属大陆性的亚热带草原和沙漠气候，干燥少雨，寒暑变化大。西部山区多属地中海式气候。西南部地区与波斯湾中富有石油与天然气，藏量居世界前列；另有铜、煤、铅、锌、重晶石、锰、硼砂等。伊朗1979年4月1日独立，所以4月1日定为国庆日。全国人口约7004.9万，是一个多民族的穆斯林国家，有波斯、阿塞拜疆、库尔德、阿拉伯及土库曼等民族，首都德黑兰，其他主要城市有伊斯法罕、设拉子、马什哈德、克尔曼、大不里士等，各地有众多古迹，其中伊斯法罕伊玛穆广场最为著名。2022年GDP总计为0.3522万亿美元，世界排名第四十一。

（四十二）哥伦比亚

哥伦比亚共和国，在南美洲西北部，西濒太平洋，北临加勒比海，东同委内瑞拉，东南同巴西，南与秘鲁、厄瓜多尔，西北与巴拿马为邻。面积114.2万平方千米。人口约为4453万，印欧混血种人占60%，白种人占20%，黑白混血种人占18%，其余为黑种人和印第安人等。首都圣菲波哥大，西班牙语为国语，多信天主教。哥伦比亚的名胜古迹名扬世界，旅游业较发达，是拉美重要的旅游中心之一。主要旅游区有：卡塔赫纳、圣玛尔塔、圣菲波哥大、圣安德列斯和普罗维登西亚群岛、麦德林、瓜希拉半岛、博亚卡等。

哥伦比亚自然资源丰富，煤炭、石油、绿宝石为主要矿藏。经济以农业为主，从业人口占全国劳动力的一半。咖啡产值占农业总产值的三分之一以上，产量和出口量仅次于巴西，居世界第二位。其他主要农作物有水稻、玉米、香蕉、甘蔗、棉花和烟草。畜牧业较发达，牧场占总面积2.9%。矿业以开采石油和煤为主，是拉丁美洲主要产金国，铂产量居世界第四位，绿宝石产量居世界首位。工业发展较快，其产值已占国内生产总值的五分之一以上。2022年CDP总计为0.3439万亿美元，世界排名第四十二。

（四十三）罗马尼亚

公元6世纪，拜占庭人被阿瓦尔人俘虏后安置在多瑙河的下游地区，并把那里称为"罗马人的地方"，即"罗马尼亚"。罗马尼亚位于东南欧巴尔干半岛东北部，面积为23.75万平方千米。东北与乌克兰、摩尔多瓦接壤，西北与匈牙利为邻，西南与塞尔维亚相界，南依保加利亚，东南临黑海。海岸线长245千米。地形奇特多样，有平原、山地、丘陵。以大陆性温带阔叶林气候为主，夏季暖热，冬季寒冷。人口约为2245.6万，主要民族为罗马尼亚族、匈牙利族、列伊族等。居民主要信仰有东正教，官方语言为罗马尼亚语，主要民族语言为匈牙利语。

首都为布加勒斯特，是全国的经济、文化和交通中心。经济以工业为主，机械制造、石油化工、石油提炼、电力、钢铁等重要，轻纺工业也较发达。农业生产现代化水平不断提高，主要作物有小麦、玉米、向日葵、甜菜、马铃薯、亚麻等。葡萄和水果等园艺业较发达，畜牧业产值在农业总产值中占40%以上，罗马尼亚旅游资源比较丰富，主要旅游点有布加勒斯特，黑海海滨，多瑙河三角洲，摩尔多瓦地区北部，中、西喀尔巴阡山区等。重要城市还有布拉索夫、克拉约瓦、普洛耶什蒂、蒂米什瓦拉等。2022年CDP总计为0.3018万亿美元，世界排名第四十三。

（四十四）智利

智利共和国，面积756950平方千米。位于南美洲西南部，安第斯山脉西麓。东同阿根廷为邻，北与秘鲁、玻利维亚接壤，西临太平洋，南与南极洲隔海相望。海岸线总长约1万千米，是世界上地形最狭长的国家。由于国土横跨38个纬度，而且各地区地理条件不一，智利的气候复杂多样包括多种形态，至少包括了七种主要的气候亚类型。位于环太平洋地震带上，境内多火山，地震频繁，2010年2月27日智利第二大城市康赛普西翁发生里氏8.8级地震。

全国人口约 1609.34 万，多在城市居住。官方语言为西班牙语。15 岁以上公民主要信仰天主教。首都都是圣地亚哥，位于智利中部，除此还有其他重要城市为：瓦尔帕莱索、康塞普西翁、维尼亚德尔马市、蒙特港等。

智利是以经济开放而著称于世的贸易国家，属于中等发展水平国家。矿业、林业、渔业和农业资源丰富，是国民经济四大支柱。矿藏、森林和水产资源丰富，以盛产铜闻名于世，素称"铜矿之国"。已探明的铜蕴藏量达 2 亿吨以上，居世界第一位，约占世界储藏量的 1/3。铜的产量和出口量也均为世界第一。渔业资源丰富，是世界第五大渔业国。2022 年 CDP 总计为 0.3007 万亿美元，世界排名第四十四。

（四十五）捷克共和国

捷克是捷克共和国的简称，其前身为捷克斯洛伐克，但于 1993 年与斯洛伐克和平分离。捷克是一个中欧地区的内陆国家，东连斯洛伐克，南接奥地利，北邻波兰，西与德国相邻，面积共 78866 平方千米，由波希米亚、摩拉维亚和西里西亚 3 个部分组成。全国丘陵起伏，边境多山。森林密布，风景秀丽。国土分为两大地理区，一为位于西半部的波希米亚高地，另一为位于东半部的喀尔巴阡山地，它由一系列东西走向山脉组成。人口大约 10267000 人，主要民族为捷克族，其他民族有摩拉维亚族、斯洛伐克族、德意志族和少量的波兰族等。官方语言为捷克语，主要宗教是罗马天主教。首都布拉格是捷克共和国最大的城市。

捷克属于前华沙条约组织国家之中，与西欧国家接触较密切，也是工业化程度与经济情况较好的国家之一。它以机械制造、各种机床、动力设备、船舶、汽车、电力机车、轧钢设备、军工、轻纺为主，化学、玻璃工业也较发达。纺织、制鞋、啤酒酿造均闻名于世。同时，旅游业在国民经济收入中占重要地位。主要的旅游景点有：布拉格城堡，又称"总统府"；圣维塔大教堂，是布拉格城堡最重要的地标；旧皇宫，是以往波西米亚国王的住所；火药塔，原是作为守城护卫的要塞，后来则为存放火药之用；黄金巷，是布拉格古堡最著名景点之一。卡夫卡曾居住过的 22 号，目前是一家书店。2022 年 CDP 总计为 0.2904 万亿美元，世界排名第四十五。

（四十六）芬兰

芬兰位于欧洲北部。与瑞典、挪威、俄罗斯接壤，南临芬兰湾，西濒波的尼亚湾。总面积共 338000 平方千米，是欧洲第七大国。海岸线长 1100 千米，地势北高南低。有岛屿约 17.9 万个，湖泊约 18.8 万个，有"千湖之国"之称。除了湖泊之外，全国为大片森林覆盖，占总面积的 71%，以松和云杉为主。全国三分之一的土地在北极圈内，属温带海洋性气候。

人口约 532 万人，主要为北欧民族，有两种官方语言，分别是芬兰语和瑞典语。89%的居民信奉基督教路德宗，首都是赫尔辛基，素称"波罗的海明珠"，是一座花园般现代化都市，街道宽阔，商业繁荣，现代建筑和芬兰中世纪建筑具浓郁的民族特色，市内众多的各种类型的博物馆吸引着各地游。

芬兰属于中等经济国家。1994 年以来经济总体上发展良好。政府在 20 世纪 90 年代初完成经济结构调整，增大知识型经济在国民经济中所占比重，重视科技投入，发展高新技术和信息技术，在宏观上继续执行紧缩财政、鼓励投资、削减社会福利、降低所得税、加快国有企业私有化进程、改善就业的政策，使经济保持稳定增长。工业以木材和造纸为主，次为炼油、机械、造船、有色冶金、纺织等。乳用畜牧业发达。2022 年 CDP 总计为 0.281 万亿美元，世界排名第四十六。

（四十七）伊拉克

伊拉克共和国，简称"伊拉克"，位于亚洲西南部，阿拉伯半岛东北部。北接土耳其，东临伊朗，西毗叙利亚、约旦，南接沙特、科威特，东南濒波斯湾。幼发拉底河和底格里斯河自西北向东南流贯全境。海岸线长 60 千米。除东北部山区外，属热带沙漠气候。7、8 月气温最高，日平均气温 24℃-43℃，1 月气温最低，日平均气温 4℃-16℃，6-9 月降雨最少，月平均降雨量 1 毫米，3 月降雨最多，月平均降雨量 28 毫米，国土面积 43.83 万平方千米。伊拉克全国共分 18 个省，首都为巴格达。2022 年，伊拉克人口 4225 万。公元前 3000 年中叶，两河流域最早的居民苏美尔人创造楔形文字、60 进制计数法和圆周分割率。此后，伊拉克经历了古巴比伦王国、亚述帝国、新巴比伦王国、波斯、塞琉西（中国史称条支）、安息、波斯萨珊王朝统治。阿拔斯王朝定都巴格达。1920 年沦为英国的美索不达米亚托管地。1921 年，英国人从麦加哈希姆王室中选送费萨尔一世到巴格达建立伊拉克王国。1958 年宣布成立伊拉克共和国。2021 年，伊拉克国内生产总值（GDP）0.2015 万亿美元。人均国内生产总值 4892 美元。2022 年 CDP 总计为 0.2704 万亿美元，世界排名第四十七。

（四十八）葡萄牙

葡萄牙，全名葡萄牙共和国，拉丁语意为"温暖的港口"，是欧洲伊比利亚半岛上的一个国家。国土面积为 92072 平方千米，西部和南部是大西洋的海岸，北部和东部邻西班牙。海岸线长 800 多千米。地形北高南低，多为山地和丘陵。南部和西部分别为丘陵和沿海平原。主要河流有特茹河、杜罗河和蒙特古河。北部属海洋性温带阔叶林气候，南部属亚热带地中海式气候。人口总数约为 10848692 人，其中 99%以上为葡萄牙人，其余为西班牙人等。官方语言为葡萄牙语。97%以上居民信奉天主教。首都是里斯本，西罗卡角是欧洲的最西端。

葡萄牙是发达国家里经济较落后的国家之一，工业基础较薄弱。纺织、制鞋、旅游、酿酒等是国民经济的支柱产业。软木产量占世界总产量的一半以上，出口位居世界第一。1986 年葡萄牙加入欧共体后，经济发展较快。旅游业是葡外汇收入的重要来源和弥补外贸赤字的重要手段。主要旅游胜地有里斯本、法罗、波尔图、马德拉岛等。2022 年 CDP 总计为 0.2524 万亿美元，世界排名第四十八。

（四十九）秘鲁

秘鲁，全称秘鲁共和国，位于南美洲西部，北邻厄瓜多尔和哥伦比亚，东与巴西和玻利维亚接壤，南接智利，西濒太平洋。面积为 1285216 平方千米，海岸线长 2254 千米。东部为亚马孙热带雨林区，属亚马孙河上游流域，为山麓地带与冲积平原，终年高温多雨，森林遍布，地广人稀，是近年新开发的石油产区。国内人口总数约 2822.07 万人，西班牙语为官方语言，96% 的居民信奉天主教。首都是利马，主要城市还有卡亚俄、伊基克、库斯科等。

秘鲁是传统农矿业国，属拉美中等水平。矿产丰富，石油自给有余。工业以加工和装配业为主。秘鲁的旅游业很发达，因为是印加文明的发祥地，旅游资源丰富，2005 年旅游外汇收入 13.71 亿美元，占国内生产总值的 1.81%。主要旅游景点有：利马大广场、托雷塔格莱宫、黄金博物馆、库斯科城、马丘比丘古城遗迹等。2022 年 CDP 总计为 0.2424 万亿美元，世界排名第四十九。

（五十）新西兰

新西兰是位于太平洋西南部的一个岛国，由北岛、南岛、斯图尔特岛及其附近一些小岛组成，面积 27 万多平方千米。新西兰素以"绿色"著称。虽然境内多山，山地和丘陵占其总面积 75% 以上，但这里属温带海洋性气候，四季温差不大，植物生长十分茂盛，森林覆盖率达 29%，天然牧场或农场占国土面积的一半。广袤的森林和牧场使新西兰成为名副其实的绿色王国。首都为惠灵顿，最大的城市是奥克兰。

新西兰是一个现代、繁荣的发达国家。2008 年人均 GDP 30439 美元，世界第 20 名。畜牧业是新西兰经济的基础，新西兰农牧产品出口量占其出口总量的 50%，羊肉、奶制品和粗羊毛的出口量均居世界第一位。新西兰还是世界上最大的鹿茸生产国和出口国，生产量占世界总产量的 30%。工业以农林牧产品加工为主，主要有奶制品、毛毯、食品、酿酒、皮革、烟草、造纸和木材加工等轻工业。农业高度机械化。主要农作物有小麦、大麦、燕麦、水果等。粮食不能自给，需从澳大利亚进口。2022 年 CDP 总计为 0.2419 万亿美元，世界排名第五十。

（五十一）哈萨克斯坦

哈萨克斯坦共和国，简称哈萨克斯坦，国名取自其最大民族哈萨克族，是中亚国家之一，全国面积达 2717300 平方千米，是中亚地区一个大国家，亦是全世界最大的内陆国。北与俄罗斯、东南与中华人民共和国、南与乌兹别克、吉尔吉斯等国接壤。西南部属图兰低地和里海沿岸低地。中、东部属哈萨克丘陵，东缘多山地。半荒漠、荒漠地带约占全境面积的 60%。温带大陆性气候。河网稀少。主要河流有额尔齐斯河、锡尔河、伊犁河、楚河等。有巴尔喀什湖等湖泊。铀、铜、铅、锌、铬的储量丰富。人口数量大约为 1610 万，主要民族有哈萨克族，俄罗斯族，官方语言为哈萨克语、俄语。独立前为苏联加盟共和国之一，1991 年苏联解体后独立。原首都位于阿拉木图，1997 年迁到阿斯塔纳。其他主要城市还有巴尔喀什、阿拉木图、卡拉干达等。

哈萨克斯坦是世界产棉大国，棉花种植区域遍布全国各州，但主要集中在东部地区；哈萨克斯坦纺织工业基础薄弱，发展缓慢，本国加工能力仅占其棉产量的 15% 左右。旅游业不是很发达，主要景点有："麦迪奥"山、奇姆布拉克高山滑雪基地、勇士公园等。2022 年 CDP 总计为 0.2258 万亿美元，世界排名第五十一。

（五十二）卡塔尔

卡塔尔国，简称卡塔尔，首都多哈，位于波斯湾西南岸的卡塔尔半岛上。属热带沙漠气候，全国地势低平，石油和天然气资源非常丰富。总面积 11521 平方千米，海岸线长 563 千米，无明确的省级行政区划，以一些主要城市为中心，全国分为 9 个地区。截至 2023 年 2 月，卡塔尔总人口为 298 万，属于阿拉伯民族，伊斯兰教为卡塔尔国教，本国居民大多信奉伊斯兰教。阿拉伯语为官方语言，英语在当地也使用广泛。公元 7 世纪时，卡塔尔是阿拉伯帝国的一部分。1517～1776 年间，先后受葡萄牙、荷兰和英国统治。1846 年，萨尼·本·穆罕默德建立了卡塔尔酋长国。1872 年，并入奥斯曼帝国版图。1882 年，英国入侵，并宣布该地区为英国的"保护地"。1970 年，颁布的第一部临时宪法规定卡塔尔为独立的君主制主权国家，伊斯兰教为国教。1971 年 9 月 3 日，卡塔尔正式宣布独立。卡塔尔经济支柱产业是石油天然气及与之相关的石化产业，是世界第一大液化天然气生产和出口国，油气出口收入丰厚。推行经济多元化战略，经济增长前景稳定，营商环境日益完善，拥有现代化的道路、地铁、机场、港口和通讯等基础设施，社会治安状况良好，市场化程度较高。卡塔尔是联合国、伊斯兰合作组织、阿拉伯国家联盟和海湾阿拉伯国家合作委员会和世贸组织等国际组织和区域组织的成员国，世界天然气出口国论坛成员及论坛总部所在地，2022 年 CDP 总计为 0.2255 万亿美元，世界排名第五十二。

（五十三）希腊

希腊共和国，简称希腊，面积 131957 平方公里，包括附近 1500 多个岛屿。位于欧洲东南部巴尔干半岛南端。陆地上北面与保加利亚、马其顿以及阿尔巴尼亚接壤，东部则与土耳其接壤，濒临爱琴海，西南临爱奥尼亚海及地中海。境内四分之三为山地，沿海有低地，河流短小，多港湾。最高点为奥林匹斯山，海拔 2917 米。北部和内陆属于大陆性气候，冬温湿，夏干热。人口数量约 1107.5 万，约 98% 为希腊人，余为土耳其人、马其顿人、保加利亚人、穆斯林等。东正教为其国教。首都雅典。南部小镇奥林匹亚是奥林匹克运动会的发源地。

希腊被誉为是西方文明的发源地，拥有悠久的历史，创造过灿烂的古代文化，在音乐、数学、哲学、文学、建筑、雕刻等方面都曾取得过巨大成就。农业在经济中仍占重要地位。在全国从业人口中农业约占 37%，农产品出口值占全国出口总值的 36%。2022 年 CDP 总计为 0.2192 万亿美元，世界排名第五十三。

（五十四）阿尔及利亚

阿尔及利亚全称阿尔及利亚民主人民共和国，位于非洲北部，北临地中海，东临突尼斯、利比亚，南与尼日尔、马里和毛里塔尼亚接壤，西与摩洛哥、西撒哈抻交界。北部沿海地区属地中海气候，中部为热带草原气候；南部为热带沙漠气候。国土面积共 238.17 万平方千米。人口 2707 万，大多数是阿拉伯人，其次是柏柏尔人，少数民族有姆扎布族和图阿雷格族。官方语言为阿拉伯语，通用法语。99% 的居民信仰国教伊斯兰教。首都阿尔及尔是全国政治、经济、文化和外贸的中心；有最大港口，有炼油、石化、机械等工业。

阿尔及利亚经济规模在非洲居第二位，仅次于南非。碳化产业（石油与天然气的统称）是阿国民经济的支柱，2005 年其产值占阿 GDP 的 45%，出口总额的 98%，但粮食与日用品主要依赖进口。多半人口从事农业。主要经济作物是葡萄、柑橘、蔬菜，粮食作物有小麦、大麦等。牲畜多绵羊、山羊。盛产栓皮栎和阿尔法草。葡萄酒、柑橘、蔬菜、橄榄油、软木、阿尔法草均是传统出口商品。2022 年 CDP 总计为 0.1954 万亿美元，世界排名第五十四。

（五十五）科威特

科威特是一个位于西南亚的君主制国家。面积 17818 平方公里。位于亚洲西部阿拉伯半岛东北部，濒临波斯湾，在南部与沙特阿拉伯、北部与伊拉克分别接壤。地势西高东低。东北部为冲积平原，其余为沙漠平原，一些丘陵穿插其间。并不是常年有水的河流和湖泊。地下水资源丰富，但淡水极少，饮水主要来自伊拉克及淡化海水。属于热带沙漠气候，炎热干燥，年降水稀少，人口约 270 万。阿拉伯语为官方语言，

通用英语、科威特骆驼赛语。伊斯兰教为国教，首都为科威特城，位于科威特湾南岸。科威特拥有丰富的石油储藏。占世界储量的 10.8%，居世界第四位。南部的布尔干油田为世界最大油田之一。石油是科威特财政收入的主要来源和国民经济的支柱，财政收入 90% 以上来自石油。其产值占国内生产总值的 40%，占出口创汇的 95%。

鱼是科威特人的重要生活食用品，祖贝德鱼最受他们的欢迎，并被认为是世界上味道最美的鱼种之一。在科威特，许多家的墙上都挂有祖贝德鱼的画片，他们常以此来引为骄傲。他们很喜欢吃中餐。他们把中餐视为世界上最好的饭菜。他们用餐习惯席地而坐，用手抓饭吃。但近年来受外界的影响，很多人也使用起饭桌和椅子来。2022 年 CDP 总计为 0.1846 万亿美元，世界排名第五十五。

（五十六）匈牙利

匈牙利共和国，简称匈牙利，中国古称马扎儿，是一个位于欧洲中部的内陆国家。东邻罗马尼亚、乌克兰，南接斯洛文尼亚、西靠奥地利，北连斯洛伐克。国土面积约为 93030 平方千米，全境以平原为主。山区森林茂密，有栎树、山毛榉、椴树等；平原有大片草原，发育有肥沃的黑土。重要河流为多瑙河及其支流蒂萨河。巴拉顿湖为最大淡水湖。属温带大陆性气候，人口数量约为 1019 万，主要民族有马扎尔族、日耳曼族和斯洛伐克族。居民主要信仰天主教和基督教。官方语言为匈牙利语。首都为布达佩斯。其他主要城市还有米什科尔茨、德布勒森等。

匈牙利是一个具有中等发展水平的国家，工业基础较好，但自然资源比较贫乏，匈牙利根据本国国情，研发和生产一些有自己特长的知识密集型产品，如计算机、通信器材、仪器、化工和医药等。还采取各种措施优化投资环境，以吸引外资。主要矿产资源是铝矾土，其蕴藏量居欧洲第三位。森林覆盖率约为 18%。农业基础较好，在国民经济中占重要地位，不仅为国内市场提供丰富的食品，而且为国家挣取大量外汇。主要农产品有小麦、玉米、甜菜、马铃薯等。旅游业比较发达，山河秀美，建筑壮丽和富有特色，这里温泉遍布，气候四季分明，各国游客慕名而来。主要旅游点有布达佩斯、巴拉顿湖、多瑙河湾、马特劳山。另外，匈牙利的葡萄美酒也为这个国家增光添彩，以其历史悠久、酒味醇香闻名于世。2022 年 CDP 总计为 0.1683 万亿美元，世界排名第五十六。

十四、亚洲国家

亚洲按地理方位分为东亚、东南亚、南亚、西亚、中亚。

东亚是指亚洲的东部地区，位于太平洋的西侧。东亚有 5 个国家：中国、蒙古、

朝鲜、韩国、日本。目前，东亚东部地区是东亚经济发展最迅速的地区，也是世界经济发展最迅速的地区之一。

东南亚位于亚洲东南部，由中南半岛和马来群岛两部分组成。东南亚有 11 个国家。它们是：越南、老挝、柬埔寨、泰国、缅甸、马来西亚、新加坡、菲律宾、印度尼西亚、文莱、东帝汶。东南亚地处亚洲大陆和澳大利亚大陆之间、太平洋和印度洋之间的"十字路口"。马来半岛与苏门答腊岛之间的马六甲海峡，是这一"路口"的咽喉要地，是从欧洲、非洲到东亚和东南亚最短海上航线的必经之地。

南亚是指从喜马拉雅山脉中西段以南，到印度洋之间的广大地区。南亚有 7 个国家：印度、巴基斯坦、孟加拉国、尼泊尔、不丹、斯里兰卡、马尔代夫。此外，还有印巴分治的克什米尔地区。南亚是人类古代文明中心之一，是佛教和印度教的发源地。

西亚位于亚洲、非洲和欧洲的连接地带，濒临地中海、红海、阿拉伯海、黑海和里海，故被称为"五海三洲之地"。包括伊朗高原、阿拉伯半岛、美索不达米亚平原和小亚细亚半岛，共有 20 个国家：伊朗、阿富汗、伊拉克、科威特、沙特阿拉伯、阿拉伯联合酋长国、巴林、卡塔尔、阿曼、也门、土耳其、叙利亚、塞浦路斯、黎巴嫩、约旦、巴勒斯坦、以色列、格鲁吉亚、亚美尼亚、阿塞拜疆。

中亚地处亚欧大陆中部，有 5 个国家：哈萨克斯坦、乌兹别克斯坦、吉尔吉斯斯坦、土库曼斯坦、塔吉克斯坦。

（一）蒙古

国家档案

国名：蒙古国（Mongolia）

首都：乌兰巴托

面积：156.65 万平方千米

人口：人口约 340 万人（2023 年 1 月）

主要民族：喀尔喀蒙古族、哈萨克族、杜尔伯特族、巴雅特族、布里亚特族等

官方语言：喀尔喀蒙古语

货币：图格里克

1. 地理概况

"蒙古"在蒙古语中意为"我们的火"或"勇敢的人"，位于亚洲东北部，东、南、西三面与中国接壤，北面与俄罗斯毗邻。东西相距 2568 千米，南北宽 1260 千米，蒙古国的面积在亚洲各国中占第七位，是世界上面积第二大内陆国。

蒙古境内东部地形多为丘陵和平原区，南部是地势比较低平的戈壁区，西北和北部地势高峻，多高山，主要的山脉有阿尔泰山、唐努山、肯特山等。其中阿尔泰山最高，最高峰为友谊峰，海拔 4374 米。西部湖泊较多，主要河流为色楞格河、鄂尔浑河、科尔布多河、克鲁伦河、扎布汗河等。最大咸水湖为乌布苏湖，最大淡水湖是库苏古尔湖。还有吉尔吉斯湖、阿奇特湖等。

蒙古属典型温带大陆性气候，温差大，降水少，夏季短而干热，冬季长而严寒，常有暴风雪。世界上高气压中心就在蒙古境内，冬季干冷空气频频南下，成为亚洲"寒潮"的源地之一。

蒙古天然牧场辽阔，占整个国土面积的 83% 以上，森林覆盖率为 8.2%。矿产资源比较丰富，主要有煤、铜、金、钨等。

2. 首都乌兰巴托

乌兰巴托始建于 1639 年，当时称"乌尔格"，蒙语为"宫殿"之意，为喀尔喀蒙古"活佛"哲布尊丹巴一世的驻地。1778 年取名"大库伦"，蒙古语为"大寺院"之意。后来，改大库伦为乌兰巴托，并定为蒙古的首都，意思是"红色英雄城"。乌兰巴托位于蒙古高原中部，肯特山南端，鄂尔浑河支流图拉河北畔，四面环山，海拔 1350 米，面积 2000 平方千米，图拉河从市中心流过。

乌兰巴托是全国政治、经济、文化和交通的中心，人口约 100 万，市民平均年龄比较年轻，也是世界上最年轻的城市之一。全市分为 5 个区，市内有许多高楼大厦，在现代化楼群之中，传统的蒙古包仍然可见。城市附近的矿产资源主要是煤。全国大部分工厂企业设在这里，工业以轻工业和食品工业为主，其产值占全国工业总产值的一半左右。它拥有乔巴山大学等高等学校及科研机构。纵贯全国南北的铁路干线都通过这里。唯一的喇嘛寺院是这里重要的旅游景点。

（二）朝鲜

国家档案

国名： 朝鲜民主主义人民共和国（Democratic PeopIe's Rtepublic of Korea）

首都： 平壤

面积： 12.3 万平方千米

人口： 约 2500 万（截至 2021 年 8 月）

主要民族： 朝鲜族

官方语言： 朝鲜语

货币： 朝鲜元

1. 地理概况

朝鲜位于亚洲东部，朝鲜半岛北半部，北部与中国相邻，东北与俄罗斯接壤，东南隔朝鲜海峡与日本相望。朝鲜地势东高西低，北高南低，全境多山，其中白头山是中、朝的界山，白头山主峰将军峰海拔 2749.2 米，是朝鲜第一高峰。平原较少，山地约占全国面积的 80%。主要的河流有中、朝的界河鸭绿江，全长 795 千米，是朝鲜最长的河流。其次是中、朝、俄的界河图们江，长 520 千米。此外还有清川江、大同江等。位于朝鲜东北部赴战岭山脉与狼林山脉之间的长津湖是朝鲜最大的湖泊。

朝鲜虎

朝鲜处于海洋性气候向大陆性气候过渡地带，冬季寒冷干燥，夏季温暖潮湿，春秋两季风和日丽。降水主要集中在夏季。朝鲜矿产资源比较丰富，种类多。其中石墨、菱镁矿储量居世界前列。此外，水力、动植物资源也很丰富。主要的植物有鱼鳞松、通古斯落叶松等；主要的动物有朝鲜虎、梅花鹿、阿穆尔虎（东北虎）等。

2. 首都平壤

平壤曾是京都，又名箕城、乐流、西京、柳京，位于朝鲜半岛西北部，是朝鲜的首都。平壤平原北端，市区跨大同江两岸而建。平壤依山傍水，地势起伏。面积为 2629.4 平方千米，人口约 300 万。平壤是朝鲜古代文化的发祥地之一。公元 427 年，高句丽王朝迁都于此，朝鲜战争期间毁于战火，战后重建。

平壤是全国政治、经济和文化的中心。市内处处是苍松翠柏，加上山清水秀的天然景观，使平壤成为一座花园城市，被世人称为"花中之城"。市内街道宽阔整齐，园林与绿化用地高达 80%，是世界上绿化面积最大的城市之一。位于大同江右岸的旧市街为中心区，大同江左岸与普通江畔为新市区，地处大同江入海口附近的南浦市为平壤外港。平壤古迹遍布，有朝中友谊塔、象征朝鲜人民英雄气概的千里马铜像、凯旋门、朝鲜革命博物馆、祖国解放战争胜利纪念馆等革命纪念建筑物。市内还有高句丽东明王陵以及平壤大钟、大同门、普通门、练光亭等名胜。

（三）韩国

国家档案

国名：大韩民国（Republic of Korea）

首都：首尔

面积：10.329 万平方千米

人口：5143.9 万（2022 年 12 月 31 日）

主要民族：朝鲜族

官方语言：韩语

货币：韩元

1. 地理概况

韩国全名大韩民国。位于亚洲大陆东北朝鲜半岛的南半部。东临日本海并隔朝鲜海峡与日本相望，西与中国山东隔海相望，北与朝鲜接壤。首都为首尔。

朝鲜半岛由于经地质时代多次发生的地壳运动、堆积和侵蚀作用，韩国的地形具有多样性，低山、丘陵和平原交错分布。低山和丘陵主要分布在中部和东部，汉拿山位于济州岛的中心，海拔 1950 米，是韩国最高山。平原主要分布于南部和西部的河川流域、海岸地带。韩国海岸线曲折，港湾众多，最长的河流分别是洛东江和汉江，其中汉江长为 514 千米。其他河流还有锦江、蟾津江、临津江等。济州岛是韩国最大的岛屿，素有"韩国的夏威夷"之称。

韩国属温带季风气候，海洋性特征显著，四季分明。春、秋两季较短；夏季炎热、潮湿；冬季寒冷、干燥，时而下雪。韩国风景优美，有许多历史文化遗迹，旅游业发达。韩国矿产资源较少，主要工业原料依赖进口。

2. 首都首尔

首尔（即汉城，2005 年 1 月 19 日，把汉城的中文名称改为"首尔"，"汉城"一词不再使用），位于朝鲜半岛中部，汉江下游，距朝鲜半岛西海岸约 30 千米。汉江流经市区，将首尔分为江南和江北两部分，其城市总面积为 605.25 平方千米，人口949.6887 万（2022 年 5 月底），约占韩国全国总人口的 39%。

首尔是韩国的政治、经济、文化中心。首尔的经济高度发达，其国民生产总值占韩国的 35%，在全国具有重要地位。首尔的金融和商业批发业非常繁荣，全国 24 家银行中，除 10 个地方银行外，其他的均设在首尔；其工业主要有纺织、化工、机械、电

器和食品等，有制造业企业达一万五千个，占全国企业总数的 30% 以上。

首尔市内交通发达，有 19 条辐射状公路和 3 条长度为 131 千米的环行公路；首尔的金浦机场有几十条航线通往日本、欧美、中东和东南亚等地区的主要城市，每天有 200 多架国际航班起降；首尔也是全国的铁路枢纽，有 23 个火车站，将汉城同釜山、仁川等城市连接起来。

首尔保存有许多名胜古迹，如朝鲜李氏王朝的四个故宫和一个御花园，建于 19 世纪 90 年代的韩国历史最悠久的明洞天主教堂，全国最古老的教育机关——建于 l937 年的成均馆文库，市郊还有全国最大的寺庙——普门寺。首尔还拥有中央博物馆、民俗博物馆、邮政博物馆等 12 家博物馆，旅游资源非常丰富。

3. 釜山

釜山因其地形似釜而得名，位于朝鲜半岛东南端的洛东江江口，扼朝鲜海峡要冲，与日本对马岛相望。为著名深水良港，是朝鲜半岛最大的国际港口、第一大贸易港和第二大工商业城市。面积 436 平方千米。釜山原为渔村，朝鲜战争爆发后曾为韩国的临时首都。

釜山是韩国的远洋渔业基地，该市出口的工业品和水产品在韩国的出口贸易中占有重要位置。工业以纺织、食品、化学、造船、汽车、电子等工业为主。釜山文化教育发达，市内有 2 所大学、7 所专科学校，有教堂、寺刹上千个，还有许多名胜。近郊有温泉，海滨浴场比较发达，如松岛、多大浦、东莱、海云台温泉等，为著名的疗养地和旅游地。釜山也是韩国水陆交通的枢纽，其交通运输形式多样，设施比较完善。

4. 济州岛

济州岛是韩国最大的岛屿，也是著名的国际旅游胜地。位于朝鲜半岛南部，离海岸 97 千米。济州岛附属岛屿众多，由一系列岛屿组成，包括中岛、兄弟岛、卧岛、遮归岛、虎岛、蚊岛等 34 个属岛。岛呈椭圆形，由火山物质构成。地貌十分奇特，有数以百计的丘陵、熔岩隧道、悬崖和滨海的瀑布，面积约 1800 平方千米。济州岛上有 45 个洞窟，著名的有霹雳魔之窟、黄金窟等。岛中央是火山爆发而形成的海拔 1950 米的韩国最高峰——汉拿山，它是一死火山。山上著名的火山口湖是白鹿潭，传说是女神的沐浴之地。

济州岛以"三多三宝"著称。三多是风多、石多、果树多，三宝是指海产、植物和方言。济州岛的东部是大片适合于放牧的草地，是亚洲最好的牧场之一。济州岛是韩国平均气温最高、降水最多的地方，温和湿润的气候和由火山活动塑造出的绮丽多彩的自然风景，使它赢得了"韩国的夏威夷"的美誉。韩国许多新婚夫妇都在这里度蜜月，所以济州岛还享有"蜜月之岛""浪漫之岛"的美称。

5. 韩国古迹较多

韩国历史古迹较多。景福宫，是一座著名的古代宫殿，是李朝始祖太祖于 1392 年开始修建的第一座王宫。宫苑正殿为勤政殿，是景福宫的中心建筑，李朝的各代国王都曾在此处理国事。此外，还有思政殿、乾清殿、康宁殿、交泰殿等。宫苑建有一个 10 层高的敬天夺石塔，其造型典雅，是韩国的国宝之一。昌德宫，又名东宫，是韩国的"故宫"，是李朝王宫里保存得最完整的一座宫殿。还有德寿宫、昌庆宫。

主要的寺庙有 59 座，韩国的三大寺庙为海印寺、松广寺、通度寺。佛国寺和石窟庵是韩国国宝级的两大文化遗产。佛国寺始建于公元 751 年，位于庆州市吐含山山坡，曾建有 80 多栋 2000 多间殿堂，现已修复大雄宝殿、释伽塔等，殿堂为 39 万平方千米。石窟庵位于庆州市吐含山东，是韩国石窟寺庙的代表。有韩国民俗村，它将韩国各地的农家民宅、寺院、贵族宅邸及官府等各式建筑聚集于此，再现了朝鲜半岛 500 多年前李朝时期的人文景观和地域风情。此外还有广寒楼、青瓦台等。

（四）日本

国家档案

国名：日本国（Japan）

首都：东京

面积：37,788 万平方千米

人口：约 1.22 亿（2022 年 10 月）

主要民族：大和民族

官方语言：日语

货币：日元

---

1. 地理概况

日本是东亚著名的岛国，地处太平洋西缘"东亚花彩列岛"中段，西隔黄海、朝鲜海峡、日本海与中国、朝鲜、韩国、俄罗斯相望。由北海道、本州、四国、九州 4 个大岛及其附近的小岛组成，有大小岛屿 6800 个，合称日本群岛。

日本海岸线全长 3 万多千米，多海湾和良港。陆地面积为 37.78 万平方千米，平原占全国总面积的 1/4，最大的平原为关东平原。日本境内多山，约占全国面积的 3/4。日本多火山，境内有火山约 270 座，其中活火山有 70 多座，是世界活火山总量的 10%。著名的为富士山，海拔 3776 米，是全国第一高峰，景色壮丽，号称"日本圣

岳"。日本地震频繁，平均每天有 4 次以上的地震发生，1923 年 9 月 1 日发生的关东大地震达 8.2 级，是日本历史上死伤和失踪人数最多的一次大地震。

日本属温带海洋性气候，主要特征为多雨、多雪、多台风，四季分明，降水充沛。日本矿产资源贫乏，工业原料大部分依赖进口。日本水力资源丰富。森林面积约占全国总面积的 2/3，居世界前列。渔业和水产养殖业发达，近海渔场是世界著名的大渔场。

2. 首都东京

东京位于日本本州关东平原的南端，总面积为 2155 平方千米，1406.5 万（2020年东京都人口），是世界上人口最多的城市之一，也是一座现代化的国际大都市。

作为首都，东京是日本全国的政治、经济、文化和教育中心。日本的行政、立法、司法等国家机关都集中在这里。被称为"官厅街"的"霞关"一带，集中了国会议事堂、最高裁判所和外务省、通产省、文部省等内阁所属政府机关。

东京的金融业和商业非常发达，素有"东京心脏"之称的银座，是东京最为繁华的商业区。日本的主要公司也大都集中在东京，它们大多分布在千代田区、中央区和港区等地。东京与它南面的横滨和东面的千叶地区，共同构成了著名的京滨叶工业区。

各种文化、教育机构也大都集中在东京。它拥有全国百分之八十的出版社和规模大、设备先进的国立博物馆、西洋美术馆、国立图书馆等。作为一个国际性的大都市，东京还经常举办各种国际文化交流活动，如东京音乐节和东京国际电影节等。

东京的交通非常便利，铁路、公路、航空和海运组成了一个四通八达的交通网，通向全国及世界各地；其地下铁路几乎能到达国内所有的重要地区；另外，时速达 200千米的新干线，可以从东京延伸到九州，并向东北方面延伸。

3. 名古屋

名古屋位于本州岛中南部、伊势湾东北岸的浓尾平原上，是爱知县县厅所在地。由于该市介于首都东京和古都京都之间，故有"中京"之称。属于日本三大都市圈（另外 2 个为东京圈和大阪圈）之一的中京圈即名古屋都市圈的中心。名古屋地势东高西低。市区主要分布在热田台地上，市区面积 328 平方千米，人口 318 万。

名古屋是一座综合性的工业城市，是中京工业地带的核心。生产规模仅次于东京、大阪和横滨，居全国第四位。主要产业有汽车制造、电子、纺织、陶瓷工业等，著名的丰田汽车城也在附近，三菱重工、住友轻金属工业公司等都在此开设工厂。是目前全球最大的汽车产销基地。名古屋是全国第三大贸易港和世界大港之一，主要出口汽车、钢铁、录像机、陶瓷器等。名古屋商业发达，是全国三大批发中心之一，市区建设规划井然有序，被誉为日本城镇建设的模范城市。城内到处可见设计完善的林荫大道，而高楼大厦则林立两旁，掩映在绿树芳草之中。

（五）越南

```
国家档案

国名：越南社会主义共和国（Socialist Republic of Vietnam）
首都：河内
面积：33 万平方千米
人口：9847 万（2022 年）
主要民族：京族
官方语言：越南语
货币：越南盾
```

1. 地理概况

越南位于中南半岛东部，北与中国接壤，西与老挝、柬埔寨交界，东面和南面与南海相邻。面积为 33.17 万平方千米。

越南整个地势从西北向东南倾斜，境内 3/4 是山地和高原，平地面积不超过 1/5。北部和西北部由山地和高原组成，黄连山脉地势最高，其主峰是海拔 3142 米的番西邦峰，为越南第一高峰；中部是山地。平原主要有红河三角洲和湄公河三角洲。

越南地处北回归线以南，属热带季风气候，高温多雨。年平均气温 24℃左右。全年无明显四季之分，南方雨、旱两季分明。中部地区每年夏季受来自西面的干热风影响，气温升高，造成灾害。越南矿产资源丰富，大都分布在北方，主要有煤、铁、铬、铀、钛等，著名的鸿基煤田是东南亚最大的煤田之一。清化的铬和老街的磷蕴藏量非常丰富。越南海产丰富，沿海鱼类约 1000 种，渔场有 30 多个。

越南旅游业发达，有众多有名的旅游胜地，其中下龙湾、顺化历史建筑群、美山圣地、会安古镇和丰芽—格邦国家公园是宝贵的世界遗产。

2. 首都河内

河内是越南的首都，是越南北方红河三角洲孕育的一座大城市。2008 年 8 月 1 日，原河内市与整个河西省、永富省迷灵县、和平省梁山县 4 个乡合并，新河内市总面积 3340 平方千米，人口 756 万（2015 年）。河内地理位置十分重要，拥有北方最大的河港，是全国南北方的交通枢纽。

河内是一座拥有 1000 多年历史的古城，曾是越南李、陈、后黎等王朝的京城，历史文物丰富，名胜古迹遍布，享有"千年文物之地"的美称。河内名胜古迹众多，著名的有还剑湖、西湖、文庙、独柱寺、龟塔、百草公园、二征庙等。河内地处亚热带，因临近海洋，气候宜人，四季如春，降雨丰沛，花木繁茂，百花盛开，素有"百花春城"之称。河内是全国重要的旅游中心。

河内市区有几条宽广笔直的大街，以还剑湖为中心，向四周成辐射状延伸，街道两旁生长着四季常青的高大树木。市区繁华热闹的街道有桃街、糖街、同春市场等。河内建有自己的工业体系，拥有机械、化工、纺织、制糖、卷烟等工业部门，其中机器制造闻名全国。如河内机器制造厂能生产各种精密度很高的工作母机和新式农业机械供应全国。

3. 胡志明市

胡志明市旧称西贡，越南民主共和国（北越）统一全国后，为纪念越南共产党的主要创立者胡志明，便将西贡改名为"胡志明市"。位于越南南方湄公河三角洲北缘、西贡河右岸。由西贡、堤岸和嘉定三部分组成。

胡志明市是全国第一大城市，也是越南的五个中央直辖市之一，是越南的经济中心、全国最大的港口和交通枢纽。该市素有"远东明珠"之称。市区内绿树参天、街道宽阔、高楼林立，各街区遍布天主教堂，市中心广场的教堂规模最大。该市是越南最大的工业基地，主要有纺织、化学、造船、机械制造、碾米、酿酒、制糖等工厂企业。该市是中南半岛最大的稻米产地，越南南部和柬埔寨的大米都由此输出，被誉为"世界三大米市"之一。该市名胜古迹较多，主要有草禽园、印光寺、永严寺、越南国寺、天后庙、舍利寺和独立宫等。查匈植物园是全市最美的园林。位于西贡河畔的皇宫酒店是接待国际友人的重要场所。

（六）老挝

国家档案

国名： 老挝人民民主共和国（The Lao People's DemocraticRepublic）

首都： 万象

面积： 23.68万平方千米

人口： 758万（截至2023年1月）

民族： 统称为老挝民族，大致划分为老龙族（主要有老族、泰族，约占全国人口的60%）、老听族（主要有卡族）、老松族（主要有苗族、瑶族）三大民族

官方语言： 老挝语

货币： 新基普

1. 地理概况

老挝是东南亚唯一的内陆国，北邻中国的云南，南接柬埔寨，东界越南，西北达缅甸，西南毗连泰国。老挝全境4/5的土地为山地和高原，地势高峻，山岭重叠，素有"印度支那屋脊"之称。北部地势起伏大，平均海拔在500~1500米，平原土壤肥沃、稻田连片。川圹高原南部的比亚山海拔2817米，是老挝的最高峰。中、南部地区的东半部为中、低山区；西半部万象以南为湄公河谷地，这里集中了全国4/5的农田人口和城镇，是全国重要的经济区。湄公河在老挝境内河段长1900米。

老挝属热带、亚热带季风气候，气温高，年平均气温在20~30℃，雨量充沛，年平均降水量在1250~3750毫米。该国森林资源丰富，全国森林覆盖率约42%，林木种类繁多，产柚木、紫檀等名贵木材。老挝的安息香气味浓郁，有"暹罗安息香"的美称，在世界上享有较高声誉。水力资源丰富，矿产有锡、铅、钾、铜、铁、金、石膏、煤、盐等矿藏。

2. 首都万象

万象是老挝的首都，位于万象平原南部，紧靠湄公河的左岸，与泰国的廊开城隔水相望，排列在数十千米的国境线上，这在亚洲国家中是独一无二的。万象地处湄公河河湾处，城市呈半月形分布，远看像一弯新月，故称"月亮城"。万象面积为3920平方公里，人口90万（2018年），以老龙族为主。居民多信奉佛教，其语言、风俗习惯和我国傣族相似。

万象是全国最大的工商业中心，集中了全国大部分的工业企业。工业以纺织、木材加工、碾米、卷烟、肥皂、火柴等轻纺日用工业为主；传统手工业发达，以丝绸、花布、金银首饰加工和手工艺品编织为主。万象交通运输发达，有3条公路和湄公河水路贯通南北。万象也是历史文化名城和佛教圣地。市内寺庙、古刹星罗棋布，因此又有"千寺之城"的美称。其中著名的有珍藏绿宝石佛像的蒲拉开寺和东北郊的塔銮。塔銮建于1566年，由30多座塔组成，每年都在附近举行规模盛大的塔銮节。模仿巴黎凯旋门而建的独立塔是万象著名的旅游景点。

3. 瓦普神庙

瓦普神庙遗址位于占巴塞省会巴色以南约50千米的巴萨山脚下，神庙长约800米，分3个区域。神庙的最高圣殿在海拔1200米的高山梁上。神庙建于5世纪或6世纪，比吴哥窟早200多年。瓦普神庙是印度教神庙遗址，规模比柬埔寨的吴哥窟要小很多，被誉为"小吴哥"。佛殿内外石壁均雕有美丽图像，内容有根据民间神话而描绘的哈努曼奋战群妖等故事的片段，雕刻精致瑰丽，造像细腻生动。散布的石人石兽造型优美，反映出古代宗教艺术的辉煌。瓦普神庙宏伟的建筑群及相关附属建筑巧妙地表达了古代印度文明中天人关系的传统理念，是老挝重要的世界文化遗产。

（七）柬埔寨

国家档案

国名： 柬埔寨王国（The Kingdom Of Cambodia）

首都： 金边

面积： 18.103 万平方千米

人口： 约 1557.5 万（2021 年）

民族： 全国有 20 多个民族，高棉族是主体民族，占总人口的 80%，少数民族有占族、普农族、老族、泰族、斯丁族等

语言： 高棉语为通用语言，与英语、法语同为官方语言

货币： 瑞尔

1. 地理概况

柬埔寨位于中南半岛南部，东、东南与越南接壤，东北和老挝毗连，北、西北与泰国为邻，西南濒临泰国湾。境内以高原、山地和平原为主。柬埔寨东面为长山山脉西坡，北面是柬埔寨、泰国边界的扁担山，西及西南为豆蔻山和象山，中部是湄公河平原和洞里萨湖平原。湄公河从北向南纵贯国土中部，向南注入南海。平原土壤肥沃，人口稠密，是全国重要的农业区。国家以农业为主，主要的农作物有稻谷、玉米、豆类、薯类等。工业基础薄弱，门类单一，主要为小型加工业。

柬埔寨属热带季风气候，年平均气温在 21℃ 以上，分雨、旱两季，雨季占全年降雨量的 90%。柬埔寨矿产主要有金、磷酸盐、宝石和石油，森林资源丰富，木材种类多达 200 多种，盛产贵重的柚木、铁木、紫檀、黑檀、白卯等热带林木。洞里萨湖是东南亚最大的天然淡水渔场，素有"鱼湖"之称。西南沿海也是重要渔场，多产鱼虾。柬埔寨旅游业发达，主要的旅游名胜有世界著名的吴哥、金边的旧王宫和西哈努克港等。交通以公路和内河航运为主。

2. 首都金边

金边是柬埔寨的首都，位于湄公河、洞里萨河、巴沙河及前江的汇合处（简称四壁湾），金边市区呈长方形沿四壁湾南北伸展，面积 678.46 平方千米，210 万（2019年）。始建于 14 世纪，15 世纪为高棉王国都城。

金边是柬埔寨政治、经济、文化、宗教中心，也是柬埔寨的交通中心，而且是印度支那地区重要的交通枢纽之一。金边西南郊区的波成东国际机场，可飞往世界各地；湄

公河流域的重要河港可泊 2000~4000 吨轮船；公路有 7 条会合于此。金边是柬埔寨第一大城市，市内有很多工业区，主要的工业有碾米、酿造、木材加工、化工、造纸等。

金边历史悠久，景色宜人，是著名的旅游之地，拥有众多的名胜古迹。其东南面的旧王宫建筑豪华壮观，供奉绿玉佛，为亚洲著名佛像之一。有美丽的宝石之称的四壁湾剧院，此外还有国家博物馆、白色河畔、水净华桥、旧市场、金边港口等等。一年一度的送水节龙舟赛，则更吸引来自全国各省市的人涌入金边观赛，盛况空前。

3. 吴哥窟遗迹群

吴哥窟遗迹群位于柬埔寨暹粒省金边湖北侧。它与中国的长城、埃及的金字塔和印尼的婆罗浮屠并称为"东方四大奇迹"，它也是世界七大奇迹之一。吴哥窟遗迹群大约建造于 9~13 世纪，有着悠久的历史，其中最著名的两大遗迹是吴哥窟和吴哥城。

吴哥窟又名吴哥寺，规模宏大，台基、回廊、蹬道、宝塔构成吴哥寺错综复杂的建筑群。全部建筑用砂石砌成，石块之间无灰浆或其他粘合剂，靠石块表面形状的规整以及本身的重量彼此结合在一起。细部装饰瑰丽精致。较为著名的是寺内的石雕和浮雕，堪称人间珍宝，是世界上著名的古老庙宇之一。

吴哥城即吴哥通王城，古城四周由一道巨石墙围绕，除了东南西北 4 座城门以外，在东面偏北的位置还有一座胜利之门，每座城门的前面都有一座架在护城河上的桥，桥的两侧栏杆上各有一排 54 个石雕的半身像，一边代表神灵，另一边代表恶魔。巴扬寺是城内一座古老的佛教寺庙，位于吴哥城中心，是城内的标志性建筑。吴哥城至今保存较为完好。

（八）泰国

国家档案

国名：泰王国（The Kingdom of Thailand）

首都：曼谷

面积：51.311 万平方千米

人口：6609 万（截至 2022 年末）

民族：全国 30 多个民族。泰族为主要民族，占人口总数的 40%，其余为老挝族、华族、马来族、高棉族，以及苗、瑶、桂、汶、克伦、掸、塞芒、沙盖等山地民族

语言：泰语或暹罗语为国语

货币：泰铢

1. 地理概况

泰国位于东南亚印度支那半岛中西部，东和东南分别临老挝、柬埔寨，北和西面与缅甸接壤，东南与马来西亚相邻，南邻泰国湾。东西最宽处达 780 米，南北达 1600 千米左右。泰国地势北高南低，大部分为低缓的山地和高原。地形多变，大体可分为西部、西北部内陆山地区域，南部半岛区域，中部湄南河平原是泰国的主要农产地，东南沿海和南部多丘陵，北部为呵叻高原。英坦昂峰为泰国最高峰，海拔 2576 米。主要的河流是湄南河，境内全长 1200 多千米，滨河、汪河、永河、难河为湄南河上游的 4 大支流。主要的湖泊有他里式湖、波拉碧湖、农汉湖等。

泰国属热带季风气候，全年高温，分雨、旱两季。年平均降水量为 1600 毫米。泰国森林资源丰富，森林面积占全国面积的 25%，盛产柚木、金鸡纳树、榕树等珍贵木材。矿产资源主要有钾盐、锡、褐煤、油页岩、天然气等，其中钾盐的储量居世界第一位。渔业资源丰富，主要产鱿鱼、墨鱼和海参等。泰国还是亚洲产象最多的国家。

2. 首都曼谷

曼谷是泰国首都，泰国人称其为"军贴"，意思是"天使之城"。位于湄南河三角洲之上，面积 1568.73 平方千米，人口 1370 万（2018 年），是泰国政治、经济、文化中心，是东南亚第二大城市，被誉为是"佛教之都"。

曼谷原为湄南河畔小渔村，自 1782 年起曼谷王朝建都于此到现在就成了会集整个泰国新旧生活方式的万花筒。曼谷城内水道纵横，湄南河在市区川流不息，其分支纵横交错如同蛛网，所以曼谷又有"东方威尼斯"的美誉。该市工商业发达，集中全国一半以上的工业企业，主要有碾米、纺织、食品、建材等。曼谷是全国最大的港口，是世界著名的米市。曼谷是东南亚著名的旅游胜地，市内名胜古迹较多，以佛寺最多，大小庙宇共有 40 多座，在曼谷的大街小巷，随处可见。其中著名的有玉佛寺、卧佛寺、金佛寺、黎明寺、大理寺等，玉佛寺、卧佛寺、金佛寺为泰国三大国宝。寺庙建筑优美，是泰国文化荟萃之地。曼谷南面北榄府的鳄鱼湖动物园闻名于世。

3. 普吉岛

普吉岛旧称他廊岛，华侨称其为通卡。位于马来半岛旁，泰国南部，距曼谷 862 千米。岛屿西海岸与印度洋相望，是泰国最大的岛，也是泰国境内具有行省辖治地区的唯一岛屿。岛上的居民多是中国和葡萄牙人的混血后裔。

普吉岛是东南亚著名的旅游度假胜地，海岛上拥有热带雨林、菠萝田、橡胶种植园等一切热带风景，这里的海滩类型丰富，有清静悠闲的海滩，有感觉豪华的、像是私人度假的海滩，有海上体育运动盛行的海滩，还有夜晚娱乐活动丰富多彩的海滩。

岛上有很多山，山上陡峭的山崖奇形怪状，游客可以在岛上乘坐出租车和摩托探险，也可以潜水和乘坐游艇出海。岛上美丽的海滩、奇形怪状的小岛、钟乳石洞、天然洞窟等自然景观，再加上沿岸清澈湛蓝的海水，海底世界美不胜收，所以人们把普吉岛称为"热带天堂"。吸引着世界各地的观光游客。

4. 芭堤雅

芭堤雅位于泰国南部印度半岛和马来半岛间的泰国湾处，距离曼谷约 150 千米，市区面积为 20 多平方千米。芭堤雅是东南亚的海滩度假胜地，享有"东方夏威夷"之誉，已成为"海滩度假天堂"的代名词。

芭堤雅原来一个人烟稀少的小渔村，当地人靠种番薯谋生，后被越战中的美军基地人员发现。如今的芭堤雅以多姿多彩的夜生活闻名于世。每到夜晚，灯火通明，大商店、大酒店、歌舞厅、夜总会霓虹灯闪烁耀目，街道两旁亭式小酒吧鳞次栉比，马路上行人摩肩接踵，车水马龙，通宵达旦。此外还有著名的芭堤雅海滩，长达 40 千米，阳光明媚，蓝天碧水，沙白如银，椰林茅亭，小楼别墅掩映在绿叶红瓦之间，一派东方热带独特风光，令人心旷神怡。它不仅是良好的海滨游泳场，在海滩南湍的可兰岛还可乘坐透明长尾船欣赏海底五光十色的珊瑚奇景和热带鱼。

（九）缅甸

国家档案

国名：缅甸联邦（The Union of Myanmar）

首都：内比都

面积：67.658 万平方千米

人口：5458 万（2020 年 4 月）

民族：缅族、克伦族、掸族等

官方语言：缅甸语

货币：缅币

1. 地理概况

"缅甸"一词来源于梵文，为"坚强、勇敢"之意，缅甸又称万塔之国。位于中南半岛西部，东北与中国毗邻，西北与印度、孟加拉国相连，东南与老挝、泰国接壤，西南濒临孟加拉湾和安达曼海。缅甸地势北高南低，以山地和高原为主。喜马拉雅山脉从中国西藏东南延伸入境，在缅甸北部形成高山山区，海拔大都在 3000 米以上，海

拔为 5881 米的开卡峰为全国最高峰。缅甸海岸线曲折，多岛屿、岬角和湾汊。

缅甸属热带季风气候，森林资源丰富，森林面积覆盖率占全国森林面积的 50% 以上，其中柚木产量最多，为树木之王，被誉为"缅甸之宝"，是世界上柚木产量最多的国家。缅甸矿产资源丰富，主要有石油、天然气、锡、钨、铅、煤、铁、银等，它出产的红宝石、翡翠、琥珀、玉石等闻名于世。缅甸交通多以水路为主，铁路多为窄轨。主要的名胜古迹有仰光大金塔、文化古都曼德勒、千塔之城蒲甘以及丹兑的额不里海滩等。

2. 首都内比都

内比都（Naypyitaw、NayPyiTaw），原称彬马那（Pyinmana，缅甸语），现为缅甸联邦首都，于 2005 年 11 月 6 日从仰光迁都，2006 年军人节正式宣布新名 Naypyitaw（皇家首都之意）。

内比都位于仰光以北 390 千米处，距缅北第二大城市曼德勒约 300 千米。以前是缅甸中部的一个县级城市，坐落在勃固山脉与本弄山脉之间锡塘河谷的狭长地带，北依山势，南望平川，铁路从其境内通过，战略地位十分重要。现人口约 92 万，主要居民为缅族，另有掸、克钦、克伦、克耶、德努、勃朗、勃欧等少数民族杂居于此。内比都有农业、林业和畜牧业 3 所大学，但规模都不大。机场离市区约 30 多千米。农业和林业是支柱产业，主要作物有稻米、黄麻、柚木、蔬菜、水果等。随着人口的增加，内比都的贸易和服务业开始兴旺。

3. 巴格

巴格曾是昔日王朝繁荣的都城，而且在仰光取代它之前，一直都是缅甸最重要的海港。现在它是缅甸的稻米主产区。巴格以拥有 1000 年历史的 55 米高卧佛闻名于世，这座大佛也是当今世界上最大的佛像之一，它在丛林中隐藏了 200 年之后才被人重新发现。巴格是世界上著名的佛教圣地。

4. 蒲甘

蒲甘是缅甸最早的统一王朝蒲甘王朝的首都，是缅甸最重要和最大的佛教圣地，有"四百万宝塔之城""万塔之乡"的美誉。缅甸人曾经说，没有到过蒲甘，就等于没有到过缅甸。

蒲甘是一座历史古城，以佛教艺术闻名于世。该地佛塔数量众多，超过城市居民的人数，建筑精巧、风格各异的佛塔遍布城内城外，一片片，一簇簇，举目便是，密如蛛网。有的高耸于闹市区，有的坐落在郊外的山麓岭坡上，有的排列在伊洛瓦底河岸，有的洁白素雅，有的金光闪闪。塔内的佛像或坐、或立、或卧，姿态万千；有的高约半米，有的顶天立地，大小高矮各不同。塔内壁画，精雕细刻，技艺高超，独具匠心，巧夺天工。蒲甘又被誉为"宗教艺术荟萃""东方佛教艺术的宝库"。在蒲甘还可以看到象征中缅"胞波"友谊的蒲甘凉亭。

（十）马来西亚

国家档案

国名： 马来西亚共和国（Malaysla）

首都： 吉隆坡

面积： 33.025 万平方千米

人口： 3270 万（2022）

民族： 马来人、华人、印度人等

语言： 马来语、英语、华语等

货币： 令吉

1. 地理概况

马来西亚位于东南亚，全境被中国南海分成东马来西亚（简称东马）和西马来西亚（简称西马）两部分。西马为马来亚地区，位于马来半岛南部，北与泰国接壤，西濒马六甲海峡，东临南中国海，南与新加坡隔柔佛海峡相望。东马为砂捞越地区和沙巴地区的合称，位于加里曼丹岛北部，与印尼、菲律宾、文莱相邻。全国海岸线长4192 千米。西马地势北高南低，山地贯穿中部，山脉东西两侧的地貌不同，沿海为平原。东马的地形由北向南升高，东部沙巴地区的北端为基纳巴卢山，海拔 4101 米，是马来西亚最高峰。沙巴地区西部沿海为平原，内地多森林覆盖的丘陵和山地。马来西亚河流密布，西马主要的河流有霹雳河、彭亨河；东马主要的河流有拉让河、基里巴甘河和卢帕河。

马来西亚属热带雨林气候，终年炎热多雨，无四季之分。森林面积约占全国总面积的 58.7%，盛产多种热带硬木，其中的加里曼丹铁木是世界上最坚实的木材之一。锡的储量达到 150 万吨以上。农业以经济作物为主，油棕产量居世界第一。可可、橡胶、椰子、胡椒的产量均居世界前列。

2. 首都吉隆坡

吉隆坡意为"泥泞的河口"，是马来西亚的首都。位于马来半岛西海岸中段，巴生河及其支流鹅麦河汇流处，三面环山，一面临水。19 世纪中期，大量来自中国的矿工来采锡。此后，吉隆坡就从而渐渐地发展起来。

吉隆坡是一个新旧结合的城市，位于巴生河东岸的国油双峰塔楼是两座独立圆柱形尖顶摩天大楼，距地面452米，共88层，高耸入云，是吉隆坡的地标。城中还建有规模宏大的"多媒体超级走廊"，主要面向计算机和信息产业，是高科技的中心。吉隆坡塔是一座高421米的混凝土塔，在它的观景台及旋转餐厅可尽揽吉隆坡市的怡人景致。马来王宫是一座金碧辉煌的皇宫，是马来最高元首的府邸。其大门为镶金镂空雕花门，极显气派。市内还有中国式的寺庙、有着高大山门的印度教寺庙、英国王室遗留下来的船形建筑和印度风味的餐馆构成了城市独特的基调。吉隆坡还是一个购物天堂，著名的星光大道沿途一路大型购物中心，陈列有琳琅满目、价廉物美的商品供顾客选择。

（十一）印度尼西亚

国家档案

国名：印度尼西亚（Repub lic of Indonesia）

首都：雅加达

面积：191.357万平方千米

人口：2.71亿（2020年12月）

民族：爪哇族、巽他族、马都拉族等

语言：印尼语为官方语言

货币：卢比（盾）

1. 地理概况

印度尼西亚简称印尼，位于亚洲东南部、东亚与西亚、亚洲与大洋洲之间的交接处。印尼地跨赤道，它是由太平洋和印度洋之间17508个大小岛屿组成，是全世界最大的群岛国家，别称"千岛之国"。海岸线全长54716千米，也是东南亚面积最大的国家。印尼北部的加里曼丹岛与马来西亚接壤，新几内亚岛与巴布亚新几内亚相连，东北部与菲律宾相望，西南临印度洋，东南与澳大利亚相望。境内以山地和高原为主。印尼多火山，全国有400座火山，其中100多座是活火山，是世界上活火山最多的国家。该国处于世界两大地震带之一，地震频繁。印尼主要的岛屿有爪哇岛、苏门答腊岛、加里曼丹岛南部、苏拉威西岛等，其中苏门答腊岛为世界第六大岛。

印尼属典型的热带雨林气候，无四季分别。植被丰富、四季常青。该国矿产资源丰富，主要有石油、天然气、煤、锡、铝矾土、镍、铜和金、银等。地热和森林资源丰富。印尼有许多名胜古迹，主要有巴厘岛、婆罗浮屠佛塔、"美丽的印度尼西亚"缩影公园、日热皇宫、多巴湖等。

2. 万隆

万隆古称"勃良安",意为"仙之国",现名意为"山连山"。它是西爪哇省省会、印尼第三大城市,位于印度尼西亚爪哇岛西部的盆地中,四面群峰环绕,市区面积80多平方千米。万隆景色秀丽,清静幽雅,气候凉爽,空气清新,四季如春,被誉为印尼最美丽的城市,素有"爪哇的巴黎"之称。万隆是著名的旅游和避暑胜地,著名的景点有林邦、达哥瀑布、马里巴雅温泉、小西湖、万隆温泉、覆丹火山口等,还有引种世界各地玫瑰花的玫瑰园。万隆有全国最大的天文台、万隆工学院等数十座高等学府、火山地质博物馆和原子核研究中心。郊区有大片茶园和金鸡纳园,成为全国最大的金鸡纳集散地和加工中心。有全国唯一的奎宁厂,生产的金鸡纳霜约占全国产量的90%,畅销世界。市内多现代化建筑,郊区多别墅,最著名的有独立宫和1955年举行第一次亚非会议的独立厅,万隆遂以万隆会议和万隆精神闻名于世。

3. 婆罗浮屠

婆罗浮屠,位于印度尼西亚爪哇岛中部马吉冷婆罗浮屠村的一个小山丘上,由岩石砌成。总面积2500平方米,是8~9世纪印尼夏连特拉王朝时期最伟大的建筑。

浮屠塔呈锥形,共分9层。最上边3层为圆形,下6层呈方形。每一层的下部都有可供行走的宽大的围廊。第1至第5层有432尊佛像。这里的回廊上刻有精美的壁面,其中一部分有十分重要的文化参考价值,著名的如《佛传》《本生事》《华严五十三参之图》等。佛塔上还刻有大量的浮雕,雕刻精致美观,大多记叙有关佛的传说故事。此外,还有一些反映当时人民生活的图案,对研究印尼夏连特拉王朝时期的历史,有非常重要的价值。第6层以上则有72座雕刻精细的印度小佛塔,其中第7层有32座,第8层有24座,第9层16座,内有佛龛,佛龛内都供奉有一尊佛像。

4. 巴厘岛

巴厘岛是位于印度尼西亚首都爪哇以东小巽他群岛中的一个岛屿。岛的面积约5500多平方千米。因地处热带,气候温和多雨,是世界著名的旅游胜地。

巴厘岛

巴厘岛上古迹众多。大大小小、设计精美的庙宇为巴厘岛赢得了"千寺之岛"的美称。其中最为著名的柏沙基陵庙有着千年的历史,神庙内有几千种雕刻精致、极具艺术价值的雕像。岛的东南部有著名

的格龙宫，设计美观、雄伟气派，是古代巴厘王朝法庭所在地。

奇特优美的风景也是巴厘岛作为旅游胜地的一大特色。这里有许多火山群，其中著名的巴都山是一座活火山，顶峰终年烟雾迷蒙，景色瑰丽。巴都山下风光秀丽的巴都湖也是这里的一大著名景点。

此外，岛上丰富多彩的民族风情，也吸引着世界各地的游客。它的民族舞蹈享誉世界，因此巴厘岛又被称为"舞之岛"。

（十二）新加坡

国家档案

国名：新加坡共和国（Republic of singapore）
首都：新加坡
面积：733.1平方千米（2021年）
人口：564万（2022年）
民族：华族、印族人、马来族等
语言：马来语、英语、华语等
货币：新加坡元

1. 地理概况

新加坡位于马来半岛南端，毗邻马六甲海峡南口，其南面有新加坡海峡与印尼相隔，北面有柔佛海峡与马来西亚相隔，素有远东十字路口之称，是亚洲最重要的金融、服务和航运中心之一。新加坡属城市国家，自1965年独立以来没有首都建制。全国由53个岛屿和7座礁滩组成。新加坡岛最大，占全国总面积的91.6%，岛呈菱形，地势较平坦。新加坡的最高点为海拔177米的武吉知马山。

新加坡属于典型的热带雨林气候，常年高温多雨，年平均气温在24~27℃。该国植物资源丰富，种类繁多，其中经济价值较高的作物有橡胶和椰子，胡姬花（兰花）种植普遍。新加坡旅游资源丰富，旅游业是新加坡经济的支柱产业、外汇收入的主要来源之一，主要的景点有圣浪淘沙岛，岛上青葱翠绿，有引人入胜的探险乐园、天然幽径、博物馆和历史遗迹等等，可让游人远离城市喧嚣。此外，还有植物园、夜间动物园等。

2. 首都新加坡城

新加坡城又名狮城、星州、星岛，新加坡是梵语"狮城"之谐音。是全国政治、经济和文化的中心。新加坡市内高楼大厦林立，最高的大厦为72层，是东南亚最高的建筑物之一。城中央区沿着海湾的中间地带办公街的两旁有英国风格的建筑物。市内街道整齐，绿树成荫，鲜花开满各个角落，空气清新，环境优雅，全市就像一座瑰丽无比的大花园。新加坡在城市保洁方面效果显著，故亦有"花园城市"之美称。

新加坡工厂、企业颇多，是重要商业城市和转口贸易中心，也是国际金融中心和重要的航空中心。新加坡商品丰富，来自世界各地的货品琳琅满目，从古典精致的东方手工艺品、款式新颖的欧洲高档时装和皮革制品到先进的高新技术电子器材等无所不有。乌节路一带则是商店、酒楼和购物中心，一派繁华景象。

地铁是新加坡最便捷的交通工具，地铁站运作完全自动化，由电脑控制自动售票机、乘客出入闸口等。

3. 圣淘沙岛

圣淘沙是新加坡南部的一个岛屿，在新加坡岛以南约 0.5 千米处，是新加坡的第三大岛，面积约 3.47 平方千米。这里景色优美，是世界著名的旅游胜地。

岛上有众多的旅游景点。著名的珊瑚馆坐落在岛上濒海地带，馆内有一座高 18.3 米的珊瑚塔，塔周围有四个大水池，这里有许多海中动物，活珊瑚、海星、海绵、海葵、海胆、海参、七彩海底热带鱼等，在这里都能见到。岛上还有亚洲最大的水族馆，里边有数千种鱼类，可让游人身临其境地观赏到海洋生态环境。

建于 1880 年的西洛素堡位于岛的西部，占地 4 公顷，是岛上保存完好的古建筑。具有历史纪念意义的受降厅蜡人馆建于 1973~1975 年，现已从市区迁至岛上。其中保存了新加坡在第二次世界大战中的重要历史资料。

此外，岛上还建有溜冰场、高尔夫球场、游泳池、度假营、儿童乐园等，是游客娱乐休闲的好场所。

（十三）菲律宾

国家档案

国名：菲律宾共和国（Republic of the Philippines）

首都：马尼拉市

面积：29.97 万平方千米

人口：约 1.1 亿（2022 年）

民族：马来族等

语言：菲律宾语、英语等

货币：菲律宾比索

1. 地理概况

菲律宾是东南亚岛国。位于亚洲东南部。北隔巴士海峡与中国台湾地区遥遥相对，南和西南隔苏拉威西海、巴拉巴克海峡与印度尼西亚、马来西亚相望，西濒南中国海，东临太平洋。海岸线全长约 18533 千米。共有大小岛屿 7107 个，其中 2400 个岛有名称。吕宋岛、棉兰老岛、萨马岛等 11 个主要岛屿占全国总面积的 96%。岛上山峦重叠，其中 2/3 以上岛屿是丘陵、山地及高原。除吕宋岛中西部和东南部外，平原均狭小。多火山，地震频繁。全国有 52 座火山，其中活火山 11 座。吕宋岛东南部圆锥形的马荣火山是菲律宾最大的火山，被誉为世界上最完美的火山锥。岛西南部的塔尔火山是地球上最低、最小的火山。

菲律宾属季风型热带雨林气候，高温多雨，湿度大，夏秋季多台风。该国矿产主要有铁、铬、锰、金和铜等。森林面积 1588 万公顷，盛产红木、樟木、桃花心木等名贵木材。水产资源丰富，鱼类种类多。椰干和椰油输出占世界首位，香蕉、芒果、木材、铁、铬等也有一定的世界市场。

2. 首都马尼拉

马尼拉是菲律宾的首都，是全国最大的经济、政治、文化和交通中心。地处菲律宾群岛中最大的岛屿——吕宋岛西岸，也称"小吕宋"，濒临天然的优良港湾——马尼拉湾。马尼拉建在巴石河两岸。河流把城市分成两大部分。市区的建筑物设计新颖别致，融合了欧洲和东南亚的建筑风格，很多建筑都高达几十层，各建筑物之间道路宽阔，两旁有热带树木和草坪，花木掩映，终年一片苍翠。街道两旁，到处可见洁白如玉的菲律宾国花"桑巴吉塔"。

马尼拉集中了全国半数以上的工业企业，主要有纺织、榨油、碾米、制糖、烟草、麻绳、冶金企业等。马尼拉交通方便，公路四通八达，市民习惯乘车，市内的交通工具主要有轻轨、公共汽车和"吉普尼"等，是全国重要的交通枢纽和贸易港口。马尼拉是一座富有浓厚热带情调的城市，也是东南亚地区著名的旅游胜地，名胜主要有为纪念菲律宾的民族英雄黎刹尔博士而建的黎刹尔公园、用椰子树建造的椰子宫、阿亚拉街道等。

3. 碧瑶

碧瑶地处菲律宾吕宋岛北部，是菲律宾中央直辖市。面积 49 平方千米，海拔 1500 米。碧瑶 1941 年 12 月，战争中被日本摧毁，1990 年 7 月又被一场大地震夷为平地，后经 4 年时间才得以重建。

碧瑶年平均气温在 14~22℃，气候凉爽宜人。比四季皆夏的热带岛国菲律宾还要低 7℃，这在东南亚地区是罕见的。碧瑶附近有漫山遍布苍松翠柏，俗称松市；芳草如茵，繁花似锦，又被赞为花城；高山之巅，四季如春，而被誉为夏都。奇特的自然景观，优越的气候条件，使它成为国内首屈一指的避暑旅游胜地。旅游旺季时，会有五六十万国内外游客来到这个被称为"旅游者的麦加"的地方。

碧瑶蕴藏着极具开发价值的金矿和铜矿；高原地区还盛产各种蔬菜，远销马尼拉和其他菲律宾城市，成为菲律宾重要的蔬菜基地。碧瑶传统的木雕工艺品闻名遐迩。

（十四）文莱

国家档案

国名： 文莱达鲁萨兰国（Negara Brunei Darussalam）

首都： 斯里巴加湾市

面积： 5765 平方千米

人口： 43 万（2021 年）

民族： 马来人、华人等

语言： 马来语、英语、华语等

货币： 文莱元

地理概况

文莱达鲁萨兰国位于加里曼丹岛北部，北濒南中国海，东南西三面与马来西亚的沙捞越州接壤，并被沙捞越州的林梦分隔为不相连的东西两部分。海岸线长约 161 千米，内地多山地，东部地势较高，西部多沼泽地，沿海为平原。

文莱为君主国，文莱王朝君主制延续到现在，已有几百年的历史。苏丹是国家的元首和领袖。现任文莱苏丹是第 29 世——哈吉·哈桑纳尔·博尔基亚，年轻而且富有。他所居住的皇宫——努鲁·伊曼皇宫是世界上最大的皇宫，共有 1700 多房间，仅宴会厅就能容纳 4000 多人。

文莱是世界上最小的国家之一，但也是世界上最富有的国家之一，是石油和天然气的生产国，已探明石油的储量为 1.84 亿吨，天然气的储量为 3950 亿立方米，有"东方石油小王国"之称。人均国民生产总值居世界前列。

文莱属热带雨林气候，终年炎热多雨。年均气温 28℃。分雨、旱两季，界限分明。

（十五）印度

国家档案

国名：印度共和国（Republic of lndia）

首都：新德里

面积：298 万平方千米（不包括中印边境印占区和克什米尔印度实际控制区等）

人口：14.1 亿（2023 年 4 月）

主要民族：印度斯坦族、泰卢固族、孟加拉族

官方语言：印地语、英语

货币：卢比

1. 地理概况

印度位于亚洲南部，是南亚次大陆最大的国家，与巴基斯坦、中国、尼泊尔、不丹、缅甸和孟加拉国为邻，濒临孟加拉湾和阿拉伯海，东南与西南分别与斯里兰卡和马尔代夫隔海相望。全境可分为三大区，北部为喜马拉雅高山地区，平均海拔 5500～6000 米，喜马拉雅山干城章嘉峰海拔 8586 米，为全国最高峰；中部为印度河—恒河平原，该区河川密布，西边印度河平原除旁遮普邦以外，大部分为沙漠地区；南部为半岛高原地区，以德干高原为主体。

印度属典型的热带季风气候，全年可分为冷季、热季、雨季和季风退缩季。印度东北部的乞拉朋齐，雨季长达数月，被认为是世界雨水最充沛的雨都。印度铝土储量和煤产量均居世界前列。森林覆盖率为 21.9%。经济作物中甘蔗、茶叶、黄麻、花生等产量居世界首位。印度还是世界上第一大产奶国。

印度是四大文明古国之一，拥有多种宗教文化及其建筑艺术，泰姬陵华丽壮观，被列为世界七大奇迹之一。

2. 德里

德里位于印度大平原上的恒河支流亚穆纳河西岸，是印度的第三大城市，由首都新德里和旧都旧德里组成。总面积 1500 平方千米。

新德里位于南部，与旧城隔着一座德里门，是一座按几何线条设计的现代化城市，是单纯的政治中心。著名建筑有坐落在市中心的总统府及中央政府各部大楼、议会大厦等。旧德里则街道狭窄，到处是两三层高的残旧建筑，街上牛车、自行车、电车并行。但旧德里是"七朝古都"，许多著名的古代遗迹都集中在这里，可以称得上是印度

的历史文化宝库。

德里充满着浓厚的宗教气氛，印度教庙、佛教寺庙、锡克教庙、耆那教庙、基督教堂、天主教堂等随处可见。另外，还有许多古建筑物和纪念碑，如印度最大的古代宫殿红堡、始建于1206年的库杜布塔、康诺特广场、天象观测所等。

德里还有许多帝王陵墓，仅大型陵墓就有20多处，因此又被称作"陵墓城市"。其中著名的有建于1556年的胡马雍陵，位于市郊的印度第一名胜、号称世界七大古迹之一的泰姬陵，以及东郊亚穆纳河畔的甘地陵墓等。

3. 孟买

孟买是印度马哈拉施特拉邦的首府。位于印度西海岸中部，地理位置十分重要，有"印度的门户"之称。是印度第一大港、第二大城市。孟买始建于孟买岛，1534年为葡萄牙所占，1661年转属英国，19世纪中期发展为大城市，如今的孟买已成为世界十大城市之一，是印度海陆空运输的重要枢纽，是印度重要的贸易中心。经济以制造业、商业、金融业、交通和港口业为主，是印度最大的棉纺织业、金融和保险业中心，也是全国重要的文化和科技中心。该市有著名的孟买大学和许多的科研机构。拥有印度最大、最先进的电影制片业基地——宝莱坞，与好莱坞齐名。还拥有印度最先进的广播电视台。

该市庙宇、教堂等古迹较多，拥有欧洲风格的古典式建筑，也有一幢幢现代化的摩天大楼，岛屿自然风光秀丽，海滨多优美的公园和休闲的沙滩，是重要的旅游胜地。

4. 泰姬陵

作为世界七大奇迹之一的泰姬陵，坐落在印度阿格拉附近的亚穆纳河畔。这是一座古老的建筑，建成于17世纪中期，是莫卧儿王国皇帝沙贾汗为去世的宠后蒙泰姬·马哈尔修建的一座陵墓。

陵园占地17万平方米，四周砌有高大的红砂石围墙，中间有一个大水池，中心是一泓美丽的喷泉。从陵园大门到陵墓，是一条用红石铺成的甬道，甬道尽头就是用白大理石砌成的富有神秘色彩的陵墓。陵墓建在一座巨大的正方形大理石基座上。陵墓的中心为寝宫，在其周围四个方向各有一座40米高的圆塔。寝宫高74米，四壁各有一座拱门，拱门的门框上用黑色大理石镶嵌着经文，宫内墙上，用珠宝镶着精美的图画。寝宫由五间宫室组成，中央宫室里安放着泰姬和沙贾的大理石石棺。

5. 阿姆利则金庙

阿姆利则金庙位于旁遮普邦锡克教圣地阿姆利则市内，是15世纪由锡克教第五代宗师阿尔琼创建，后几经重建修复。阿姆利则金庙是锡克教的最大寺庙，因落成前涂

金水于庙上，后又以金箔包裹的铜制拱顶覆在庙上，故称金庙。

金庙位于甘露池湖中心岛上，这是一座金碧辉煌的庙宇，气势恢宏，总面积约 10 万公顷，呈长方形。庙宇有四个门，分别朝东西南北四个方向开放，意味着锡克教对于来自四面八方兄弟姐妹的友好。庙宇由圣殿、诵经堂、法师起居室、香客休息室、膳厅、储藏室等 12 个区域组成。圣殿为庙宇的中心，顶部是一大金圆顶，四角各有一个小金圆顶，整体上看给人一种神圣之感。圣殿内放有锡克教圣典和各种珍贵的珠宝，走廊上还挂有各种图片，记载着锡克族人民反对外来侵略的英勇事迹。

阿姆利则金庙的最美景观要数其夜景。这座金碧辉煌的庙宇在灯光的照射下，和湛蓝的夜空相映成趣，吸引着众多的游客前来观赏。

（十六）巴基斯坦

国家档案

国名：巴基斯坦伊斯兰共和国（lslamic Republic of Pakjstan）

首都：伊斯兰堡

面积：79.609 平方千米（不包括巴控克什米尔地区）

人口：2.25 亿（2020 年 4 月）

主要民族：旁遮普族、信德族、帕坦族、俾路支族

语言：乌尔都语为国语，英语为官方语言

货币：巴基斯坦卢比

1. 地理概况

巴基斯坦位于南亚次大陆西北部，南濒阿拉伯海，海岸线长 980 千米。自古就是南亚和西南亚之间的交通要冲。全境 3/5 为山区和丘陵地，南部沿海一带为荒漠，向北伸展则是连绵的高原牧场和肥田沃土。地势西北高、东南低，东南部为印度河平原。巴基斯坦最大的河流为印度河，长约 2300 米，最后注入阿拉伯海。

巴基斯坦除南部属热带气候外，其他地区为亚热带草原和沙漠气候，年平均气温为 27℃，年平均降水量不足 300 毫米。巴基斯坦的矿产主要有石油、天然气、铜、铬矿、铝土矿等，该国是世界上最大的铬矿产地之一。农产品中小麦、棉花、甘蔗产量居世界前列，是世界主要的棉花出口国之一。水果资源非常丰富，巴基斯坦素有东方"水果篮"之称。该国名胜古迹较多，其中莫恩焦达罗考古遗址、塔克西拉考古遗址、特塔历史保护区、拉合尔古堡、夏丽玛尔花园和罗赫达斯要塞先后被列入世界遗产名录。

2. 首都伊斯兰堡

伊斯兰堡是巴基斯坦的首都。地处内陆，背依高峻的喜马拉雅山，面向宽阔的印度河大平原，东侧是秀丽的拉瓦尔湖，西侧是一片开阔的河谷地带，南面为一片绿色的山丘。伊斯兰堡是一座年轻的现代化城市。市区的交通干线垂直相交，把整个市区整齐地划分为大小相等的几十个区，每个街区商业和生活服务设施齐全。整个市区街道宽阔，绿树成荫，自然景色清新优美。伊斯兰堡有很多名胜古迹，南面有一座著名的"玫瑰和茉莉公园"，以栽培玫瑰花、茉莉花而闻名。夏克巴利山顶公园是全市最著名的游览胜地，公园里树木葱茏，百花争艳。山顶上有一块专门供来访外国政府首脑植树留念的园地。其中有周恩来总理曾栽下的象征中巴友谊的乌柏树。

3. 卡拉奇

卡拉奇位于印度河三角洲西北侧，南濒阿拉伯海。曾为巴基斯坦首都，现为信德省省会，是巴基斯坦第一大城市、最大的海港和军港、最大的经济中心，是全国工商业、贸易和金融中心，也是往来东南亚和中东、非洲、欧洲的国际航空站。卡拉奇机场是亚洲最大的机场之一，是欧洲与远东之间重要的中转站。它拥有天然良港，承担全国95%以上的外贸的吞吐任务。

工业和贸易是卡拉奇经济繁荣的两大支柱。工业主要有纺织品、鞋靴、金属制品、机械、电子、化学、食品、橡胶制品和石油产品等。

市区分新区和旧区两部分，旧区位于港口附近，弥散着东方国家特有的神秘气氛；新市区内现代化建筑林立，洋溢着现代气息。卡拉奇有巴基斯坦国父枣真纳的陵墓。整座陵墓全部用纯白大理石建成，造型独特，具有浓郁的民族特色。内悬一盏周恩来同志赠送的10吨重的黄色大吊灯。

（十七）马尔代夫

国家档案

国名：马尔代夫共和国（Republic of Maldives）

首都：马累

面积：11.53万平方公里（含领海面积）

人口：55.7万（2022年8月）

民族：均为马尔代夫族

语言：官方语言为迪维希语，教育和对外交往中广泛使用英语

货币：拉菲亚

地理概况

马尔代夫是南亚岛国，位于印度半岛西南的印度洋中，是世界上最大的珊瑚岛国之一。由 2000 多个珊瑚岛礁组成，其中只有 199 个岛屿有人居住，所有岛礁地势低平，一般露出海面 2 米左右，最高点海拔仅 6 米。全境没有河流，但地下水丰富，可掘取井水。

马尔代夫属热带雨林气候，炎热潮湿，无四季之分，年平均气温为 28℃。该国属于中等收入的发展中国家，渔业、旅游业和航运业是国民经济收入的主要来源。全国有一半以上的劳动力经营渔业，近年来旅游业超过渔业成为第一大经济支柱。椰子在农业生产中占主要地位。马尔代夫海洋生物资源丰富，盛产多种鱼类，用金枪鱼制成的"马尔代夫鱼"深受邻国欢迎，附近海域色泽鲜艳的各种珊瑚和别致的贝类，被加工成独具马尔代夫特色的工艺品。

马尔代夫一岛一景，形成典型的热带岛屿风光，著名的旅游岛屿有太阳岛、椰子岛、天堂岛、满月岛、卡尼岛、法鲁岛、班多士岛、拉古娜岛、泰姬岛等。

（十八）尼泊尔

国家档案

国名：尼泊尔联邦民主共和国（Federal Democratic Republicof Nepal）

首都：加德满都

面积：14.7 万平方千米

人口：约 3000 万（2020 年）

主要民族：拉伊、林布、苏努瓦尔

官方语言：尼泊尔语

货币：尼泊尔卢比

1. 地理概况

尼泊尔属内陆山国，位于喜马拉雅山中段南麓，北边与中国的西藏自治区接壤，东、西、南三面被印度包围，国土狭长。尼泊尔的地形主要由喜马拉雅山南下延伸的支脉和源于高山地带流入恒河的众多水系构成，山脉南北并列，众多河流切穿其中，

形成山高谷深、崎岖险峻的地貌。境内多山地和丘陵，占总面积的 72%，北部为崇山峻岭、急流深谷；中部多河谷平原；南部为特赖平原，是尼泊尔的"谷仓"。尼泊尔号称"高山王国"，地球上 10 大高峰中，有 8 座全部或部分位于尼泊尔境内，海拔全部在 8000 米以上。尼泊尔是世界上最贫穷的国家之一。

尼泊尔全境气候的垂直分布比较明显，可分为北部高山、中部温带和南部亚热带 3 个气候区。尼泊尔水力资源丰富，森林茂密，约占全国面积的 32%。主要的矿藏有铁、云母、铜、铅、锌、钴、菱镁矿、石灰石、大理石等。旅游资源丰富，旅游业是国家的主要产业，它以古老神秘的宗教文化、精致的手工艺品和丰富多彩的野生动植物，吸引世界各地的游客前来观光旅游。

2. 首都加德满都

加德满都是尼泊尔首都，位于喜马拉雅山南坡的加德满都谷地，四周群山环抱，到处苍松翠柏，阳光灿烂，四季如春，素有"山中天堂"的美称。加德满都历史悠久，它以精美的建筑艺术、木石雕刻而成为尼泊尔古代文化的象征。尼泊尔历代王朝在这里修建了数目众多的宫殿、庙宇、宝塔、殿堂、寺院等，城内印度教、佛教寺院更是比比皆是，形成"庙宇多如住宅，佛像多如居民""神像与市民相伴，寺院和店铺为邻"的景象，因此，有人把这座城市称为"露天寺院博物馆"。其中著名的有古赫什瓦里庙、贾格纳特寺、太后庙、湿婆神庙、塔莱珠女神庙等，这些寺庙有的雕梁画栋，金碧辉煌，有的造型典雅，布局严谨，有的以庙前镏金铜狮驰名，有的以庙内精美的木刻神像著称。加德满都城内的庙宇、佛堂、经塔、神像等富有珍贵的历史文化价值，这些举世无双的庙宇为加德满都增添了无穷的魅力。

（十九）阿富汗

国家档案

国名：阿富汗共和国（Republic of Afghanistan）

首都：喀布尔

面积：64.75 万平方千米

人口：3220 万（2020 年）

主要民族：普什图族、塔吉克族

官方语言：普什图语、达里语

货币：新阿尼

1. 地理概况

阿富汗是西南亚内陆国家。北邻土库曼斯坦、乌兹别克斯坦、塔吉克斯坦，西接伊朗，南部和东部连巴基斯坦，东北部凸出的狭长地带（瓦罕走廊）与中国接壤，地处中亚进出南亚和南下印度洋的要冲，地理位置十分重要。面积为64.75万平方千米。境内多山地、高原，约占全国总面积的4/5，余为平原。兴都库什山脉横贯中东部地区是世界上最大的山系之一，也是重要的地理分界线。西南部为雷吉斯坦沙漠。境内河流主要有阿姆河、赫尔曼德河、喀布尔河和哈里鲁德河等，阿姆河全长为1250千米，为全国最长的河流。

阿富汗属大陆性气候，冬冷夏热，干燥少雨。矿藏以天然气和铁矿为主，还有铜、煤、石油等。青金石是阿富汗的国石，色泽绚丽，质地坚硬，是做工艺品的上好原料。阿富汗森林面积小，动物种类多。阿富汗以农牧业为主，兴都库什山南麓坎大哈一带被誉为"水果之乡"。牧业以养羊为主。手工业发达，主要生产地毯、刺绣、皮衣、土陶器等。

2. 首都喀布尔

喀布尔是阿富汗的首都，也是全国最大的城市，是全国的政治、经济、文化中心。位于阿富汗东部谷地中，海拔1800米，喀布尔河贯穿全城，将其一分为二。河南岸是旧城，北岸是新城。喀布尔是一座山水相映的城市，市内古老的皇宫金碧辉煌，城市房屋高低错落，道路宽阔。主要街道两旁都有小溪，泉水从山上引下，清澈见底。河北岸新城是主要商业区，并有皇宫、官邸和高级住宅。古代时的喀布尔是著名的东西方通商要道"丝绸之路"上的重要城镇，也是东西方文化交流的一个中心。1773年杜兰尼王朝统一阿富汗后定都于此。喀布尔是全国最大的工业中心，主要有兵工、铸造、玻璃、塑料、棉毛纺织等工业企业。喀布尔历史悠久，古迹很多，著名的有沙希杜沙姆施拉寺、巴卑尔的大理石陵墓、国王"纳迪尔"沙河的陵墓。它还是全国最大的文化中心，有国家博物馆、考古博物馆和著名的喀布尔大学等高等院校多所。

（二十）伊朗

国家档案

国名：伊朗共和国（Republic of Iran）

首都：德黑兰

面积：164.5万平方千米

人口：8502 万（2022 年 9 月）

主要民族：波斯人、阿塞拜疆人、库尔薄人

官方语言：波斯语

货币：伊朗里亚尔

1. 地理概况

伊朗位于亚洲西南部，同土库曼斯坦、阿塞拜疆、亚美尼亚、土耳其、伊拉克、巴基斯坦和阿富汗相邻，南濒波斯湾和阿曼湾，北隔里海与俄罗斯和哈萨克斯坦相望，素有"欧亚陆桥"和"东西方空中走廊"之称。海岸线长 2700 千米。境内多高原和山地，是高原国家，国土大部分位于伊朗高原上。东部为盆地和沙漠，北部和南部沿海为平原和低地，西南部扎格罗斯山脉是伊朗最大的山脉，达马万德峰海拔 5671 米，为全国最高峰。

伊朗东部和内地属大陆性气候，大部分地区干燥少雨，寒暑变化大。西部山区多属亚热带地中海式气候。伊朗石油蕴藏丰富。是世界第四大产油国和欧佩克第二大石油出口国。天然气和煤炭的储量均在世界前列。森林是伊朗仅次于石油的第二大天然资源。伊朗水产丰富，鱼子酱举世闻名。伊朗是中东、海湾地区主要的干鲜果品生产和出口国，主要出口农产品包括开心果、葡萄干、椰枣和藏红花。

2. 首都德黑兰

"德黑兰"一词是古波斯语"山脚下"的意思。位于厄尔布尔士山脉南麓的草原上。是伊朗的首都，也是全国最大的城市、经济、文化和交通中心。德黑兰是一座花园之城，一年四季都盛开着各种鲜花，房前屋后，马路两侧，带有喷泉的街心花园，到处都可以看到鲜花。德黑兰市郊盛产棉花、水果和小麦，是伊朗重要的农业区之一。德黑兰是全国最大的工业中心，伊朗 1/3 以上的工业集中于此，其中包括汽车、电子、电器、装备、军工、纺织、制糖、水泥和化工工业。制造业产值约占全国的一半。它也是地毯和家具商品的一个销售中心。德黑兰巨大的高速公路网是整个西亚无以相比的，是伊朗交通运输的总枢纽。德黑兰有许多名胜古迹和博物馆，著名的有珍宝博物馆、考古博物馆和地毯博物馆、伊朗国家博物馆、玻璃和陶瓷博物馆等。第二次世界大战期间，美、英、苏首脑曾在此召开了德黑兰会议并签署发布了著名的《德黑兰宣言》。

（二十一）沙特阿拉伯

国家档案

国名：沙特阿拉伯王国（Kingdom of saudj Arabla）

首都：利雅得

面积：225 万平方千米

人口：3481 万（2022 年 9 月）

主要民族：阿拉伯人

官方语言：阿拉伯语、英语

货币：沙特里亚尔

1. 地理概况

沙特阿拉伯位于阿拉伯半岛。东濒波斯湾，西临红海，同约旦、伊拉克、科威特、阿联酋、阿曼、也门等国接壤。海岸线长 2437 千米。沙特阿拉伯地势西高东低，国土大部分为高原。西部是红海海岸的狭长海滨平原及相邻的汉志山脉；中部是中央高原；东部是波斯湾沿海平原。境内沙漠广布，约占全国土地面积的一半。北有大内夫得沙漠，南有鲁卜哈利大沙漠，面积达 65 万平方千米，是全国最大的沙漠，故沙特阿拉伯有阿拉伯半岛的沙漠王国之称。境内缺乏常年有水的河流和湖泊。

沙特阿拉伯大部分属亚热带沙漠气候，西部高原属地中海气候，夏季炎热干燥，最高气温可达 50℃以上，冬季气候温和。年平均降雨不超过 200 毫米。水资源以地下水为主。地下水总储量为 36 万亿立方米。沙特阿拉伯蕴藏着丰富的石油资源，有"石油王国"之称。已探明的石油储量为 2627.90 亿吨，居世界之首，有几十个大型和特大油田，其中盖瓦尔油田是世界上最大的油田。塞法尼耶油田是世界上最大的海上油田。天然气剩余可采储量 6.9 万亿立方米，居世界第四。另外还有铁、铜、金、银、铬、锌等矿藏。

2. 首都利雅得

利雅得是沙特阿拉伯的首都，在阿拉伯文中，"利雅得"是"花园"的意思。利雅得四周是一片绿洲，有广阔的椰枣林、棕榈树和清澈的泉水，故有"沙漠花园"的美誉。利雅得位于阿拉伯半岛中部哈尼法谷地平原上，面积 1650 平方千米，是全国第一大城市。是政府机关所在地，也是全国政治、经济、金融、商贸、教育、卫生、文化的中心。该市有由数十幢宫殿、数百所别墅和花园组成的国王与王室居住的特区，有全国最大的医院与利雅得大学，还有随处可见的造型各异的供水塔。利雅得很早以前就是红海—波斯湾之间的中转站，从伊朗、伊拉克到麦加、麦地那，陆路交通都要经过利雅得。铁路通往东岸的达曼港，公路通达曼与西岸的吉达港，利雅得为全国公路网中心。市郊建有哈立德国王国际机场。

3. 麦地那

麦地那城位于沙特阿拉伯西部的汉志省内，地处赛拉特山区一片开阔的平地上，与圣城麦加相距约 450 千米。

著名的先知寺坐落在城内，它建于公元 622～623 年，后几经修建。最后一次大规模的修建是在 20 世纪 70 年代。今天的先知寺用大理石修建而成，面积为 2.28 万平方米，可容纳 2.57 万人做礼拜。寺院内有 5 座尖塔和 5 道大门。

（二十二）阿曼

国家档案

国名： 阿曼苏丹国（The Sultanate of Oman）

首都： 马斯喀特

面积： 30.95 万平方千米

人口： 488 万（2022 年）

民族： 全国以阿拉伯人为主，沿海地带有印度人、伊朗人、孟加拉人、巴基斯坦人、俾路支人，以及昔日为奴隶的非洲黑人后裔

语言： 官方语言为阿拉伯语，通用英语

货币： 阿曼里亚尔

地理概况

阿曼位于阿拉伯半岛东南部。与阿联酋、沙特、也门等国接壤，濒临阿曼湾和阿拉伯海，海岸线长 1700 千米。是阿拉伯半岛第三大国家。境内大部分是海拔 200～500 米的高原。东北部为哈贾尔山脉，其主峰沙姆山海拔 3352 米，为全国最高峰。中部是平原，多沙漠。西南部为佐法尔高原。霍尔木兹海峡是通往印度洋的门户，海湾石油主要经过这条海路输往世界各地。

阿曼除东北部山地外，均属热带沙漠气候。全年分两季，5～10 月为热季，气温高达 40℃以上；11 月至次年 4 月为凉季，平均温度约为 24℃。阿曼石油资源丰富，石油是国家的经济支柱。现已探明石油储量 7.5 亿吨，天然气储量 8041 万亿立方米，煤储量约 3600 万吨，金矿储量约 1182 万吨，铜储量约 2000 万吨，铬 100 万吨。还有银及

优质石灰石等。水产资源丰富，森林覆盖率为3.9%。动植物资源丰富，有阿拉伯大羚羊、乳香和没药等。渔业是阿曼的传统产业，自给有余。

（二十三）阿拉伯联合酋长国

国家档案

国名： 阿拉伯联合酋长国（The United Arab Emirates）
首都： 阿布扎比
面积： 8.36万平方千米
人口： 950万（2022年）
主要民族： 阿拉伯人仅占1/3，其他为外籍人，主要是巴基斯坦、印度、伊朗等国的移民
官方语言： 官方语言为阿拉伯语，通用英语
货币： 迪尔汗（迪拉姆）

1. 地理概况

阿拉伯联合酋长国简称阿联酋，是由7个酋长国组成，包括阿布扎比、迪拜、沙迦、哈伊马角、阿治曼、富查伊拉、乌姆盖万。7个酋长国都很小，又盛产石油，故有"油海七珍"之美誉。位于阿拉伯半岛东部，北濒波斯湾，西北与卡塔尔为邻，西和南与沙特阿拉伯交界，东和东北与阿曼毗连。海岸线长734千米。阿联酋扼波斯湾进入印度洋的交通要道，靠近霍尔木兹海峡，地理位置十分重要。阿联酋全境除东部为一段山地外，其余70%的地区为低平荒漠，间有一些小块绿洲，最重要的有利瓦绿洲和艾因绿洲。东部山地的哈贾山脉海拔3000米，是全国最高峰。

阿联酋属热带沙漠气候，夏季炎热潮湿，偶有沙暴。平均降水量约100毫米，多集中于1~2月。主要的农产品有椰枣、玉米、蔬菜、柠檬等，粮食不能自给。石油和天然气资源非常丰富，是世界重要的石油生产国和出口国。已探明的石油储量为130亿吨，占世界石油总储量的9.5%，天然气储量为6.06万亿立方米，均居世界第五位。

2. 迪拜

迪拜位于波斯湾南岸，阿联酋的东北部。被誉为"沙漠明珠"。迪拜最初只是波斯湾的一个小渔村，在短短几十年内，发展成为重要的商业和旅游中心。联邦的许多银行和保险公司都在此设有办公机构。迪拜也是海湾地区最重要的进口、出口和转口贸易中心。迪拜石油资源丰富，交通基础设施发达，交通便利，拥有世界上最大的人工

港口，港口的周围是免税区，进出口商品在这里还有许多优惠条件。它还拥有现代机场和众多的航空路线。转口的主要商品来自日本、德国、美国等国家各地区。迪拜也非常重视现代化的高科技产业。现在，迪拜的免税区越来越多，涵盖从网络、媒体到体育和生物科技的所有领域。迪拜崭新的高楼比比皆是，建筑独具特色，

棕榈岛

建有号称世界七星级酒店的芝加哥海滩宾馆，高 340 米，是中东地区最高的建筑物。还拥有享誉全球的人工棕榈岛。

（二十四）土耳其

国家档案

国名：土耳其共和国（Republic of Turkey）

首都：安卡拉

面积：78.36 万平方千米

人口：8527 万（2022 年 12 月）

主要民族：土耳其人、库尔德人

官方语言：土耳其语

货币：土耳其里拉

1. 地理概况

土耳其地跨亚、欧两洲，邻格鲁吉亚、亚美尼亚、阿塞拜疆、伊朗、伊拉克、叙利亚、希腊和保加利亚，濒地中海、爱琴海、马尔马拉海和黑海。是亚洲最西部的国家。海岸线长 7200 千米，面积 78.36 万平方千米。

土耳其境内多为高原和山地，沿海地区有狭窄的平原。四周被克尔奥罗山、黑海山脉、托罗斯山脉所围绕，最东端的大阿勒山海拔 5165 米，为全国最高峰。西北部的博斯普鲁斯海峡、达达尼尔海峡及其间的马尔马拉海是沟通地中海和黑海的唯一通道。土耳其河流、湖泊众多，底格里斯河和幼发拉底河均发源于此，中西部的萨卡里亚河

和克孜勒河向北流入黑海。东部的凡湖，为全国最大的湖泊。

土耳其南部沿海地区属亚热带地中海式气候，内陆为大陆型气候，全年降水量600～800毫米。境内矿产资源丰富，铬、锑、硼和重晶石储量居世界前列，此外还有铜、铅、锌、汞等。土耳其旅游业发达，多名胜古迹，主要有伊斯坦布尔的历史古迹和宗教建筑、卡帕多希亚的石窟建筑及格雷梅国家公园的火山溶洞和石林等。

2. 首都安卡拉

安卡拉位于安纳托利亚高原中部，是土耳其的首都，也是全国第二大城市。古城历史悠久，从罗马帝国、拜占庭帝国到奥斯曼帝国统治时期，都是重要的政治、军事或商业中心，20世纪初，成为土耳其共和国首都。现在已成为为仅次于伊斯坦布尔的全国第二大工业中心，主要有酿酒、面粉、榨糖、乳制品、水泥、毛纺、建筑材料、农机等工厂。它也是全国交通运输中心，有东西行的铁路干线通全国主要城市和港口，另有多条公路通向各方，航空港保持国内外的航空联系，素有"土耳其的心脏"之称。安卡拉是土耳其主要小麦产区之一，出产的安卡拉山羊及其皮毛驰名世界。安卡拉集中了所有外国使节官邸、土耳其著名学府、政府枢纽机关等，还保留了许多古迹，如奥古斯丁神殿、卡拉卡拉大帝时代的大浴场等。安卡拉的夜生活很是丰富，除了常见的都市娱乐项目之外，在此还可欣赏到土耳其国家交响乐团，以及歌剧、芭蕾舞剧等演出。

3. 伊斯坦布尔

伊斯坦布尔位于巴尔干半岛南端，它横跨欧亚两大洲，从城中间通过的博斯普鲁斯海峡，是欧洲和亚洲的分界线。伊斯坦布尔市区沿海峡两侧和马尔马拉海滨伸展，长达40千米，共分成三个区，即位于欧洲的旧城区和贝依奥卢商业区，位于亚洲的于斯屈达尔区。全市面积254平方千米，人口1200多万。

伊斯坦布尔始建于公元前660年，已拥有超过2600年的历史，曾一直是土耳其帝国的首都。1923年，土耳其共和国的首都迁到了安卡拉，但伊斯坦布尔作为土耳其最大的城市和世界上最大的城市之一，仍然是土耳其的文化中心、经济中心、最大的港口和主要的旅游胜地。

伊斯坦布尔融合了欧、亚、非三洲各民族思想、文化、艺术的精粹，成为东西方思想文化的一个重要交会点，有着许多古代遗留的宫殿和城堡，是一座富有神秘色彩的历史名城。伊斯坦布尔现有40多座博物馆、20多座教堂、450多座清真寺。著名的加拉塔大桥、索菲亚大教堂、托普卡普宫和托普卡珀博物馆等，都为世界各地的游客所向往。

4. 特洛伊古城

古代特洛伊城的遗址位于土耳其重镇恰纳卡莱的南部，北临达达尼尔海峡。这里是荷马史诗《伊利亚特》中描写的特洛伊战争的战场，是土耳其著名的古城。

古城起源于公元前 3000 年，公元前 16 世纪开始繁荣。考古学家经过多年的发掘，在这里 30 米深的地层中发现了 9 个不同时期的特洛伊城遗址。最上边一层是公元 400 年前后的遗址，这里有罗马帝国时期的雅典娜神庙、议事厅、剧场、市场等遗迹。这些建筑虽然大都残缺不全，但仍然可以看出当年的宏伟气势。公元前 1300～前 900 年的荷马时期的特洛伊城最为引人注目，考古学家在这里发掘出大量绘有精美图案的彩陶。据说特洛伊国王普里阿莫斯的宝库也是从这层中被发现的。

今天，在特洛伊遗址不远处建有一座博物馆，其中收藏着特洛伊古城中的一部分文物，具有重要的历史参考价值。

（二十五）叙利亚

国家档案

国名：阿拉伯叙利亚共和国（The syrian Arab Republic）

首都：大马士革

面积：18.518 万平方千米

人口：1929 万（2022 年）

民族：叙利亚为多民族国家，其中阿拉伯人占 80% 以上，还有库尔德人、亚美尼亚人、土库曼人等

语言：阿拉伯语为国语，通用英语和法语

货币：叙利亚镑

---

1. 地理概况

叙利亚位于亚洲大陆西部，地中海东岸。北靠土耳其，东南邻伊拉克，南连约旦，西南与黎巴嫩、巴勒斯坦地区接壤，西与塞浦路斯隔海相望。海岸线长 183 千米。叙利亚地势大体由西北向东南倾斜，境内以丘陵、山地和高原为主。西部山地的谢赫山海拔 2814 米，为全国最高峰。地中海沿岸为狭长低地。南部低高原海拔约 500 米。东北丘陵有幼发拉底河流贯其间，形成主要的河谷农业带。最大的湖泊为阿萨德湖。

叙利亚沿海和北部地区属亚热带地中海气候，南部地区属热带沙漠气候。沙漠地区冬季雨量较少，夏季干燥炎热。年平均降水量沿海地区 1000 毫米以上，南部地区仅

100毫米。叙利亚矿产资源丰富，主要有石油、磷酸盐、天然气、岩盐、沥青等。农业发达，是阿拉伯世界的五个粮食出口国之一，主要出产小麦、大麦、棉花、葡萄、油橄榄、无花果等。叙利亚多名胜古迹，其中大马士革城、布斯拉古城和巴尔米拉考古遗址被列入世界遗产名录。

2. 首都大马士革

叙利亚首都大马士革，位于叙利亚西南部克辛山麓，距离地中海80千米。大马士革分新城和旧城两部分，新、旧城之间以巴拉达河为界，河的东岸为旧城区，新城区则在河的西岸。新、旧城总面积约100平方千米，人口约370万。

大马士革约建于公元前2000年，至今已拥有4000多年的历史，是世界上最古老的城市之一。在历史上，大马士革曾荣获许多赞誉之辞，如"园林之城""诗歌之城"等。如今的大马士革则是一座名副其实的"古迹之城"。全市有朱庇特神庙遗迹和阿拉伯民族英雄萨拉丁的陵墓、大马士革城堡等。

大马士革是叙利亚的政治、经济、文化中心，国家机构和政府部门均设置于此。大马士革也是中东重要的商业中心之一。其工业以轻工业为主，纺织、食品、家具、肥皂、皮革、水泥、制药等轻工业十分发达，钢铁工业、机械制造业等重工业也逐渐发展。另外还有银嵌、丝绣、珠宝、铜器、皮革制品、织布、玻璃制品等手工业部门。

3. 克拉克骑士堡

克拉克骑士堡位于海拔750米的火山岩克拉克山顶上，地势险要，可控制从地中海至布伽平原的通道，是保卫胡姆斯市的五座城堡中最东部的一座。是世界上保存最为完好的、近乎完美的城堡。克拉克骑士堡是座阿拉伯十字军城寨，也叫骑士军城堡。它是那个时代最著名的军事建筑，距今已有900多年的历史。公元12世纪，十字军占据此堡后改名为克拉克城堡。城堡由2层同心的城墙构成。城堡内可容下2000骑士、马匹与军械库，城堡与城堡之间以灯光做信号联络附近的城堡。城堡地下室有21个收集雨水的水池，还有引水道，由附近的水源引水。外部城墙的东部和西部建有8个圆形的塔，其中一个是十字军占领后修建的，另外两个形成了北部的碉堡，也是在十字军占领后期扩建的。奥斯曼土耳其帝国时代发明了枪炮，此城堡已失去了防御功能，不再重要，1946年叙利亚独立后成为重要的旅游之地。

4. 巴尔米拉考古遗址

巴尔米拉考古遗址，坐落在幼发拉底河和地中海之间的沙漠绿洲上，位于叙利亚中部的霍姆斯省境内，是今天叙利亚境内最古老的城市之一。

巴尔米拉古城起源于公元前19世纪，公元前1世纪开始繁荣。这里在很长一段时间内，是联系波斯湾、地中海以及东西方各国的中转站，是古代叙利亚地区重要的文化和经济中心。这里古迹众多，从今天古城内残存的古建筑遗迹上可以想见昔日巴尔米拉城的恢宏气势。

贝勒神庙是巴尔米拉遗迹中最惹人注目的建筑。十几根高大雄伟的柱子支撑起神庙的门面，神庙古朴肃穆，带有典型的东方建筑风格。巴尔米拉古城内有一个巨大的地下墓穴，可容纳下200多人，墓穴分成好几个墓室。墓中挖掘出许多石棺和陪葬品，对于研究当时的历史具有重要的参考价值。

（二十六）伊拉克

国家档案

国名：伊拉克共和国（Republic of lraq）

首都：巴格达

面积：43.83万平方千米

人口：4225万（2022年）

主要民族：阿拉伯人、库尔德人

语言：阿拉伯语、库尔德语为官方语言，通用英语

货币：伊拉克第纳尔

1. 地理概况

伊拉克共和国位于亚洲西南部，阿拉伯半岛的东北部，与土耳其、伊朗、叙利亚、约旦等国相邻，全国分为安巴尔、埃尔比勒、巴比伦等18个省，首都为巴格达。

伊拉克东北部山区属地中海式气候，其他为热带沙漠气候，夏季最高气温高达50℃以上，冬季在0℃左右；全年雨量较小，各地年平均降雨量在100~700毫米。

伊拉克的石油、天然气、磷酸盐等矿产资源十分丰富，工业主要有石油开采、提炼和天然气开采，油气产业是其支柱产业；伊拉克的可耕地面积占国土总面积的27.6%，主要集中在底格里斯河和幼发拉底河之间的美索不达米亚平原，主要农作物有小麦、大麦和椰枣等；伊拉克的旅游资源丰富，主要景点有乌尔城遗址、亚述帝国遗迹、"太阳城"遗址，以及被列为古代世界七大奇迹之一的"空中花园"。

伊拉克有悠久的历史，曾是世界古代文明的发祥地之一，在公元前2000年前后曾出现过"四大文明古国"之一的巴比伦王国。但由于两伊战争、海湾战争以及国际社会的全面制裁，伊拉克的经济基础设施基本陷于瘫痪。

2. 首都巴格达

巴格达位于伊拉克中部，距幼发拉底河仅 30 余千米，底格里斯河穿城而过，将整个市区分成东西两部分。市区主要部分在河东，称为"鲁萨法"，河西部分称为"卡尔赫"，东西两岸之间有 5 座大桥相连。

"巴格达"一词来源于古波斯语，意为"神赐的地方"。早在 4000 多年前，巴格达就已经成为一个重镇，是阿拉伯世界最古老的城市之一。由于巴格达位于人类文明的摇篮之一的底格里斯河和幼发拉底河流域中游，地理位置十分理想，因此在长达数世纪中，它不仅是阿拉伯帝国的首都，也是西亚、中东地区经济、贸易、文化、交通的中心。

巴格达文化底蕴深厚，是一座名副其实的文化古都。它拥有 9 世纪兴建的天文台和图书馆，1227 年建成的世界最古老大学之一的穆斯坦西利亚大学。另外还有伊拉克、巴格达、军事、自然和兵器等几十个博物馆。巴格达还有许多公园，如统一公园、祖拉公园、月亮公园等。

巴格达一直是伊拉克第一大城市和政治、经济、文化中心。在战前，巴格达经济发达，市场繁荣，是伊拉克最大的城市，拥有全国 40% 的工业，炼油、纺织、制革、造纸和食品等工业非常发达；有铁路、公路和航空构成的立体运输网。

3. 巴比伦古城

巴比伦古城遗址位于伊拉克首都巴格达东南 90 千米处，与巴比伦省省会哈莱相距约十千米。这个古城建于 4000 多年以前，是古巴比伦文化的象征，也是人类文明的发祥地之一。

巴比伦古城规模宏大、雄伟壮观，城内众多的古建筑充分显示了古代两河流域人民高超的建筑水平。

古城中有八大城门，"伊什塔尔女神门"是众多城门中最高大的一座，高 12 米，宽近 20 米，城门上镶嵌着一种被奉为巴比伦城神的神奇动物。这些动物雕刻精细、活灵活现，表现了古巴比伦人高超的艺术水平。

在众多古建筑中，最著名的是被称为古代世界七大奇观之一的巴比伦空中花园。它坐落在幼发拉底河畔。据说，建于公元前 6 世纪，当时的巴比伦国王尼布甲尼撒二世为让爱妃消除思乡之情而建。此园采用立体建筑手法，楼台重叠分层，花园内有各种奇花异草，远望如悬空中。近年来，伊拉克政府在遗址处重修了空中花园，吸引了世界各地游客前来参观。

（二十七）科威特

国家档案

国名：科威特国（The state of Kuwait）

首都：科威特城

面积：17.818万平方千米

人口：446.4万（2022年6月）

民族：科威特人只占35.6%，外国侨民占多数

语言：阿拉伯语为官方语言，通用英语

货币：科威特第纳尔

地理概况

科威特位于亚洲西部波斯湾西北岸。与沙特、伊拉克相邻，东濒波斯湾，同伊朗隔海相望。海岸线长290千米。有布比延、法拉卡等9个岛屿，水域面积5625平方千米。科威特地势由西向东倾斜，约一半地区海拔低于100米。西部的阿末第山脊海拔120米，为全国最高点。东北部为冲积平原。其余为沙漠平原，地势较平坦，境内无山川，无常年有水的河流和湖泊，地下淡水贫乏。

科威特属热带沙漠气候，夏长炎热干燥，最高气温可达51℃，冬短湿润多雨，最低气温可达-6℃。年降水量为25~177毫米。科威特石油和天然气储量丰富。现已探明的石油储量为136亿吨，占世界储量的11%，居世界第四位。大布尔干油田为世界最大油田之一。天然气储量为2.5万亿立方米，占世界储量的1.8%。渔业资源丰富，盛产大虾、石斑鱼和黄花鱼。

（二十八）约旦

国家档案

国名：约旦哈希姆王国（The Hashemite Kingdom of Jordan）

首都：安曼

面积：8.9万平方千米

人口：1105万（2022年6月）

> **民族**：大部分为阿拉伯人，其中60%以上是巴勒斯坦人，还有少数土库曼人、亚美尼亚人和吉尔吉斯人
>
> **语言**：阿拉伯语为国语，通用英语
>
> **货币**：约旦第纳尔

地理概况

约旦位于亚洲西部，阿拉伯半岛的西北，西与巴勒斯坦、以色列为邻，北与叙利亚接壤，东北与伊拉克交界，东南和南部与沙特阿拉伯相连。约旦基本上是个内陆国家，亚喀巴湾是唯一出海口。约旦地势西高东低，西部多山地，由北而南的约旦河谷、死海谷地、阿拉伯谷地、构成世界著名的东非大裂谷的一部分。裂谷带以东陡升为高地。海拔为1000~4000米。东部和东南部为沙漠地带，沙漠面积占全国总面积的80%以上。境内的约旦河是世界上地势最低的河川，注入死海。

约旦首都安曼和西部山地属亚热带地中海气候，气候温和。沙漠最高气温达45℃。约旦矿产资源丰富，主要有磷酸盐、钾盐、铜、锰、铀、油页岩和少量天然气。磷酸盐储量约20亿吨，居世界前列。死海海水可提炼钾盐，储量达40亿吨。油页岩储量400亿吨。旅游业是约旦的三大经济支柱之一，又是主要外汇来源之一，主要的旅游景点有佩特拉古城（又称"玫瑰红古城"）、法老宝库、古罗马剧场、安曼、死海、杰拉什、杰隆古堡、亚喀巴等。

（二十九）巴勒斯坦

> ### 国家档案
>
> **国名**：巴勒斯坦国（the State of Palestine）
>
> **首都**：耶路撒冷
>
> **面积**：5884平方公里（加沙地带365平方公里）
>
> **人口**：约1350万（2022年6月）
>
> **民族**：主要民族为阿拉伯人，还有少数犹太人
>
> **语言**：通用阿拉伯语
>
> **货币**：没有通用的货币，使用以色列货币（新以色列谢克尔）和约旦货币（第纳尔）

地理概况

巴勒斯坦位于亚洲西部，地处亚、非、欧三洲交通要冲，战略地位重要。西濒地中海。北部加利利高原上的梅隆山海拔1208米，为全国最高峰；南部为平坦的内盖夫沙漠；中部为山地和高原；西部沿海为狭长的平原；东部为约旦谷地、死海洼地和阿拉伯谷地。巴勒斯坦地区属亚热带地中海气候。夏季炎热干燥，冬季微冷湿润多雨，雨季为12月至次年3月。矿产资源以地中海的钾盐和溴素最为丰富。

巴勒斯坦古称迦南，包括现在的以色列、约旦、加沙和约旦河西岸。历史上，犹太人和阿拉伯人都曾在此居住过。罗马统治时期，多次镇压犹太人并将其赶出巴勒斯坦，流落世界各地。一战后沦为英国的委任统治地，将其分为两部分：约旦河以东称外约旦，约旦河以西称巴勒斯坦（即现在所称的巴勒斯坦）。二战后，世界各地的犹太人大规模的移居巴勒斯坦。1947年联合国通过决议，规定在巴勒斯坦建立阿拉伯国和犹太国两个独立国。此后以色列推行扩张主义政策，与阿拉伯人发生了4次战争。1988年巴勒斯坦接受联合国决议，建立以耶路撒冷为首都的巴勒斯坦国。

（三十）以色列

国家档案

国名： 以色列国（The State of lsrael）

首都： 特拉维夫

面积： 2.5万平方千米（实际控制）

人口： 959万（2022年9月）

主要民族： 犹太人、阿拉伯人、德鲁兹人

语言： 希伯莱语、阿拉伯语为官方语言，通用英语

货币： 新谢克尔

1. 地理概况

以色列国位于亚洲西部，亚、非、欧三大洲的结合处，它北面与黎巴嫩交界，东北部与叙利亚接壤，东面和约旦相邻，西面挨着地中海，属地中海气候。

以色列历史悠久，是世界主要宗教犹太教、基督教等宗教的发源地。1948年5月14日，以色列国正式成立。根据1947年联合国关于巴勒斯坦分治决议的规定，以色列国的面积为1.49万平方千米，但其实际控制面积为2.5万平方千米。以色列在建国时首都定在特拉维夫，1950年迁往耶路撒冷，1980年7月30日，以色列议会通过法案，

宣布耶路撒冷是以色列"永恒的与不可分割的首都"。对于耶路撒冷的地位和归属，阿拉伯国家同以色列一直有争议。目前，绝大多数同以有外交关系的国家仍把使馆建在特拉维夫。

以色列虽然土地贫瘠、资源短缺，但由于坚持走科技强国之路，重视教育和人才的培养，使得其经济发展很快。在电子、通信、计算机软件、医疗器械、生物技术工程、农业以及航空等方面，以色列拥有在世界范围内领先的先进技术和优势。以色列在农业方面所特有的滴灌节水技术，使不足总人口5%的农民不仅养活了全国的人，还大量出口优质水果、蔬菜、花卉和棉花等，创造了奇迹。

2. 犹太人散居博物馆

博物馆位于特拉维夫大学校园，博物馆记载了从公元前596年犹太人被巴比伦帝国驱逐离开以色列后的生活和历史。馆内有一块复制罗马恺撒提多凯旋门的浮雕，记录了公元70年提多毁灭耶路撒冷后，从圣殿带回来的一批战利品。它是当今世上见证罗马人毁灭耶路撒冷，迫使犹太人充军欧洲，开启犹太人二千年流亡历史的重要文物。馆内会集了世界各地各个时期的犹太会堂的精巧模型，犹太会堂是犹太人学习犹太教教义和社区聚集的地方。其中包括中国的开封犹太人会堂。馆内还收藏了古典油画、以色列艺术、印象派艺术和众多种类的印刷品及绘画。博物馆的设计采用开放形式，没有固定的开始和结束部分，共有6个主题的展览。在这座特别的博物馆内，利用图片、模型、电影、录像及各种最新的现代技术和视听装置，追述各个时代散居世界各地的犹太社团的历史，让参观者身入其境。

（三十一）黎巴嫩

国家档案

国名：黎巴嫩共和国（Republic of Lebanon）

首都：贝鲁特

面积：1.0452万平方千米

人口：约607万（2020年）

民族：绝大多数为阿拉伯人，还有亚美尼亚人、土耳其人和希腊人

语言：阿拉伯语为官方语言，通用法语、英语

货币：黎巴嫩镑

地理概况

黎巴嫩位于亚洲西南部地中海东岸。东、北部邻叙利亚，南界巴勒斯坦、以色列，西濒地中海。海岸线长220千米。国土狭长，自西向东分为沿海平原、黎巴嫩山、贝卡谷地及前黎巴嫩山4条南北纵列地带。黎巴嫩山脉纵贯全境，索达山海拔3083千米，是全国最高峰。贝卡谷地土地肥沃，是主要的粮产区。境内河流较多。

黎巴嫩属地中海气候，沿海夏季炎热潮湿，冬季温暖，与内陆气候差异很大。境内矿产资源少，且开采不多，主要有铁、铅、铜、褐煤和沥青等。交通以海、空为主，公路次之。黎巴嫩曾是古代东西交往频繁之地，保留大量的名胜古迹，旅游业非常发达，主要的名胜有巴勒贝克（保存有世界上最完整的罗马时代的神庙）、比布鲁斯（保存有灿烂青铜器时代的文化，包括陵墓、神殿等宗教建筑）、提尔城考古遗址，它们均已被列入世界遗产名录。

（三十二）塞浦路斯

国家档案

国名： 塞浦路斯共和国（Republic of Cyprus）

首都： 尼克西亚

面积： 9.251万平方千米

人口： 91.8万（2021年）

民族： 以希腊族和土耳其族为主，其中希腊族占76.8%，土耳其族占10.3%，另有少数亚美尼亚、拉丁和马龙族

语言： 主要语言为希腊语和土耳其语，通用英语

货币： 塞浦路斯镑

地理概况

塞浦路斯位于地中海东北部，为地中海第三大岛。海岸线全长782千米。塞浦路斯岛南北各有一条东西向的山脉，山脉之间为宽阔的迈萨奥里亚平原，是塞浦路斯主要的农耕地区。奥林波斯山海拔1950.7米，是全国最高峰。境内所有的河流每年都有枯水期，主要河流均源出特罗多斯山区，最长的河流为派迪亚斯河。

塞浦路斯属于地中海气候，夏季干热，冬季温湿。夏季平均气温28~35℃，冬季4~10℃。一年很少有阴天。境内矿产资源较为丰富，矿藏以铜为主，其他有硫化铁、盐、石棉、石膏、大理石、木材和土性无机颜料。农业主产亚热带果木柑橘、油橄榄、柠檬等，多

供出口。粮食作物主要有小麦、大麦、马铃薯等。塞浦路斯岛风光秀丽，多名胜古迹，主要的旅游城市有尼科西亚、利马索尔、拉纳卡、法马古斯塔、帕福斯、凯里尼亚等。

（三十三）格鲁吉亚

国家档案

国名： 格鲁吉亚（Georgia）
首都： 第比利斯
面积： 6.97 万平方千米
人口： 389.66 万（2022 年 1 月）
民族： 以格鲁吉亚族为主，占总人口的 70.1%，另外还有亚美尼亚人、俄罗斯人、阿塞拜疆人、奥塞梯族、阿布哈兹族等
语言： 格鲁吉亚语为官方语言，居民多通晓俄语
货币： 拉里

地理概况

格鲁吉亚位于外高加索中西部。北接俄罗斯，东南和南部分别与阿塞拜疆和亚美尼亚相邻，西邻黑海，西南与土耳其接壤。海岸线长 309 千米。全境 2/3 为山地，属高加索山区，大部分海拔在 1000 米以上，有许多山峰超过 4000 米，南、北大小高加索山脉之间为库拉河谷及里奥尼河谷平原，西部黑海沿海为狭小的平原。处于地震带上，地震活动频繁。主要河流有库拉河、里奥尼河。

境内部分地区属高山气候，西部属亚热带地中海气候。1 月份平均气温 3~7℃，8 月平均气温 23~26℃。自然资源比较贫乏，主要矿产有煤、铜、多金属矿石、重晶石。尤以锰矿最为著名。森林面积占国土面积的 40%。农业主要种植茶叶、柑橘、葡萄、小麦和烟草等。水力资源丰富。旅游资源丰富，北部的高加索山脉和西部黑海海滨是世界著名的旅游胜地。主要的旅游城市有第比利斯、苏呼米、皮聪大、加格拉、哥里等。

（三十四）亚美尼亚

国家档案

国名： 亚美尼亚共和国（Republic of Armenla）
首都： 埃里温

面积：2.98 万平方千米

人口：298.69 万（2022 年 5 月）

民族：亚美尼亚族约占 93%，其他民族有俄罗斯族、乌克兰族、亚述族、希腊族、格鲁吉亚族、白俄罗斯族、犹太人、库尔德族等

语言：官方语言为亚美尼亚语，居民多通晓俄语

货币：德拉姆

地理概况

亚美尼亚是位于外高加索南部的内陆国。西接土耳其，南靠伊朗，北临格鲁吉亚，东邻阿塞拜疆。境内多山，全境 90%，多的地区海拔 1000 米以上。亚拉腊山海拔 5165 米，为全国最高峰。多湖泊，中部有高加索地区最大的湖泊谢万湖。境内绝大部分河流流入里海。

亚美尼亚属亚热带高山气候，1 月平均气温−2~12℃，7 月平均气温 24~26℃。年降水量为 300~600 毫米。主要矿产资源有铜矿、铜钼矿和多金属矿。此外，还有硫磺、大理石和彩色凝灰岩等。森林覆盖面积占全国总面积的 10%。农业主要种植大麦、小麦、葡萄、甜菜、烟草、棉花等。工业在经济中占主导地位，主要的工业部门有机器制造业、有色金属冶炼、化工、轻纺、食品、建材和电力等。交通运输以铁路、公路和空运为主，其中公路运输尤为重要。

（三十五）阿塞拜疆

国家档案

国名：阿塞拜疆共和国（Republic of Azerbaijan）

首都：巴库

面积：8.66 万平方千米

人口：1016.45 万（2022 年 3 月）

民族：共有 43 个民族，其中阿塞拜疆族占 90.6%，列兹根族占 2.2%，俄罗斯族占 1.8%，亚美尼亚族占 1.5%，塔雷什族占 1.0%

语言：官方语言为阿塞拜疆语，居民多通晓俄语

货币：马纳特

1. 地理概况

阿塞拜疆位于外高加索东南部。北靠俄罗斯，西部和西北部与亚美尼亚、格鲁吉亚相邻，南接伊朗，东濒里海。海岸线长 456 千米。全境约有一半面积为山地，东北部为大高加索山脉，巴扎尔迪聚峰海拔 4466 米，为全国最高峰。西南属小高加索山脉，东南有塔累什山，其与里海间为连科兰低地。中部为库拉河—阿拉克斯河河谷平原及低地。库拉河贯穿全境。

境内气候呈多样化特征，平原、低地为亚热带气候，7 月平均气温为 27~29℃，1 月平均气温为 1~3℃。山地为高原冻土带气候，7 月和 1 月平均气温分别为 5℃ 和 -30℃。阿塞拜疆石油和天然气资源丰富，主要分布在阿普歇伦半岛和里海。此外还有铁、明矾石等。交通运输以铁路和公路为主，巴库是里海沿岸最大的港口。

阿塞拜疆有众多风格迥异的名胜古迹，主要的景点有巴库处女塔、拜火神庙、戈布斯坦岩画、舍基汗王宫、八角形陵墓、城堡、布尔凡沙霍夫王宫等。

2. 巴库处女塔

巴库处女塔位于巴库老城中心，与里海相邻。据说此塔保护了无数处女，使她们免遭外敌的蹂躏，故此得名。巴库处女塔是 12 世纪所建的汉王宫殿建筑群的一部分。塔高 27 米，为 8 层圆柱形，每层可容纳 50 人。内有一口水井，井水四季清凉甘美。塔上每层窗户都有防御设施，用石灰石砌成。可倾泻滚烫的熔铅，还可投下燃烧的石油火把以抵御外敌的侵袭。1304 年特大地震中，许多居民住宅都遭到破坏，此塔却安然无恙。此塔是一座典型的中世纪风格建筑。现为巴库的标志性建筑，是阿塞拜疆"古建筑明珠"，也是游客云集和朝圣的地点。

（三十六）土库曼斯坦

国家档案

国名：土库曼斯坦（Turkmenistan）

国名由来：国名源于土库曼人，11 世纪后，乌古斯—赛尔柱突厥人大规模的迁徙到如今的土库曼地区，逐渐形成土库曼民族

首都：阿什哈巴德

面积：49.12 万平方千米

人口：572 万（2020 年 6 月）

民族：全国有 100 多个民族，土库曼族占全国人口的 94.7%还有乌兹别克族、俄罗斯族、哈萨克族、亚美尼亚族、鞑靼族、阿塞拜疆族等

语言：官方语言为土库曼语，俄语为族际交流语言

货币：马纳特

地理概况

土库曼斯坦是位于中亚西南部的内陆国家。西临里海，陆临哈萨克斯坦、乌兹别克斯坦、阿富汗和伊朗。地势由东南向西北倾斜，全境大部分为低平原，80%的领土被卡拉库姆沙漠所占据。南部和西部为科比特达格山脉、巴洛帕美斯山脉，里泽山海拔2942 米，为全国最高峰。西部里海沿岸为低地。主要的河流有阿姆河、捷詹河、木耳加布河等，卡拉库姆运河是世界上最大的灌溉运河之一，全长 1450 千米，从东到西贯穿大沙漠，把中亚的阿姆河水引到土库曼斯坦，灌溉面积达 30 多万公顷。

土库曼斯坦属于典型的大陆性气候，这里是世界上最干旱的地区之一。年平均降水量为 60~150 毫米。矿产资源丰富，主要有石油、天然气、芒硝、碘、有色及稀有金属等。农业以棉花和小麦为主，是世界主要长绒棉生产国之一。旅游资源丰富，主要的景点有巴哈尔琴湖等。巴哈尔琴湖湖水清澈透明，弥漫着浓重的硫化氢气味，长达150 米的洞壁上栖息着大量的蝙蝠。此外还有库涅一乌尔根奇古迹区、阿什哈巴德等。

（三十七）塔吉克斯坦

国家档案

国名：塔吉克斯坦共和国（Republic of Tajikistan）

首都：杜尚别

面积：14.31 万平方千米

人口：1001 万（2023 年 1 月）

民族：塔吉克族占全国总人口的 79.9%，乌兹别克族占 15.3%，俄罗斯族占1%。此外，还有鞑靼、吉尔吉斯、土库曼、哈萨克、乌克兰等民族

语言：塔吉克语为国语，俄语为族际交流语言

货币：索莫尼

地理概况

塔吉克斯坦是位于中亚东南部的内陆国家。东与中国接壤，南邻阿富汗，西部和

北部与乌兹别克斯坦和吉尔吉斯斯坦相连。境内多山，山地约占国土面积的93%，其中一半地区海拔在3000米以上，故有"高山国"之称。东南部为帕米尔高原，素莫尼峰海拔7495米，为全国最高峰。北部的费尔干纳盆地西缘、西南部的吉萨尔谷地和瓦赫什谷地地势较低。主要的河流有锡尔河及阿姆河支流瓦赫什河、喷赤河，还有泽拉夫尚河。境内最大的湖泊为喀拉盐湖。

塔吉克斯坦属大陆性气候，夏季干燥炎热，降水多集中在冬、春两季。矿产资源以铀为主，铅、锌储量占中亚第一位。此外还有钼、钨、锑、锶、金矿、石油、天然气、煤、岩盐、萤石等。水力资源丰富，居世界第八位，人均占有量居世界第一。农业以种植棉花为主，是中亚长绒棉的主要产区。塔吉克斯坦历史悠久，可参观探古的景点较多，如哈兹拉提—巴巴陵墓、阿卜杜拉罕大礼堂、霍贾奥比加尔姆的温泉、"老虎沟"自然保护区等。

（三十八）吉尔吉斯斯坦

国家档案

国名： 吉尔吉斯共和国（Republic of Kyrgyz）
首都： 比什凯克
面积： 19.99万平方千米
人口： 约700万（2023年4月）
民族： 全国有80多个民族，吉尔吉斯族占69.2%。其他还有乌兹别克族和俄罗斯族
语言： 国语为吉尔吉斯语，俄语为官方语言
货币： 索姆

地理概况

吉尔吉斯斯坦是位于中亚东北部的内陆国，北和东北接哈萨克斯坦，南邻塔吉克斯坦，西南毗连乌兹别克斯坦，东南和东面与中国相接。边界线全长约4170千米。境内多山，山地占全国总面积的3/4。1/3的地区海拔在3000~4000米，全境海拔在500米以上。东北部为天山山脉，其最高峰胜利峰高达7439米。西南部为帕米尔—阿赖山脉，高山常年积雪，多冰川。仅北部、西南边缘分布有河谷盆地，如楚河、塔拉斯河谷等。主要的河流有纳伦河，境内最大的湖泊为地处天山余脉之中的伊塞克湖，是世界第二大高原湖。

吉尔吉斯斯坦属大陆性气候，1月平均气温为-6℃，7月平均气温为27℃。矿产资源主要有黄金、锑、钨、锡、汞等贵重和稀有金属。其中锑产量居世界第三位，锡、

汞的产量也居世界前列。主要工业有采矿、电力、燃料、化工、有色金属、机器制造、木材加工、建材等。农业以畜牧业为主，主要是牧羊和牛。

（三十九）哈萨克斯坦

国家档案

国名：哈萨克斯坦共和国（the Republic of Kazakhstan）

首都：阿斯塔纳

面积：272.49 万平方千米

人口：1976.5 万人（2023 年 1 月）

主要民族：131 个民族，有哈萨克族（67%）、俄罗斯族、日耳曼族、乌克兰族，还有乌兹别克、维吾尔、鞑靼和朝鲜族等

主要语言：俄语、哈萨克语

货币：坚戈

地理概况

哈萨克斯坦共和国地处中亚，是一个内陆国家，它西濒里海，东南与中国接壤，北面紧挨俄罗斯，南与乌兹别克斯坦、土库曼斯坦和吉尔吉斯斯坦交界。全国共分为北哈萨克斯坦州、科斯塔奈州等 14 个州，首都是阿斯塔纳。

国土中荒漠和半荒漠占了 60%，其余大多为平原和低地；哈萨克斯坦境内湖泊众多，约有 4.8 万个，其中较大的有里海、咸海等；冰川多达 1500 条，面积为 2070 平方千米。哈萨克斯坦属严重干旱的大陆性气候，年降水量荒漠地带不足 100 毫米，北部 300~400 毫米，山区 1000~2000 毫米。

哈萨克斯坦的经济以石油、天然气、采矿和农牧业为主。自然资源丰富，已探明有 90 多种矿藏，其中钨储量占世界第一位，铬和磷矿石储量占世界第二位。另外，铁、煤、石油、天然气的储量也相当丰富。

（四十）乌兹别克斯坦

国家档案

国名：乌兹别克斯坦共和国（The Republic of uzbekistan）

首都：塔什干

面积： 44.89 万平方千米

人口： 3602.49 万（2023 年 1 月 1 日）

民族： 共有 130 多个民族。乌兹别克族占 80%，塔吉克族占 4%，其他为俄罗斯族、哈萨克族、卡拉卡尔帕克族、鞑靼族、吉尔吉斯族、朝鲜族等

语言： 乌兹别克语为官方语言，俄语为通用语

货币： 苏姆

地理概况

乌兹别克斯坦是位于中亚腹地的"双内陆国"，四周与阿富汗、哈萨克斯坦、吉尔吉斯斯坦、塔吉克斯坦、土库曼斯坦为邻。全境地势东高西低。平原、低地占全部面积的 80%，中部和西部属图兰低平原，其中大部分为克孜勒库姆沙漠。东部和南部属天山山系和吉萨尔—阿赖山系的支脉，山脉间分布一系列山间盆地和谷地，如著名的费尔干纳盆地、奇尔奇克—安格连谷地和泽拉夫尚谷地。河流均为内流河，主要有阿姆河、锡尔河和泽拉夫尚河。位于西北边境的咸海是全境最大的湖泊。

乌兹别克斯坦属严重干旱的大陆性气候，常年干燥少雨。矿产资源丰富，现已探明的矿藏有 100 多种。黄金储量居世界第四位，其他储量较多的有天然气、煤、石油、铜、铅、锌、钨、铀等。棉花产量高，是世界上主要的长绒棉生产基地之一。乌兹别克斯坦的"四金"是国民经济支柱产业，分别为黄金、"白金"（棉花）、"乌金"（石油）、"蓝金"（天然气）。森林覆盖率为 12%。

十五、欧洲国家

欧洲是亚欧大陆伸向大西洋的大半岛。包括欧洲西部、欧洲东部和北亚两大部分，欧洲西部又可分为北欧、西欧、中欧和南欧四部分。欧洲按地理方位分为五部分：北欧、东欧、中欧、西欧与南欧。

北欧地处高纬，包括挪威、瑞典、芬兰、丹麦、冰岛 5 个国家和法罗群岛（丹）。

东欧也就是苏联的欧洲部分。包括 7 个国家：俄罗斯、白俄罗斯、乌克兰、摩尔多瓦、立陶宛、拉脱维亚、爱沙尼亚。

中欧位于阿尔卑斯山脉和北海、波罗的海之间，由德国、瑞士、波兰、捷克、斯洛伐克、匈牙利、奥地利和列支敦士登等 8 个国家组成。

西欧濒临大西洋和北海，范围包括英国、爱尔兰、荷兰、比利时、卢森堡、摩纳

哥、法国 7 个国家。

南欧指巴尔干、亚平宁和伊比利亚三个半岛和附近一些岛屿。包括西班牙、葡萄牙、安道尔、意大利、圣马力诺、梵蒂冈、马耳他、斯洛文尼亚、克罗地亚、塞尔维亚、黑山、波斯尼亚和黑塞哥维那、马其顿、罗马尼亚、保加利亚、阿尔巴尼亚、希腊等 17 个国家。

（一）挪威

国家档案

国名：挪威王国（The Kingdom of Norway）

首都：奥斯陆

面积：38.5 万平方千米

人口：545.6 万（2022 年 10 月）

民族：有近 10 个民族，挪威人占全国总人口的 96%，其他有拉普人、芬兰人、丹麦人等

语言：官方语言为挪威语

货币：挪威克朗

1. 地理概况

挪威位于北欧斯堪的纳维亚半岛西部。南同丹麦隔海相望，东邻瑞典，东北与芬兰和俄罗斯接壤，西濒挪威海。东西最宽处有 400 多千米，南北最窄处仅 8 千米。海岸线长 2.13 万千米，沿海岛屿众多。挪威地处高纬度，夏季 3 个月左右不见日落，冬季 3 个月左右不见阳光，所以被称为永夜、永昼的半夜太阳之国。境内多山，山地面积约占全境的 2/3，一条斯堪的纳维亚山脉纵贯全境。格利特峰海拔 2470 米，为全国最高峰。南部小丘、湖泊、沼泽广布。

挪威大部分地区属温带海洋性气候，冬温夏凉。挪威油气资源丰富，为西欧最大产油国。西南部有欧洲最大的钛矿。其他矿产主要有天然气、煤、铁、铜等。森林覆盖率为 25%，水力和水产资源丰富，北部沿海是世界著名渔场。挪威以绮丽的自然景观闻名于世，主要的名胜有卑尔根市的布吕根镇、奥尔内斯木板教堂、威格兰雕塑公园和地球上最北的城镇哈默菲斯特等。挪威由于地处高纬，在极昼和极夜还能看到鲜艳夺目的北极光，呈黄、白、红、蓝、紫各色，犹如节日烈火。

2. 首都奥斯陆

奥斯陆是挪威的首都，位于国土南部奥斯陆峡湾北端的山丘上，面积 453 平方千米。是全国政治、经济、交通、文化中心，全国第二大港，主要军港。

奥斯陆是欧洲著名的历史古城。据说，奥斯陆意为"上帝的山谷"。始建于 11 世纪，1814 年成为挪威首都，故称其为"克里斯蒂安尼亚"，后改为现名。奥斯陆是典型的北欧城市，城市布局整齐，依山面海，大部分地区仍保持着天然状态，风景优美。市内马里达尔湖，是城市用水的重要水源。

奥斯陆是全国最大的工业城市，有造船、机械、电子、木材加工、造纸、纺织、食品等工业，工业产值占全国总产值 1/4 以上。奥斯陆的裘皮驰名世界，独有的"挪威蓝狐"毛皮光彩夺目，被誉为"裘王"，畅销欧美市场。博物馆各具特色，有保存着挪威古物的西郊露天博物馆，有陈列着 3 艘出没于海上的北欧海域海盗船的海盗博物馆，还有航海博物馆等。奥斯陆的雕塑数量众多，随处可见，被称为"雕塑之城"。

3. 朗伊尔

朗伊尔位于斯瓦尔巴群岛中西部，距北极极点只有 1300 千米，再往北则没有居民，是地球最北端的城镇。90%的面积覆盖着冰川，冰盖厚达 120～600 米，冻土层入地 300 米厚。这里全年平均气温在 -7℃，最低温度达 -50～-40℃，一年有 116 天的极夜。因挪威海有一股暖流从群岛西岸流过，带来的热量大大提高了周围的气温，故这里比其他同纬度地区温暖得多，甚至比南边的一些城市还暖和。朗伊尔所濒临的海湾被称为"绿湾"，夏季，向阳的山坡和谷地绿草茵茵，130 种左右开花的植物竞相怒放，万紫千红。朗伊尔也有 100 多天的极昼，是人们工作和旅游的大好时节。朗伊尔蕴藏丰富的煤矿，每年向挪威输送煤炭达百万吨。

4. 极地博物馆

极地博物馆位于挪威北部的马克郡，形成于公元前 4200～前 500 年，1985 年被列为世界文化遗产。

阿尔塔的岩石画群，临近北极圈地区，是欧洲最北端的摩崖刻画。

这个史前岩石画群，分布于 5000 米高的临海斜坡上，共 45 处。这些岩画高度不等，最高的岩画高达 26 米。岩石雕刻宽度多在 20～40 厘米。这些岩石画除少数是直接雕刻的外，大多数作品都是用石制或骨制的工具在花岗岩上刻出轮廓，再涂上染料的。

阿尔塔岩画的内容包括人物、动物、几何图形等，其中远古时代人们的狩猎场面是最常见的题材。画中图案多具有象征意义，例如船象征海上的危险，鱼象征渔业的丰收，人形则是消灭敌人的咒符。但在许多画中都有脚印出现，这仍是一个未能解开

的谜。

阿尔塔的岩石画群，是世界上最早的石窟岩画艺术群之一，它为人类研究古代岩画艺术提供了极为重要的钥匙，同时，也使人们能直观地了解到北极边缘地区史前时期的自然环境和人类活动情况。

5. 布吕根城

布吕根位于挪威西南部的霍达兰郡的卑尔根城内，创建于 11 世纪，繁荣于 14 世纪，在历史上曾是著名的汉萨同盟国中重要的海外港口之一。布吕根区的空间布局是由它作为港口的功能而决定的。它由多排平行的楼房组成，中间有多个通道将城市分割。这些通道在历史上被用来充当庭院，从商船上卸下的货物先堆放在那里，然后再分配到不同的仓库中去。今天的布吕根区有 62 幢建筑，这些建筑大多有一两个院落以及几个石砌地下室，用于储存货物。这些建筑中的主体楼房多为木质，楼房大多分三层，窗户狭长，屋顶陡峭，山墙也是用木条拼成。在布吕根地区如今还保存下来许多中世纪时期的市场，市场内原有许多店铺，今天还能看到一部分店铺遗址。布吕根地区这种井然有序的城市布局，基本反映了中世纪挪威人民的生活。

（二）瑞典

国家档案

国名： 瑞典王国（The Kingdom of Sweden）

首都： 斯德哥尔摩

面积： 45 万平方千米

人口： 1038 万（2020 年末）

民族： 90% 为瑞典人，北部萨米族（拉普族）是唯一的少数民族

语言： 瑞典语

货币： 瑞典克朗

---

1. 地理概况

瑞典位于北欧斯堪的纳维亚半岛东半部。西邻挪威，东北接芬兰，东临波罗的海，西南濒北海，隔卡特加特和厄勒海峡同丹麦相望。海岸线长 2181 千米。瑞典地形狭长，地势自西北向东南倾斜。北部为诺尔兰高原，西北的凯布讷山海拔 2117 米，为全国最高峰。南部及沿海多为平原或丘陵。山地冰川约 200 条。湖泊众多，湖泊面积占国土面积的 8%，最大的湖泊为维纳恩湖，面积达 5550 平方千米。可通航河流较少。河流

自西北向东南直下，多瀑布。

瑞典大部分地区属亚寒带气候，最南部属温带阔叶林气候。受北大西洋暖流影响，冬季气温比同纬度的地区高。铁矿、森林和水力是瑞典三大资源。已探明铁矿储量36.5亿吨，是欧洲最大的铁矿砂出口国。基纬纳铁矿是世界最大的富铁矿之一。森林资源丰富，覆盖率为54%，蓄材26.4亿立方米。全国水力资源蕴藏量为2014万千瓦。

2. 首都斯德哥尔摩

斯德哥尔摩位于瑞典的东海岸，濒波罗的海，在梅拉伦湖入海处，是瑞典的首都，全国第一大城市，全国经济和文化的中心。斯德哥尔摩由陆地部分和14座岛屿组成，市内水道纵横，70余座大小桥梁把它们联为一体，素有"北方威尼斯"的美誉。湖滨和海滨地区风光秀丽，环境优美。

斯德哥尔摩至今已有700多年的历史，该地原为"木桩岛"，13世纪时，当地居民在梅拉伦湖入海处的一个小岛上用木桩围城构建城堡，以抵御海盗入侵，因此得名"木桩岛"。

斯德哥尔摩工业发达，主要有钢铁、机器制造（电机、造船、机车）、化学、炼油、纺织等。全国60%的大型企业、公司和银行在此设有总部。市内有皇家科学院、斯德哥尔摩大学、原子能研究中心及皇家图书馆等文化设施。主要的景点有音乐厅（每年诺贝尔奖颁奖仪式在这里举行）、市政大厅、斯坎森大露天博物馆（保存着十二至十三世纪的文物）、"中国宫"等。

3. 诺贝尔旧居

诺贝尔旧居位于瑞典中部卡尔斯库加市的白桦山庄内，距首都斯德哥尔摩约200千米。这里空气清新、环境清幽，1894年阿尔费雷德·诺贝尔结束了长期的海外漂泊生涯，在此度过了人生的最后时光。

诺贝尔旧居是一座古朴而典雅的白色小楼，楼前是一片平整的草地，草地左边有一片苍翠的白桦林。1975年，挪威政府将诺贝尔旧居正式辟为诺贝尔纪念馆。诺贝尔生前的照片，以及他所获得各种专利证书、金质奖章，甚至他的遗嘱，都珍藏于此。在诺贝尔旧居的多个房间内，实验室面积最大，其中做实验用的各种设备依序陈列。相对于诺贝尔的实验室而言，他的卧室陈设则十分简单，里边只有床、桌和衣柜等几件简单的家具。如今诺贝尔旧居内的陈设大都保持着诺贝尔生前的样子。

诺贝尔旧居今天已成为诺贝尔学术活动的中心。诺贝尔学术讨论会每年都定期在这里举行，届时来自世界各地的著名科学家都会汇聚于此。

（三）芬兰

国家档案

国名： 芬兰共和国（The Republic of Finland）

首都： 赫尔辛基

面积： 33.841 万平方千米

人口： 555.6 万（2022 年 8 月）

民族： 芬兰族占 90.9%，瑞典族占 5.4%，还有少量拉普人、吉卜赛人等

语言： 芬兰语和瑞典语均为官方语言

货币： 欧元

1. 地理概况

芬兰位于欧洲北部。与瑞典、挪威、俄罗斯接壤，南临芬兰湾，西濒波的尼亚湾。海岸线长 1100 千米。境内地势北高南低。北部和中部为丘陵地区，西部和南部为沿海平原，西南部沿海岛屿众多。境内有大小岛屿约 17.9 万个，湖泊约 18.8 万个，故有"千湖之国"之称。最大的湖为东南部的赛马湖，面积 4400 平方千米。内陆水域面积占全国面积的 10%。全国有 1/3 的土地在北极圈内，堪称世界最北的国家。

芬兰属温带海洋性气候。平均气温冬季 −14～3℃，夏季 13～17℃，年均降雨量在400～600 毫米。森林资源极为丰富，覆盖率达 66.7%，木材蓄积量 20.48 亿立方米，以松、杉为主。水力和泥炭资源丰富，已探明泥炭储量约 700 亿立方米，相当于 40 亿吨石油。还有铜、锌、金、铬、钴、钛、钒等矿藏。铜的储量约为 2000 万吨，钒的生产和出口居世界前列。有两座核电站。芬兰主要的旅游城市有赫尔辛基、洛瓦涅米和图尔库。洛瓦涅米市位于北极圈附近，一年一度的斯堪的纳维亚冬季运动会在此举行。

2. 首都赫尔辛基

赫尔辛基又名"赫尔辛福斯"，是芬兰首都。位于芬兰湾北岸，濒临波罗的海，由维隆奈米半岛和 40 多个小岛组成。芬兰人称它为"波罗的海的女儿"。市区内外有第四纪冰川作用遗留下的众多湖泊，水流纵横，又被称为"水城"。

赫尔辛基是全国政治、经济、文化、商业中心，是全国最大的港口城市。赫尔辛基工业发达，是机器制造工业和造船工业、印刷工业和服装工业的中心。此外，还有电子、造纸、食品、纺织、化学、橡胶等行业。全国 50% 的进口货物通过这里进入芬兰。市内有赫尔辛基大学、图书馆、科学院和博物馆等。赫尔辛基还是全国的交通总

枢纽，交通四通八达，十分便利。建有全国最大的航空港，40 多条国际航线可通往世界各大城市，有"东西方之间的城市"之称。

赫尔辛基是欧洲夏季旅游胜地，由于地处高纬度，夏季阳光照耀的时间长达 20 个小时，气候凉爽宜人，故被人们称为"北方白昼城"或"太阳不落的都城"。

3. 北极村

位于芬兰北部的圣诞老人的故乡北极村，建于 1946 年。二战结束后美国总统罗斯福夫人要访问芬兰北部的拉毕省省会罗瓦尼埃米市，但当时这个城市在二战中已被摧毁，城内已没有什么景点可以参观，当地人想到横穿该市近郊的北极圈内有世界上罕见的自然景观，于是，在城北的北极圈内，修建了小村落，供外国客人在此欣赏极地景物，这就是北极村的由来。同时，由于这里冬季雪景十分优美，芬兰人又将这里定位为圣诞老人的故乡。

北极村的自然风光十分奇妙，夏季到这里的游人可以观赏午夜不落的太阳，冬季则可以看到世界上罕见的北极光。

如今，北极村内设有许多出售极地旅游纪念品的商店和受理圣诞老人邮件的邮政点。建于 1985 年的北极村"圣诞老人作坊"是一座圣诞礼品商店。里面出售的都是做工精湛、优质高档的地地道道的芬兰商品。在"作坊"的一角，还辟有供"圣诞老人"会见小朋友和大国宾客的办公室。

（四）丹麦

国家档案

国名： 丹麦王国（The Kingdom of Denmark）

首都： 哥本哈根

面积： 4.309 万平方千米

人口： 592.8 万（2022 年 12 月）

主要民族： 丹麦人约占 95%

语言： 丹麦语

货币： 丹麦克朗

---

1. 地理概况

丹麦位于欧洲北部日德兰半岛。南同德国接壤，西濒北海，北与挪威、瑞典隔海相望。本土由日德兰半岛大部分和菲英、西兰、波恩霍尔姆等 406 个大小岛屿组成，是北欧最小的国家。境内地势低平，平均海拔约 30 米，海拔最高点为 173 米。半岛西部及洛兰岛南部低处筑有海堤，半岛东部及菲英岛等地有小丘起伏。海岸线长 7314 千米，曲折多峡湾。境内最大的湖为阿勒湖，面积为 40.6 平方千米。最长的河为古曾河，长 150 千米。

丹麦属海洋性温带阔叶林气候。冬暖夏凉。年均降水量约 600 毫米。自然资源较贫乏。除石油和天然气外，其他矿藏很少。北海和波罗的海为近海重要渔场，主要有鳕鱼、比目鱼、鲭鱼、鳗鱼和虾等。工业在国民经济中占主导地位。主要工业部门有：食品加工、机械制造、石油开采、造船、水泥、电子、化工、冶金、医药、纺织、家具等。船用主机、水泥设备、助听器、酶制剂和人造胰岛素等产品享誉世界。

2. 首都哥本哈根

"哥本哈根"在丹麦语中意为"商人之港"。位于西兰岛东岸，临厄勒海峡。是丹麦的首都，全国最大的军港和商港，北欧第二大城市。城市美观整洁，建筑大多采用浅色花岗岩石材，故被称为"北欧洁白城市"。哥本哈根 11 世纪时为小渔村，1417 年为王国首都，现为丹麦经济、政治、文化的中心和重要交通枢纽。全国有 1/3 工业部门集中于此，主要有造船、机械、冶金、化工、食品和纺织。境内一半以上的货物经此进出。

哥本哈根是著名的旅游胜地。市内有许多宫殿、城堡和古建筑。最著名的教堂是洛斯尔德大教堂，建于公元 970~980 年。最著名的宫殿是克里斯蒂安堡，过去是丹麦国王的宫殿，现在成为议会和政府大厦所在地。还有克伦堡宫，宫内陈列着大量油画、挂毯、木雕等，莎士比亚名剧《哈姆雷特》的故事就发生在这里。位于海滨公园的"美人鱼"铜像是根据丹麦作家安徒生著名童话《海的女儿》中的人物塑造的一座铜像，被看作是丹麦国家的标志，吸引着世界各地的游客前来参观。

3. 安徒生故居和安徒生博物馆

安徒生故居建于 18 世纪末，安徒生博物馆始建于 1930 年。

安徒生故居坐落在欧登塞市内一条古老而简陋的小胡同里，这是一栋低矮的尖顶小红房子，是安徒生的出生地，内保留着安徒生早年生活的样子。故居周围的街道及民房按原貌保存下来，街道上有许多专卖安徒生纪念品的小商店。

安徒生博物馆位于安徒生故居不远处的一条鹅卵石铺就的街巷里。博物馆共有陈列室 18 间。前 12 间是展览室，这些展览室按安徒生创作的时间顺序，展示着这位著名作家的作品手稿、画稿以及与其他名人来往的书信。在前 12 间展览室中又以第 11 间最为引人注意。这是一间圆柱形大厅，内有丹麦近代著名艺术家斯坦恩斯作的 8 幅壁画。这些壁画绘制精美，生动地描绘了安徒生生前各阶段的生活经历。博物馆的第 13~18

间，是录像录音播放室和图书馆，图书馆中收集了 68 个国家出版的 96 种文字的安徒生著作。

（五）冰岛

国家档案

国名：冰岛共和国（The Republic of Iceland）

首都：雷克雅未克

面积：10.3 万平方千米

人口：37.6 万（2022 年 1 月）

民族：绝大多数为冰岛人，属日耳曼族，此外还有少数丹麦人、挪威人、美国人等

语言：冰岛语为官方语言，英语为通用语言

货币：冰岛克朗

1. 地理概况

冰岛位于北大西洋中部，靠近北极圈，为欧洲第二大岛。海岸线长约 4970 千米。全境大部分为高地，平均海拔 500 米，有 11.5% 的土地被冰雪覆盖，其东南部的瓦特纳冰川面积达 8400 平方千米，平均厚度超过 900 米。北部和东部海岸陡峻，海湾众多。沿海有狭窄平原。冰岛最高峰是华纳达尔斯火山，海拔 2119 米。境内多火山、喷泉、瀑布、湖泊和湍急河流。火山约 200 座，其中活火山 30 座，火山之上又有大冰川，故被称为"冰与火之岛"。冰岛是世界上温泉最多的国家之一。

冰岛属寒温带海洋性气候，变化无常。因受北大西洋暖流影响，较同纬度其他地方温和。夏季日照长，冬季日照极短。秋季和冬初可见极光。冰岛渔业、水力和地热资源丰富，其他自然资源匮乏。冰岛旅游业发达，主要的景点有：冰川、火山地貌、地热喷泉和瀑布等。

2. 首都雷克雅未克

雷克雅未克是冰岛首都，位于冰岛西南部法赫萨湾的塞尔蒂亚纳半岛上，是冰岛最大的城市和海港。雷克雅未克地处北极圈附近，是世界上最北的首都。市区附近地势较平坦，气候温和湿润。城市布局匀称，很少有高楼大厦，主要的建筑物和小巧玲珑的居民住房多被漆得红红绿绿的，与城东、城北覆盖着皑皑白雪的山峰交相辉映，分外美丽。城市拥有许多温泉和喷气孔，水汽弥漫。"雷克雅未克"即为"烟湾"之

意。市中心有美丽的特约宁湖。

雷克雅未克是全国政治、商业、工业和文化中心以及重要渔港。政府各部、议会、中央银行及冰岛大学均设于此。该城市及附近的地区集中了全国大部分工业企业，主要有鱼类加工、食品加工、造船和纺织等。航运在该市经济中占有重要的地位，有客、货班轮通往世界各地。雷克雅未克地热资源丰富，市内由四周温泉通过管道为全市居民提供热水和暖气，市容整洁，几乎没有污染，有"无烟城市"之称。

（六）爱沙尼亚

国家档案

国名：爱沙尼亚共和国（Republic of Estonia）

首都：塔林

面积：4.527 万平方千米

人口：133 万（2022 年 1 月）

民族：主要民族为爱沙尼亚族、俄罗斯族，其余为乌克兰人、白俄罗斯人、芬兰人等

官方语言：官方语言为爱沙尼亚语，英语、俄语亦被广泛使用

货币：爱沙尼亚克朗

地理概况

爱沙尼亚位于波罗的海东海岸，东与俄罗斯接壤，南与拉脱维亚共和国相邻，北邻芬兰湾，与芬兰隔海相望，西南濒里加湾。全境地势低平，间有海拔 150~300 米的低丘，最高点为 317 米。河流湖泊众多，沼泽广布。最大的湖泊为楚德湖。主要的河流有纳尔瓦河、派尔努河等。

全境属温带海洋性气候，冬季平均气温 -6℃，夏季平均气温 16℃，年平均降水量 600~700 毫米。森林占全国总面积的 36%，矿藏主要有油页岩（储量约 60 亿吨）、磷矿（已探明储量 3.5 亿吨）、石灰岩、泥岩等。工业比较发达，以油页岩开采和加工最为著名。畜牧业比较发达，以养奶牛、肉牛和猪为主。主要农作物有：小麦、黑麦、马铃薯、蔬菜、玉米、亚麻等。主要旅游景点有：塔林（有多姆教堂、奥列维斯特大教堂古建筑）、塔尔图（以斜楼著称）、帕尔努、萨列马岛、希尤马岛。

（七）拉脱维亚

国家档案

国名： 拉脱维亚共和国（The Republic of Latvia）

首都： 里加

面积： 6.4589 万平方千米

人口： 187.6 万（2022 年）

民族： 拉脱维亚人占总人口的 59%，俄罗斯人占 28.5% 其他还有白俄罗斯人、乌克兰人、立陶宛人、犹太人、吉卜赛人、爱沙尼亚人等

语言： 官方语言为拉脱维亚语，通用俄语

货币： 拉脱维亚拉特

1. 地理概况

拉脱维亚位于波罗的海东岸，北与爱沙尼亚，南与立陶宛，东与俄罗斯，东南与白俄罗斯接壤。国界线总长 1862 千米。境内地势平坦，唯东部和西部为丘陵。3/4 地区在海拔 120 米以下，最高点海拔 311 米。境内多湖泊和沼泽，较大的湖泊有卢班斯湖、拉兹纳湖。主要河流是道加瓦河和利耶卢佩河。

拉脱维亚属海洋性气候向大陆性气候过渡的中间类型。1 月平均气温-5℃，7 月平均气温 17℃，年平均年降水量 500~800 毫米，湿度大。主要有泥炭、石灰石、石膏、白云石、石英沙等矿产。森林覆盖率为 40.7%。工农业较发达，工业以机械制造业为主，乳肉用养畜业是主要农业部门。捕鱼业发达。主要的旅游城市和景点有：里加古城、拉特加尔湖、尤尔马拉海滨、希古达和采西斯风景区、露天民俗博物馆、隆达列宫等。

2. 圣彼得大教堂

圣彼得大教堂位于里加市，13~14 世纪初建成，14~15 世纪重建，1689~1694 年，教堂西部改建为欧洲流行的巴洛克式建筑。教堂尖塔高 123.2 米。教堂内还可举行各种各样的音乐会和展览。

据记载，1721 年这座教堂曾遭雷击毁，修复后，人们在教堂顶端上安装了一个生铁铸成的公鸡。这只公鸡也叫风信鸡，鸡身一面为金色，一面为黑色，有着辨别风向的作用。当金色一面对着城市时表示顺风，海上的船只可以进港；当黑色一面对着城市时，表示逆风，船只不能进港。在当地，公鸡又被认为是能驱鬼辟邪的，鸡叫三遍，

天就亮了，魔鬼就要返回地狱，所以公鸡是当地的吉祥标志。在安装风信鸡时人们为它举行了独特的仪式：端坐在鸡身上的工匠把饮酒后的杯子从塔顶扔下，杯子摔碎则预示着教堂可长久存在。但当时杯子碰巧被干草车接住，未被摔碎，这被拉脱维亚人认为不祥。

（八）白俄罗斯

国家档案

国名： 白俄罗斯共和国（The Republic of Belarus）

首都： 明斯克

面积： 20.76 万平方千米

人口： 925.5 万（2022 年 1 月）

主要民族： 共有 100 多个民族，其中白俄罗斯人占总人口的 81.2%，俄罗斯人在占 11.4%，此外还有波兰人、乌克兰人、和犹太人等

官方语言： 官方语言为白俄罗斯语和俄罗斯语

货币： 卢布和卢别里

1. 地理概况

白俄罗斯是位于东欧平原西部的内陆国。东邻俄罗斯，北、西北与拉脱维亚和立陶宛交界，西与波兰相邻，南与乌克兰接壤。境内大部分地区为平原，海拔 50～150 米，西北部有低丘。主要的河流有第聂伯河、普里皮亚特河、别列济纳河、涅曼河和西德维纳河。境内湖泊较多，约 1.08 万个，享有"万湖之国"的美誉。较大的湖泊有纳罗奇湖、契尔沃诺耶湖和奥斯维亚湖。

白俄罗斯属温带大陆性气候。1 月平均气温-8～-4℃，7 月平均气温 18℃。年平均降雨量为 500～700 毫米。主要矿产资源有钾盐、岩盐、泥炭、磷灰石等。森林覆盖率 36%，动物资源丰富。工业基础较好，主要工业部门有机械制造、金属加工、化工、电子、光学仪器、石油加工、木材加工、轻工、食品加工等。农业以畜牧业为主，主要饲养牛和猪。铁路和公路交通网较发达，是欧洲交通走廊的组成部分。主要的旅游城市为明斯克和布列斯特等。

2. 首都明斯克

明斯克是白俄罗斯首都，位于白俄罗斯中部、第聂伯河上游支流斯维斯洛奇河畔。是全国政治、经济和文化中心，也是全国重要铁路、航空枢纽，有公路通往多个城市。

明斯克市有着悠久的历史，历来是联系波罗的海沿岸与莫斯科、喀山等城市的贸易中心，市名意为"交易之镇"。12世纪时为当时明斯克公国的中心。第二次世界大战中几乎被夷为平地，曾被纳粹德国占领长达3年之久。战后重建并成为白俄罗斯重要的工业中心。工业产值占白俄罗斯的1/4以上。主要工业部门为机械制造业、轻工业和食品工业，其中以汽车（载重车和自卸车）、轮式拖拉机、精密机床制造最为突出。市内设有白俄罗斯科学院、白俄罗斯大学等高等院校以及数座博物馆，此外还有著名的马戏团、歌剧院和芭蕾舞院。

（九）乌克兰

> **国家档案**
>
> **国名：**乌克兰（Ukraine）
> **首都：**基辅
> **面积：**60.37万平方千米
> **人口：**4113万（2022年9月，不含克里米亚地区）
> **主要民族：**共有130多个民族，乌克兰族约占77%，其他为俄罗斯、白俄罗斯、犹太、波兰、匈牙利、罗马尼亚、保加利亚等民族
> **官方语言：**官方语言为乌克兰语，通用俄语
> **货币：**格里夫尼亚

1. 地理概况

乌克兰位于欧洲东部，黑海、亚速海北岸。北邻白俄罗斯，东北接俄罗斯，西连波兰、斯洛伐克、匈牙利，南同罗马尼亚、摩尔多瓦毗邻。境内地形以平原为主，高地、低地相间分布，地表波状起伏。位于西部的喀尔巴阡山的最高峰戈尔维拉峰，海拔2061米。位于南部的克里米亚山地的最高峰，海拔1545米。境内有大小河流2.3万条，湖泊2万多个。最长河流为第聂伯河，流经乌克兰河段长1204千米。其他主要的河流有因古尔河、得涅斯特河、普鲁特河、北顿涅茨河。较大的湖泊有亚尔普格湖、卡古尔湖、萨赛克湖。

乌克兰大部分地区为温带大陆性气候，仅克里木山南坡的黑海沿岸为亚热带气候。年降水量300~1600毫米，东南部少，山区多。矿产资源丰富，已探明有80多种可供开采的富矿，主要包括煤、铁、锰、镍、钛、汞、石墨、耐火土、石材等。顿巴斯是全国最大的煤田。森林覆盖率为43%，乌克兰名胜古迹众多，主要的旅游城市和景区有基辅、敖德萨、利沃夫、切尔尼戈夫和克里木等。

2. 首都基辅

基辅为乌克兰的首都，位于第聂伯河中游及支流杰斯纳河汇合处以南。面积827平方千米，是全国第一大城市、政治、经济、文化的中心。

基辅建于6~7世纪，9~12世纪为东欧基辅罗斯首都，1654年并入俄国，1991年为乌克兰首都。基辅是全国最大的工业中心，重工业以机械制造、飞机、化工设备、造船和建材为主；轻工业有制药、制革、服装、印刷、编织品和食品等。基辅是全国最大的交通中心，多条铁路、公路及内河航线与航空线都交会于此。作为全国文化中心，市内集中了包括基辅大学在内的20多所高等学校、300家科研机构，以及众多图书馆、博物馆等。

基辅市区有数十条林荫大道以及数百个街心花园和草坪，一幢幢现代化的建筑掩映在绿树和花丛中，享有"花园城市"之美名。是欧洲著名的旅游城市，主要的景点有圣索菲亚大教堂、比切尔洞窟修道院、维杜别茨基修道院等。

3. 雅尔塔

雅尔塔位于乌克兰境内克里木半岛南岸，这个城市三面环山、南临黑海，是乌克兰著名的疗养胜地，同时也是一座历史名城。

雅尔塔创建于12世纪，1837年正式建市。著名的里瓦季亚宫就建在这里，气势恢宏、装饰华美，是沙皇尼古拉二世的夏宫，举世闻名的"雅尔塔会议"就是在这里举行的。这个宫殿现已改为疗养所。具有悠久历史的葡萄酒乡——马桑德拉，在雅尔塔市东北，这里以盛产葡萄酒而驰名于世。

雅尔塔背山靠海、风光秀丽，这里气候宜人、四季如春，被誉为"克里木明珠"。雅尔塔以西是美丽的乌昌苏瀑布，以东是著名的捷列克伊卡急流，雅尔塔的西南部是85米高的艾托多尔岬，岬上有高大的灯塔和高耸于峭壁之上的哥特式古堡。雅尔塔的近海浅滩十分有名，这里海水清澈、沙滩柔软，素有"黄金浴场"的美称。

圣索菲亚大教堂

美丽的雅尔塔城每年吸引着众多的游客前去旅游度假。

4. 圣索菲亚大教堂

位于基辅市中心的圣索菲亚大教堂，是俄罗斯中世纪最重要的教堂之一，是俄罗斯建筑艺术的典范。教堂由砖石砌成，面积为 2035 平方米，内有许多绘制精美的壁画。著名的《祈祷的圣母》在教堂的中央大厅内，由 300 多万块、177 种玻璃石制成，具有极高的艺术价值。教堂内最高的建筑是三座高度相同的塔楼，以乌克兰民族建筑风格为主体，融合了拜占庭式建筑手法，设计精巧、别具特色。此外这里还有俄罗斯中世纪最早的图书馆，至今保存完好。

别切鲁斯卡娅大修道院是基辅的另一重要的宗教建筑。院内有许多教堂，如乌谢夫巴茨卡教堂、圣浸礼洞窟教堂、圣母升天大教堂、别列斯托沃救世主教堂等。乌谢夫巴茨卡教堂在众多建筑中尤为引人注目，这座装饰精美的建筑，建于 18 世纪，带有典型的乌克兰巴洛克式建筑风格。

（十）俄罗斯

国家档案

国名：俄罗斯联邦（Russian Federation）

首都：莫斯科

面积：1709.82 万平方千米

人口：1.46 亿（2022 年 9 月）

主要民族：俄罗斯族

语言：俄语是官方语言

货币：卢布

1. 地理概况

俄罗斯横跨欧亚大陆，北临北冰洋，东临太平洋，西北接波罗的海芬兰湾，海岸线长 33807 千米，是世界上面积最大、邻邦最多的国家。

全境地势东高西低，以平原为主，约占国土面积的 70%，其欧洲领土大部分为东欧平原和西西伯利亚平原。南部是阿尔泰山脉。叶尼塞河与勒拿河之间的中西伯利亚高原是俄罗斯最大的高原。大高加索山脉主峰厄尔布鲁士峰海拔 5642 米，为全国最高点。

境内大小河流众多，较大的有伏尔加河、鄂毕河、叶尼塞河及勒拿河等。俄罗斯多湖泊，贝加尔湖是全国最大的湖泊，兴凯湖为中俄界湖。此外还有拉多加湖、奥涅加湖等。

俄罗斯地处中、高纬度，气候复杂多样，大部分地区属温带大陆性气候，但西部沿海地区有海洋性气候特点，远东地区太平洋沿岸有季风气候特征。西伯利亚冷漠荒原中心的奥伊米亚康小镇，被认为是地球上最寒冷的人类居住地。

俄罗斯自然资源十分丰富，种类多，储量大。铁蕴藏量居世界首位，铝、煤储量均居世界第二位，铀和黄金储量分别居世界第五位和第七位。天然气、石油、钾盐、铜、钨等储量均居世界前列。森林覆盖率为 50.7%。

2. 首都莫斯科

莫斯科位于俄罗斯平原中部、莫斯科河畔，横跨莫斯科河及其支流亚乌扎河两岸，面积约 1000 多平方千米，人口数量为 850 万。莫斯科始建于 12 世纪中期，迄今已有八百多年的历史。现在的莫斯科作为俄罗斯首都，是俄罗斯政治、经济、科技文化及交通中心，也是世界最大的城市之一。另外，莫斯科市绿化面积约占总面积的 1/3，是世界上绿化最好的城市之一。

作为全国科技文化中心，莫斯科教育设施众多，拥有世界第二大图书馆——列宁图书馆，以及 1000 多所科研机构。另外，莫斯科市内还有国家大剧院、莫斯科艺术剧院、国家中央木偶剧院等 121 个剧院，以及 65 座博物馆、美术馆等。

莫斯科是俄罗斯最大的工业中心，工业总产值居全国首位，工业门类齐全，拥有两万多家工厂，以机械制造和金属加工业最为重要。莫斯科的交通发达，是全国铁路、公路、河运和航空的枢纽，电气化铁路和公路通向四面八方。

莫斯科有着布局严整的格局和众多的风景名胜。它以克里姆林宫和红场为中心，向四周辐射伸展。克里姆林宫、圣母升天大教堂、报喜教堂、天使大教堂、红场、波克罗夫斯基教堂等，都是游人来莫斯科旅游的必到之处。

3. 圣彼得堡

圣彼得堡是俄罗斯第二大城市，它坐落在波罗的海芬兰湾东岸、涅瓦河河口，总面积为 607 平方千米，人口数量为 500 万左右。全市由 300 多座桥梁相连，其河流、岛屿与桥梁的数量，均居俄罗斯之冠。

圣彼得堡已经有近三百年的历史，是一座文化名城，城内的俄罗斯古典建筑群享有盛名，主要建筑群有彼得保罗要塞及彼得保罗大教堂（彼得大帝葬地）、斯莫尔尼宫、冬宫等；郊区有堪称"俄国凡尔赛"的沙皇离宫彼得宫，以及巴夫洛夫斯克别墅区、沙皇夏季别墅皇村等。另外圣彼得堡还有 50 多所博物馆，被誉为博物馆城。根据联合国教科文组织公布的资料，世界上最受旅游者欢迎的城市中，圣彼得堡名列第八位。

圣彼得堡还是一座科学技术和工业高度发展的现代化城市。由于拥有众多的高等院校、文化团体和科学研究机构，圣彼得堡被称为俄罗斯的科学文化艺术城，是世界公认的俄罗斯教育中心。

圣彼得堡的交通十分发达，拥有俄罗斯最大的海港，有 12 条铁路交会于该城，是全国重要的水陆交通枢纽。圣彼得堡还是重要的国际航空港。

4. 克里姆林宫和红场

克里姆林宫和红场，位于俄罗斯首都莫斯科市的中心位置，是莫斯科城内的重要建筑。

克里姆林宫始建于 14 世纪，最初是俄国沙皇的宫殿，十月革命后，成为苏联党政中央机关所在地。克里姆林宫宫墙长 2235 米，高 2.1 米，呈不规则的三角形。宫内古建筑众多，钟楼和古代宫殿错落分布。建于 1487~1491 年的多棱宫是克里姆林宫内最古老的宫殿。多棱宫是沙皇用于举行庆功盛典和接见外国使臣的宫殿，内设有彼得大帝以前历代沙皇的宝座。克里姆林宫内最高的建筑是伊凡大钟楼，高达 81 米，站在钟楼顶部，莫斯科的美丽景色可以尽收眼底。

闻名世界的红场与克里姆林宫相邻，是世界著名的广场之一。红场建于 15 世纪末，原是苏联重要节日举行群众集会和阅兵的地方，是莫斯科历史上最悠久的广场。广场呈长方形，总面积 9 万多平方米，长 700 米，宽 130 米，地面全用赭红色的鹅卵石铺成，在阳光照耀下红光闪闪，象征十月革命的胜利，故称"红场"。在俄语中，"红色的"含有"美丽"之意，"红场"即为"美丽的广场"。位于广场西南方的列宁墓，是红场上最重要的建筑。它是用红、黑、灰三种颜色的大理石砌成，分别象征着革命、哀悼和庄严。距列宁墓不远，有列宁博物馆，里面珍藏有列宁的遗物和关于列宁的传记等。

克里姆林宫和红场是俄罗斯国家的标准性建筑，1990 年，被联合国教科文组织作为文化遗产列入《世界遗产名录》。

（十一）波兰

国家档案

国名：波兰共和国（Republic of Poland）

首都：华沙

面积：32.26 万平方千米

人口：3774.9 万（2023 年 1 月）

主要民族：波兰人

官方语言：波兰语

货币：兹罗提

---

1. 地理概况

波兰位于欧洲中部，西与德国为邻，南与捷克、斯洛伐克接壤，东邻俄罗斯、白俄罗斯、立陶宛、乌克兰，北濒波罗的海。面积 312685 万平方千米。海岸线长 528 千米。地势北低南高，中部下凹。大部分为低地和平原，全国面积的 75% 海拔都在 200 米以下。全境分为沿海平原区、波罗的海湖区、中央平原区、中南部山麓高原区、南部苏台德山脉和喀尔巴阡山山区。塔特拉山的雷瑟峰海拔 2499 米，为全国最高点。较大河流有维斯瓦河、瓦尔塔河和奥得河（波兰境内长 741 千米）。最大的湖泊是希尼亚尔德维湖。

波兰属海洋性气候向大陆性气候过渡的温带阔叶林气候。1 月份平均气温 $-5 \sim -1$℃，7 月份 $17 \sim 19$℃。大部分地区平均年降水量 600 毫米。主要矿产有煤、硫磺、铜、锌、铅、铝、银等。煤、铅、锌的储量均居世界前列，硫磺产量居世界第二位。森林面积 902.9 万公顷，森林覆盖率 27.7%。主要旅游景点有维利奇卡盐矿、奥斯维辛集中营、圣十字山溶洞、比亚沃维耶扎国家公园等。

2. 首都华沙

华沙是波兰的首都。位于维斯瓦河中游，是全国最大的城市。华沙历史悠久，城市建于 13 世纪中叶，1596 年被定为波兰王国都城，从 17 世纪起受外国统治 200 多年，并遭战乱破坏，二战后迅速重建。

华沙是波兰最大的科学和文化中心，是波兰科学院主席团及其多数研究所的办公地。有高等院校 10 余所，有国家图书馆、华沙大学图书馆等大型图书馆，剧院数量多，占全国的 1/5。

华沙是全国最大的工业、贸易中心及最大的交通运输枢纽。工业部门繁多，以机械制造业为主，包括电机、精密机械、机床、飞机、汽车、农机等部门。化学、纺织、印刷、食品加工等工业也很发达。有多条国际国内铁路和公路经此，奥肯切机场是欧洲重要的国际航空港。

华沙城市绿化颇负盛名，林荫道、街心花园、绿化草坪遍布大街小巷，绿化面积近 130 平方千米。主要的名胜有华沙王宫城堡、瓦津基公园、圣约翰教堂、华沙美人鱼、肖邦故居、圣十字教堂等。

3. 奥斯维辛集中营

奥斯维辛集中营，在波兰南部小镇奥斯维辛内，与首都华沙相距大约 240 千米。第二次世界大战期间，这里是纳粹最大的集中营。

奥斯维辛集中营四周布满了带刺的高压电网，集中营有多座高大的监视塔，上架有机关枪。集中营中设有焚尸炉、毒气室和电压高达 6000 伏的电网。1940 年到 1944 年，奥斯维辛集中营成为希特勒的杀人中心。大约有 400 万人在这里被杀害，其中一部分在苦役中被折磨而死，其余的则被有计划地残杀了。

1946 年波兰政府将奥斯维辛集中营改为奥斯维辛殉难者博物馆，在博物馆院内还建有一个高大的纪念碑。集中营头目赫斯被绞死的绞架，以及法西斯溃逃时来不及运走的两吨重的头发、杀人用具等陈列在馆内，这些东西向世人昭示着纳粹的滔天罪行，让人触目惊心。

因其重要的历史纪念价值，1979 年，奥斯维辛集中营被联合国教科文组织作为文化遗产列入《世界遗产名录》。

（十二）德国

国家档案

国名： 德意志联邦共和国（Germany）

首都： 柏林

面积： 35.8 万平方千米

人口： 8430 万（2022 年底）

主要民族： 德意志人

官方语言： 德语

货币： 欧元

1. 地理概况

德国位于欧洲中部。东邻波兰、捷克，南毗奥地利、瑞士，西界荷兰、比利时、卢森堡、法国，北接丹麦，濒临北海和波罗的海。陆地边界全长 3757 千米，海岸线长 2389 千米，面积 35.7 万平方千米。地势自南向北倾斜，全境可分为 4 个地形区：北德平原平均海拔不到 100 米；中德山地，由东西走向的高地块构成；南德高地；巴伐利亚高原和阿尔卑斯山区，其间阿尔卑斯山脉的楚格峰海拔 2693 米，为全国最高峰。主要河流有莱茵河（流经境内 865 千米）、易北河、威悉河、奥得河、多瑙河。湖泊星罗棋布，较大湖泊有博登湖、基姆湖、阿默湖、里次湖等。

德国属温带气候，西北部海洋性气候较明显，往东、南部逐渐向大陆性气候过渡。年降水量为 400~1000 毫米。矿产资源煤和钾盐比较丰富，均居世界前列。森林面积占全国面积的 30.7%。工业发达，产值居世界第四位，主要的工业部门有汽车、机械、电气、化学及制药等。大众及奔驰汽车以性能优良而闻名于世。旅游资源丰富，主要的旅游城市有柏林、汉堡、慕尼黑、波恩、波茨坦、科隆等。

2. 首都柏林

柏林位于欧洲的心脏地带，是东西方的交会点，城市面积为889平方千米，其中公园、森林、湖泊和河流约占四分之一。由于柏林位于德国东北部，纬度较高，因而一年四季气温都比较低。

柏林在世界上是一个具有特殊魅力的城市，是欧洲有名的古都之一，它的起源可以追溯到12世纪末。1871年，俾斯麦统一德国，柏林成为德国的首都，并发展成为德国政治经济文化的中心。

柏林是欧洲最大的工业中心之一，其主要工业包括机械制造、食品加工、制药、纺织及电气工业等。柏林也是一个商业中心，位于西柏林的库斯菲尔登大街和动物园车站附近的地区，是柏林最繁华的商业街，是人们理想的购物之地。

柏林还是一座风景秀丽的花园般的旅游城市，有勃兰登堡门、圣母教堂、市政厅、博物馆岛上的古老建筑群、"水晶宫"共和国宫、夏洛特堡宫、埃及博物馆、古董博物馆、史前早期博物馆和应用美术馆等重要文化建筑；同时柏林还是世界重要的文化学术交流场所之一，建有现代化的国际会议中心；两年一度的柏林国际电影节，也吸引着世界级影星和电影爱好者的关注。

柏林拥有三所高等学府，其中最著名的是位于城东的洪堡大学，另外还有自由大学和工业大学。此外，柏林还有许多研究机构，从事重要的科学研究，如从事核物理及反应堆物理学研究的哈恩迈特纳尔研究所、海因里希—赫茨通讯技术研究所等。

3. 慕尼黑

慕尼黑位于阿尔卑斯山北麓，面积311平方千米，是德国第三大城市，欧洲著名的古城之一。德语"慕尼黑"为"僧侣之地"，8世纪建修道院，1157年，巴伐利亚国王授权僧侣在此建小镇。一战后曾是希特勒纳粹党的根据地。1938英、法政府曾在此签署了《慕尼黑协定》。二战时慕尼黑遭到严重的破坏，战后迅速重建。

慕尼黑是德国南部的经济、文化、科技和交通中心，被称为"德国的秘密首都"。城市工业发达，主要有电子电器、光学仪器、汽车制造、啤酒酿造、军事工业等。是著名的西门子公司总部所在地。慕尼黑有许多巴洛克式和哥特式建筑，例如新市政厅、圣母大教堂、老彼德教堂和圣马可大教堂，它们是欧洲文艺复兴时期的典型代表。慕尼黑以盛产啤酒闻名，有"啤酒城"之称。该地啤酒品质优良，口感纯正。这里有世界上最大的马尔蒂啤酒馆。每年一度的啤酒节也以其独特的形式和盛大的场面吸引着全世界的游客。

4. 汉堡

汉堡位于易北河、阿尔斯特河、比勒河的汇流处，北距北海 110 千米，是德国最大的港口，欧洲第四大港。基尔运河（沟通北海）和吕贝克运河（沟通波罗的海）使港口兼有河港和海港的功能，故被称为"两海三河之港"。这里通过 300 多条航线与世界各主要港口有联系，是德国通往世界的门户。

汉堡工商业很发达，主要有造船、石油炼制、化学、机械、冶金、食品、橡胶等工业部门。汉堡也是德国重要的外贸中心和文化中心。这里有 2000 多家专门从事对外贸易的机构，市内有州立歌剧院、德国话剧院、塔莱亚剧场、6 座博物馆和多所高等学校。汉堡交通十分发达，有世界上最长的城市地下隧道。市内河道纵横，建有约 1500 座桥梁，是世界上桥梁最多的城市。

5. 法兰克福

法兰克福位于莱茵河中部的支流美因河的下游，是黑森州最大城市及德国重要工商业、金融、交通中心。法兰克福不仅是德国金融业和高科技产业的象征，还是欧洲货币机构集聚之地。德国的国家银行、德意志联邦银行、德意志银行和商业银行的总部及其他 150 家德国银行和 110 家外国银行的总部都设在法兰克福。其中德累斯顿银行、德意志银行和商业银行为德国的三大银行。这里还有股票交易所和唯一的黄金市场，为此法兰克福被称之为"美因河畔的曼哈顿"。

法兰克福还是著名的博览会城市，是国际展览业的中心之一。每年都要在此举办十几次大型国际博览会，如每年春夏两季举行的国际消费品博览会、两年一度的国际"卫生、取暖、空调"专业博览会、国际服装纺织品专业博览会、汽车展览会、图书展览会、烹饪技术展览会等。每逢展览季节，法兰克福都呈现出一片繁忙的景色，市区街道更显得生机勃勃。每年有数百万人来参加博览会。博览会已成为人们了解德国的窗口。

6. 魏玛

魏玛代表着古典文化的传统，被人们赞誉为德国的雅典。魏玛是座风景优美、古色古香的城市。掩映在树木花丛中的中世纪建筑物，以及富有田园诗风味的公园，还有矗立在公园和街头的雕像，都给魏玛增添了无穷的魅力。安徒生曾说过，魏玛不是一座有公园的城市，而一座有城市的公园。

有许多名人都与魏玛有关，歌德的巨著《浮士德》就是在这里创作的，更有爱克曼与歌德在魏玛长达 10 年的友谊。席勒也两度在魏玛生活，并在这里写了剧本《威廉·退尔》。此外，还有尼采等名人都在魏玛留下了他们的足迹。

魏玛还曾在政治史上留下烙印。1919 年德国国民议会在魏玛制订了第一部共和宪法，民族剧院就是通过该宪法的会场。人们把这个宪法称为魏玛宪法，依宪成立了魏玛共和国。14 年后，希特勒上台，扼杀了魏玛共和国。他在这个文化古城西北 8 千米的布痕瓦尔德设立了臭名昭著的集中营，五六万人在那里丧生。这个集中营遗址现已辟为控诉法西斯罪行的纪念馆。

7. 科隆大教堂

科隆大教堂又名圣彼得大教堂，位于德国北部的莱茵—威斯特法伦州，是德国最大的教堂。

科隆大教堂始建于 1248 年，后几经重修和扩建。教堂采用哥特式建筑手法，是中世纪欧洲哥特建筑艺术的典范之作。整个教堂由磨光的石块砌成，占地 8000 平方米，包括正厅、多个礼拜堂和众多塔楼。大教堂正厅位于中心位置，东西长 144.55 米，南北宽 86.25 米，穹顶高达 43.35 米。厅四壁上设有多个窗户，总面积达 1 万多平方米，上面装着绘有《圣经》人物的五彩玻璃，在阳光照耀下金光闪烁，十分美丽。著名的双尖塔大教堂正厅的一侧，这两座塔高达 161 米，是大教堂内十分抢眼的建筑。

大教堂还是一座艺术的宝库，内收藏着雕塑、壁画、手工艺品等大量的艺术珍品，其中以 15 世纪早期科隆画派画家斯蒂芬·洛赫纳的壁画最为著名。

1996 年，科隆大教堂被联合国教科文组织作为文化遗产列入世界遗产名录。

8. 柏林墙

柏林墙是前德意志民主共和国围绕西柏林建造的界墙。于 1961 年 8 月 13 日动工兴建，后经过多次改建，是二战后柏林历史的见证。

柏林墙是一条窄长的带状禁区，由 12 千米长的水泥墙和 1 37 千米长的铁丝网组成，包括 253 个瞭望台、270 个警犬桩、136 个碉堡。另外，还建了很长的铁栅栏、自动射击系统和巡逻道，具有报警作用。柏林墙还设有 7 个过境通道，其中有一个专为盟军、外交官和外国记者使用。

在柏林墙有两个地段最壮观。波茨坦广场是当初东德防范最严密的一处，这里是一道双重围墙，两墙之间有一片开阔地，地上重重叠叠地摆着防坦克用的白色三角铁架。另一处是勃兰登堡门一带，这个门位于东柏林界内，墙外北面是原德意志帝国的国会大厦。

柏林墙于 1989 年被推倒。两德统一后，又在原来的位置重建了一堵象征性的柏林墙。如今的柏林墙只有 70 米，但保留了原来柏林墙的旧貌，人们通过参观可以认识那段历史。

（十三）捷克

国家档案

国名：捷克共和国（The Republic of Czech）

首都：布拉格

面积：7.89万平方千米（2009年）

人口：1070万（2021年）

主要民族：捷克族占全国人口的90%以上，其他还有波兰人、斯洛伐克人和德意志人等

官方语言：官方语言为捷克语

货币：捷克克朗

1. 地理概况

捷克是地处欧洲中部的内陆国家。东靠斯洛伐克，南邻奥地利，西接德国，北毗波兰。全境以波西米亚高原为主体，高地、丘陵和盆地相间。北、西、南三面群山环绕，北有克尔科诺谢山，南有舒玛瓦山，东北有苏台德山等，山地海拔300~1000米。东部为摩拉维亚高地，由于四周高中间低，也叫捷克盆地。主要的河流有伏尔塔瓦河、拉贝河和摩拉瓦河。

捷克属北温带，年均气温8.5℃。年均降水量为800~1300毫米。褐煤、硬煤和铀矿蕴藏丰富，其中褐煤和硬煤储量分别居世界第三位和欧洲第五位。捷克拥有欧洲最大的铀矿之一。其他矿物资源有锰、铝、锌、萤石、石墨和高岭土等。森林面积265.1万公顷，约占全国总面积的34%。工业以燃料动力、冶金、化工机械制造、食品、纺织、啤酒酿造为主。捷克是啤酒生产和消费大国。北波西米亚以产蛇麻草闻名，有"中欧花园"之美称。旅游业发达，主要的旅游胜地有布拉格、比尔森、卡罗维发利等。

2. 首都布拉格

布拉格是捷克首都，是全国的政治、经济和文化中心，国际、国内交通枢纽。位于欧洲中部波西米亚高原，面积500平方千米。整个城市在海拔200~300米的丘陵上，伏尔塔瓦河蜿蜒流过市区。工业以机械制造为主，产品有运输机械（汽车、火车和飞机）、机床、电机、矿山机械、建筑机械、农机等，工业主要分布于城市的西南郊和东南郊。公共交通以汽车、电车为主，并建有地铁。伏尔塔瓦河上有客运航船。附近有

国际机场。市内有查理大学（又称布拉格大学）、工学院、音乐学院等高等院校和国家科学院、农业科学院等科研机构。剧院、博物馆和美术馆众多。音乐久负盛名，每年一度的布拉格之春音乐会，为世界上重要的音乐盛会。

布拉格历史悠久，是一座著名的旅游城市，有许多保存完好的中世纪以来的各种建筑。如圣维特大教堂、费塞拉德城堡、钟楼、布拉格宫等。布拉格大小教堂众多，高高低低的塔尖在阳光的照耀下金光闪烁，因此被誉为"金色的布拉格"。

3. 查理大桥

查理大桥是布拉格人在伏尔塔瓦河上修建的第一座桥梁，距今已有 600 多年的历史。它不仅是两岸经济和交通的命脉，也是公众裁判和处刑的场所及防御工事。桥全长 516 米，宽 9.4 米，没用一钉一木，全部用石头建成。桥的两端耸立着哥特式门楼。桥两侧石栏杆每隔 20 多米就有相对立的雕像 30 座。这些雕像大多取材于圣经和民间传说。由于大自然的侵蚀和战争的浩劫，这些雕像的原件保存下来的已经很少，大部分是复制品。

大桥落成后，一直被称为布拉格桥或石桥，1870 年，官方将其正式命名为查理大桥，以表示对决定建桥的查理四世国王的尊敬和纪念。这座桥与布拉格人同命运共患难。它曾经 4 次被洪水淹没，多次被侵略者铁蹄践踏，也记载着捷克人民反对独裁者和外国侵略者的光辉业绩。如今，查理大桥已成为布拉格最重要的旅游点之一，为保护这座大桥，桥上已禁止一切车辆通行，只供游人行走游览。

（十四）斯洛伐克

国家档案

国名：斯洛伐克共和国（The Slovak Republic）

首都：布拉迪斯拉发

面积：4.9 万平方千米

人口：546 万（2022 年 6 月）

民族：斯洛伐克族占 85.3%，其余为匈牙利族、罗姆族、捷克族、乌克兰族、日耳曼族、波兰族和俄罗斯族等

语言：官方语言为斯洛伐克语

货币：斯洛伐克克朗

地理概况

斯洛伐克为欧洲中部内陆国，东邻乌克兰，南接匈牙利，西连捷克、奥地利，北毗波兰。境内主要是西喀尔巴阡山地（又称斯洛伐克山地）和多瑙河中游平原组成。西喀尔巴阡山地是由一系列东西向的山脉组成，山脉之间为河谷和山间盆地，可分为北、中、南三带。北带的塔特拉山的格尔拉赫峰海拔 2655 米，为全国最高峰。多瑙河中游平原又称斯洛伐克平原，平均海拔 150 米，是全国最辽阔的地域。主要河流有瓦赫河、赫朗河等，自北向南注入多瑙河。

斯洛伐克属海洋性向大陆性气候过渡的温带气候。矿产资源比较贫乏，主要有褐煤、硬煤、菱镁矿、铁、锰、铜等。森林面积占全境 1/3。主要工业部门有钢铁、食品、烟草加工、石化、机械、汽车等。主要农作物有大麦、小麦、玉米、油料作物、马铃薯、甜菜等。旅游资源丰富，主要的旅游景点有塔特拉山、德马诺夫斯卡岩洞、布拉迪斯拉发城堡、特伦钦城堡、皮耶什加尼温泉城及巴尔代约夫哥特式城镇等。

（十五）匈牙利

```
国家档案

国名：匈牙利共和国（The Republic of Hungary）
首都：布达佩斯
面积：9.3023 万平方千米
人口：968.9 万（2022 年 1 月）
主要民族：主要民族为马扎尔族，约占全国总人口的 90%，其他有斯洛伐克、
罗马尼亚、克罗地亚、塞尔维亚、斯洛文尼亚、德意志等族
官方语言：官方语言为匈牙利语
货币：福林
```

1. 地理概况

匈牙利为中欧内陆国，位于喀尔巴阡山盆地。东邻罗马尼亚、乌克兰，南接斯洛文尼亚、克罗地亚、塞尔维亚，西靠奥地利，北连斯洛伐克，边界线全长 2246 千米。境内以平原为主，约占全国面积的 2/3，山地约占 1/5。主要的平原有东部的匈牙利大平原和西北部的匈牙利小平原。北部为喀尔巴阡山脉的一部分。北部山地的凯凯什峰海拔 1015 米，为全国最高点。西部外多瑙山地为阿尔卑斯山的余脉。主要的河流有多瑙河和蒂萨河。全境最大的淡水湖为巴拉顿湖，也是中欧最大湖泊。

匈牙利属大陆性气候，凉爽湿润，年降雨量约为 448 毫米。主要矿产资源是铝矾土，蕴藏量居欧洲第三位，此外有少量褐煤、石油、天然气、铀、铁、锰等。森林覆盖率为 18.1%。全国 2/3 的地区蕴藏有地下热水，平均温度可达 98℃。主要旅游胜地有布达佩斯、巴拉顿湖、多瑙河湾和马特劳山等。

2. 首都布达佩斯

布达佩斯是匈牙利共和国的首都。它横跨多瑙河两岸，西岸为布达，东岸为佩斯，它们之间有 8 座桥梁相连。布达佩斯面积 529 平方千米。

作为首都，布达佩斯是匈牙利的政治、经济、文化中心和交通枢纽。布达佩斯的经济发达，全市的工业产值约相当于全国的一半。主要工业门类有冶金、化学、机器制造、精密仪器、纺织、皮革和皮毛、食品制造等。布达佩斯的交通方便，铁路和公路不但可以通往全国各地，而且还可以到达欧洲邻国，有多条国际列车经过布达佩斯，使它成为横贯欧洲大陆的交通枢纽。布达佩斯本市的地下铁道四通八达，并穿过多瑙河底，将布达和佩斯从地下连在一起。

布达佩斯被人们誉为"多瑙河明珠"，它拥有优美的自然环境和城市风光，以及许多历史古迹、博物馆等，尤其是古城堡、布达王宫、玛休斯大教堂、圆形露天剧场、英雄广场等，非常著名。

布达佩斯曾在两次世界大战中遭到很大破坏，多瑙河上的所有大桥都是战后重新建造的。从 20 世纪 70 年代起，布达佩斯按新布局进行规划和建设，将住宅和工业区分开。

3. 英雄广场

英雄广场位于匈牙利国家公园的入口处。广场建于 1896 年，直到 1929 年才完工，是匈牙利最大、最有影响的广场。

进入广场，首先看到是分布于广场两侧的两堵对称的弧形石壁。每座石壁高达 16 米，且以 12 根石柱为支撑，石柱之间镶嵌着 14 位匈牙利历代民族英雄的全身塑像。这些石像高大威武，雕刻得栩栩如生。石壁上方还各有一组古代勇士驾驭战车的塑像。

广场中心矗立着一座圆柱形的千年纪念碑，这座"千年纪念碑"建于 1896 年，为纪念匈牙利民族在欧洲定居 1000 周年而建造。碑高 36 米，出自匈牙利著名雕塑家扎拉·捷尔吉之手。纪念碑的顶端是基督教中的大天使加百列的石像；碑的基座上，是 7 位骑着战马的历史英雄的青铜像，它们以匈牙利古代的 7 位民族领袖为原型。

此外，广场附近还有许多著名的建筑，国家最大的画廊、美术馆都分布在广场周围。

英雄广场融历史、艺术和政治为一体，是匈牙利民族文化的象征。

（十六）奥地利

1. 地理概况

奥地利是位于中欧南部的内陆国。东邻斯洛伐克和匈牙利，南接斯洛文尼亚和意大利，西连瑞士和列支敦士登，北与德国和捷克接壤。奥地利是欧洲著名的山国，有"欧洲花园"之称。地势西高东低，阿尔卑斯山脉自西向东横穿全境，山地面积占全境的 70%，许多山谷和山口横切阿尔卑斯山脉，成为南北交通要道。东北部的维也纳盆地及东南部潘诺尼亚平原面积占国土面积的 15%。北部和南部多丘陵和高原。位于克恩滕州的大格洛克纳山海拔 3797 米，为全国最高峰。多瑙河是流经奥地利最大的河流。主要的湖泊有博登湖、新锡德湖。

奥地利属海洋性向大陆性过渡的温带阔叶林气候，冬暖夏凉。矿产资源主要有石墨、镁、褐煤、铁、石油、天然气等。水力、森林资源丰富，森林覆盖率 43.2%，为欧洲森林最稠密的国家之一。旅游业发达，主要的旅游胜地有维也纳、萨尔茨堡、格拉茨及森林、雪山等。

2. 首都维也纳

维也纳是奥地利首都，它位于奥地利东北部阿尔卑斯山北麓的多瑙河畔，城区面积约为 415 平方千米。维也纳三面环山，多瑙河穿城而过，是一座拥有 1800 多年历史的古老城市，有"多瑙河的女神"之称。它坐落在维也纳盆地中，蓝色的多瑙河从市区流过，著名的维也纳森林从西、北、南三面环绕着城市，山清水秀，风景幽雅，自然环境十分优美。在维也纳大街上和公园里，到处可以看到音乐家们的雕像。维也纳还有许多音乐家的故居，都值得一去。

维也纳从内城向外城依次展开，分为三层。内城即老城，这里街道狭窄，卵石铺路，纵横交错，两旁多为巴洛克式、哥特式和罗马式建筑；内环城线与外环城线之间是城市的中间层，有密集的商业区和住宅区；外城则分布着工业区、公园、游艺场、体育场、码头、车站等。

奥地利号称是"欧洲的心脏"，而维也纳则是奥地利的政治、经济和文化中心，是"心脏的心脏"。自古以来，维也纳就是联结东西欧的交通枢纽和来往于波罗的海和亚得里亚海之间的重要通道。同时，维也纳市还享有重要的国际地位。除纽约、日内瓦以外，它是第三个驻有联合国机构的城市，联合国和石油输出国组织都在维也纳设有办公机构。

维也纳与贝多芬、莫扎特、舒伯特、海顿、约翰·施特劳斯等这些音乐大师的名字紧密相连，一直享有"世界音乐名城"的盛誉。

3. 维也纳国家歌剧院

维也纳国家歌剧院是一座宏伟、华丽的古罗马式建筑，是世界上最著名的歌剧院之一，也是"音乐之都"维也纳的主要象征，素有"世界歌剧中心"之称。剧院坐落在维也纳老城环行大道上，建成于 1869 年，原是皇家宫廷剧院，1918 年宫廷剧院变为国有，称为国家歌剧院。剧院正厅被称为"金色大厅"，两边金色的墙壁前树立着 16 尊大理石雕刻的音乐女神。楼上两翼置放着欧洲历代音乐大师的金色铜像。剧院面积 9000 平方米，观众席共有 6 层，楼上楼下共有 1642 个座位，剧场正中是舞台，面积 1500 平方米。有最现代化的舞台设备和最好的灯光及音响效果，是世界一流剧团和乐团献艺的地方。每年除夕，奥地利总理和维也纳各界名人都要出席在这里举行的盛大音乐会。

（十七）瑞士

国家档案

国名：瑞士联邦（Swiss Confederation）

首都：伯尔尼

面积：4.1284 万平方千米

人口：873.8 万（2021 年）

主要民族：瑞士人

语言：德语、法语、意大利语、拉丁罗曼语

货币：瑞士法郎

1. 地理概况

瑞士是位于中欧的内陆国家，与奥地利、列支敦士登、意大利、法国和德国接壤。面积 4.1284 万平方千米，首都伯尔尼。地势南高北低，多山地，号称"欧洲屋脊"。境内可分为中南部阿尔卑斯山区、西北部汝拉山区和中部瑞士高原区三部分。汝拉山区地势起伏小，岩溶地貌发育，多岭谷。瑞士高原区占全境面积的 32%，多盆地、湖泊和宽广谷地。杜富尔峰海拔 4634 米，为全国最高峰。境内河湖众多，主要的河流有莱茵河（是瑞士最大的河流）、阿尔河、罗纳河（是瑞士第二大内陆河）。湖泊共有1484 个，其中最大的是日内瓦湖。

瑞士地处北温带，大部分地区属海洋性气候向大陆性气候过渡区，以阿尔卑斯山为界，以南是海洋性气候，温和而潮湿，以南的气候大陆性较强，有寒冷的冬季和炎热的夏季。水力资源丰富。森林覆盖率为 32.4%。瑞士工业发达，主要的工业部门有机械、化工、医药、钟表。其中钟表业蜚声世界，钟表的产量、品种和质量均占世界重要地位，素有"钟表王国"之称。

2. 首都伯尔尼

瑞士首都伯尔尼建于 1191 年，是瑞士境内的历史名城。

城市布局保留了中世纪的风格，城内有众多的古建筑。哥特式大教堂是市内最高的古建筑。教堂始建于 1421 年，后几经重修。教堂高大无比，尖顶直插云霄。教堂内部装饰华美，其中珍藏着众多的艺术珍品。离大教堂不远的是"联邦宫"，即联邦议会大厦，兴建于 1852~1857 年。大厦采用文艺复兴时期建筑风格，其巨大的绿色圆顶，使大厦在众多建筑中十分醒目。

城内最具特色的建筑是伯尔尼主街上的钟楼。钟楼的钟总是在标准时间整点前 3分钟鸣响。钟楼上，还有一队列队前进的机械小熊，这些小熊形态各异，有打鼓的，有吹喇叭的，后面还有手持枪、矛、剑的机械动物。报时的钟在动物行进结束之后开始鸣响，钟声敲响时响彻全城。

1983 年，因其重要的文化价值，伯尔尼老城被联合国教科文组织作为文化遗产列入《世界遗产名录》。

3. 日内瓦

日内瓦位于瑞士日内瓦湖西南岸，这里背山面水，风景优美，气候宜人，是世界著名的旅游胜地和国际都市，被誉为"旅游者的天堂"。日内瓦是工商业中心，主要的行业为服务性行业，传统工业有钟表和珠宝首饰。日内瓦也是文化、艺术中心，有日内瓦大学、国际高等学院、民族艺术及历史博物馆等，同时也是国际音乐表演中心地之一。

日内瓦在世界舞台上占有重要的地位。第一次世界大战后，日内瓦曾是国际联盟所在地，原国联大夏（也称万国宫）现为联合国驻欧洲办事处，有 200 多个国际组织和专门机构设在日内瓦，如国际劳动组织、世界卫生组织、世界气象组织、国际红十字会、欧洲核子研究中心及世界教会协议会等。同时，它也是世界上重要的国际活动中心，每年都有许多国际会议在此召开。

日内瓦是瑞士有名的游览胜地，有许多名胜古迹，主要的景点有钟表博物馆、万国宫、圣皮埃尔大教堂、迪亚布烈斯、大喷泉、大花钟、圣瓜斯、伊华东利斯班斯及阿里亚纳博物馆等。

4. 万国宫

万国宫坐落在日内瓦东北郊的莱蒙湖畔的山丘上，是瑞士的著名建筑。这座高大的建筑建成于 1937 年，是第二次世界大战前国联大厦的所在地，现在是联合国欧洲总部。

万国宫由大会厅、图书馆、理事会厅、新楼以及阿里安纳花园组成。大会厅位于建筑群的中央位置，上下共 6 层，能容纳 1800 多人，是日内瓦办事处的主会厅。大会厅的南侧是理事会厅，这是一座富丽堂皇的高大建筑。它的会厅四壁和天花板上都绘有以正义、和平、力量、法律和智慧为主题的壁画。6 层楼的联合国图书馆位于大会厅的北侧。在图书馆的旁边，有一栋建于 1973 年的新楼，新楼建筑面积达 38 万平方米，内有多个现代化会议厅。图书馆与新楼之间由一道空中走廊连接。总面积达 25 万平方米的阿里安纳花园位于万国宫主楼前，内有众多奇花异草和极具艺术价值的雕塑。

在万国宫内，每年有五六千个国际会议召开，万国宫的建立大大提高了日内瓦的国际声誉。

（十八）列支敦士登

国家档案

国名：列支敦士登公国（The Principality of Liechtenstein）

首都：瓦杜兹

面积：160 平方千米

人口：3.9315 万人（2021 年 12 月）

主要民族：全国大部分为列支敦士登人，此外，还有 1 万多外国人，主要是瑞士人、奥地利人、意大利人和德国人

官方语言：官方语言为德语

货币：瑞士法郎

地理概况

列支敦士登是中欧袖珍内陆山国，位于阿尔卑斯山中部和莱茵河上游中段，西邻瑞士，东接奥地利。国土南北长 24 千米，东西宽 8 千米。境内山地面积占全国总面积的 2/3，东部山地南北并行三列山脉，山峰多在 2000 米以上，最高峰为前格劳峰，海拔 2599 米。西部为莱茵河上游冲积平原，约占国土面积的 1/3。列支敦士登气候温和，年平均降水量为 1090 毫米。矿产资源仅有大理石。森林资源丰富，约 55.6 平方千米，占全国面积的 34.8%。旅游业发达，市区有世界著名的邮票博览馆，收藏国内外各种名贵邮票。王室藏画展及高山滑雪场吸引着世界游客前来参观。

（十九）英国

国家档案

国名：大不列颠及北爱尔兰联合王国（The United Kingdomof Great Britain and Nothern Ireland）

首都：伦敦

面积：24.41 万平方千米（包括内陆水域）

人口：6702.6 万（2021 年）

主要民族：英国白人

官方语言：英语

货币：英镑

1. 地理概况

英国是大不列颠及北爱尔兰联合王国的简称，是欧洲西部大西洋上的岛国。隔北海、多佛尔海峡、英吉利海峡与欧洲大陆相望。海岸线总长 11450 千米，首都伦敦。由大不列颠岛（包括英格兰、苏格兰、威尔士）、爱尔兰岛东北部及附近的众多岛屿组成。英国国土分为英格兰、苏格兰、威尔士、北爱尔兰 4 个地区。全境地势西北高、东南低。西北部主要由低高原和高地组成，海拔很少超过 1000 米，内维斯山海拔 1344 米，为全国最高峰。东南部主要由海拔 200 米以下的低缓丘陵、平原和宽广河谷组成，包括英格兰中、东部及其以南部分。北爱尔兰大部分为低高原和丘陵。主要的河流有塞文河（全长 388 千米，为英国第一长河）、泰晤士河。

英国属海洋性温带阔叶林气候，冬暖夏凉，全年湿润。年平均降水量 830 毫米。英国是欧盟中能源资源最丰富的国家，主要有煤、石油、天然气、核能和水力等资源。

著名的旅游城市有牛津、伦敦、爱丁堡、约克、剑桥、格林尼治等。

2. 首都伦敦

伦敦是英国的首都，它位于英格兰东南部，横跨泰晤士河下游两岸，面积达1577多平方千米，900.2万（2020年），居全国首位。伦敦受北大西洋暖流和西风影响，属温带海洋性气候，四季温差小，夏季凉爽，冬季温暖，空气湿润，多雨雾，平均气温1月为4.5℃，7月为18℃，年均降水量为1100毫米左右。

伦敦是一座古老的城市，它始建于公元43年，至今已有近2000年的悠久历史。现在的伦敦在行政上分为33个区，伦敦城单独是一个区，城外的12个市区叫内伦敦，内伦敦以外的20个市区叫外伦敦，三者合称大伦敦市。大伦敦市又可分为伦敦城、西伦敦、东伦敦、南区和港口。其中伦敦城是金融资本和贸易中心；西伦敦是英国王宫、首相官邸、议会和政府各部所在地；东伦敦是工业区和工人住宅区；南区是工商业和住宅混合区；港口则是指伦敦塔桥至泰晤士河河口之间的地区。

伦敦是英国历代王朝建都的地方，市内文物古迹、历史名胜很多，如伦敦塔、威斯敏斯特宫、海德公园、格林尼治山等。作为文化艺术名城，伦敦市内还有许多博物馆、美术馆和剧院，如世界上最大的博物馆大英博物馆，集中了英国和其他各国的许多文物。除大英博物馆外，伦敦还有著名的科学博物馆、国家画廊等文化设施。另外还有伦敦大学、皇家舞蹈学校、皇家音乐学院、皇家艺术学院和帝国理工学院等著名高等院校。

伦敦不仅是英国的政治、经济、文化与交通中心，还是许多国际组织总部的所在地，如国际海事组织、国际合作社联盟、国际笔会、国际妇女同盟、社会党国际、大赦国际等。

3. 伯明翰

伯明翰位于英格兰中部平原，是英国第二大城市。伯明翰原来只是一个小村庄，14世纪成为一个大镇，工业革命后，由于附近发现煤矿，城市迅速发展起来，现为全国主要制造业中心之一。工业部门繁多，以重工业为主。世界最大的金属加工地区之一，有黑色冶金、有色冶金（铜、锌、黄铜、铝、镍），汽车工业规模很大，年产几十万辆。珠宝饰物制品亦享有盛名。交通也很发达，是全国主要铁路、公路干线和运河网的交会点。

市区分为新城和老城，新城火车站附近是英国工业展览会的所在地，老城车站是伯明翰的市中心，这里商店集中，道路狭窄，人流不息，所以禁止车辆通行。伯明翰市区只有少数的高楼大厦，大部建筑都是维多利亚式的二层楼房，古朴典雅。市内多名胜古迹，有市政厅、博物馆、艺术馆、圣菲利普教堂、圣保罗教堂及圣查德教堂等。

4. 利物浦

利物浦位于英格兰西北部默西河口，是英国第二大深水港。利物浦原为小渔村，1207 年始建城堡。到 1927 年，利物浦成为英国最大的海港。二战后，由于港口设备老化，海港的地位降低。后来该港加速了港口的现代化改造，并于 1984 年开辟为自由港。如今的利物浦是著名的深水港，年货物吞吐量可达 3000 万吨。利物浦是英国重要的工业城市。利物浦也是英国最重要的船舶修造中心。修造厂和大型船坞主要分布在港区内侧。其他工业有柴油机、喷气发动机、电器仪表、冶金、化学、食品和纺织等。

利物浦是英国著名的旅游胜地，市内有建于 18 世纪的市政府、新哥特式的大教堂、仿古典式的天主大教堂及沃卡美术馆等。市北有最大的布莱克普尔海滨休养地，这里风景优美，海滩宽阔而松软，其灯景也是利物浦的一大景观。利物浦还拥有甲壳虫乐队和利物浦足球俱乐部。

5. 曼彻斯特

曼彻斯特位于英格兰西北部的兰开夏郡内，是英国的棉纺织业中心，商业、金融、文化中心与重要的交通枢纽。

曼彻斯特是棉纺织工业的发祥地。200 多年前，在这里诞生了世界上最早的近代棉纺织大工业，揭开了工业革命的序幕。机器和大工业生产就是从这里开始的，现在已发展成为世界棉纺工业之都。

曼彻斯特是英国最大的金融中心城市之一，金融服务业的核心部门是银行业，超过 60 家银行在该市设立办事处，其中 40 余家是海外银行。

曼彻斯特是一座文化城市，拥有曼彻斯特大学和曼彻斯特城市大学两所著名的大学。这里集中了英格兰西北地区有影响的乐团、剧院、博物馆、图书馆等文化娱乐设施。曼彻斯特也是英国新闻业的第二中心，英国北部地区的广播和电视总部都设在这里。

曼彻斯特的交通十分发达，是英国的交通枢纽。曼彻斯特国际机场是英国的主要机场之一，每天有上百次的航班通往欧洲大陆和本土其他城市。

6. 伦敦塔桥

伦敦塔桥位于泰晤士河上，是英国著名的桥梁和伦敦的标志性建筑物之一。最初为一座木桥，后改为石桥。1894 年建成为长 270 米、桥面宽 100 米的钢铁大桥。桥基上建有 2 座主塔，为花岗岩和钢铁结构的方形 5 层塔。塔高 42 米，两塔之间的跨度为 60 米。两座主塔上建有白色大理石屋顶和 5 个小尖塔，远看仿佛两顶王冠。塔基和两岸用钢缆吊桥相连。桥身分为上、下两层。上层为宽阔的悬空人行道，两侧装有玻璃窗，行人从桥上通过，可以饱览泰晤士河两岸的美丽风光；下层可供车辆通行。当泰晤士河上有万吨船只通过时，主塔内机器启动，桥身慢慢分开，向上折起，船只过后，桥身慢慢落下，恢复车辆通行。从远处观望塔桥，双塔高耸，极为壮丽。假若遇上薄雾锁桥，景观更为一绝。雾锁塔桥是伦敦胜景之一。

7. 大英图书馆

大英图书馆是世界上最大的图书馆之一。原为大英博物馆的图书馆，坐落在博物馆院内，藏书 1300 万册、件。该馆以收藏英国文学、古版书、珍本书为特色。1998年，由于馆舍拥挤，图书馆搬迁至伦敦市中心北部，新馆整体造型及颜色与四周环境协调，被认为是 20 世纪英国最大的公共建筑物。新馆大厅的正中，是著名的国王图书馆——乔治四世捐赠给大英图书馆其父亲乔治三世的藏书。整个图书馆架总长 300 千米，其藏品可以上溯到 3000 年前，来自世界各地。主要藏有国内专著、档案及法律缴送的连续出版物；丰富的海外当代图书与连续出版物；英国及海外早期印刷书；文字产生以来的东、西方手稿；举世闻名的印刷或手绘地图及乐谱；具有重大价值的集邮资料；世界上最为丰富的声像资料；各种形式的商业情报；世界最完整的专利说明书；最完整的会议记录和数以百万计的英国与海外报告、论文及缩微制品等。

8. 唐宁街

唐宁街是英国首都伦敦白厅大街的一条短而窄的横街，为英国首相官邸所在地，是以英国外交家和理财家乔治·唐宁名字命名的。内阁会议一般在此召开。唐宁街内最有名的宅邸是唐宁街 10 号，它以前是第一财政大臣的官邸，但自从此职与首相合并后，就成为今日的首相官邸。因此，"唐宁街"和"唐宁街 10 号"是英国首相或首相办公室的代名词。

9. 温莎城堡

温莎城堡位于伦敦以西的温莎镇，是世界上有人居住的最大城堡。为英国王室的行宫之一。温莎城堡始建于公元 1070 年，一开始为木质结构，亨利二世时于 1165 年将其改为石材建筑。城堡分为上区、中央区和下区。上区有国家公寓，以收藏皇家名画和珍宝著称；下、中两区为英王王室的正式国务活动场所和私邸。在温莎古堡中央的高岗上，耸立着一座圆塔，是古代的炮垒，现在城垣上还设有古炮。登上塔顶，可观温莎镇全景。温莎古堡的东、北两面环绕着霍姆公园，南面是温莎大公园，里面有森林、草地、河流和湖泊。女王每年有相当多的时间在温莎城堡度过，在这里进行国家或是私人的娱乐活动。

10. 圣保罗大教堂

圣保罗大教堂是英国最古老的教堂之一，距今已有 2000 年的历史，是世界第三大教堂。这座以伦敦保护神圣保罗的名字命名的教堂，建于公元 1 世纪，自 7 世纪后一直是伦敦大主教所在地。

大教堂采用哥特式建筑手法，气势恢宏，设计精巧，堪称欧洲建筑艺术中的精品。教堂由正殿和两个塔楼组成。正殿的顶部是一个高达 100 多米的穹隆圆顶。圆顶分为 2 层。下层是一圈圆形石柱，石柱上部，是一面雕有圣保罗到大马士革传教的图案的"人"字石壁，"人"字尖处为圣保罗的雕像。正殿两侧各建有一座塔楼，楼顶各有一座巨大的铜钟。其中一座重达 17 吨，是英国铜钟之最。此外，大教堂前面还有一个大广场，广场上矗立着安妮女王的雕像。

圣保罗大教堂向来是英国的精神殿堂，英国人一直把圣保罗教堂视为凤凰涅槃后再度飞升的地方。1981 年，英国查尔斯王子曾在这里举行婚礼，这更增加了这座古老教堂的声望。今天，圣保罗大教堂已成为英国著名的古迹，每年来这里参观的人络绎不绝。

11. 大本钟

位于英国议会大厦北角的大本钟，是英国的标志性建筑。

大本钟建于 1859 年，重约 13.5 吨，由当时的英王工务大臣本杰明·霍尔爵士负责监制，后来，人们为纪念本杰明·霍尔爵士，将钟命名为"大本钟"。大本钟钟楼高 79 米，外形壮观华丽。钟楼有一个高大的塔尖，直入云霄。钟楼的四面各有一个圆形钟盘，钟盘直径为 6.7 米，人们从很远的地方，就能看清钟盘上显示的时间。钟楼内部还安

大本钟

置有许多彩灯，国会召开期间，彩灯就会亮起，整个大本钟更显得华美无比。大本钟每隔一小时报时一次，钟声深沉而又铿锵，响彻全城。

大本钟十分坚固，自建成一个多世纪以来，一直就被视为伦敦的象征。二战期间，议会大厦附近地区曾遭德国空军轰炸，大本钟却完好地保存下来。今天大本钟已成为伦敦最受关注的建筑之一，凡到伦敦观光的人，一定会去参观这座雄伟的建筑。

12. 白金汉宫

白金汉宫是伦敦市内一座古老的宫殿，至今已有三百年的历史。1837年维多利亚女王在这里登上王位后，这座宫殿正式被改为英国的王宫。

规模宏伟的白金汉宫是一座长方形建筑。女王办公的主体宫殿位于这个庞大的建筑群的西面，东、南、北三面各有一幢附属宫殿。这些建筑包围的中心场地是一个长方形大院，是女王陪同外国元首阅兵的场所。

整个王宫共有大小厅室600多个，其中以会客厅、典仪厅、舞厅、音乐厅、画廊、图书室、集邮室等厅室较为重要。这些厅室都装饰十分华美，厅内都有金碧辉煌的天花板和高级豪华的地毯，并饰以光彩夺目的水晶玻璃和雕花玻璃的大吊灯，厅内的陈列品也大都是东西方罕见的艺术珍品。

如今白金汉宫内有一部分宫室定期对外开放，如展示着部分皇家艺术珍品的女王美术馆，由马、御用马车、皇室汽车等组成的皇家马厩等。每到开放期，便有世界各地的游客前来参观。

13. 大英博物馆

大英博物馆始建于1753年，是世界上最大的国家博物馆，也是世界上历史最悠久的国家博物馆，1759年首次向公众开放。现有一百多个展厅，馆藏十分丰富。大英博物馆气势雄伟，是一座宏大的古罗马式建筑。博物馆中分别设有埃及、希腊和罗马、东方、中世纪的欧洲等多个馆区。

埃及馆里面陈列有大型的人兽石雕，为数众多的木乃伊及壁画、镌石器皿等5000多年前的文物，共计约7万多件。希腊和罗马馆里，公元5世纪雅典女神祀庙中的文物整整占据了一个陈列室。

东方艺术馆内收藏品除了少量是中亚、南亚和日本的文物外，有大约2万多件的中国历代稀世珍品。距今6000多年半坡村尖足缸及红陶碗，新石器时代的大琮、玉刀、玉斧，商周时期的青铜尊、鼎，秦汉时期的陶器、铜镜、漆器铁剑，六朝时期的《女史箴图》等在这里都能看到。这里甚至还藏有刘墉的一首抒情诗，东方文化的精致深沉充分体现于其中。

此外，大英博物馆的藏书也是世界闻名的，该馆藏有东西方大量的经典文献。

14. 海德公园

素有"伦敦心脏"美称的海德公园地处伦敦市内的繁华地段，公园建于15世纪，1536年起归英国皇家所有，亨利八世时，被辟为养鹿场。1635年，公园又被查理一世当作赛马和赛车的场所。如今海德公园是英国最古老的皇家花园之一。

塞彭丁湖位于海德公园的中心位置，这里湖面宽广，风景秀美，是游人划船赛艇的理想之地。著名的"鲁特恩罗"位于湖的南面，这是一条古木参天的小径，它曾是威廉三世时代的皇家驿道，现在是伦敦市内最时尚的轻骑小径。小径的南面是著名的皇家艾伯特大会堂，这是一座椭圆形的建筑物，顶部有一个大的玻璃穹顶，外形极为壮观。

海德公园的东北角是闻名于世的"自由论坛"之角，这是一块约 2200 平方米的水泥场地。每个周末的下午，都会有人站在这里发表讲演，讲演者滔滔不绝，讲演内容广泛，吸引着很多的游人驻足倾听。

此外，公园内还有许多奇花异草、珍奇鸟兽。这里每天都有众多游客前来观光游览。

15. 格林尼治

格林尼治天文台始建于 17 世纪下半叶，这个举世闻名的英国皇家天文台的旧址在泰晤士河畔的格林尼治地区。1884 年，国际天文工作者决定以经过格林尼治的经线为本初子午线，并以此线为起点，划分出"世界时区"。格林尼治天文台也从此闻名世界。

格林尼治地区的自然环境在第二次世界大战以后受到严重污染，这对天文台的观测十分不利。1948 年，英国政府决定将皇家天文台迁往英国南海岸苏塞克郡的赫斯特蒙苏堡，但新天文台仍以英国皇家格林尼治天文台为名。

如今格林尼治地区在天文台旧址起了一座天文博物馆。博物馆对外开放，内陈列着英国早期使用的各种天文观测仪器、航海图、天象图和天文时钟。子午馆位于博物馆的南面，是博物馆众多建筑中最受人关注的一处。举世闻名的本初子午线镶嵌在子午馆的大理石墙壁上，并一直延伸到院墙外围的水泥地上。如今这个划分东西半球的铜线周边地区，吸引着世界各地游客来此参观并摄影留念。

（二十）爱尔兰

国家档案

国名： 爱尔兰（Ireland）

首都： 都柏林

面积： 7.028 万平方千米

人口： 510 万（2022 年 4 月）

民族： 全国绝大部分为爱尔兰人，此外，还有英格兰人、苏格兰人、犹太人等

语言： 官方语言为爱尔兰语和英语

货币： 欧元

地理概况

爱尔兰位于欧洲西部的爱尔兰岛中南部。西濒大西洋，东北与英国的北爱尔兰接壤，东隔爱尔兰海同英国相望。海岸线长 3169 千米。全国草地遍布，有"绿岛"和"绿宝石"之美称。国土由中部平原和环列四周的滨海山地组成。形似一个边缘陡峭的盆地，南北高中间低。中部平原占全国总面积的一半以上，海拔 30~120 米。西南沿海悬崖陡峭、怪石嶙峋。全国最高峰为卡朗图厄尔山，海拔 1041 米。境内河流多流经沼泽、湖泊入海，沿途多急流瀑布，主要河流有香农河、利菲河、科里布河等。境内最大的湖泊为科里布湖，此外，还有阿伦湖、里湖、康湖、马斯克湖等。

爱尔兰属温带海洋性气候，全岛气候温和湿润，四季常青，年平均降水量 700~1000 毫米，雨量充足。境内铅锌矿储量丰富，是欧洲最大的铅锌生产国。此外，还有泥煤、天然气等。

（二十一）荷兰

1. 地理概况

荷兰位于欧洲西北部。东邻德国，南接比利时，西、北濒北海。海岸线长 1075 千米。境内地势低平，是世界上最低的国家。全国有 1/3 的土地仅高出海平面 1 米，海拔在 50 米以上的地区不到 20%，东南部最高点海拔仅 321 米。约有 1/4 的土地低于海平面，最低的在海平面以下 6 米多。境内河流纵横，主要有莱茵河、马斯河、斯海尔德河。西北濒海处有艾瑟尔湖。

荷兰属海洋性温带阔叶林气候，1 月份平均气温 2~3℃；7 月份 18~19℃，冬温夏凉，年平均降水量 700 毫米。荷兰天然气储量丰富，此外还有少量的石油、黏土、褐煤、石煤、石灰岩和砂。工业发达，主要工业部门有食品加工、石油化工、冶金、机

械制造、电子、钢铁、造船、印刷、钻石加工等。农作物主要有马铃薯、小麦、甜菜和玉米。园艺业举世闻名，有世界上最大的郁金香公园和花卉市场，享有"欧洲花园"和"花卉之国"的美称。主要的旅游城市有阿姆斯特丹、鹿特丹、海牙等。

2. 首都阿姆斯特丹

阿姆斯特丹是荷兰王国的首都、经济和文化中心，它位于艾瑟尔湖西南岸，是荷兰王国的首都和最大的城市，约 170 多平方千米，人口 74.4 万（2007 年 6 月）。

阿姆斯特丹的城市面貌比较奇特，阿姆斯特尔河从市内流过，使它成为欧洲内陆水运的交汇点。全市地势平均低于海平面 1~5 米，共有 160 多条大小水道，由 1000 余座桥梁相连，是一座名副其实的水城，因此又被称为"北方威尼斯"。

早在 16 世纪末，阿姆斯特丹就已成为重要的港口和贸易都市，并一度于 17 世纪成为世界金融、贸易和文化中心。现在的阿姆斯特丹是荷兰最大的工业城市和经济中心，全市共有 7700 余家工业企业，其中最突出是机器创造、金属加工、印刷、食品、缝纫以及举世闻名的传统首饰制造业和钻石加工业，其工业用钻石产量占世界总量的 80%。

阿姆斯特丹拥有荷兰第二大港口阿姆斯特丹港。该港口完全实现了现代化，港内外的交通运输十分发达。位于阿姆斯特丹西南郊的阿斯梅尔花卉市场，是世界上最大的花市，所交易的花卉销往 100 多个国家。此外，阿姆斯特丹还拥有世界上最古老的证券交易所。

作为欧洲文化艺术的名城，阿姆斯特丹的旅游业十分发达，全市有 40 余家博物馆及其他多处名胜古迹。比较著名的景点有国家音乐厅、音乐剧院、荷兰赌场、王宫西教堂、海尼根啤酒博物馆、考斯特钻石厂、凡·高博物馆、阿姆斯特克林博物馆等。

3. 鹿特丹

鹿特丹是荷兰第二大城市，欧洲最大的港口，位于欧洲西海岸的莱茵河、马斯河、斯海尔德河形成的金三角洲上，处于大西洋海上运输线和莱茵河水系运输线的交汇处，素有"欧洲门户"之称。是一个典型的港城一体化的国际性城市。

该港港区面积约 100 平方千米，海轮码头总长 56 千米，吃水最深处达 22 米，可停泊 54.5 万吨的特大油轮。目前，鹿特丹年进港海轮约 3 万艘，驶往欧洲各国的内河船只约 12 万艘，年货物吞吐量 3 亿吨左右。鹿特丹不仅是欧洲第一大港，同时也是重要的国际贸易中心和工业基地。市内设有规模较大的银行、保险公司和国际贸易机构。工业以炼油、石油化工、船舶修造、港口机械、食品等为主，是世界上最大的炼油和石油化工中心之一。

该市著名的旅游景点有博曼斯博物馆、海事博物馆、金德代克风车区、圣劳伦斯大教堂等。

4. 海牙

海牙是荷兰政府和王宫所在地,议会及外国使馆亦设于此。海牙为全国商业金融中心,国际、国内的重要交通枢纽。工业以机械、电器、印刷、造纸、木材加工和食品为主。海牙是西欧文化中心,市内设有艺术学院、交响乐团和多个博物馆。海牙风景画闻名世界。

海牙景色优美,气候宜人,被称为"欧洲最大最美丽的村庄"。著名的旅游景点是荷兰的童话城——马都拉丹,它拥有荷兰从古至今的各式建筑模型,堪称荷兰的缩影。有王宫、教堂、古堡、政府大楼、博物馆、运动场、广场、机场、铁路、高速公路及牧场、河流、森林等。这些建筑物惟妙惟肖,高的不超过2米,小的比火柴盒还要小。

席凡尼根是荷兰最著名的海滨度假胜地,由于紧临海牙,从海牙市中心到海边,只需很短时间便能尽情享受这里的阳光、海水与沙滩。

位于海牙以北30千米的莱顿镇郊的库肯霍公园是世界上最大的郁金香公园。

(二十二) 比利时

国家档案

国名:比利时王国(The Kingdom of Belgium)

首都:布鲁塞尔

陆地面积:3.0688万平方千米

海洋面积:3454平方千米(包括领海和专属经济区) **人口**:1152万(2021年1月)

主要民族:弗拉芒族、瓦隆族

官方语言:荷兰语、法语、德语

货币:欧元、比法郎

---

1. 地理概况

比利时王国位于欧洲西北部,东面与德国接壤,北部和荷兰交界,南部与法国相邻,西面濒临北海,海岸线长度为66.5千米;全境分为西北部沿海佛兰德伦平原、中部丘陵、东南部阿登高原三部分,2/3为丘陵和平坦低地,最高点海拔694米,最低处略低于海平面;境内主要河流有马斯河和埃斯考河;全境属海洋性温带阔叶林气候。

比利时的国内资源比较匮乏,只有已经快开采完的煤炭,以及少量的铁、锌、铅、铜等,80%的工业原料要靠进口,经济发展对外依赖的高度很高。但这并不妨碍比利时

成为一个发达的资本主义工业国家。当前，比利时的主要工业部门有钢铁、机械、有色金属、化工、纺织、玻璃、煤炭等行业，50%以上的工业产品可以供出口。

2. 首都布鲁塞尔

布鲁塞尔位于荷比法铁路干线的心脏地带，是比利时的首都，全国政治、经济、文化中心。城市面积约162平方千米，人口104.8万（2008年）。

布鲁塞尔始建于公元6世纪。现在的布鲁塞尔市区略呈五角形，为上城和下城。上城为行政区，主要名胜有路易十六式建筑风格的王宫、皇家广场、埃格蒙宫、国家宫、皇家图书馆、现代古代艺术博物馆等，银行、保险公司及一些著名工商业公司的总部都设在这里。下城为商业区，商务旺盛，热闹非凡。著名景点有坐落在市中心的大广场、布鲁塞尔公园、圣米歇尔教堂及王宫建筑、原子能博物馆等，布鲁塞尔的标志、著名的"布鲁塞尔第一公民"撒尿小孩于连的铜像也在这里。

由于布鲁塞尔拥有全欧洲最精美的建筑和博物馆，摩天大楼和中世纪古建筑相得益彰，被誉为欧洲最美丽的城市，是著名的旅游胜地。布鲁塞尔是欧洲历史悠久的文化中心之一，马克思、雨果、拜伦、莫扎特等名人都曾在此居住过。

由于布鲁塞尔位于西欧交通要冲，被作为欧洲联盟、北大西洋公约组织等国际组织的总部所在地，另外还有200多个国际行政中心及超过1000个官方团体，也在布鲁塞尔设立了办事处，各种名目繁多的国际会议经常在此召开。因此，布鲁塞尔又常常被称为"欧洲首都"。

布鲁塞尔的工业主要有机械、电器、汽车、化工等。手工花边纺织制品及丝绒地毯，是布鲁塞尔著名的特产。

3. "布鲁塞尔第一公民"塑像

"布鲁塞尔第一公民"塑像位于布鲁塞尔市中心广场附近的埃杜弗小巷里，是一尊做撒尿状的小男孩铜像。

塑像建于1619年，其制作者是雕塑大师捷罗姆·杜克思诺。雕像高约50厘米，头发微卷，鼻子上翘，嘴角挂着微笑，赤身裸体。雕制得十分逼真。雕像平时撒自来水，而每年狂欢节这一天撒啤酒，其时吸引着众多的游客前去观看。相传雕像的原型为一个名叫于连的孩子。古代西班牙入侵者在撤离布鲁塞尔时，欲用炸药炸毁城市。幸亏小男孩夜出撒尿，浇灭了导火线。布鲁塞尔人民为纪念小英雄，而制作了此雕像。

1698年，荷兰总督将一套刺绣的礼服赠给这个塑像，自那时起，常有来访宾客把具有本国民族特色的服装赠给这个"小男孩"。现市中心建立了一座博物馆，专门收藏各国赠送的服装。其中包括中国人民解放军军装和中国政府官员送给他的一套汉族对襟小裤褂。

今天，这个"布鲁塞尔第一公民"像已成为布鲁塞尔市的标志性建筑。

4. 滑铁卢古战场

滑铁卢战场遗址位于比利时首都布鲁塞尔以南约 20 千米处的丘陵地带，是 1815 年拿破仑战败的地方。

战场的中心有一座高约 50 米的人造山丘，山顶上耸立着著名的滑铁卢雄狮。雄狮塑像高 4.45 米，面朝法国，是当年获胜的威灵顿公爵令人用战场上的废铁铸成的，象征着英普联军的军威。战场南面有一石头小屋，门上刻有"小石头村庄"字样。这个小屋曾是战役前拿破仑的司令部。如今小屋被列为历史遗迹，内收藏有拿破仑当年批阅过的战报和使用过的军床、望远镜等物品。

今天在滑铁卢战场遗址内还建立了一座滑铁卢纪念馆。纪念馆形似一只倒扣的浅口圆铁桶。其中大多数展品陈列在二楼的圆形厅内。大厅正对门的墙壁上有一幅高 12 米、周长 110 米的油画，为法国著名画家路易·杜默兰所作，以滑铁卢战役为表现题材。画作场面宏大、色彩鲜艳，真实地再现了当年战争的场景。

5. 布鲁塞尔大广场

布鲁塞尔大广场位于比利时首都布鲁塞尔市中心，长 110 米，宽 68 米，呈长方形，主要由花岗石铺成。广场始建于 12 世纪。周围环绕着众多风格各异的古建筑，是欧洲最美的广场之一。

大广场的右侧是气势雄伟的布鲁塞尔市政厅，市政厅始建于 1402 年，这是一座典型的古代弗兰德哥特式建筑，厅内墙壁和天花板上都绘制有精美的壁画。其中不少是历史名人的巨幅肖像画。市政厅前著名的厅塔高 91 米，塔顶上有一尊 5 米高的布鲁塞尔城守护神的铜像。著名的天鹅咖啡馆紧邻市政厅，这个 5 层楼高的建筑，曾是马克思和恩格斯共同草拟《共产党宣言》的地方，因门上饰有一只雕刻精细的白天鹅而得名。此外，矗立在广场周围的还有 17 世纪各种职业行会会址、中世纪时代的公爵官邸、路易十四的行宫等著名古建筑。

（二十三）卢森堡

国家档案
国名：卢森堡大公国（The Grand Duchy of Luxembourg）
首都：卢森堡城
面积：2586.3 平方千米

人口：64.5 万（2022 年 5 月）

主要民族：全国人口的 56% 为卢森堡人

语言：官方语言是法语、德语和卢森堡语

货币：欧元

地理概况

卢森堡位于欧洲西北部，东邻德国，南毗法国，西部和北部与比利时接壤。是欧洲最小的内陆国家之一。地势北高南低，北部阿登高原平均海拔 400~500 米。全国最高点为布尔格普拉兹峰，海拔约 550 米。南部为古特兰平原。南部土地呈红褐色，故被称为"红土国"。境内较大的河流有摩泽尔河、苏尔河、乌尔河。

卢森堡属海洋性向大陆性过渡型气候，1 月份平均气温 0.8℃，7 月份 17.5℃，年均降水量 810 毫米。资源贫乏，森林面积近 9 万公顷，约占国土面积的 1/3。钢铁工业是国民经济的支柱，人均钢产量居世界首位。此外，还有化工、纺织、机械制造、橡胶、食品等工业。主要农产品有小麦、黑麦、大麦和玉米。畜牧业发达，以饲养牛、猪为主。主要的旅游景点有乌尔河两岸的乡镇风景区、大公宫殿、圣母大教堂、宪法广场、阿道尔夫桥及佩特罗斯大峡谷。

（二十四）法国

国家档案

国名：**法兰西共和国**（The Republic of France）

首都：**巴黎**

面积：**55 万平方千米（不含海外领地）**

人口：**6804 万（2023 年 1 月）**

主要民族：**法兰西**

官方语言：**通用法语**

货币：**欧元**

1. 地理概况

法国，全称法兰西共和国，位于欧洲西部，与比利时、卢森堡、德国、瑞士、意大利、摩纳哥、安道尔和西班牙接壤，隔英吉利海峡与英国相望。濒临北海、英吉利海峡、大西洋和地中海 4 大海域，海岸线长 3120 千米。全境地势东南高西北低，地形以平原和丘陵为主，平原占总面积的 2/3，可分为三大地形区。东南部山地区，包括阿尔卑斯山、比利牛斯山、中央高原、汝拉山等。勃朗峰海拔 4810 米，为西欧最高峰。西北部盆地丘陵区，包括巴黎盆地、阿基坦盆地、卢瓦尔河下游平原。罗讷谷地，境内河流众多，主要有卢瓦尔河、罗讷河、塞纳河和加隆河 4 条大河。其中卢瓦尔河全长 1020 千米，为法国第一长河。

法国西部属海洋性温带阔叶林气候，南部属亚热带地中海气候，中部和东部属大陆性气候。全国大部分平均气温在 10～14℃，气候温和。矿产资源种类较多，蕴藏丰富，铝土矿和铀的储量居西欧各国首位，其次为铁矿和钾盐。森林面积为 1687 万公顷。工业发达，里昂的丝绸、巴黎的时装和香水、波尔多的香槟和葡萄酒在世界上享有盛名。

2. 首都巴黎

巴黎是法国首都，全国的政治、经济、文化中心和交通枢纽。它地处法国北部，塞纳河西岸，是欧洲大陆上第二大城市，也是世界上最繁华的都市之一，截止 2020 年底市区人口有 214.1326 万。巴黎属温和的海洋性气候，夏无酷暑，冬无严寒，年平均降雨量约为 619 毫米。

巴黎是法国最大的工商业城市，其北部的各郊区主要为制造业区，主要的制造业有汽车、电器、化工、医药、食品等；奢侈品生产主要集中在市中心各区，产品有贵重金属器具、皮革制品、瓷器、服装等；外围城区专门生产家具、鞋、精密工具、光学仪器等；拉丁区和雷米街主要集中了印刷出版业；大巴黎区则是电影"制造车间"，其电影生产量占法国电影生产总量的四分之三。

巴黎是法国文化、教育事业的中心，有著名的法兰西学院、巴黎大学、综合工科学校、高等师范学校、国立桥路学校以及国家科学研究中心等，其中巴黎大学是世界上最古老的大学之一，创建于 1253 年。另外巴黎还有许多学术研究机构、图书馆、博物馆、剧院等，其中有世界上面积最大的歌剧院——巴黎歌剧院。作为一座世界历史名城，巴黎的名胜古迹众多，埃菲尔铁塔、凯旋门、爱丽舍宫、凡尔赛宫、卢浮宫、协和广场、巴黎圣母院、圣心教堂、毕加索博物馆、乔治·蓬皮杜全国文化艺术中心等，是国内外游客必然要去的地方。

另外巴黎还是一座"世界会议城"。联合国教科文组织、经济合作与发展组织等国际组织的总部，均设在巴黎。

3. 马赛

马赛位于法国南部，地中海西北岸，是法国第二大城市。始建于公元前 6 世纪，公元前 1 世纪并入罗马版图。法国大革命时，成为具有世界意义的港口之一。目前，马赛不仅是法国第一大港，同时也是欧洲第二大港。在西欧地中海沿岸的贸易中举足轻重。它水深港阔，无急流险滩，万吨级巨轮可以畅通无阻。全港由马赛、拉韦拉、福斯和罗纳圣路易四大港区组成，年货物吞吐量 1 亿吨，主要承担原油和油制品的运输，为法国对外贸易的最大门户。

马赛是全国重要的工业中心之一，这里集中了法国 40% 的石油加工工业，福斯—塔尔泊一带有 4 个大型炼油厂，每年能处理石油 4500 万吨。马赛的修船工业也很发达，这里集中了全国 70% 的修船业，能修理世界上 80 万吨级的油轮。此外，机械制造、化学、冶金、食品等工业也有相当规模。马赛还是全国著名的旅游胜地，该市三面被石灰岩山丘所环抱，景色秀丽，气候宜人，是法国接待游客人数最多的城市之一。

4. 戛纳

戛纳位于法国东南部，因举办国际电影节而闻名于世。戛纳拥有世界上最洁白漂亮的海滩，这里海水蔚蓝，棕榈葱翠，气候温和，风光明媚，是欧洲有名的旅游胜地和国际名流社交集会场所。戛纳电影节是世界最大、最重要的电影节之一，电影节每年举办一次，为期两周左右。它颁发的金棕榈大奖被公认为电影最高荣誉之一。电影节的建筑群坐落在 500 米长的海滩上，其中包括 25 个电影院和放映室，中心是 6 层高的电影节宫。1946 年 9 月 20 日在此举办了首届电影节。

5. 埃菲尔铁塔

埃菲尔铁塔矗立在巴黎市中心的战神广场上，是法国巴黎的最高建筑物。

铁塔建于 1887 年，为了庆祝法国大革命 100 周年而建，历时两年完成。铁塔高 320 多米，重 9000 吨左右，全用钢材建造，耗资 100 多万美元。全塔共有 3 层，每层都有供凭栏远眺的高栏平台。铁塔的第一层高 57 米，由 4 座墩柱支撑着，下面有 4 座钢筋混凝土结构的大拱门，分别面向东西南北四个方向。第二层离地面 115 米。第三层离地面 276 米。由于塔的上部猛然收缩，整个建筑物形成一个直指苍穹的倒"Y"字。

铁塔在 1980 年进行了改建，为了减轻塔身的重量，铁塔的第二层用每平方米重 95 千克的铜板替代了 400 千克重的混凝土平台。另外塔内还增建了视听博物馆、接待室、大众啤酒馆和多部自动上下的电梯，这些都为游客参观提供了方便。

埃菲尔铁塔自建成以来就成为巴黎市的象征，今天的铁塔是法国的标志性建筑之一，它的雄姿吸引了世界各地的游客前来参观。

6. 凡尔赛宫

凡尔赛宫在法国巴黎西部的凡尔赛镇，是法国17、18世纪的王宫和行政中心，也是世界最豪华的古代宫殿之一。

凡尔赛宫外观雄伟壮丽，主体长707米，以王宫为中心呈南北对称之势。宫室、教堂、剧院等分布在王宫的两翼。王宫是国王、王后和公主的居住区。这是一个三合式的御院，其中位于正殿二楼西侧的镜廊大厅是凡尔赛宫中最著名的部分。大厅呈长方形，长73米，宽14米。大厅西墙共有17面拱顶落地玻璃窗。东墙对应镶嵌着由483块镜片镶拼而成17面大玻璃镜。拱形天花板上绘着巨幅极具艺术价值的油画。站在厅堂中央，人们可以通过镜子从不同角度欣赏这个装饰豪华的大厅。

在凡尔赛宫的西侧是美丽的凡尔赛宫园林。这里遍布亭台楼阁、假山、花坛、喷泉、水池，是欧洲古典主义园林艺术中的典范。

今天凡尔赛宫及其园林以其独特的魅力吸引着世界各地的游客前来参观。

7. 卢浮宫

卢浮宫位于巴黎市中心，是世界最大的艺术宝库之一，被誉为"万宝之宫"。

卢浮宫始建于1204年，最初只是一座碉堡，用以保存珍宝和王室档案。后几经法国历代统治者扩建。整个卢浮宫占地面积19.8公顷，是欧洲面积最大的宫殿建筑之一。卢浮宫建造华美，装饰富丽堂皇，堪称世界建筑艺术中的精品。

如今的卢浮宫被改为国立美术博物馆，向公众开放。卢浮宫博物馆由6个部分组成，包括绘画馆、雕塑馆、希腊罗马艺术馆、东方艺术馆、埃及艺术馆和装饰艺术馆。卢浮宫内收藏着40万件东西方艺术珍品，其中包括东方艺术珍品8万件，古希腊、古罗马艺术品3万件，油画6000件，素描10万件。世界许多著名艺术大师的作品都

卢浮宫

陈列于此，如意大利达·芬奇、拉斐尔、米开朗基罗的绘画与雕塑，西班牙的戈雅、荷兰的伦勃朗的作品等。

今天，卢浮宫以其独特的魅力吸引着世界各地的游客前去参观。

8. 凯旋门

巴黎凯旋门位于巴黎市中心戴高乐广场的中央，是法国政府重点保护的名胜古迹，也是世界驰名的宏伟建筑。

凯旋门建于 1805 年，是拿破仑为庆祝他在奥斯特利茨战役中击败俄奥联军而下令兴建的。巴黎凯旋门高约 49.54 米米，宽 44.82 米，厚 22 米，是欧洲现存 100 多座凯旋门中最大的一座。凯旋门东西南北四面各有一门，中心拱门宽 14.6 米。门上和周围四壁上雕刻有大量极具艺术价值的精美浮雕。这些浮雕大多取材于 1792~1815 年间法国战史，既是不朽的艺术杰作，又有重要的历史参考价值。

如今，凯旋门内设有电梯，人们亦可沿着 273 级螺旋形石梯拾级而上，直达 50 米高的拱门。凯旋门的顶楼上现设有一座小型的历史博物馆和两间配有英法两种语言解说的电影放映室。博物馆内陈列着许多有关凯旋门建筑史的图片、历史文件以及拿破仑的历史资料。博物馆顶部是一个宽大的平台，站在上面远眺，巴黎美景可以尽收眼底。

（二十五）摩纳哥

国家档案

国名： 摩纳哥公国（The Principality of Monaco）

首都： 摩纳哥城

面积： 2.08 平方千米

人口： 3.9150 万人（截至 2021 年 12 月）

主要民族： 摩纳哥 8000 人，其他人口来自 125 全国家，其中法国的 8931 人，意大利的 5454 人

语言： 官方语言为法语，通用意大利语和英语，另有摩纳哥方言

货币： 欧元和摩纳哥辅币

1. 地理概况

摩纳哥位于欧洲西部，法国东南部，南濒地中海，其余三面被法国包围，是世界和欧洲最小的国家之一，素有"袖珍王国"之称。领土狭长，东西长约 3.5 千米，南北最窄处不足 200 米。境内多丘陵，平均海拔不足 500 米。摩纳哥属亚热带地中海气候，夏季干燥凉爽，冬季潮湿温暖。年均气温为 16℃，年均降水量为 500~600 毫米。

2. 首都摩纳哥城

首都摩纳哥城在向西南凸出的海岬上，面积很小。全城实际上只有两条街道，即圣马丁街和波特内街。始建于中世纪，王宫是这里最古老的建筑。此外，还有海洋博物馆，建成于 1910 年，建筑雄伟，在高达 8 米的石柱上雕刻着许多著名海洋考察者的名字。室内陈列着丰富的海洋生物标本。首都摩纳哥城为全国著名的旅游中心。

3. 蒙特卡洛

蒙特卡洛位于地中海沿岸，首都摩纳哥城以北，是世界四大赌城之一。蒙特卡洛俱乐部是世界著名的大赌场。里面豪华的旅馆、俱乐部、歌剧院、商店、游泳池、温泉浴室、运动场等娱乐设施一应俱全。蒙特卡罗赌场由国家经营。摩纳哥法律规定，本国公民不能参与赌博，只许在赌场任职。当地的其他活动，许多也带有赌博色彩。游客住的旅店房间，有抽奖的号码，中奖的免付部分房费。早餐的牛奶麦片粥里，如遇上金属牌子，亦可领奖。游客最后离境，购买的车票上也印有彩票号码，于离境前开彩。

（二十六）西班牙

国家档案

国名： 西班牙王国（The Kingdom of Spain）

国名： 马德里

面积： 50.6 万平方千米

人口： 4761.5 万（2023 年 1 月）

民族： 主要是卡斯蒂利亚人（即西班牙人），少数民族有加泰罗尼亚人、加里西亚人和巴斯克人

官方语言： 西班牙语

货币： 欧元

1. 地理概况

西班牙位于欧洲西南部伊比利亚半岛，北濒比斯开湾，西邻葡萄牙，南隔直布罗陀海峡与非洲的摩洛哥相望，东北与法国、安道尔接壤，东部和东南部濒临地中海，海岸线长约 7800 千米。西班牙境内多山，是欧洲高山国家之一。中部高原属大陆性气候，北部和西北部沿海属温带海洋性气候，南部和东南部属亚热带地中海气候。

西班牙是中等发达的工业国，国内生产总值居世界第 11 位。主要工业部门有造船、钢铁、汽车、水泥、采矿、建筑、纺织、化工、皮革、电力等行业。其矿产资源主要有煤、铁、黄铁矿、铜、锌、汞等。森林总面积 1179.2 公顷。西班牙的旅游和金融业较为发达，旅游业是其经济的重要支柱和外汇的主要来源之一，著名旅游胜地有马德里、巴塞罗那、塞维利亚、太阳海岸、美丽海岸等。

2. 首都马德里

马德里是西班牙马德里省和马德里自治区的首府，也是西班牙的首都。位于伊比利亚半岛中心，地处梅塞塔高原，海拔 670 米，是欧洲海拔最高的首都。马德里在历史上战略位置十分重要，因其南下可与直布罗陀海峡相通，北越比利牛斯山可直抵欧洲腹地，故有"欧洲之门"之称。

11 世纪时，马德里曾是摩尔人的要塞。1561 年西班牙国王菲利普二世迁都于此，逐渐发展成为大城市。1936~1939 年西班牙内战时，曾在此进行著名的马德里保卫战。现在的马德里是西班牙的政治、经济和交通中心。有飞机、汽车、机器设备、光学仪器、电子、电气器材、化学、塑料以及军火工业等工业部门。这里交通十分便利，是西班牙铁路、公路和航空交通的枢纽，有 6 个火车站、几处飞机场以及地铁。

马德里风景秀丽，而且有很多名胜古迹，吸引着世界各地的游客前来游玩观赏。市内各式各样的凯旋门有 1000 多个、街心广场 300 多个、50 多家博物馆、1200 多家书店。马德里的足球十分发达，这里有著名的皇家马德里与马德里竞技等足球俱乐部。市内还有高尔夫球场、网球场、赛马场、高山滑雪场、汽车赛场等体育设施。

3. 巴塞罗那

巴塞罗那位于地中海岸，是西班牙东北部加泰隆尼亚自治区的首府，北邻法国，东南部濒临地中海。巴塞罗那是西班牙仅次于马德里的第二大城市，但它是比马德里更古老，也更为重要的城市。巴塞罗那面积约 100 平方千米，人口约 200 万，属典型的地中海气候，冬暖夏凉，春秋湿润。

巴塞罗那是西班牙的经济重镇和最大的工业中心，有"地中海曼哈顿"之称。它拥有西班牙最大的综合性港口和地中海第二大港，掌握着西班牙全国 50% 以上的国内外贸易运输量，在西班牙具有非常重要的经济地位。

巴塞罗那气候宜人、风光旖旎，素有"伊比利亚半岛的明珠"之称，是西班牙最著名的旅游胜地。巴塞罗那具有独特的历史传统、风俗民情，它完整地保留着大量的历史遗迹，市区内有许多哥特式、文艺复兴式、巴洛克式建筑和现代化楼群相互辉映。从和平之门广场到加泰罗尼亚广场之间，以大教堂为中心，有无数值得参观的建筑物。

其中最著名的景点有神圣家族大教堂、巴特娄宫、米拉宫、毕加索博物馆等。另外，1992 年，第 25 届奥运会在巴塞罗那举行，更使得巴塞罗那闻名世界。

（二十七）葡萄牙

国家档案

国名：葡萄牙共和国（The Portuguese RePubljc）

首都：里斯本

面积：9.2226 万平方千米

人口：1034.2 万（2023 年 3 月）

主要民族：葡萄牙人占 96.9%

语言：官方语言为葡萄牙语

货币：欧元

1. 地理概况

葡萄牙位于欧洲伊比利亚半岛西南部，东、北与西班牙毗邻，西南濒临大西洋，海岸线长 832 千米。全境地形复杂，北高南低，多为山地和丘陵。北部是梅塞塔高原；中部山区平均海拔 800~1000 米，全国最高点是埃什特雷拉峰，海拔 1991 米；南部和西部分别为丘陵和沿海平原。主要河流有特茹河、杜罗河和蒙特古河。

气候南北差异明显。北部属海洋性温带阔叶林气候，南部属亚热带地中海式气候。平均气温 1 月 7~11℃，7 月 20~26℃。年平均降水量 500~1000 毫米。

矿产资源较丰富，主要有钨、铜、黄铁、铀、赤铁、磁铁矿和大理石，钨储量为西欧第 1 位，大理石出口占世界第 2 位。森林面积 360 万公顷，占国土面积的 1/3，其软木产量占世界总产量的一半以上，出口占世界第 1 位，因而有"软木王国"之称。葡萄牙是世界上主要的葡萄酒生产国之一，北部的波尔图是著名的葡萄酒产地。

2. 首都里斯本

里斯本是葡萄牙的首都和葡萄牙最大的海港城市，位于欧洲大陆的最西端。面积 82 平方千米，人口 49.97 万。受大西洋暖流影响，里斯本气候良好，冬不结冰，夏不炎热。1、2 月份平均气温为 8℃，七八月份平均气温为 26℃。全年大部分时间风和日丽，温暖如春。

里斯本是葡萄牙的政治、经济、文化和交通中心。工业比较发达，里斯本有造船、

水泥、钢铁、塑料、软木、纺织、造纸和食品加工等工业部门，尤以造船业闻名，可以造 30~70 万吨级的各种轮船。

里斯本是一个美丽的旅游城市，这里环境优美，还拥有许多名胜古迹，如圣乔治城堡、卡尔马教堂。位于西部大西洋沿岸的海滨浴场，是葡萄牙著名的旅游区，每年吸引着世界各地 100 多万旅游者来此。里斯本拥有许多高等学府，其中著名的里斯本大学也坐落于此。这里还有许多博物馆，如马车博物馆、民俗和艺术博物馆、古本江公园等。

（二十八）意大利

国家档案

国名：意大利共和国（Republic of ltaliana）

首都：罗马

面积：30.133 万平方千米

人口：5885 万（2022 年 4 月）

民族：意大利人、法兰西人、拉丁人、罗马人、弗留里人等

语言：意大利语、法语和德语

货币：欧元

1. 地理概况

意大利共和国位于欧洲南部，包括亚平宁半岛以及西西里岛、撒丁岛等岛屿，北部与法国、瑞士、奥地利、斯洛文尼亚接壤，东、西、南三面濒临地中海的属海亚得里亚海、爱奥尼亚海和第勒尼安海，海岸线长约 7200 多千米。全境大部分地区属地中海气候，年平均气温 1 月份为 2~10℃，7 月份为 23~26℃；年平均降水量 500~1000 毫米。

全国划分为 20 个行政区，共 103 个省，首都为罗马。

意大利的自然资源比较贫乏，仅有水力、地热、天然气、大理石、汞、硫磺以及少量铅、铝、锌和铝矾土等。其工业起步也较晚，但由于注意适时调整经济政策，重视研究和引进新技术，其经济发展较为迅速。当前，意大利的工业主要以加工工业为主，所需能源和原料依赖外国进口，原油加工、钢材加工、塑料工业、拖拉机制造业、电力工业等均位居世界前列。意大利的旅游业较为发达，主要旅游城市是罗马、佛罗伦萨和威尼斯等。

2. 首都罗马

罗马位于亚平宁半岛的中南部西侧，台伯河下游的丘陵平原上，西距第勒尼安海25千米。罗马城横跨特韦雷河两岸，面积1285.31平方千米，其中市区面积约200多平方千米，人口约300万（2018年），是意大利占地面积最广、人口最多的城市。

罗马曾是"世界帝国首都"，是一座创造过辉煌文明的古城，是世界灿烂文化的发祥地之一。它始建于公元前753年，至今已有2500余年历史，曾先后作为罗马共和国、罗马帝国、教皇国的首都，后来又作为意大利王国统一后的王国首都。现在的罗马由55个居民区组成，分古城和新城两部分，古城居北，新城在南；罗马教廷所在地梵蒂冈位于古城区西北，新城则是在20世纪20~50年代建成的现代化城市。

作为首都，罗马不但是意大利的政治、经济和文化中心，也是联结全国的交通枢纽和重要港口，以及联结中欧、南欧、西欧和北非等地的国际航空枢纽之一。同时，罗马还是罗马天主教廷所在地。

罗马还是一座艺术宝库、文化名城，有"露天博物馆"的美誉。在罗马古都遗址上，有帝国元老院、凯旋门、纪功柱、万神殿和古罗马斗兽场等世界闻名的古迹，另外还有文艺复兴时期的许多精美建筑和艺术精品。

3. 威尼斯

威尼斯位于意大利东北部的亚得里亚海滨，四周被海洋环绕，仅有西北角的铁路、公路桥与4千米外的陆地相连，全市有117条纵横交错的大小河道，由400多座各式桥梁把它们连接起来。这些水道将全市分割成118个岛屿。

威尼斯具有1500多年的历史，历史古迹非常多。尤其是它的城市建筑，吸收了意大利、拜占庭、阿拉伯、巴洛克、哥特式的建筑风格，形成自己的鲜明特点。据统计，全市共有艺术、历史名胜450多处。另外，还有众多的宫殿、博物馆、艺术宫、剧院等，其中最著名的是圣马可广场和圣马可教堂。威尼斯不仅古迹众多，而且风光旖旎，尤其是独特的水城风光，充满着迷人的魅力。威尼斯的狂欢节在历史上非常著名，1979年恢复后，目前已成为全世界四大狂欢节之一。

威尼斯素有"水都""百岛之城"之称，是世界上唯一一座不见车辆的城市，其主要交通工具是舟船。全市有轮船、汽艇数千艘，另外还有垃圾船、殡仪船、远洋船、渔船、轮渡船、军舰、拖船、领港船、救护舰、海关艇等。威尼斯港得天独厚，是意大利最大的港口之一，港口长12千米，总面积达250公顷，每年进出港门的船只在万艘以上。

4. 米兰

米兰位于意大利波河平原西北部，阿尔卑斯山南麓。是米兰省的省会和伦巴第大区的首府，意大利第二大城市，面积181.67平方千米，市区人口137.86万（2019年）。

米兰始建于公元前4世纪，公元395年为西罗马帝国都城。1158年和1162年在同神圣罗马帝国两次战争中，米兰城几乎全毁。1796年，拿破仑占领米兰，次年建成为米兰共和国的都城。1859年并入意大利王国。二战期间，毁损严重，现在的米兰是战后重建发展而来的。

米兰在二战中之所以受到密集的轰炸，是因为米兰是意大利最重要的工业中心，至今它依然是意大利的经济中心，有"经济首都"之称。这里工业十分发达，有汽车、飞机、摩托车、电器、铁路器材、金属制造、纺织、服装、化学、食品等工业。

米兰市内有许多古建筑，如奥莫大教堂、斯卡拉歌剧院、普雷拉画廊等。米兰大教堂是欧洲著名的三大教堂之一，是欧洲最大的哥特式大理石建筑之一。斯卡拉歌剧院，有"歌剧的麦加"之称，它是许多世界名演员心驰神往的地方。

5. 亚平宁山脉

亚平宁山脉是阿尔卑斯山脉向南延伸的部分，因位于亚平宁半岛，故得此名。亚平宁山脉从西北部靠近滨海阿尔卑斯山脉附近的卡迪蓬纳山口起，向南呈弧形延伸至西西里岛以西的埃加迪群岛而止，总长约1400千米，南、北窄，宽约30千米，中部较宽，达200千米，海拔约1200米。最高峰大科尔诺山海拔2914米。

亚平宁山脉的河流都很短，主要的河流为台伯河和阿尔诺河。台伯河长405千米，沿翁布里亚—马奇吉亚亚平宁山脉西麓向南流出，再流经罗马而抵达第勒尼安海；阿尔诺河长249千米，从托斯卡尼—艾米利亚亚平宁山脉起向西流经佛罗伦斯到达利古里亚海。

亚平宁山脉是由一系列山地和丘陵组成的年轻褶皱带，地壳极不稳定，多火山和地震，时有山崩。其中以维苏威火山和埃特纳火山最有名。

6. 比萨斜塔

举世闻名的比萨中央教堂广场位于意大利比萨城的中心位置，广场周围有成群的古建筑。比萨主教堂、浸礼会教堂、比萨斜塔是其中最著名的建筑物，它们建于11~14世纪，是比萨城历史文化的见证者。

建于11~12世纪的比萨主教堂，是比萨城内保存下来的建筑中，最古老的一座。

教堂正面有 3 扇大铜门，内部有 18 根大理石柱子。教堂共有 5 个殿。正殿处于中心位置，呈半圆形。教堂内保存有精美的油画、石雕和木雕等艺术品，

著名的比萨斜塔是广场周围最抢眼的建筑，塔高 54.5 米，塔身呈圆柱形，整个建筑全由大理石建成。斜塔古朴而典雅，堪称罗马式建筑的典范。斜塔从开始建造到现在，近一千年内，塔身日渐倾斜，但在几次大地震中竟未倾倒。这种"斜而不倾"的现象，使比萨斜塔成为世界建筑史上的奇迹。

7. 庞贝古城

庞贝、埃尔科拉诺、托雷安农济亚塔考古地区，位于意大利东南部维苏威火山一带。

庞贝古城遗址位于维苏威火山脚下，现属于那不勒斯市的一部分。古城始建于公元前 8 世纪，后来成为古罗马帝国重要的行政中心。公元 1 世纪时，古城在维苏威火山喷发时被湮没。如今发掘出的古城遗址，面积约 63 公顷，城墙由巨石砌成，长 4.8 千米，上有 7 座城门和 14 座城塔。城内建筑很多，有宏伟的奥古斯都庙宇和农牧之神神殿等。

（二十九）梵蒂冈

<table>
<tr><td colspan="2" align="center">国家档案</td></tr>
<tr><td>国名：</td><td>梵蒂冈城国（The Vatican City State）</td></tr>
<tr><td>首都：</td><td>梵蒂冈城</td></tr>
<tr><td>面积：</td><td>0.44 平方千米</td></tr>
<tr><td>人口：</td><td>618 人（2022 年 6 月）</td></tr>
<tr><td>民族：</td><td>主要是意大利人</td></tr>
<tr><td>语言：</td><td>官方语言为意大利语和拉丁语</td></tr>
<tr><td>货币：</td><td>欧元</td></tr>
</table>

1. 地理概况

梵蒂冈是世界上最小的国家，面积仅为 0.44 平方千米（相当于中国的天安门广场大小）。它位于意大利首都罗马城西北角的梵蒂冈高地上，领土包括圣彼得广场、圣彼得大教堂、梵蒂冈宫和梵蒂冈博物馆等。国土大致呈三角形，四面都与意大利接壤，故称"国中国"。除位于城东南的圣彼得广场外，三面都有古城墙环绕，国界也是以古

城墙为标志。

梵蒂冈属地中海气候，年降水量一般在 500～1000 毫米之间。

梵蒂冈境内没有田野，没有农业，没有工业，也没有矿产资源。其经济主要依靠在国内外投资和不动产出租、旅游、邮票、特别财产款项的银行利息、梵蒂冈宗教银行盈利及教徒的捐赠款等。国民的生产生活必需品，如自来水、电力、食品、燃料、煤气等都由意大利供给。梵蒂冈建有火车站，通过 862 米长的铁路连接罗马城内。

2. 圣彼得大教堂

圣彼得大教堂位于梵蒂冈，是全世界最大的教堂。它是罗马基督教的中心教堂，欧洲天主教徒的朝圣地。大教堂占地 2.3 万平方米，主体建筑高 45.4 米，长约 211 米，能容纳 5 万人同时祈祷。

圣彼得大教堂最初是由君士坦丁大帝于公元 326～333 年在圣彼得墓地上修建的，故得此名。16 世纪，教皇朱利奥二世决定重建圣彼得大教堂，于 1506 年破土动工，一直到 1626 年才竣工，历时 120 年之久。文艺复兴时期，布拉曼德、米开朗琪罗、拉斐尔和小莎迦洛等著名建筑家、艺术家都曾主持过设计和施工。现在圣彼得大教堂里保存了许多文艺复兴时期遗留下来的艺术珍品，如有文艺复兴初期著名画家乔托所做的镶嵌画——《小帆》，有米开朗琪罗 25 岁时的名作《哀叹的圣母》及圣彼得铜像等。

圣彼得大教堂正前的露天广场就是闻名世界的圣彼得广场，建于 1667 年，历时 11 年。广场南北两侧，是由 88 根方柱和 288 根圆柱组成的半椭圆形环绕柱廊，气势十分雄伟。

（三十）斯洛文尼亚

国家档案

国名：斯洛文尼亚共和国（Republic of SloVenia）

首都：卢布尔雅那（Ljubljana），人口 27 5 万（2008 年）

面积：2.03 万平方千米

人口：211 万（2022 年）

主要民族：主要民族为斯洛文尼亚族，约占 83%。少数民族有匈牙利族、意大利族和其他民族

官方语言：官方语言为斯洛文尼亚语

货币：欧元

地理概况

斯洛文尼亚位于欧洲中南部，巴尔干半岛西北端。西接意大利，北邻奥地利和匈牙利，东部和南部与克罗地亚接壤，西南濒亚得里亚海，海岸线长 46.6 千米。

全境地形复杂，山地分布较广。西北部是斯洛文尼亚阿尔卑斯山地，其中特里格拉夫峰是境内最高的山峰，海拔 2864 米。南部为石灰岩高原，是阿尔卑斯山脉向迪纳拉山脉的过渡地带。东部河谷平原占全国总面积五分之一。

气候有山地气候、大陆性气候和地中海气候。夏季平均气温 21.3℃，冬季平均气温 -0.6℃，年平均气温 10.7℃。

森林和水利资源丰富，森林覆盖率 66%，绿化率在欧洲各国仅次于芬兰和瑞典，被誉为"中欧的绿宝石"。主要河流有索查河、萨瓦河、索拉河、德拉瓦河、穆拉河等，还有世界闻名的冰碛湖布莱德湖和博希尼湖。矿产资源相对贫乏，主要有汞、煤、铅、锌等。

（三十一）克罗地亚

国家档案

国名：克罗地亚共和国（Republic of Croatia）

首都：萨格勒布

面积：5.659 万平方千米

人口：406 万（2022 年 6 月）

民族：主要民族为克罗地亚族（89.63%），其他为塞尔维亚族、波什尼亚克族、意大利族、匈牙利族、阿尔巴尼亚族、捷克族等

语言：官方语言为克罗地亚语

货币：库纳

地理概况

克罗地亚位于欧洲中南部，巴尔干半岛的西北部。西北和北部分别与斯洛文尼亚和匈牙利接壤，东部和东南部与塞尔维亚、波斯尼亚和黑塞哥维那、黑山为邻，南濒亚得里亚海。

全境地形复杂，岩溶地貌分布广泛。西南部和南部为亚得里亚海海岸，岛屿众多，海岸线曲折，在 1700 千米长的海岸边分布着大小 1 185 个岛屿，因此克罗地亚又被称

为"千岛之国";中南部为高原和山地;北部、东北部为德拉瓦河沿岸平原。气候由西南向东北内陆依次为地中海气候、山地气候和温带大陆性气候。

森林和水资源丰富。全国森林面积 222 万公顷,森林覆盖率为 39.2%。主要河流有德拉瓦河和萨瓦河。此外,还有石油、天然气、铝等资源。

(三十二)塞尔维亚

国家档案

国名:塞尔维亚共和国(Republic of Serbia)

首都:贝尔格莱德

面积:8.85 万平方公里(科索沃地区 1.09 万平方公里)

人口:687 万(不含科索沃地区,2021 年)

民族:塞尔维亚族为主要民族,其他为阿尔巴尼亚黑山族、穆斯林、匈牙利族等

语言:官方语言为塞尔维亚语

货币:新第纳尔

地理概况

塞尔维亚位于巴尔干半岛中北部,是一个内陆国家,东北与罗马尼亚,东部与保加利亚,东南与马其顿,南部与阿尔巴尼亚,西南与黑山,西部与波黑,西北与克罗地亚相连。塞尔维亚北部是多瑙河平原,多瑙河横贯东西;南部多山脉、丘陵,位于阿尔巴尼亚和科索沃边界的达拉维察山是塞尔维亚最高点,海拔 2656 米。

塞尔维亚气候主要为温带大陆性气候和地中海气候。矿产资源比较丰富,盛产铜、铝矾土、铅锌矿、褐煤、铁等。科索沃地区的自然资源更为丰富,其铅锌矿藏量占原南斯拉夫总矿藏量的 52.2%。塞尔维亚森林覆盖率 25.5%,水力资源丰富,主要的河流有白德里姆河、伊巴尔河。

（三十三）黑山

世界传世藏书

地理知识大博览

世界国家

国家档案

国名： 黑山（Montenegro）

首都： 波德戈里察

面积： 1.39 万平方千米

人口： 62.2 万（2022 年 6 月）

主要民族： 黑山族占 43.16%、塞尔维亚族占 31.99%，波什尼亚克族占 7.77%，阿尔巴尼亚占 5.03%

官方语言： 官方语言为黑山语

货币： 欧元

地理概况

黑山位于欧洲巴尔干半岛中西部，东南与阿尔巴尼亚、东北部与塞尔维亚相连，西北与波黑和克罗地亚接壤，西南部地区濒临亚得里亚海东岸，海岸线长 293 千米。

黑山境内主要是山脉、丘陵，只有沿海地区为狭长的平原，其中西北部的科托尔湾为欧洲位置最靠南的峡湾，该峡湾东岸有古城科托，现已列为世界遗产。

全境地形以山地和丘陵为主，沿海有少量平原，西北部的科托尔湾是欧洲位置最靠南的峡湾，河流较少，主要湖泊有斯库台湖。位于中北部的博博托夫库克山为境内第一高峰，海拔 2522 米。黑山的森林和水利资源比较丰富，森林覆盖面积 54 万公顷，约占黑山总面积的 39.43%。铝、煤等资源储藏丰富，约有铝土矿石 3600 万吨及 3.5 亿吨褐煤。

黑山共和国气候自南向北依次为地中海气候、温带大陆性气候和山地气候。1 月平均气温 5℃，7 月平均气温 25℃。旅游业是黑山国民经济的重要组成部分和主要外汇收入来源。自 2006 年独立以来，黑山旅游业发展迅速，主要风景区是亚得里亚海滨和国家公园等，游客主要来自俄罗斯、塞尔维亚、波黑、德国等。

（三十四）波斯尼亚和黑塞哥维那（波黑）

国家档案

国名：波斯尼亚和黑塞哥维那（Bosnia and Herzegovina），简称波黑

首都：萨拉热窝

面积：5.1129 万平方千米

人口：350.7 万（2017 年）

民族：主要民族为波什尼亚克族（即原南时期的穆斯林族），约占总人口 43.5%，塞尔维亚族，约占总人口 31.2%；克罗地亚族，约占总人口 17.4%

语言：官方语言为波斯尼亚语、塞尔维亚语和克罗地亚语

货币：波黑第纳尔，可兑换马克

地理概况

波黑共和国位于巴尔干半岛中西部，介于克罗地亚和塞尔维亚两国之间。萨瓦河（多瑙河支流）为波黑北部与克罗地亚的边界。南部在亚得里亚海上有一个 20 千米长的出海口。海岸线长约 25 千米。

波黑地形以山地为主，平均海拔 693 米，迪纳拉山脉的大部分自西北向东南纵贯全境，最高山峰为马格里奇山，海拔 2386 米。境内多河流，主要有奈雷特瓦河、博斯纳河、德里纳河、'乌纳河和伐尔巴斯河。南部属地中海气候，北部属大陆性气候。南部 1 月平均气温为 6.3℃，7 月平均气温为 27.4℃；北部 1 月平均气温-0.2℃，7 月平均气温 22.7℃。

矿产资源丰富，主要有铁矿、褐煤、铝矾土、铅锌矿、石棉、岩盐、重晶石等，其中煤炭蕴藏量达 38 亿吨。图兹拉地区食用盐储量为欧洲之最。波黑拥有丰富的水资源，潜在的水力发电量达 170 亿千瓦。森林覆盖面积占波黑全境面积的 46.6%，其中 65% 为落叶植物，35% 为针叶植物。

（三十五）罗马尼亚

1. 地理概况

罗马尼亚位于东南欧巴尔干半岛东北部，北和东北分别与乌克兰和摩尔多瓦为邻，南接保加利亚，西南和西北分别与塞尔维亚及匈牙利接壤，东南临黑海，海岸线长 245 千米。

地形复杂多样，全境山地、丘陵、平原各约占三分之一。喀尔巴阡山脉以半环形盘踞中部，其主峰摩尔多韦亚努峰是全国最主峰，海拔 2543 米。喀尔巴阡山脉以西是特兰西瓦尼亚高原，以东是摩尔多瓦丘陵，以南是瓦拉几亚平原，东南为多布罗加丘陵。

资源较丰富。主要矿藏有石油、天然气、煤和铝土矿，还有金、银、铁、锰、锑、盐等。森林面积为 627 万公顷，约占全国面积的 26%。水力资源丰富，多瑙河流经罗马尼亚境内长达 1075 千米，为重要的通航河道，峡谷区水力丰富，蕴藏量为 565 万千瓦。

罗马尼亚属大陆性温带阔叶林气候，夏季暖热，冬季寒冷，年平均气温 10℃ 左右，年降水量大部分地区为 600~800 毫米，东南部在 500 毫米以下。

2. 首都布加勒斯特

布加勒斯特是罗马尼亚首都和全国的经济、文化和交通中心，位于罗马尼亚东南部瓦拉几亚平原中部，多瑙河支流登博维察河从西北穿过市区，把市区分为两半。

布加勒斯特是罗马尼亚最大的工业中心。工业以机械制造、化学、电子和纺织工

业为主，食品、电力、冶金、服装、制鞋、玻璃、造纸和印刷等也有有较大发展。工业多分布于郊区，南郊是贝尔切尼工业基地，北郊是电子工业集中地。布加勒斯特也是全国最大的铁路、公路枢纽和航空中心，并有油、气运输管道，市内建有地下铁道。

登博维察河左岸的老城区是市区的主要部分，这里的胜利广场、统一广场及胜利大街、伯尔切斯库大街和马格鲁等大街是全市最繁华的地区。布加勒斯特的城市景色十分迷人，整座城市掩映在白杨、垂柳、菩提树之中，到处绿草如茵。全市有大小公园 50 多个，仅市区就有 10 多个大型公园，另外还有许多喷水池、纪念碑和雕塑像。因此，布加勒斯特有"欧洲绿都"的美称。

布加勒斯特也是全国的文化中心，这里设有 10 余所高等院校和几十所科研机构。还有众多的图书馆、歌舞剧院、博物馆等。

（三十六）保加利亚

国家档案

国名：保加利亚共和国（Republic of Bulgaria）

首都：索菲亚

面积：11.1 万平方千米

人口：683 万（2021 年）

民族：保加利亚族占 84%、土耳其族占 9%，罗姆族（吉卜赛族）占 5%，其他（马其顿族、亚美尼亚族等）占 2%

官方语言：保加利亚语为官方和通用语言，土耳其语为主要少数民族语言

货币：欧元

地理概况

保加利亚位于欧洲巴尔干半岛东南部，北与罗马尼亚隔多瑙河相望，西与塞尔维亚、马其顿相邻，南与希腊、土耳其接壤，东临黑海，海岸线长 378 千米。

全境 70% 为山地和丘陵。巴尔干山脉横贯中部，以北为广阔的多瑙河平原，以南为罗多彼山地和马里查河谷低地。主要山脉还有里拉山脉，其主峰穆萨拉峰海拔 2925 米，是巴尔干半岛最高点。湖泊、河流纵横，多瑙河和马里查河为主要河流。北部属大陆性气候，南部属地中海气候。平均气温 1 月 -2~2℃，7 月 23~25℃。年平均降水量平原 450 毫米，山区 1300 毫米。保加利亚素有"玫瑰之国"之称，其生产的玫瑰历来在国际上享有盛誉。著名的玫瑰谷就位于首都索非亚东南 40 多千米处，这里种植的

玫瑰有 7000 多种。

自然资源贫乏。主要矿藏有煤、铅、锌、铜、铁、铀、锰、铬、矿盐和少量石油。森林面积 408 万公顷，占全国总面积的约 37%。

（三十七）阿尔巴尼亚

国家档案

国名： 阿尔巴尼亚共和国（Republic of Albania）

首都： 地拉那

面积： 2.87 万平方千米

人口： 279 万（2022 年 1 月）

主要民族： 其中阿尔巴尼亚族占 98%，少数民族主要有希腊族，马其顿族、塞尔维亚族、克罗地亚族等

官方语言： 官方语言为阿尔巴尼亚语

货币： 列克

地理概况

阿尔巴尼亚位于东南欧巴尔干半岛西部，北部和东北部分别与塞尔维亚和黑山及马其顿接壤，南部与希腊为邻，西临亚得里亚海，隔奥特朗托海峡与意大利相望。海岸线长 472 千米。

境内地形复杂多样，以山地和丘陵为主，山地和丘陵占全国面积的四分之三，西部沿海为平原。属地中海气候。降雨量充沛，年均为 1300 毫米。平均气温 1 月 1~8℃，7 月 24~27℃。

主要矿藏有石油、铬、铜、镍、铁、煤等。石油储量约 50 亿桶，铬矿储量 3730 万吨。水力资源较丰富。

（三十八）希腊

国家档案

国名：希腊共和国（The Hellenic Republic）

首都：雅典

面积：13.1957 万平方千米（其中 15% 为岛屿）

人口：1043.2 万（2022 年 9 月）

主要民族：希腊人

官方语言：希腊语

货币：欧元

1. 地理概况

希腊共和国位于巴尔干半岛最南端，三面环水，西南、东分别濒临爱奥尼亚海和爱琴海，南隔地中海与非洲大陆相望，境内多山，著名的奥林匹斯山海拔 2917 米，是希腊的最高峰。希腊全境属亚热带地中海气候，冬温湿，夏干热。年平均降水量 400~1000 毫米。

希腊是欧洲文明的发祥地，全国分为 13 个大区、52 个州，首都为雅典。

作为一个传统的农业国，希腊是欧洲联盟中经济欠发达的国家之一，其经济基础比较薄弱，工业基础较于其他欧洲国家相比较差，技术落后，规模小，主要工业有采矿、冶金、纺织、造船、建筑等。希腊的服务业是经济的重要组成部分，旅游业是获得外汇、维持国际收支平衡的主要来源之一。其主要矿产资源有铝矾土、褐煤、镍、铬、镁、石棉、铀、大理石等。

2. 首都雅典

雅典位于巴尔干半岛南端的阿提卡平原上，它三面环山，一面紧挨爱琴海，城市面积 90 万公顷，人口 377.4 万（2018 年），是希腊最大的城市。雅典属地中海气候，冬季温暖潮湿，夏季少雨，阳光充足，年平均最低气温为 0℃，最高气温为 37℃。

作为希腊的首都，雅典是全国的政治、文化、经济中心和交通枢纽，其市区东北部是政治、文化中心，西南及港口一带是工商业区，协和广场附近为全市最繁华的地区。

作为一个驰名世界的文化古城，雅典在历史上创造了辉煌的文化，对欧洲及世界文化曾产生过重大影响，自古有"西方文明的摇篮"之美誉。现在的雅典凭借其深厚的文化底蕴和丰富的历史古迹，成为著名的旅游胜地。雅典重要的名胜古迹有雅典卫城、帕尔特农神庙、酒神剧场、卫城山博物馆、宙斯神庙等；另外，希腊历史文物博物馆、国家图书馆、国家剧院、雅典大学等，也是非常著名的景点。目前，旅游业已成为雅典重要的经济支柱之一。

希腊是奥林匹克运动会的发源地，1896年，雅典举行了第一届奥林匹克运动会。在此之后，每一届奥林匹克运动会的火炬都从雅典点燃。

3. 雅典卫城

雅典卫城修建于公元前5世纪，距今已有3000多年。"雅典卫城"，希腊语称之为"阿克罗波利斯"，原意为"高丘上的城邦"，位于今雅典城西南一个不大的孤立的山冈上，山冈面积约为4平方千米，山顶石灰石裸露，高于四周平地70~80m，东西长约280m，南北最宽处130m。

卫城由大量重要的建筑物组成，包括卫城山门、雅典娜女神庙、帕特农神庙、伊瑞克提翁神庙、胜利女神庙等，另有一座现代建筑卫城博物馆。作为古希腊建筑的代表作，雅典卫城达到了古希腊圣地建筑群、庙宇、柱式和雕刻的最高水平。这些古建筑无可非议的堪称人类遗产和建筑精品，在建筑学史上具有重要地位。

雅典卫城的山门建于公元前437~前432年，位于卫城西端陡坡上，是卫城的入口。山门主体建筑为多立克柱式，正面高18米，侧面高13米。帕特农神庙（又称雅典娜神庙）是雅典卫城的主体建筑，坐落山上的最高处。伊瑞克提翁神庙位于埃雷赫修神庙的南面，传说这里是雅典娜女神和海神波塞冬为争做雅典保护神而斗智的地方。胜利女神庙是为庆祝卫国战争胜利而修建的。卫城博物馆则主要收藏了雅典卫城及附近挖掘的历史文物。

4. 帕特农神庙

帕特农神庙是希腊祭祀诸神之庙，以祭祀雅典娜为主，又称"雅典娜巴特农神庙"。它建于公元前447~前438年，1687年毁于战争，今仅存残迹。

帕特农神庙位于雅典老城区卫城山的中心，坐落在山上的最高点。它外形呈长方形，长70米，宽31米，由46根多立克式环形立柱构成柱廊，东西两面是8根柱子，南北两侧则是17根，每根立柱高10.5米，柱底直径近2米。

神庙有两个主殿：祭殿和女神殿。从神庙前门可进祭殿，踏后门可入女神殿。在东边的人字墙上的一组浮雕，镌刻着智慧女神雅典娜从万神之王宙斯头里诞生的生动图案；在西边的人字墙上雕绘着雅典娜与海神波塞冬争当雅典守护神的场面。

神殿的内原本供奉着菲迪亚斯雕刻的雅典娜神像，神像据说由黄金、象牙制成，眼睛的瞳孔也由宝石镶成。不过，这座神像在公元146年被东罗马帝国的皇帝掳走，在海上失落了。神庙立柱间的中楣饰带是由92块白色大理石装饰而成的，上面有描述希腊神话的浮雕，东西庙顶的山墙上也有精美的浮雕。帕特农神庙被

帕特农神庙

认为是多立克式建筑艺术的极品，有"希腊国宝"之称。

5. 奥林匹亚的考古遗迹

奥林匹亚的考古遗迹位于希腊伯罗奔尼撒半岛西部，隶属伊利亚州，在首都雅典以西约190千米处。奥林匹亚遗址起源于公元前2000年。在公元前十世纪，奥林匹亚成为希腊人敬拜古希腊宙斯神的中心城市，此后，这里日渐繁荣。从公元776年开始，每四年一次的古希腊运动会在奥林匹亚举行，这里是奥林匹克运动会的发祥地。

如今奥林匹亚城内古迹众多，这里的考古遗迹多为用于体育比赛修建的建筑和设施。这里有世界上最古老的运动场。据考证这个运动场历史久远，今天看到的遗迹重建于公元前4世纪。赫拉神殿是奥林匹亚遗址中现存的最古老庙宇建筑，建于公元前6世纪左右。它的规模并不大，其中供奉着希腊女神赫拉的神像。宙斯神殿位于奥林匹亚考古遗迹的中心位置，高大雄伟，是遗址内最抢眼的建筑。

1989年，奥林匹亚的考古遗迹被联合国教科文组织作为文化遗产列入世界遗产名录。

6. 迈锡尼

迈锡尼在希腊南部，位于伯罗奔尼撒半岛的东北，是希腊著名的古城，也是爱琴海文化的发祥地之一。

古城始建于公元前14世纪，曾是迈锡尼王朝的都城。在漫长的历史中这里留下众多的古迹。如今迈锡尼的古城墙保存完好，城墙全部由长方形巨石建成，高大而雄伟。迈锡尼国王的皇宫是迈锡尼城内的主体建筑，内有卫室、回廊、内门、接待室、门厅、前厅、御座厅等。主厅处于皇宫的中心位置，高大宽阔，现在里边可以看到一个圣火坛和一间用红灰泥建成的浴室遗址。皇族寝宫和古代神庙也是皇宫内的主要建筑，从

这些遗迹中，可以想见昔日皇宫的恢宏气势。

著名的皇家墓地位于皇宫的西侧，如今墓地上发现 6 处竖坑式墓穴，内有 19 具尸骨。在墓穴内还发现了大量的金银制作的面具、青铜器皿以及其他象征王权的殉葬品，这些对于研究当时的历史具有重要的参考价值。

迈锡尼古城具有重要的考古价值，它是古希腊文明的象征。

十六、北美洲国家

北美洲包括加拿大、美国、墨西哥、格陵兰（丹）、圣皮埃尔和密克隆（法）、百慕大（英），以及中美洲的 7 个国家、西印度群岛上的国家和地区。

中美洲国家是伯利兹、危地马拉、洪都拉斯、萨尔瓦多、尼加拉瓜、哥斯达黎加、巴拿马等。

西印度群岛位于加勒比海、墨西哥湾和大西洋之间，包括巴哈马、大安的列斯和小安的列斯三大群岛，有巴哈马、古巴、开曼群岛（英）、牙买加、海地、多米尼加、特克斯和凯科斯群岛（英）、波多黎各（美）、英属维尔京群岛、美属维尔京群岛、安圭拉（英）、安提瓜和巴布达、圣基茨和尼维斯、蒙特塞拉特（英）、瓜德罗普（法）、多米尼克、马提尼克（法）、圣卢西亚、巴巴多斯、圣文森特和格林纳丁斯、格林纳达、特立尼达和多巴哥、荷属安的列斯、阿鲁巴（荷）等国家和地区。

（一）加拿大

国家档案

国名：加拿大（Ganada）

首都：渥太华

面积：998.467 万平方千米

人口：3950 万（2023 年 1 月）

民族：主要为英裔、法裔

官方语言：英语、法语

货币：加拿大元

1. 地理概况

　　加拿大位于北美洲北部，东临大西洋，西濒太平洋，南接美国本土，北部紧挨北冰洋，国土面积为 998.467 万平方千米，居世界第二位。其国境东部为丘陵地带，南部地势平坦，多盆地，西部为科迪勒拉山区，北部为北极群岛，中部为平原区。大部分地区属大陆性温带针叶林气候，只有北部为寒带苔原气候。

　　加拿大划分为艾伯塔省、不列颠哥伦比亚省等 10 个省和西北、育空、努纳武特 3 个地区，首都为渥太华。

　　作为西方七大工业强国之一，加拿大的经济高度发达，其工业以石油、金属冶炼、造纸为主，农业主要种植小麦、大麦、亚麻、燕麦、油菜籽、玉米等作物。加拿大地域辽阔，森林、矿藏、能源等资源丰富。已探明矿产有 60 余种，其中镍、锌、铂、石棉的产量居世界首位；其森林覆盖面积达 440 万平方千米，占全国领土面积的 44%。加拿大的淡水资源占世界的 9%，渔业十分发达，是世界上最大的鱼产品出口国。另外加拿大的旅游业也较为发达，在世界旅游收入最高的国家中排名第九。

2. 首都渥太华

　　渥太华是加拿大的首都，全国第四大城市。渥太华位于安大略省东南部与魁北克省的交界处，其纬度与中国的哈尔滨差不多。气候干燥寒冷，1 月份平均气温-11℃，最低气温达-39℃，一年当中有 8 个月时间夜晚温度都在零度以下，因此，渥太华有"严寒之都"的称号。不过，一到春天，这座城市就会布满色彩艳丽的郁金香，故渥太华又有"郁金香城"的美誉。

　　渥太华是全国的政治、文化中心。里多运河以西是上城，这里集中了不少政府机关，国会、参议院、众议院、联邦政府等机关都坐落于此。运河以东为下城，聚焦了市政厅、国家档案馆、加拿大造币厂以及渥太华历史博物馆和法国罗马天主教的圣母玛丽亚大教堂等机构与建筑。渥太华大学、卡尔顿大学、圣保罗大学是这个城市的最高学府，此外，还有许多科学院和研究中心。

　　渥太华的经济是西方典型的"首都经济"，这里几乎所有经济活动都与政府有关。98000 名联邦公务员占渥太华劳工总数的 29%，政府服务业构成了渥太华主要的经济生活。渥太华的另一大经济来源则是旅游业，其秀丽的风景吸引着来自世界各地的游客，每年来些观光的游客大约 250 万人。这里每年二月中旬举行的"冬季狂欢节"举世闻名，那时的里多运河变身成一条世界上最长（8 千米）的天然溜冰场，每年有 80 万人次到运河上溜冰。

3. 多伦多电视塔

多伦多电视塔位于加拿大第一大城市多伦多市，矗立在安大略湖畔，高 553.34 米。电视塔是由加拿大国家铁路公司兴建的，于 1973 年 2 月 6 日破土动工，1976 年 6 月 26 日落成并对公众开放，全部工程耗资 4400 万美元。电视塔以加拿大国家铁路公司英文缩写命名，故又称 CN 电视塔。

电视塔自下而上由基座、观景台、"天空之盖"和天线塔四部分组成。电视塔基座设有纪念品商店、快餐厅、小电影厅、儿童乐园和报告世界各地天气情况及时间的大型电子显示屏幕等设施。电视塔装备有 4 部高速电梯，每分钟运行速度 367 米，每小时可以把 1500 名游客送到塔顶。在距地面 346 米处，是外形酷似一只轮胎的观景台，这里设有旋转餐厅、室内游乐场、夜总会以及户外瞭望台。从观景台还可以再上一层，就到距离地面 443 米的"天空之盖"，在这里可以眺望整个多伦多的美景，天气好的话还看得到尼亚加拉瀑布和美国纽约州的曼彻斯特。"天空之盖"的顶端是电视发射天线，全高 102 米，由 42 节钢架叠置而成。

多伦多电视塔是多伦多城的标志性建筑，每年吸引着上百万的游客参观游览。每年的秋季，这里还会举行爬楼梯比赛。

4. 因纽特人

因纽特人是指生活在北极地区的土著居民，分布在格陵兰、美国、加拿大和俄罗斯等国家和地区，加拿大是因纽特人最多的国家。世界上大约有 6 万因纽特人，其中就有 3 万左右分布在加拿大，主要集中在加拿大的努纳武特区。因纽特人又被称为爱斯基摩人，不过他们不喜欢这样的称谓，因为"爱斯基摩"含有贬义，在印第安语中是指"食生肉者"。"因纽特"是他们的自称，意思是"人类"或"真正的人"。

因纽特人祖先来自中国北方，大约是在一万年前从亚洲渡过白令海峡（或者是通过冰封的海峡陆桥）到达美洲的。与美洲印第安人不同，因纽特人身材矮小粗壮，眼睛细长，鼻子宽大，鼻尖向下弯曲，脸盘较宽，皮下脂肪很厚，头发又黑又直。这样的身体特征使他们有令人惊叹的抵御严寒的本领，如粗矮的身材可以抵御寒冷，而细小的眼睛可以防止极地冰雪反射的强光对眼睛造成刺激等。

5. 魁北克城

魁北克古城历史悠久，战略地位重要，历来是兵家必争之地。这里原来居住的是印第安人，1608 年法国最早在这里建立殖民地，现为加拿大新法兰西州首府。

古城建在陡峭的高原上，包括上城和下城两部分。上城建于高坡之上，四周环绕

着 35 英尺高的古老城墙，是 17 世纪法国殖民者的行政管理区和宗教活动区。著名的魁北克城堡位于上城区的中心，城堡四周环绕着护城河，内有 25 座高大的古建筑。弗龙特纳克城堡饭店在城堡正中，是 300 多年前法国新法兰西总督的官邸，加拿大建国后改为饭店。饭店有陡峭的铜屋顶、谯楼、塔楼和红砖墙，豪华而不失庄重，是上城内的最高建筑。下城建在峭壁下，包括古老的商业区和居民区。城区内有皇家广场、胜利圣母教堂等名胜古迹。其中皇家广场是魁北克城中现存最早的古建筑，被称为加拿大的"法国文明的摇篮"。

（二）美国

国家档案

国名：美利坚合众国（The united States of America）

首都：华盛顿哥伦比亚特区

面积：937 万平方千米

人口：约 3.33 亿（2021 年 8 月 15 日）

主要民族：白人、拉美裔、非洲裔、亚裔

官方语言：通用英语

货币：美元（USD）

1. 地理概况

美利坚合众国位于北美洲中部，领土还包括北美洲西北部的阿拉斯加和太平洋中部的夏威夷群岛。北与加拿大接壤，南靠墨西哥和墨西哥湾，西临太平洋，东濒大西洋，大部分地区属于大陆性气候，南部属亚热带气候。

美国共划分为十大地区：新英格兰地区、中央地区、中大西洋地区、西南地区、阿巴拉契亚山地区、高山地区、东南地区、太平洋沿岸地区、大湖地区、阿拉斯加与夏威夷，共有 50 个州和首都所在地华盛顿哥伦比亚特区，另外还有波多黎各自由联邦和北马里亚纳等联邦领地以及关岛、美属萨摩亚群岛、美属维京群岛等海外领地。

美国具有高度发达的现代市场经济，工农业生产门类齐全，集约化程度高，经济发展水平居世界领先地位，其国内生产总值和对外贸易额均居世界首位，有较为完善的宏观经济调控体制。同时美国的自然资源十分丰富。煤、石油、天然气、铁矿石、钾盐、磷酸盐、硫磺等矿物储量均居世界前列。森林面积约 44 亿亩，覆盖率达 33%。

2. 首都华盛顿

华盛顿是美国首都，全称为"华盛顿哥伦比亚特区"，是为纪念美国开国元勋乔治·华盛顿和发现美洲新大陆的哥伦布而命名的。它位于马里兰州和弗吉尼亚州之间的波托马克河与阿纳卡斯蒂亚河汇合处的东北岸，总面积为6094平方千米。华盛顿在行政上由联邦政府直辖，不属于任何一个州。华盛顿的气候冬冷夏热，年平均降水量1068毫米，季节分配较均匀。

华盛顿是美国的政治中心，白宫、国会、最高法院以及绝大多数政府机构均设在这里。国会大厦建在被称为"国会山"的全城最高点上，是华盛顿的象征；白宫是一座白色大理石圆形建筑，是华盛顿之后美国历届总统办公和居住的地方；美国国防部所在地五角大楼，是华盛顿面积最大的建筑。华盛顿还有许多纪念性建筑，如离国会大厦不远的华盛顿纪念碑，以及杰弗逊纪念堂和林肯纪念堂等。

华盛顿是美国的文化中心之一。市内有乔治敦、乔治·华盛顿等9所高等院校；创建于1800年的国会图书馆是驰名世界的文化设施；另外还有华盛顿歌剧院、国家交响乐团、肯尼迪艺术中心等美国著名的文化机构，以及美国国家艺术博物馆、自然历史博物馆、宇航博物馆等著名博物馆。

华盛顿是世界上少有的仅以政府行政职能为主的现代化大城市，联邦政府禁止在该市发展工业，其财政收入主要依赖政府公务、各企业的业务活动以及旅游业。

3. 旧金山

旧金山也叫圣弗朗西斯科，位于美国加利福尼亚州西北部，美国西海岸的中间，是太平洋沿岸仅次于洛杉矶的第二大港口城市。市区面积约119平方千米，其中水域面积占了2/3，市区与周围城镇以桥梁相连接。旧金山冬季比较潮湿，夏季多雾，并且天气变化较大，年平均气温在13~24℃。

旧金山的经济以服务业、商业和金融业为主，是太平洋岸证券交易所和美国最大的银行美洲银行总部所在地，是当之无愧的美国西部金融中心；旧金山的国际贸易也很发达，作为美国与太平洋地区贸易的主要海港，旧金山素有"西海岸门户"之称，是美

金门大桥

国最繁忙的国际港口之一；旧金山还盛产各种水果、蔬菜以及鲜花。

旧金山也是一座文化、教育水平很高的城市，共有 18 所高等院校。旧金山市内还有世界闻名的柯伦剧院和金门剧院；北海湾有一条长约 9 千米的海滩，是全美艺术家的活动中心之一；郊区有美国近代作家杰克·伦敦的故居，已被辟为纪念馆。

旧金山市中心街道呈格子状向东西、南北伸展，住宅区房屋高度密集，街道迂回曲折，坡度较大，因而使用独特的缆车作为重要交通工具，成为旧金山一景。其主要景点有金门大桥、金门公园、渔人码头、联合广场、九曲花街、市政大厅等。

4. 纽约

纽约位于美国东北部哈得孙河口，濒临大西洋，面积 1214 平方千米（包括海域），截至 2022 年 4 月，总人口约 839.8 万人。1789 年美国独立战争以后，纽约曾被定为首都。现在的纽约是美国第一大城市和第一大商港，它不仅是美国的金融中心，也是全世界的金融中心之一，还是联合国总部所在地。

纽约也是美国的文化中心，它拥有大都会歌剧院等近 200 家大大小小的剧场；位于中央公园西侧的林肯中心，是音乐与舞蹈艺术的圣地，世界各地的艺术爱好者都会集在这里；纽约还拥有近百家电影院，近 200 家公立私立图书馆及大量博物馆，著名的博物馆有大都会艺术博物馆、美国自然历史博物馆、现代艺术博物馆等；纽约有 57 家广播电台，被称为美国三大广播网的国家广播公司、哥伦比亚广播公司和美国广播公司的总部都设在纽约；纽约出版的书籍占美国全部出版书籍的 3/4，新闻出版机构每天出版 67 种文字的各种报纸，纽约的教育也非常发达，有许多著名的高等学府和科学研究机构，如纽约大学、哥伦比亚大学等。

曼哈顿区是纽约市最繁华的地区，尤其是在其南端的华尔街，更是世界和美国的金融中心。著名的自由女神像、联合国总部、时代广场、大都会艺术博物馆、中央公园、第五大道商业区、洛克菲勒中心、百老汇剧院区、唐人街等都在这里。

5. 亚特兰大

亚特兰大位于东南部，坐落在海拔 350 米的阿巴拉契亚山麓的台地上，是美国三大高地城市之一。亚特兰大是美国东南部最大城市、佐治亚州首府及交通、文化与工商业中心，市区面积 339 平方千米。亚特兰大最初是印第安人居住地，1833 年白人移民陆续迁此，1837 年开始建城，1847 年设市。1861~1865 年南北战争期间，亚特兰大是南方同盟军的战略要地，1868 年成为州首府。

亚特兰大是美国东南部的商业、运输业和工业中心。市内有 1500 多家工厂企业。据《财富》杂志所载，美国 500 家大实业公司中有 400 多家在亚特兰大设有分厂、分

公司或办事处。可口可乐公司、洛克希德飞机制造公司、德尔塔国际航空公司、假日集团、CNN 广播电视公司的总部均设在此地。

亚特兰大是著名小说《飘》的故乡,《飘》纪念馆就建在市中心。另外,获得诺贝尔和平奖的美国黑人领袖马丁·路德·金博士也出生在此地。1996 年第 26 届奥运会在此举行,由于正值奥运会诞生 100 周年,故此届奥运会也称百年奥运,亚特兰大市也因此在奥运历史上留下了浓重的一笔。

6. 芝加哥

芝加哥是美国第三大城市,位于美国中部、密歇根湖与芝加哥河交汇处,土地面积 606.2 平方千米,截止至 2018 年 7 月,芝加哥人口约为 270.6 万。芝加哥终年多风,因此有"风城"的称号。芝加哥市区内摩天大楼之多,仅次于纽约,市中心的西尔斯大厦是美国第一高楼,地上 110 层,地下 3 层,高 443 米。

芝加哥是美国的"工业之母"。工业部门的构成齐全且多样,以钢铁、金属、食品加工、电子、石油加工、印刷和运输机械设备工业为主。其中钢铁工业占美国第一位,有著名的美国钢铁公司和加莱钢厂。美国 500 家最大的公司中,有 33 家的总部设在芝加哥及其附近地区,比较重要的有摩托罗拉、阿莫科及内陆钢铁公司等。五一国际劳动节起源于芝加哥。1886 年 5 月 1 日芝加哥几十万工人举行罢工,争取八小时工作日,取得了巨大胜利,劳动节由此开始。

芝加哥还是美国中部的高等教育中心。芝加哥大学被誉为"诺贝尔奖"获得者的摇篮,曾先后培育出诺尔奖获得者 30 多人。西郊的阿岗国家研究院、贝尔实验室、费米实验室的科研成就在全美乃至世界都令人瞩目。

7. 洛杉矶

洛杉矶坐落在美国西海岸加利福尼亚州南部,是美国第二大城市,全市拥有约 408.67 万的人口(2019 年),面积 1215 多平方千米。

洛杉矶原为印第安人的牧区村落,1781 年成为西班牙殖民地。1818 年美国人首次到此。1821 年归属墨西哥。1846 年美、墨战争后割让给美国,成为美国领土。现在的洛杉矶,已成为美国石油化工、海洋、航天工业和电子业的最大基地。它是美国科技的主要中心之一,拥有科学家和工程技术人员的数量位居全美第一,享有"科技之城"的称号,著名的硅谷就坐落这里。近年来,洛杉矶的金融业和商业也迅速发展,数百家银行在洛杉矶设有办事处,洛杉矶已成为仅次于纽约的金融中心。

洛杉矶的文化和教育事业也很发达。这里有闻名遐迩的"电影王国"好莱坞、引人入胜的迪斯尼乐园、峰秀地灵的贝佛利山庄。世界著名的加州理工学院、加利福尼亚大学洛杉矶分校、南加利福尼亚大学、亨廷顿图书馆、格蒂博物馆等都坐落于此。

8. 好莱坞

好莱坞市位于加利福尼亚州西南部的美国第二大城市洛杉矶市的西北部，是世界著名的电影城市，如今已成为旅游热点地区。好莱坞最初是住宅区，1887 年由制片厂主威尔科克斯以其夫人名字取名为好莱坞。1910 年，好莱坞成为洛杉矶的一个区，因这里多晴日，二十世纪初美国电影业自东部向此地集中，逐渐形成了今天世界影视业的中心。

好莱坞有一个巨型的大标志"hollywood"，每个字母高达 13.7 米。大标志当初是为了发展好莱坞而修建的，如今已成为好莱坞的象征物。好莱坞有许多关于电影的观光景点，如著名的星光大道，这条大道上有 2000 多颗镶有好莱坞商会追敬名人姓名的星形奖章，以此纪念他们对娱乐业的贡献。还有好莱坞野外剧场，这个圆形剧场建于 1922 年，是一个演唱会专用场所，甲壳虫乐队就曾在此演出过。派拉蒙电影城是好莱坞唯一现存的片场，在这里，你可以看到很多电影里曾看到的背景装置，如果运气好的话，有可能还能看到明星拍片的场面。

好莱坞作为电影人的天堂也吸引了我国大批明星和导演，中国明星李小龙、成龙、李连杰、周润发、巩俐、章子怡等，著名导演李安、吴宇森都曾到好莱坞发展。

9. 唐人街

唐人街是中华民族在海外的落脚地，也是中华文化在海外的保留地和生长点。在美国，许多城市都有唐人街，其中又以纽约和旧金山的唐人街最为有名。

纽约唐人街位于纽约市曼哈顿南端下城，国际金融中心华尔街的稍北处，毗邻世界表演艺术中心百老汇，优越的地理位置以及独具特色的中国风情使她在纽约有举足轻重的地位。这里是纽约华人最大的聚居区，唐人街两边摆放着堆积如山的水果、药材、海鲜摊位，有许多中国餐厅，南边是"孔子广场"。

旧金山唐人街是美国西部最大的华人聚居区，大约 10 万余华侨居住在此。旧金山唐人街以多姿多彩的中国文化而著名，这里的商店招牌都是汉字，店员讲的也几乎都是汉语，有各式各样的中国商品，不管是生活用品还是珍贵珠宝。旧金山唐人街还保留着许多中国传统的餐饮习惯、建筑风格和穿着打扮。旧金山唐人街最引人注目的建筑是唐人街大门口（Chinatown Gateway），唐人街大门口建于 1970 年，其材料来自中国台湾和唐人街文化开发委员会捐助。

10. 珍珠港

珍珠港位于太平洋夏威夷群岛中的瓦胡岛，处于瓦胡岛南岸的科劳山脉和怀阿奈山脉之间平原的最低处。珍珠港是美国海军的基地和造船基地，一般的民用船舶及外国舰船无美国海军部特殊许可不得进入。

1941年12月7日，日本皇家海军的飞机和微型潜艇偷袭珍珠港事件使珍珠港为世人所知，这次偷袭也最终使美国卷入第二次世界大战。

珍珠港呈鸟足状展向内陆，是北太平洋岛屿中最大的安全停泊港口之一。在珍珠港的怀皮奥半岛南端，有一座高达55.8米的乳白色的状如八角形的水塔，顶部有一红灯，是珍珠港的进港导航标志。珍珠港的进口，是一个深为13.7米的疏浚水道。珍珠港属于海岛型气候，温度在26~31℃，没有明显的季节之分。

11. 拉斯维加斯

拉斯维加斯是驰名世界的大赌城，赌博业是这里的一大经济支柱。面积为340平方千米

第二次世界大战时，城中人口仅1万，到1980年已有16.5万人，这里成为年平均接待2000万游客的畸形繁华城市。城中有250多家赌场昼夜开放，这使拉斯维加斯成为世界最豪华的不夜城之一，其气派不亚于欧洲摩纳哥的"世界赌城"蒙特卡洛。这里每天都有大批赌徒携带巨款从世界各地蜂拥而来，仅1980年此城从赌博业中就赚取了14.4亿美元的利润。2020年拉斯维加斯总人口数达269.9万。

此外，为了招揽赌客，拉斯维加斯还创建了很多无比豪华的夜总会和大饭店，其夜总会节目也可以说是世界一流的。夜总会老板为了赚钱，不惜以重金聘世界各地的超级明星出场演出。

赌博业及其他娱乐行业的兴盛，也促进了城市旅游业的发展。每年来拉斯维加斯观光游览的人络绎不绝。

12. 自由女神像

1984年，自由女神像被联合国教科文组织作为文化遗产列入世界遗产名录。一百多年来，每当船只和飞机进出或经过纽约港时，首先目睹的就是矗立于曼哈顿岛上的这座雄伟壮观的雕像。

自由女神像的设计者是艺术家奥古斯特·巴托第。据说，艺术家的妻子尚奈密丽是雕像的模特儿，而雕像的面貌则是根据艺术家母亲的脸型来雕塑的。为庆祝美国独立100周年，法国将它作为赠礼送给美国。

女神右手握着火炬，直入云霄，左臂抱着一本书，象征着美国的《独立宣言》，上面刻着1776年7月4日的字样，这正是《宣言》发表的日期，女神脚上拖着被挣断了的铁链，气宇轩昂，神态刚毅，给人以凛然不可侵犯之感。夜晚橙黄色的光芒从女神

右臂火炬上发出，与基座四周的探照灯相映生辉，景象尤为壮观。

自由女神像的基座高 150 英尺，像高 152 英尺，重达 225 吨，光是女神的眼睛就有 2～6 英尺宽。像内有 22 层，电梯只能开到第 10 层，另外 12 层沿着旋梯而上直至女神像顶端的皇冠处。女神像顶端的皇冠外布满了小窗，在此可以尽情领略纽约美景。

如今，自由女神像已经成为纽约乃至整个美国的象征。

13. 黄石国家公园

位于美国西部的蒙大拿、怀俄明、爱达荷三州交界处的黄石国家公园，始建于 1872 年，占地面积为 8990 平方千米，是美国建立最早、规模最大的国家公园，也是世界上最大的自然保护区之一。

公园内有悬崖、湖泊、峡谷、喷泉、瀑布等多处胜景。其中素有"美国奇观"之称的间歇喷泉是园内最独特的景观。全园的间歇泉共有 300 处，是全世界间歇喷泉总数的一半。其中，由 4 个喷泉组成的"狮群喷泉"甚为奇特，喷泉的水柱出现前，先会喷出蒸气，同时发出像狮吼的声音，接着才向高空射出水柱。另外，还有因外形酷似城堡而得名的"城堡泉"；因水色幽蓝而得名的"蓝宝石喷泉"；每隔 50 多分钟喷发一次的"老实泉"，其每次喷发的时间可以持续四五分钟，喷出的水柱有 40 多米高。

此外，公园内还有 2000 多种野生动物，如美洲狮、灰熊、灰狼、野牛、羚羊、金鹰等。当地政府在园内还专门设置了多个动物保护区。

14. 五角大楼

位于弗吉尼亚州波托马克河西岸的阿灵顿镇的五角大楼是美国国防部所在地，因建筑物由五幢楼房连结，呈等边五角形而得名。

五角大楼占地面积很大，绕楼一周的外墙每边长 281 米。整个建筑由 2 层五边形建筑构成。外层大楼高 22 米，内层略矮。两层之间由多个长廊连接成一个有机体。建筑物的最里层有一个占地约 30 亩的大花园，花园的一侧是一个可停车万辆的停车场。整个大厦极为壮观，从空中俯视，可清晰看到 2 个由多条走廊和辐射形通道构成的同心圆。

大楼的一层是一些公共设施，如银行、邮局、书店、诊疗所、电报局等；二楼是有"国防部灵魂"之称的参谋长联席会议厅所在地。由于这里大厅地面铺有金色地毯，所以又被称为"金厅"。三楼是美国国防部长办公室和陆军部，四楼和五楼分别是海军部和空军部所在地。

15. 旧金山金门大桥

金门大桥是闻名于世界的大桥之一，建造于 1933～1937 年，堪称近代桥梁工程的一大奇迹。

大桥建筑风格独特，与一般桥的桥拱支撑结构不同，金门大桥采用的是悬浮式建筑手法。大桥南北两侧各有一座高 1124 英尺（即约 342 米，其中高出水面部分为 227 米）的钢塔，钢塔上伸出两根直径各为 36.5 英寸的钢缆，两根钢缆支撑着高悬半空的大桥。钢塔之间的大桥跨度为 4200 英尺（约 1280 米），如果算上大桥从钢塔两端延伸出去的部分，则桥身全长 6500 英尺。如此长的跨距在世界大桥中十分少见。大桥桥面宽 90 英尺，有两条宽敞的人行道和 6 条车道。桥孔高 200 英尺，即便是世界上最大型的船只，也能畅通无阻。此外，在 2 座主钢塔的两侧还有 2 座辅助钢塔，这样既对大桥起到了辅助支撑的作用，又避免了桥身的单调，使桥形更为和谐壮观。

整个金门大桥如巨龙凌空，横卧在白浪碧海上，为旧金山城增加了雄伟的气势，今天这座大桥已成为旧金山的标志性建筑之一。

（三）墨西哥

国家档案

国名： 墨西哥合众国（The United Mexican States）

首都： 墨西哥城

面积： 196.44 万平方千米

人口： 1.28 亿（2020 年）

主要民族： 印欧混血人和印第安人占总人口的 90% 以上

官方语言： 西班牙语

货币： 墨西哥比索

1. 地理概况

墨西哥合众国位于北美洲南部，拉丁美洲西北端，北邻美国，南接危地马拉和伯利兹，东濒墨西哥湾和加勒比海，西临太平洋和加利福尼亚湾，是拉美第三大国。全国面积 5/6 左右为高原和山地。墨西哥气候复杂多样。沿海和东南部平原属热带气候，西北内陆为大陆性气候。

墨西哥是拉美经济大国，国内生产总值居拉美第一位。其矿产资源丰富，天然气、金、银、铜、铅、锌等 15 种矿产品的蕴藏量位居世界前列，森林覆盖面积为 4500 万公顷，约占领土总面积的 1/4。水力资源约 1000 万千瓦。海产主要有对虾、金枪鱼、沙丁鱼、鲍鱼等。墨西哥的工业门类较齐全，但发展不平衡，制造业占主要地位。全国有可耕地 3560 万公顷，主要农作物有玉米、小麦、高粱、大豆，水稻、棉花、咖啡、可可等。全国牧场占地 7900 万公顷，主要饲养牛、猪、羊、马、鸡等，部分畜产品出口。墨西哥的旅游业居拉美第一，已成为墨西哥主要创汇来源之一。

2. 首都墨西哥城

墨西哥城是墨西哥的首都，它位于墨西哥中南部高原的山谷中，海拔 2240 米。墨西哥城号称是世界最大的城市，其面积达 1525 平方千米，人口 2200 万（含卫星城，2019 年 1 月）。由于墨西哥城被群山环绕，因此气候非常温和，四季如春。

墨西哥城是墨西哥的政治、经济、文化和交通中心，它集中了全国约 1/2 的工业、商业、服务业和银行金融机构，城市发展水平处于领先地位。

墨西哥城是一座世界著名的历史文化古城，其建城历史悠久，创建者是阿兹特克人，前身是 1325 年建立的特诺奇提特兰城。如今的墨西哥城，既是一座绚丽多姿的现代化城市，又保留了浓郁的民族文化色彩。市内有许多欧洲式宫殿、教堂、修道院等建筑物，因此被称为"宫殿之城"，各式各样的建筑融古涵今，景色独特。墨西哥城城区南北略长，东西略窄，东北部是古文化区，西南是现代化的新兴工业区；城中心为宪法广场；广场周围有国家宫、市政大厦、博物馆和大教堂。墨西哥城市内有众多的广场、纪念馆、纪念碑、雕像和文化娱乐场所，著名的景点有墨西哥国立人类学博物馆、独立纪念塔等。位于城市东北郊的玛雅文明古迹举世闻名，有太阳金字塔和月亮金字塔，每天吸引成千上万的旅游者前来观光，是世界著名的旅游城市。

墨西哥城在历史上屡遭洪水和地震的破坏，现存古迹多为殖民地时期的建筑。由于墨西哥城曾在历史上有非常重大的影响，是独特的印第安文化和西班牙殖民地文化的特殊证明，是难于保存的特殊历史例证，因此在 1987 年，墨西哥城被联合国教科文组织列入世界遗产名录。

3. 圣弗朗西斯科山岩画

位于墨西哥加利福尼亚半岛中部的圣弗朗西斯科山岩画，形成于公元前 1100 年左右，是墨西哥境内至今发现的规模最大的古老岩画群。

圣弗朗西斯科山岩画周围的地势险峻，人迹罕至。岩画被绘制在圣弗朗西斯科山的众多洞窟内。据考证，这些岩画洞窟有的是墨西哥远古时代人类的居所，有的是用于祭祀的场所，有的是捕获动物的陷阱。岩画画面大部分是人与动物的图案，有些图案的大小与实物相等。在岩画中经常可以看见携带武器的人，据推测，描绘的可能是战斗或狩猎场景。岩画所描绘的动物中有美洲狮、大山猫、鹿、龟、鱼等，其中有好几种动物现已在下加利福尼亚半岛销声匿迹。这些岩画形象逼真，绘制精细，极具艺术价值。

圣弗朗西斯科山岩画对于研究墨西哥史前土著居民的历史文化具有重要的参考价值。

4. 太阳金字塔

太阳金字塔位于墨西哥中部古城特奥蒂瓦坎，是特奥蒂瓦坎古城遗址中最大的建筑，也是中美洲最大的建筑之一。

特奥蒂瓦坎太阳金字塔和埃及的胡夫金字塔大体相等，呈梯形，坐东朝西，正面有数百级台阶直达顶端。塔的基址长 225 米，宽 222 米，塔高 66 米，共有 5 层，体积达 100 万立方米，塔内部用泥土和沙石堆建。从下到上各台阶外表都镶嵌着巨大的石板，石板上面绘有色彩斑斓、带羽毛项圈的蛇头和用玉米芯组成的象征雨神的许多壁画，塔顶是一座太阳神庙，现已被毁，塔前的宽阔广场可容纳上万人。

太阳金字塔位于特奥蒂瓦坎古城中"亡灵大道"的中段东侧，在"亡灵大道"北端也有一座造型类似的金字塔，称之为"月亮金字塔"。月亮金字塔比太阳金字塔矮一些，但由于月亮金字塔所在地势高，这两座主要金字塔的塔顶是水平的。

近来考古发现，太阳金字塔的地基底下是个天然溶洞，溶洞尽头的四个密室里发现有不少古代祭祀文物，但没有棺椁。因此，人们认为太阳金字塔与埃及金字塔不同，它不是陵寝，而是一个祭神的场所。

5. 蝴蝶谷

蝴蝶谷是墨西哥著名的旅游胜地，位于墨西哥米却肯州的罗萨里奥山区。

每年 11 月至次年 3 月间都会有数百万只五颜六色的蝴蝶从加拿大南部和美国东北部山区飞到这里。这些盘旋飞舞的五彩蝴蝶宛如彩云飘荡在山谷间，谷中树木上落满了彩蝶，像给山谷披上一层美丽的轻纱，景色壮丽而神奇。彩蝶飞舞时，其翅膀因不停拍击而发出阵阵声浪。在这些彩蝶中，一种被当地人称为"君主"的蝴蝶最为美丽。这种蝴蝶色彩斑斓，橘黄色的翅膀镶着一圈黑边，大大小小的黑白点似珍珠般点缀其间，非常漂亮。彩蝶为了躲避北美冬天的严寒，要在谷中停留 4 个多月，并同时完成交配、产卵、养育后代等任务。雌蝶把卵产在树叶的背阴处，而交配后的雄蝶则逐渐衰老、死亡。当第二年北美气候转暖时，新成熟的一代在雌蝶的带领下，这支浩浩荡荡的队伍，经过长达 5000 千米的迁徙飞行，又回到北美。

（四）危地马拉

国家档案

国名：危地马拉共和国（Republic of Guatemala）

首都：危地马拉城

面积：10.89 万平方千米

人口：1685.8 万（2022 年）

主要民族：土著印第安人占 41%，其余为印欧混血种人和欧洲移民后裔

官方语言：官方语言为西班牙语

货币：格查尔

1. 地理概况

危地马拉位于中美洲西北部，南濒太平洋，东临加勒比海的洪都拉斯湾，西北与墨西哥相接，东北邻伯利兹，东南邻洪都拉斯和萨尔瓦多，海岸线长约 500 千米。

全境 2/3 的地区是高原和山地，西部有库丘马塔内斯山脉，南部为马德雷山脉，北部有佩滕低地，占全国面积的 1/3，太平洋岸有狭长的沿海平原。危地马拉火山较多，地震频繁。西部和南部属火山带，有火山 30 多座，中南部的塔胡穆尔科火山海拔 4211 米，是危地马拉也是中美洲最高峰。

危地马拉以热带气候为主，北部及东部沿海平原地区属热带雨林气候，南部山地属亚热带气候，年平均气温 16~20℃，5~10 月为雨季，11 月~次年 4 月为旱季。矿产资源有铅、锌、铬、锑、金、银、水银、镍等。森林面积占全国面积的 38%，多集中在佩滕低地，盛产桃花芯木等贵重木材。

2. 基里瓜玛雅文化遗址

大约形成于公元 200 年左右的基里瓜古城是危地马拉境内最古老的城市之一，历史上曾是玛雅古国的政治文化中心。

古城建筑技艺高超，代表了 2~8 世纪时期美洲辉煌的文化。古城中心有两个宽阔的广场——基里瓜大广场和祭祀广场。这两个广场相邻而建，城中的古建筑大多集中在两个广场周围。如今古城遗址内还可以看到许多金字塔、神庙和宫殿的遗迹。古城遗址内发掘出的最有代表性的古迹是 12 个巨幅石雕和 13 个纪念碑。石雕体积很大，宽达 4 米，这些巨石保留了岩石的原始形状，上面刻有双头怪物，气势十分雄伟。在众

多纪念碑中最著名的一个是玛雅国王石碑，石碑刻于公元711年前后，宽度为10.66米，是当时玛雅最大的纪念碑。纪念碑上雕刻着当时的玛雅国王，雕像高大威严，头戴镶嵌羽毛的头盔，极具艺术价值。

如今，基里瓜考古公园已经对外开放，每年吸引着众多的游客前来参观。

（五）尼加拉瓜

国家档案

国名：尼加拉瓜共和国（Republic of Nicaragua）

首都：马那瓜

面积：13.04万平方千米

人口：662.4万（2020年）

主要民族：印欧混血种人占69%，白人17%，黑人9%，印第安人5%

官方语言：官方语言为西班牙语，在大西洋海岸也通用苏莫语、米斯基托语和英语

货币：科多巴

地理概况

尼加拉瓜位于中美洲中部，北接洪都拉斯，南连哥斯达黎加，东临加勒比海，西濒太平洋。尼加拉瓜内陆以高原和山地为主，火山较多，中部有伊萨贝里亚山脉和科隆山脉。尼加拉瓜湖面积8029平方千米，是中美洲最大的湖泊，主要河流有科科河和马塔尔帕大河。

尼加拉瓜属热带气候，分干湿季，1~5月为旱季，6~12月为雨季，年平均气温25.5℃。森林覆盖率为43%，盛产松木、桃花芯木等贵重木材。矿藏主要有金、银、铜、锑、锌、石油等，其产金量居世界第十三位。

尼加拉瓜是贫穷的农业国，经济以农牧业为主，农作物主要有棉花、甘蔗、咖啡、香蕉等。旅游业是尼加拉瓜重要的收入来源，尼加拉瓜湖、圣地亚哥火山等是其著名旅游景点。

（六）哥斯达黎加

国家档案

国名：哥斯达黎加共和国（RePublic of Costa Rica）

首都：圣何塞

面积：5.11 万平方千米

人口：521.34 万（2022 年）

主要民族：白人和印欧混血种人占 95%，黑人占 3%，印第安土著居民约 0.5%

官方语言：官方语言为西班牙语

货币：科朗

地理概况

哥斯达黎加位于中美洲南部，东临加勒比海，西濒太平洋，北接尼加拉瓜，东南与巴拿马相连，海岸线长 1200 千米。境内中部为高原和山地，东西两侧沿海地区以平原和低地为主。

哥斯达黎加火山较多，伊拉苏火山是哥斯达黎加著名的旅游胜地，海拔 3432 米。哥斯达黎加最高点是海拔 3819 米的大奇里波山。

哥斯达黎加大部分地区属热带气候，只有两个季节，4~12 月为冬季，降雨多，12 月底到次年 3 月为干季，也称为夏季。自然资源丰富，有铝、矾土、煤、铁、金等矿藏，铝矾土蕴藏量约 1.5 亿吨，铁蕴藏量约 4 亿吨，煤蕴藏量约 5000 万吨。水力资源也比较富足，沿海渔业资源丰富。森林覆盖面积 60 万公顷。

哥斯达黎加是世界上仅次于厄瓜多尔的第二大香蕉出口国。2007 年，平均每公顷香蕉产量达 2593 箱，单位面积产量保持世界第一；出口香蕉 1.135 亿箱；出口创汇 6.59 亿美元。目前哥香蕉种植面积 4.2 万公顷，从业人员 3.3 万。

（七）巴拿马

国家档案

国名：巴拿马共和国（Republic of Panama）

首都：巴拿马城（Panamacity）

面积：7.55 万平方千米

人口：438 万（2021 年）

民族：印欧混血种人占 65%，黑人 13%，白人 11%，印第安人 10%

语言：西班牙语为官方语言

货币：流通美元，有辅币巴拿马巴波亚（Panamanian Balboa）

1. 地理概况

巴拿马位于中美洲地峡，连接中美洲和南美洲大陆。东连哥伦比亚，南濒太平洋，西接哥斯达黎加，北临加勒比海，海岸线长约 2988 千米。巴拿马运河从南至北沟通大西洋和太平洋，素有"国际桥梁"之称。

全境多山，仅在南北沿海各有少量平原。港湾遍布，岛屿众多。河流多达 400 余条，较大的有图伊拉河、切波河及查格雷斯河。

巴拿马靠近赤道，属海洋性气候，白天湿润，夜间凉爽，年平均气温 23~27℃。全年分旱、雨两季，年均降水量 1500~2500 毫米。

巴拿马林业资源丰富，全国 70% 以上的土地为热带森林所覆盖，有"森林之国"的称号，主要有红木、雪松、棕榈树、橡胶树等。矿产有金、银、铁、铜、钼、铝矾土、盐、煤等，铜矿含量居世界前列，除盐和铝矾土外，其余矿藏尚未开采。

2. 首都巴拿马城

巴拿马城位于巴拿马运河太平洋沿岸河口附近的半岛上，是巴拿马共和国的首都。巴拿马古城始建于 1519 年，原是印第安人的渔村，1671 年被海盗摩根爵士全部烧毁，现在的巴拿马城是 1674 年重建的，并于 1903 年巴拿马独立后成为首都。在巴拿马运河建成后，巴拿马城获得了飞速的发展。

巴拿马城分为老区和新区。老区是主要商业、行政和文化区域。老区道路比较狭窄，仍然留有一些西班牙式古堡和带有露台的房屋。总统府、国民警卫队旧俱乐部大厦及一些文教单位都位于老区。新区地形狭长，连接老区和古城。新区街道整齐，建

有许多现代化的高楼大厦和新式花园宅院，较著名的有国民剧院、圣弗朗西斯科教堂、博利瓦尔研究所、人类学博物馆、民族博物馆和运河博物馆等。

巴拿马城交通十分发达，不仅有巴拿马运河，还建有停泊远洋巨轮的深水码头和国际机场。铁路、公路可达运河北口的科隆港，并有泛美公路连接南、北美洲。

（八）古巴

国家档案

国名：古巴共和国（Republic of cuba）

首都：哈瓦那

面积：10.9884 万平方千米

人口：1118.2 万（2021 年）

主要民族：古巴族

语言：西班牙语

货币：古巴比索（CUP）

1. 地理概况

古巴共和国位于加勒比海西北部，是西印度群岛中最大的岛国，由古巴岛和青年岛等 1600 多个大小岛屿组成，其中大部分地区地势平坦，东部、中部是山地，西部多丘陵。全境大部分地区属热带雨林气候，仅西南部沿岸背风坡为热带草原气候。除少数地区外，年降水量在 1000 毫米以上。

古巴全国划为 14 个省、1 个特区，首都为哈瓦那，是古巴政治、经济、文化和旅游中心。

古巴是世界主要产糖国之一，被誉为"世界糖罐"。其工业以制糖业为主，占世界糖产量的 7% 以上，人均产糖量居世界首位，蔗糖的年产值约占国民收入的 40%。农业主要种植甘蔗，甘蔗的种植面积占全国可耕地的 55%，其次是水稻、烟草、柑橘等；古巴雪茄烟享誉世界。矿业资源以镍、钴、铬为主，此外还有锰、铜等。古巴的森林覆盖率约 21%，盛产贵重的硬木。古巴旅游资源丰富，是世界一流的旅游和疗养胜地。近年来，古巴充分利用这些独特的优势大力发展旅游业，使其成为国民经济的第一大支柱产业。

2. 首都哈瓦那

哈瓦那是古巴的首都，也是西印度群岛中最大的城市。西接马里亚瑙市，北靠墨西哥湾，东临阿尔门达雷斯河。哈瓦那始建于 1519 年，1898 年起成为首都。虽地处热带，但气候温和，四季宜人，因此有"加勒比海的明珠"之称。

哈瓦那可分为旧城和新城两部分。旧城是总统府所在地，拥有各个时期不同风格的建筑，至今还留有许多西班牙式的古老建筑，1982 年被联合国教科文组织列为"人类文化遗产"。新城濒加勒比海，有豪华的旅馆、公寓、政府机关大厦、街心花园等建筑设施，是拉丁美洲著名的现代化城之一。

哈瓦那以其迷人的热带风光和旧城的古老文化吸引着各地的游客。圣塔玛丽亚海滩是哈瓦那的著名海滩之一，是美好的避暑胜地。市区中心的何塞·马蒂革命广场旁立着古巴民族英雄何塞·马蒂的纪念碑和巨大铜像。哈瓦那还有一座为了表彰华侨在古巴独立战争中建立的功勋而建的大理石纪念碑，在黑色底座上刻着"在古巴的中国人没有一个是逃兵，没有一个是叛徒"的碑文。

（九）牙买加

国家档案

国名： 牙买加（Jamaica）

首都： 金斯敦

面积： 1.0991 万平方千米

人口： 298.3 万（2021 年）

主要民族： 黑人和黑白混血种人占 90% 以上，其余为印度人、白人和华人

官方语言： 英语为官方语言和通用语，民间通用帕托阿语（Patois）

货币： 牙买加元

地理概况

牙买加位于加勒比海西北部，东隔牙买加海峡与海地相望，北距古巴约 145 千米，是加勒比地区第三大岛国，海岸线长 1220 千米。

地形以山地、高原和丘陵为主，北部和西部海岸是低凹的冲积平原和优美海滩，中部是高原，东部蓝山山脉海拔多在 1800 米以上，最高峰海拔为 2256 米。牙买加属热带雨林气候，年平均气温为 27℃，年降水量 2000 毫米左右。

资源有铝土、钴、铜、铁、铅、锌和石膏等，其中铝矾土储量超过 25 亿吨，居世界第四位，铝土是牙买加国民经济中的重要部门和外汇收入的主要来源之一。耕地面积约 27 万公顷，森林面积约占全国总面积的 20%。

牙买加交通以公路为主，有良好的公路网。铁路总长有 339 千米，不过现在铁路已经不进行客运了，全部用于运输铝矾土和氧化铝。沿海有 13 个港口，其中首都金斯敦为世界第七大天然港，是加勒比海一个主要的中转站。

（十）海地

国家档案

国名：海地共和国（Republic of Haiti）

首都：太子港（Portau Prince）

面积：2.78 万平方千米

人口：1191 万（2021 年）

主要民族：黑人占 95%，混血人和白人后裔占 5%

官方语言：官方语言为法语和克里奥尔语，90% 的居民使用克里奥尔语

货币：古德

地理概况

海地位于加勒比海北部，伊斯帕尼奥拉岛西部。东邻多米尼加共和国，南临加勒比海，北濒大西洋，西隔向风海峡与古巴和牙买加相望，海岸线长 1080 余千米。

全境以山地为主，"海地"一词在印第安语中就是"多山之国"的意思，全国最高峰为拉萨尔山脉的拉萨尔山，海拔 2680 米。沿海与沿河地区有少量狭窄平原。主要河流有阿蒂博尼特河，该河谷地是海地重要的农业区。海地北部属热带雨林气候，南部为热带草原气候。年平均气温 25℃ 左右。

海地是拉美最贫穷的国家，经济以农业为主，严重依赖外援。主要矿藏有铝矾土、金、银、铜、铁等，其中铝矾土储量较大，约 1200 万吨。

（十一）格林纳达

国家档案

国名：格林纳达（Grenada）

首都：圣乔治

面积：344 平方千米

人口：11.4 万（2022 年）

主要民族：黑人约占 82%，混血人占 13%，白人及其他人种占 5%

官方语言：英语为官方语言和通用语

货币：东加勒比元

地理概况

格林纳达位于东加勒比海向风群岛的最南端，南距委内瑞拉海岸约 160 千米。由主岛格林纳达及卡里亚库岛、小马提尼克岛等组成。格林纳达属热带气候，1~5 月为旱季，6~12 月为雨季。8~11 月天气较热，最高气温 35℃。12 月至次年 3 月，天气较凉爽，最低气温 18℃。年平均气温 26℃。资源比较匮乏，有一定储量的石油，但尚未开采。

格林纳达经济主要依靠旅游业和农业。农作物以肉豆蔻、香蕉、可可、椰子、甘蔗、棉花和热带水果为主，是世界上第二大肉豆蔻生产国，产量占全球需求量的四分之一，有"香料之国"之称。

格林纳达全国有公路 1127 千米，没有铁路，首都圣乔治有深水港设施，可停靠大型远洋客货轮。有 3 个机场，其中莫里斯·毕晓普国际机场有通往加勒比共同体各国和伦敦、北美的客货航班。

十七、南美洲国家

南美洲有 12 个国家和 1 个地区。包括哥伦比亚、委内瑞拉、圭亚那、苏里南、厄瓜多尔、秘鲁、巴西、玻利维亚、智利、巴拉圭、乌拉圭、阿根廷等国家和法属圭亚那地区。

（一）哥伦比亚

地理概况

哥伦比亚位于南美洲西北部，东邻委内瑞拉、巴西，南接厄瓜多尔、秘鲁，西北与巴拿马相连，北临加勒比海，西濒太平洋。境内明显地分为西部安第斯山区和东部奥里诺科平原。哥伦比亚地处热带，气候因地势而异。东部平原南部和太平洋沿岸属热带雨林气候，1000～2000 米的山地属亚热带森林气候，西北部属热带草原气候。

哥伦比亚有"黄金之国"的美称，有着悠久的黄金开采历史，黄金的蕴藏量与采掘量在拉美都位居第一。在其首都还有世界上独具一格的黄金博物馆。

除了黄金，哥伦比亚的其他资源也非常丰富。煤炭、石油、绿宝石为主要矿藏。已探明煤炭储量约 240 亿吨，居拉美首位；石油储量 18 亿桶；天然气储量 187 亿立方米；绿宝石储量居世界第一位。

哥伦比亚历史上是以生产咖啡为主的农业国，其他主要农作物有水稻、玉米、香蕉、甘蔗、棉花和烟草等。哥伦比亚是世界第二大鲜花出口国，香蕉和咖啡出口量居世界第三位。

（二）委内瑞拉

地理概况

委内瑞拉位于南美洲大陆北部。东与圭亚那为邻，南同巴西接壤，西与哥伦比亚交界，北濒加勒比海。海岸线长 2813 千米。全境除山地外基本上属热带草原气候，年平均气温 24～27℃，年降水量 1400 毫米，有明显的干季和雨季，每年 6～11 月为雨季，12 月至次年 5 月为旱季。

安赫尔瀑布

委内瑞拉从地形上可以分为 3 大区域：西北和北部为安第斯山脉和马拉开波低地，中部是奥里诺科冲积平原，南部为圭亚那高原。委内瑞拉自然资源比较丰富，水资源有奥里诺科河，内河和沿海富水产；矿产资源方面石油和天然气储量占南美洲首位，铁矿蕴藏量 20 多亿吨，还有金刚石、金、铜、铝土、煤等矿藏；森林占国土面积的 52%。

委内瑞拉境内拥有世界上落差最大的安赫尔瀑布，其落差达 979 米。此外，还拥有拉美最大的湖泊——马拉开波湖，马拉开波湖面积 1.43 万平方千米，与委内瑞拉海湾相连。

（三）厄瓜多尔

地理概况

厄瓜多尔位于南美洲西北部。东北与哥伦比亚毗连，东南与秘鲁接壤，西临太平洋。赤道横贯国境北部，海岸线长 930 千米。厄瓜多尔可分为 3 大自然地形区，东部以亚马孙冲积平原为主，中部为安第斯山脉，西部沿海是丘陵与低地。

厄瓜多尔主要属热带雨林气候，山区盆地为热带草原气候，山区属亚热带森林气候，森林覆盖率约 42.5%。平均气温沿海为 23~25℃，东部地区 23~27℃。年平均降水量 2000~3000 毫米，山区 1000 毫米。

厄瓜多尔自然资源比较丰富，石油是其经济的重要支柱。石油探明储量为 49.3 亿桶，天然气储量 2250 亿立方米。此外有金、银、铜、铁、锰、煤、硫磺等。水力和渔业资源丰富。厄瓜多尔是南美地区经济相对落后的国家，工业基础薄弱，农业发展缓慢，粮食不能自给。厄瓜多尔曾以"香蕉之国"闻名于世，1992 年起连续多年香蕉产量和出口量均居世界第一位。另有可可、咖啡等传统出口农产品。

（四）秘鲁

国家档案

国名： 秘鲁共和国（Republic of Peru）

首都： 利马

面积： 128.5216 万平方千米

人口： 3339.67 万（2022 年）

民族： 印第安人占 45%，印欧混血种人占 37%，白人占 15%，其他人种占 3%

语言： 官方语言为西班牙语，一些地区通用克丘亚语、阿伊马拉语和其他 30 多种印第安语

货币： 新索尔

1. 地理概况

秘鲁位于南美洲西部。北邻厄瓜多尔、哥伦比亚，东界巴西，南接智利，东南与玻利维亚毗连，西濒太平洋。海岸线长 2254 千米。秘鲁西部属热带沙漠、草原气候，干燥而温和，年平均气温 12~32℃；中部气温变化大，年平均气温 1~14℃；东部属热带雨林气候，年平均气温 24~35℃。秘鲁东部为亚马孙平原；西部沿海为狭长的沙漠地带；中部山地高原区主要为安第斯山脉，几乎占了其国土面积的 1/3。中部的南段多火山，地震频繁，东南与玻利维亚交界处有南美洲最大湖泊——的的喀喀湖。

秘鲁的森林覆盖率为 57%，面积 7300 万公顷，在南美洲仅次于巴西。主要河流为乌卡亚利河和普图马约河。其渔业资源非常丰富，沿海有世界著名的大渔场——秘鲁渔场。

秘鲁的矿业资源十分丰富，是世界 12 大矿产国之一，主要有铜、铅、锌、银、铁和石油等。铋、钒储量居世界首位，铜占第三位，银、锌占第四位。目前石油探明储量 8 亿桶，天然气 1960 亿立方米。

2. 马丘比丘古城

马丘比丘古城建于 1440~1500 年间，是古印加帝国时代最繁荣的城市之一。这座历史圣地建在一片高地上，两侧是悬崖峭壁，下临湍急的乌鲁班巴河，地势极为险要。在古印加语中，"马丘比丘"即为"古老的山巅"之意。

如今在马丘比丘遗址内已挖掘出 200 多座印加帝国时代的建筑物，包括王宫、宫

殿、神庙、堡垒、寺院、作坊、居室、浴室、街道、庭院、广场、祭坛等。这些建筑全部用花岗岩垒成，垒砌建筑物的大小石块完全不用灰浆等粘合物，但其对缝严密得连一片刀片都插不进去。建筑物之间大多由高低不平的台阶联结，其中最高的石阶有160多层。台阶一层层、一片片，上下错落，纵横有致，一直延续到城市的最高处，气势十分雄伟。马丘比丘城内还有庞大的饮水系统，如今城内发掘出多处公共水槽、水池和地下水渠，这些饮水设备建得坚固而精巧，表现了创造者高超的技艺水平。

马丘比丘古城遗址对于研究古印加帝国时代的文化具有重要价值。

（五）玻利维亚

国家档案

国名： 多民族玻利维亚国（The Multinational States of Bolivia）

法定首都（最高法院所在地）： 苏克雷

政府、议会所在地： 拉巴斯

面积： 109.8 万平方千米

人口： 1183.2 万（2020 年）

民族： 印第安人占 54%，印欧混血种人占 31%，白人占 15%

语言： 官方语言为西班牙语，主要民族语言有克丘亚语和阿伊马拉语

货币： 玻利维亚诺

地理概况

玻利维亚位于南美洲中部，是南美洲的两个内陆国之一。东北与巴西为界，东南毗邻巴拉圭，南邻阿根廷，西南邻智利，西接秘鲁。玻利维亚的法定首都为苏克雷，但实际上的政府所在地为拉巴斯，拉巴斯海拔高度超过 3600 米，为世界海拔最高的首都。

玻利维亚东部和东北部大部分为亚马孙河冲积平原，约占全国面积的 60%；中部为山谷地区，属安第斯山东麓，农业发达，许多重要城市集中于此；西部为玻利维亚高原，平均海拔在 1000 米以上。气候复杂多变，东部和中部属热带草原气候，向西部山地过渡到亚热带气候，内陆高原为山地气候。

玻利维亚主要河流有贝尼河、马莫雷河和圣米格尔河。与秘鲁交界线上有的的喀喀湖，海拔 3812 米，是世界最高的淡水湖，可终年通航，是两国的交通要道和南美洲古文化的发祥地。

矿产资源丰富，主要有锡、锑、钨、银、锌、铅、铜、镍、铁、黄金等。锡的储量为115万吨，铁储量约450亿吨，在拉美仅次于巴西。石油探明储量为9.29亿桶，天然气为52.3万亿立方英尺。

（六）巴西

国家档案

国名： 巴西联邦共和国（The Federative Republic of Brazil）

首都： 巴西利亚

面积： 851.49万平方千米

人口： 2.15亿（2021年）

民族： 白种人占53.74%，黑白混血种人占38.45%，黑种人占6.21%，黄种人和印第安人占1.6%

语言： 葡萄牙语为官方语言

货币： 雷亚尔

1. 地理概况

巴西联邦共和国位于南美洲东南部，北面和西面分别与法属圭亚那、苏里南、圭亚那、委内瑞拉、哥伦比亚及秘鲁、玻利维亚相邻，南接巴拉圭、阿根廷、乌拉圭，东濒大西洋，国土面积约85.149万平方千米，是拉丁美洲面积最大的国家。其中80%位于热带地区，最南端的区则属亚热带气候。

巴西的自然条件优越，有横贯北部的世界上流域面积最广、流量最大的亚马孙河；素有"地球之肺"之称的亚马孙雨林大部分都位于巴西境内；巴西矿产资源丰富，主要有铁、铀、铝矾土、锰、石油、天然气和煤等。作为拉美第一经济大国，巴西有着较为完整的工业体系。钢铁、汽车、造船、石油、化工、电力、制鞋等行业在世界上享有盛誉，核电、通讯、电子、飞机制造、信息、军工等领域的技术也已达到世界先进水平。巴西的可耕地面积约4亿公顷，农业发达，被誉为"二十一世纪的世界粮仓"。同时巴西还是世界第一大咖啡生产国和出口国，其甘蔗和柑橘的产量居世界之首。巴西的畜牧业也非常发达。其旅游业更是久负盛名，是世界十大旅游创汇国之一。

2. 首都巴西利亚

巴西利亚是巴西的首都，它位于巴西中部，地处由戈亚斯高原、维尔德河和马拉尼翁河交汇而形成的地带，所属城区和卫星城共 10 个，面积约 5802 平方千米，截止 2023 年 4 月 8 日，人口 300 多万。由于巴西利亚处于海拔 1100 米的高地，所以虽然处于热带，但气候凉爽宜人，年平均气温只有 21℃。

巴西利亚始建于 1956 年，其建筑风格新颖独特，融合了世界古今建筑艺术的精华。从空中俯视，巴西利亚就像一架驶向东方的巨型飞机。整座城市沿向机翼南北延伸的公路轴和沿机身东西延伸的纪念碑轴铺开。"机头"是三权广场，三权广场左侧是总统府，右侧是联邦最高法院，对面是参议院和众议院；"机身"是政府机构所在地，另有教堂、国家剧院、公园、会议中心、商业中心等建筑，议会大厦、联邦最高法院、总统府和外交部水晶宫等是巴西利亚的标志性建筑；"机翼"是现代化的立体公路，沿路排列着规划整齐的居民区、商业网点、旅馆区等；"机舱"后部是文化区、运动区；"机尾"是长途汽车站和工业区。

由于巴西利亚是世界上少有的经过全面规划、设计后建成的首都，并且建筑风格多姿多彩，集人类建筑艺术的众家之长于一身，被誉为"世界建筑艺术博物馆"，因此，联合国教科文组织在 1987 年 12 月 7 日，宣布巴西利亚为人类文化遗产。

3. 里约热内卢

里约热内卢市位于巴西的东南部，坐落在瓜纳巴拉海湾，南临大西洋，面积 452 平方千米，海拔 2.3 米，截止 2023 年 6 月 4 日卢，人口 680 万人，年平均气温 17～36℃。

1502 年 1 月，葡萄牙航海探险队首先来到这里，但他们误以为瓜纳巴拉湾是一个河港，所以起名为里约热内卢，意为"一月之河"。1555 年，法国人首先在这里建立了殖民地。18 世纪初在这里发现了金矿，里约热内卢因此迅速地繁荣起来，并在 1822 年成为巴西的首都。直到 1960 年，巴西迁都巴西利亚。此后，里约热内卢改为瓜纳巴拉州（范围与城市相同）。1975 年，瓜纳巴拉州撤销后，里约热内卢市成为里约热内卢州首府。

里约热内卢是巴西最大的经济，文化和旅游中心。交通十分发达，是巴西最大港口，港湾腹宽口窄，可泊巨轮，年吞吐量 3500 万吨以上。有纺织、服装、印刷、汽车、造船、机械、石油加工、化学、冶金和食品等工业，许多大企业、银行和垄断组织在此设有分公司或办事处。有许多著名旅游景点，如甜面包山、科尔科瓦多山和科帕卡巴纳海滩。这里一年一度的狂欢节闻名世界，因此里约热内卢又被称为"狂欢之都"。

4. 石头城

石头城，位于巴西巴拉那州首府库里蒂巴西北面 80 多千米处。之所以称之为石头城，是因为这里有大片造型怪异、形象生动的山石。这些石头，有的像亭台楼阁，有的像茅屋村舍，更多的是像各种各样的动物，骏马、雄狮、骆驼、犀牛、乌龟、鲸鱼，应有尽有，还有的像是翩翩少年或窈窕淑女。此外，石头城附近有一些深井，其中有一口井深 113 米，游客可以乘电缆车深入井底，感受地底下的风采。

5. 伊瓜苏国家公园

伊瓜苏国家公园是阿根廷和巴西两国共同的自然遗产。阿根廷境内的伊瓜苏国家公园坐落在米希奥内斯省，包括占地 492 平方千米的国家公园和占地 63 平方千米的国家自然保护区。巴西境内的伊瓜苏国家公园坐落在巴拉那州，是巴西最大的森林保护区，占地达 1700 平方千米。

伊瓜苏国家公园景色优美。这里林木苍翠茂密，湖泊瀑布众多。伊瓜苏瀑布群是其中最著名的景点。瀑布群由 275 股飞瀑和急流组成，这些瀑布平均落差为 72 米，每秒钟流量 1750 立方米，洪水期时瀑布群连成一道大瀑布，总宽达 3~4 千米，发出的声音在 25 千米的范围内都能听见，气势磅礴，景色极为壮观。

伊瓜苏国家公园还拥有丰富的动植物资源。这里生长着 2000 多种植物，其中以高达 40 米的巨型玫瑰红树最引人注目。此外，公园内还生活着 500 多种野生动物，其中有许多是南美洲特有的种类，如貘、蜜熊等。

（七）智利

国家档案

国名：智利共和国（Republic of Chile）

首都：圣地亚哥

面积：75.6715 万平方千米

人口：1945.8 万（2022 年 9 月）

民族：印欧混血种人占 75%，白人 20%，印第安人 4.6%

语言：官方语言为西班牙语，在印第安人聚居区使用马普切语

货币：比索

1. 地理概况

智利位于南美洲西南部，安第斯山脉西麓。东邻玻利维亚和阿根廷，北界秘鲁，西濒太平洋，南与南极洲隔海相望。由于地处美洲大陆的最南端，与南极洲隔海相望，

智利人常称自己的国家为"天涯之国"。海岸线总长约 1 万千米，南北长 4352 千米，东西宽 96.8~362.3 千米，是世界上地形最狭长的国家。

智利全境地势可分为三大区域，东部为安第斯山脉，中部是由冲积物所堆积的陷落谷地，西部为海岸山脉和岛屿带。境内多火山，地震频繁。

矿藏、森林和水产资源丰富，以盛产铜闻名于世，素称"铜之王国"。已探明的铜蕴藏量达 2 亿吨以上，居世界第一位，约占世界储藏量的 1/3。铜储量、产量和出口量均为世界第一。铁蕴藏量约 12 亿吨。煤约 50 亿吨。此外，还有硝石、钼、金、银、铝、锌、碘、石油、天然气等。

气候南北差异比较大。北部是常年无雨的热带沙漠气候；中部是冬季多雨、夏季干燥的亚热带地中海气候；南部为多雨的温带阔叶林和寒带草原气候。年均最低和最高气温分别为 8.6℃和 21.8℃。

2. 首都圣地亚哥

圣地亚哥是智利的首都，全国的政治、经济、文化和交通中心，也是南美洲第四大城市。圣地亚哥位于智利中部，坐落在马波乔河畔，东依安第斯山，西距瓦尔帕来索港约 185 千米。面积 13.308 平方千米，海拔 600 米。夏季干燥温和，冬季凉爽多雨雾。

圣地亚哥是一座拥有 400 多年历史的古城，始建于 1541 年，1818 年在智利争取独立战争中的决定性战役——迈普战役后，成为首都。19 世纪因发现铜矿并逐渐大规模开采，圣地亚哥得到迅速发展。不过，在随后的年月里，数次遭受地震、洪水等自然灾害的破坏，市区历史性建筑物受到严重毁坏。

今日的圣地亚哥已成为一座现代化城市，市容绮丽多姿，一年四季棕榈婆娑。靠近市中心的 230 米高的圣卢西亚山为著名风景区。圣地亚哥主要的街道奥希金斯大街，长 3 千米，宽 100 米，横贯全城。大街西端有解放广场，附近有宪法广场、大街东边有巴格达诺广场。市中心有武装部队广场。市区和近郊有天主堂、主教堂、邮局、市政厅，有古老的智利大学、天主教大学、国民学院以及公园、动物园和古迹。

3. 复活节岛国家公园

复活节岛国家公园是为保护巴西著名的复活节岛而建。这座小岛由探险航海家雅各布·洛吉文于 1722 年发现，由于他于复活节那天登陆，于是这座岛便被命名为"复活节岛"。

这个岛屿素有"石像的故乡"之称，岛上至今保存着 1000 多尊巨大的半身人面石像。这些石像大多形成于 1000 多年前，有的分布在岛屿西部的拉拉库火山古采石场上，有的则整齐地排列在海滨的石砌平台上。这里的平台有几十个，每座平台排立的石像数量不一，有的排立 4~6 尊，有的多达 15~16 尊。这些石像雕刻的极具艺术价值，高鼻梁，凹眼窝，个个昂首挺胸，面对大海，若有所思地凝望远方，堪称古代雕刻艺术中的精品。此外，在岛屿西部的拉诺拉拉库火山还发现 40 多个神秘的洞穴，洞内分布着许多尚未完成的雕像。

岛上如今还居住着一些南美洲土著部落，他们大多保持着本民族传统的生活方式，游人来此旅游可以体会到别具特色的美洲土著风情。

（八）阿根廷

国家档案

国名： 阿根廷共和国（The Republic of Argentina）

首都： 布宜诺斯艾利斯

面积： 278.04 万平方千米

人口： 4732 万（2022 年）

主要民族： 白人和印欧混血种人占 95%，多属意大利和西班牙后裔

官方语言： 西班牙语

货币： 比索

1. 地理概况

阿根廷共和国位于南美洲东南部，它东濒大西洋，南与南极洲隔海相望，西面与智利接壤，北部和玻利维亚、巴拉圭接壤，东北部与巴西和乌拉圭相邻，是拉美第二大国。其北部属热带气候，中部属亚热带气候，南部为温带气候。

阿根廷共划分为 24 个行政单位，由 22 个省、火地岛行政区和联邦首都布宜诺斯艾利斯组成。

阿根廷是综合国力较强的拉美国家之一，其工业门类较齐全，工业产值占国内生产总值的 1/3，钢铁、电力、汽车、石油、化工、纺织、机械、食品等行业均较为发达，核工业发展水平较高，现拥有 3 座核电站。阿根廷的矿产资源丰富，主要有石油、天然气、煤炭、铁、银、铀、铅、锡等；水力、渔业、森林资源均非常丰富；阿根廷的农牧业比较发达，是世界粮食和肉类重要生产国和出口国，素有"粮仓肉库"之称，其牧场面积占国土的 55%，农产品主要有小麦、玉米、大豆、高粱和葵花籽等。近年来，阿根廷的旅游业发展很快，现已成为南美最大的旅游国家。

2. 首都布宜诺斯艾利斯

布宜诺斯艾利斯的全称是"圣迪西玛特立尼达德圣玛丽亚港德布宜诺斯艾利斯"，据说是世界上最长的地名之一，其西班牙语意为"好天气"。它位于国境中东部，东临拉普拉塔河，西靠"世界粮仓"潘帕斯大草原，有 22 座卫星城镇，总面积约 4326 平方千米。气候温暖，终年无雪，年平均气温 16.6℃左右，年平均降水量为 950 毫米。布宜诺斯艾利斯有"南美巴黎"之称。市内以街心公园、广场和纪念碑众多而著名。城市建筑多受欧洲文化影响，至今还保留有几个世纪前的西班牙和意大利风格的古代建筑。

布宜诺斯艾利斯初建于 1536 年，1880 年起成为阿根廷首都。现在它既是阿根廷最大的城市，也是南美洲最大城市之一，并已跻身于世界特大城市的行列。

布宜诺斯艾利斯是阿根廷的经济、文化和交通中心，其国民生产总值约占全国的一半。全市拥有 8 万多家工业企业，工业总产值占全国的 2/3；全市有多所大学，最著名的是创办于 1821 年的布宜诺斯艾利斯大学；布宜诺斯艾利斯交通发达，有 9 条铁路通往全国各地，市内有 5 条地铁，有设备先进的埃塞萨国际机场，及南美洲最大港口之一的布宜诺斯艾利斯港口，海运航线可达五大洲；另外，布宜诺斯艾利斯还是世界著名的"探戈"舞的诞生地。

3. 科隆大剧院

科隆大剧院是阿根廷著名剧院。这个剧院以其精湛的建筑技艺和豪华的现代化设备而著称于世。

大剧院的中心部分——剧场大厅面积 7050 平方米，呈马蹄形，可容纳观众 4000 人。大厅正中的舞台，长 35.25 米、深 34.5 米，是当今世界上最大的舞台。在大厅穹顶，绘有 51 幅由阿根廷著名画家拉乌尔·索尔迪画的以音乐舞蹈为主题的壁画。在靠近天花板的墙上写有世界名剧和各国著名乐队的名称。此外，剧场内还设置了会议厅、排练场、练功室、艺术家休息厅、观众休息厅、宴会厅等多个厅室。在这些厅室里，都有世界著名作曲家、音乐家、乐队指挥的塑像。在连接厅室的走廊两侧挂有一些著名剧照、名画和其他艺术品。剧院内，除了剧场外，还设有舞蹈、音乐等专业学校，以及艺术博物馆、戏剧图书馆、音乐档案馆等。

如今科隆大剧院以其庞大的规模，被称为"世界第三大剧院"，仅次于美国纽约大都会歌剧院和意大利米兰的斯卡拉剧院。

（九）巴拉圭

国家档案

国名：巴拉圭共和国（Republic of Paraguay）

首都：亚松森

面积：40.68 万平方千米

人口：745.4 万（2020 年）

民族：95% 为印欧混血种人，其余为印第安人和白种人

语言：官方语言为西班牙语和瓜拉尼语

货币：瓜拉尼

地理概况

巴拉圭位于南美洲中部，是一个内陆国家，与阿根廷、玻利维亚和巴西三国为邻。巴拉圭河从北向南把全国分成东、西两部分。东部为丘陵、沼泽和波状平原，全国90%以上的人口集中于此；西部为原始森林和草原。

南回归线横贯巴拉圭中部，北部属热带草原气候，南部属亚热带森林气候。夏季（12 月至次年 2 月）气温 26~33℃；冬季（6~8 月）气温为 10~20℃。降水由东向西递减，东部约 1500 毫米，西部干旱地区 500 毫米左右。

巴拉圭的盐矿和石灰石储量较大，还有少量铁、铜、锰、铁钒土、云母、铌、天然气、铝矾土等资源。此外，巴拉圭的水力资源十分丰富，其与巴西共建的伊泰普水电站是世界级的大型水电站之一，仅次于中国的三峡水电站。

巴拉圭是传统的农业国，全国 45% 的经济人口从事农业生产，农牧产品出口额占出口总额的 90% 以上。主要农产品有大豆、棉花、烟草、小麦和玉米等。

（十）乌拉圭

<table>
<tr><td colspan="2" align="center">国家档案</td></tr>
<tr><td>国名：</td><td>乌拉圭东岸共和国（Oriental Republic of Uruguay）</td></tr>
<tr><td>首都：</td><td>蒙得维的亚</td></tr>
<tr><td>面积：</td><td>17.62 万平方千米</td></tr>
<tr><td>人口：</td><td>353.1 万（2020 年）</td></tr>
<tr><td>主要民族：</td><td>其中白人占 88%，印欧混血种人占 8%</td></tr>
<tr><td>官方语言：</td><td>官方语言为西班牙语</td></tr>
<tr><td>货币：</td><td>乌拉圭比索</td></tr>
</table>

地理概况

乌拉圭东岸共和国位于南美洲东南部，拉普拉塔河东岸，北同巴西接壤，西与阿根廷交界，东南濒临大西洋，海岸线长 660 千米。乌拉圭全境以起伏和缓的平原为主，北部和东部有少数低山分布，平均海拔 116 米。乌拉圭气候属亚热带气候，1~3 月为夏季，气温 17~28℃，7~9 月为冬季，气温 6~14℃。年降水量由南至北从 950 毫米递增到 1250 毫米。

乌拉圭的主要河流有乌拉圭河和内格罗河。乌拉圭河为乌拉圭与阿根廷的界河，内格罗河发源于巴西高原，流经国境中部，注入乌拉圭河，全长 800 多千米。内格罗河上的内格罗河水库，是南美最大的人工湖之一。

乌拉圭盛产大理石、紫水晶石、玛瑙、乳白石等，已探明有丰富的铁、锰等矿藏。乌拉圭的林业和渔业资源也比较丰富，盛产黄鱼、鱿鱼和鳕鱼。乌拉圭的经济以畜牧业为主，主要出口产品有肉类、羊毛、水产品、皮革和稻米等。

旅游业较发达，境外游客主要来自阿根廷、巴西、巴拉圭和智利等周边国家。埃斯特角和首都蒙得维的亚是主要旅游地。

十八、大洋洲国家

大洋洲包括澳大利亚大陆、塔斯马尼亚岛、新西兰南北二岛、新几内亚岛以及散布在太平洋上的波利尼西亚、密克罗尼西亚、美拉尼西亚三大群岛，共一万多个岛屿。全洲有 14 个独立国家和 10 个地区。

第一纵：新西兰、澳大利亚、巴布亚新几内亚、帕劳、密克罗尼西亚联邦、关岛（美）、北马里亚纳群岛（美）。

第二纵：所罗门群岛、瓦努阿图、新喀里多尼亚（法）。

第三纵：瑙鲁、图瓦卢、瓦利斯和富图纳（法）、斐济群岛、汤加。

第四纵：马绍尔群岛、基里巴斯、托克劳（新）、萨摩亚、美属萨摩亚、纽埃（新）。

第五纵往东：库克群岛（新）、法属波利尼西亚、皮特凯恩岛（英）。

（一）澳大利亚

国家档案

国名：澳大利亚联邦（The Commonwealth of Australia）

首都：堪培拉

面积：769.2 万平方千米

人口：2598 万（截至 2023 年 2 月）

主要民族：74% 是英国及爱尔兰后裔

官方语言：英语

货币：澳元

---

1. 地理概况

澳大利亚是大洋洲最大的国家，它北临帝汶海和阿拉弗拉海，西、南临印度洋，东临珊瑚海和塔斯曼海。

澳大利亚地形特征明显，可分为西部高原区、中部平原区和东部山地三大部分。西部高原主要由古老的岩层构成，大多都是面积广阔，比较低平的准平原台地。除了少量的高山之外，这里大多都是沙漠和半沙漠，气候十分干燥。澳大利亚中部平原北起卡奔塔利亚湾，南到墨累河河口，纵贯大陆中东部，地质构造上是一个巨大的沉降带。中部平原的地表比较低，被谢卢印高地和巴里尔山地分割成三部分。北部名为卡奔塔利亚低地，这里蕴藏着丰富的铀矿和铝土矿资源；中部是以艾尔湖为中心的大自流盆地，地势低平，布满了干河床、碱地、沼泽，蕴藏着丰富的水资源，牧业比较发达；南部是墨累河—达令河冲积平原，是重要的农牧业产区。东部为大分水岭山地。

澳大利亚的1/3领土位于南回归线以北，属于热带气候，剩下的都属于亚热带和温带气候。整个大陆除了沿海地区外，受海洋的影响很小，大部分地区比较干热，大陆性显著。由于气候干旱，境内水网十分稀疏，无流区的面积比较大，多流程较短和季节性的河流。

澳大利亚的矿产资源十分丰富，其中铁、铝、镍、铀等矿藏均居世界前列，煤、铁、铜、锌、锰等资源也十分丰富。岛上的农作物主要以小麦为主，其他的还有烟草、棉花、玉米、高粱等。澳大利亚是世界上最大的羊毛生产和出口国，这里的羊毛驰名世界。

2. 悉尼

悉尼位于澳大利亚东南海岸，是澳大利亚最大的城市和港口，新南威尔士州的首府。悉尼是英国在澳大利亚最早建立的殖民地点，早在1788年，英国就将罪犯流放于此地。悉尼也是一个日益国际化的大都市，2000年悉尼奥运会使悉尼的国际声望和知名度空前提高。

悉尼属于亚热带湿润气候，全年降雨，年降水量大约为1200毫米，气候宜人，夏季平均气温21℃，冬季平均气温12℃。

悉尼歌剧院

悉尼是澳大利亚商业、贸易、金融中心。悉尼在澳大利亚国民经济中的地位举足轻重，其国内生产总值占全澳的30%左右。澳大利亚储备银行和澳大利亚证券交易所均在悉尼，澳53家银行有39家银行的总部设在悉尼，大部分世界知名跨国企业也在悉尼设有分公司或办事机构。

悉尼环境优美，景色秀丽，是世界知名的旅游观光地。其旅游观光的地方很多，比较著名的有悉尼歌剧院、港口大桥、岩石区、环形码头、麦考瑞广场、达令港等。

3. 墨尔本

墨尔本位于澳大利亚的东南部，是澳大利亚的第二大城市，维多利亚州的首府。以前，墨尔本曾经是澳大利亚联邦的首都，后来澳大利亚迁都堪培拉。

墨尔本的气候属于亚热带与温带交叉型气候，最热月通常在22℃以下，最冷月在3~15℃。雅拉河是流经墨尔本的主要大河流，全长242千米，墨尔本整个城市最初就是沿着雅拉河两岸建设发展的。

墨尔本是一个历史文化名城，有着辉煌的人文历史，拥有全澳大利亚唯一的被列入联合国世界文化遗产的古建筑——墨尔本皇家展览馆。此外，墨尔本也是多个著名国际体育盛事的常年举办城市，如澳网、F1赛车。

墨尔本以浓厚的文化气息、绿化、时装、美食、娱乐及体育活动而著称，曾连续被联合国评选为最适合人类居住的十大城市之一，在2005年更是被评选为全世界最佳居住城市。

4. 悉尼歌剧院

悉尼歌剧院又叫海中歌剧院，位于在悉尼市贝尼朗岬角上，是世界最大的艺术表演中心之一。

歌剧院主要由两个主厅、一些小型剧院、演出厅以及其他附属设施组成。两个大厅均位于比较大的帆形结构内，小演出厅则位于底部的基座内。其中最大的主厅是音乐厅，可容纳大约2500人。设计的初衷是把这里建造成为歌剧院，后来设计改动了，甚至将已经完工的歌剧舞台被推倒重建。音乐厅内有一个大风琴，由世界著名的设计大师罗纳德·沙普设计，如今是世界上最大的机械木链杆风琴，由10500根风管组成。歌剧厅紧邻音乐厅而建，是两个主厅中较小的一个。拥有1547个座位，主要用于歌剧、舞蹈表演。

歌剧院演出频繁，除耶稣受难日和圣诞节外，每天开放的时间是16小时，活动项目平均每天有10个，个个不同，可同时容纳7000人观看演出。世界上著名的乐队、舞蹈家、音乐演唱家、剧团以能在这里演出为荣。

5. 蓝山

蓝山位于悉尼以西约65千米处，面积约2000平方千米，是澳大利亚著名旅游地。山上生长着大量的由加利树，这种树的树叶会释放出一种气体，积聚在山峰和谷顶形成一层蓝色薄雾，蓝山因此而得名。

蓝山地区气候宜人，景色十分优美。山上遍布郁郁葱葱的林木、湍急的瀑布和陡峭的山崖。鸟啄石、吉诺蓝岩洞、温特沃思瀑布和高450米的三姊妹峰等是蓝山著名的旅游景点。吉诺蓝岩洞原名艾因达岩洞，位于蓝山山区的南面，是澳大利亚著名的"保护区"。岩洞是由山地周围的河流长期冲刷、侵蚀形成的，包括东洞、王洞、河洞、骷髅洞、丝巾洞、吉里洞和鲁卡斯洞七个岩洞。洞内布满千姿百态的石笋、石幔和钟乳石。三姊妹峰是蓝山众多景点中富神秘色彩的一个。山峰由三块巨石组成，这些巨石峻峭秀奇，拔地如笋，似乎是并肩而立的三位少女，故名三姊妹峰。传说是古代的三位美丽少女为躲避歹徒伤害而变成的。

（二）巴布亚新几内亚

国家档案

国名：巴布亚新几内亚独立国（The Independent State ofPapua New Guinea）

首都：莫尔斯比港

面积：46.28 万平方千米

人口：878 万（截至 2022 年 6 月）

主要民族：98%属美拉尼西亚人，其余为密克罗尼西亚人、波利尼西亚入、华人和白种人

官方语言：官方语言为英语，皮金语在全国有较多使用，南部的巴布亚地区多讲莫土语，北部的新几内亚地区多讲皮金语

货币：基那

地理概况

巴布亚新几内亚属美拉尼西亚群岛，位于太平洋西南部，西与印度尼西亚的伊里安查亚省接壤，南隔托雷斯海峡与澳大利亚相望。国土主要由新几内亚岛东半部及新英格兰岛、新爱尔兰岛、曼纳斯岛、布千维尔岛、布卡岛等 600 多个岛屿组成。海岸线全长 8300 千米，其水域面积达 240 万平方千米（包括 200 海里经济专属区）。

巴布亚新几内亚属热带气候，5~10 月为旱季，11~4 月为雨季，沿海地区平均温度 21.1~32.2℃，山地比沿海低 5~6℃。年平均降水量 2500 毫米。

巴布亚新几内亚是发展中国家，经济比较落后，但资源十分丰富。其金、铜产量居世界前列，石油、天然气蕴藏比较丰富。已探明铜矿储量 2000 万吨，黄金储量 3110 吨，原油储量 5.3 亿桶，铜金共生矿储量约 4 亿吨。矿产、石油和经济作物种植是巴布亚新几内亚经济的支柱产业。此外，还有富金矿、铬，镍、铝矾土、海底天然气和石油等资源。

（三）新西兰

国家档案

国名：新西兰（New Zealand）

首都：惠灵顿

面积：27.053万平方千米

人口：522.81万（2023年4月）

主要民族：欧洲移民后裔占67.6%，毛利人占14.6%

官方语言：英语、毛利语

货币：新西兰元

1. 地理概况

新西兰位于南太平洋之中，西隔塔斯曼海和澳大利亚相望，距澳大利亚约1600千米，东临汤加、斐济等，海岸线长约6900多千米。

新西兰主要由南岛和北岛组成，库克海峡将这两座岛屿分割开来。南岛的西部绵延着雄伟的南阿尔卑斯山脉，其中的库克峰海拔3764米，是新西兰的最高峰。山区中多冰川和湖泊。北岛东部的地势比较高，多火山和温泉，中部地区有很多湖泊，湖的周围大多数都是平原，平原上耸立高达2797米的鲁阿佩胡火山，是北岛上的最高点。

新西兰境内大部分属于海洋性气候。由于受西风的影响，所以西海岸地区的年平均降水量比较多，在1000~3000毫米左右，南岛的西南沿海地区年降水量可达5000毫米以上，而东岸地区仅有500毫米。新西兰冬季和夏季的温差很小，仅有10℃左右。这里越往北气温越高。北岛的年平均气温约为15℃，北岛的气温十分温和，四季常青；南岛的气温相对比较低，年平均气温约在10℃左右，四季景色分明。新西兰的水力资源和森林资源十分丰富，自然环境非常优美。

2. 首都惠灵顿

惠灵顿是新西兰的首都，位于北岛的最南端，扼守库克海峡，是全国的中心位置所在。惠灵顿是新西兰的政治、文化中心，是全国第二大城市，也是大洋洲国家中人口最多的首都。

惠灵顿这个名称是来自在滑铁卢战役中战胜拿破仑的英国名将亚瑟·韦尔兹利（Arthur Wellesley，即咸灵顿，其头衔来自英国的萨默塞特郡Somerset小镇Wellington）

公爵的名字。

惠灵顿市区依山而建，与金色的沙滩和蓝色的海湾相映，景色十分迷人。惠灵顿拥有丰富的地热能和风能，地热发电和风力发电使得这里空气十分清新，环境优美，显得格外的宁静优雅。2007 年全球宜居城市排名中惠灵顿名列第 12 位（英语城市为第 4 位）。

由于惠灵顿濒临海湾，加之地势较高，时常受到海风的侵袭，一年之中大部分日子都刮风，因而有"风城"之称。

十九、非洲国家

非洲按照地理方位，分为北非、中非、东非、南非和西非五部分。

北非包括埃及、苏丹、利比亚、阿尔及利亚、突尼斯、摩洛哥等 6 个国家，及马德拉群岛（葡）、亚速尔群岛（葡）、西撒哈拉等 3 个地区。

中非有乍得、中非共和国、喀麦隆、赤道几内亚、加蓬、刚果（布）、刚果（金）、圣多美和普林西比等 8 个国家。

东非主要指埃塞俄比亚高原和东非高原，有厄立特里亚、吉布提、埃塞俄比亚、索马里、肯尼亚、乌干达、卢旺达、布隆迪、坦桑尼亚、塞舌尔等 10 个国家。

南非包括安哥拉、赞比亚、马拉维、莫桑比克、南非、纳米比亚、博茨瓦纳、津巴布韦、斯威士兰、莱索托、圣赫勒拿（英）、科摩罗、马达加斯加、毛里求斯、留尼汪（法）等 13 个国家，及留尼汪（法）、圣赫勒拿岛（英）2 个地区。

西非指几内亚湾沿岸及其以北的广大地区。有毛里塔尼亚、马里、布基纳法索、尼日利亚、尼日尔、几内亚、几内亚比绍、冈比亚、塞内加尔、塞拉里昂、利比里亚、加纳、多哥、贝宁、科特迪瓦、佛得角等 16 个国家及加那利群岛（西）。

（一）埃及

国家档案

国名： 阿拉伯埃及共和国（Arab Republic of Egypt）

首都： 开罗

面积： 约 100.1449 万平方千米

人口： 约 1.04 亿（2022 年 9 月）

1. 地理概况

埃及地跨亚、非两洲，西与利比亚为邻，南与苏丹交界，东临红海并与巴勒斯坦、以色列接壤，北临地中海。境内有世界最长的河流尼罗河南北贯穿，尼罗河被称为埃及的"生命之河"。尼罗河三角洲和北部沿海地区属地中海气候，其余大部分地区属热带沙漠气候，炎热干燥，年平均降水量不足 30 毫米。

埃及的经济以农业为主，农业在国民经济中占有重要地位，农业人口约占全国总人口的 56%，农业产值约占国民生产总值的 18%。埃及是非洲工业较发达国家之一，但工业基础较为薄弱，纺织和食品加工业为传统工业，占工业总产值的一半以上。近年来，埃及的石油工业发展尤为迅速，已占到国内生产总值的 18.63%。埃及的主要资源有石油、天然气、磷酸盐、铁等。

作为举世闻名的四大文明古国之一，埃及素有"世界名胜古迹博物馆"之称，其旅游业十分发达，著名的金字塔和狮身人面像，吸引着世界各地的众多游客。

埃及是第一个承认新中国的阿拉伯、非洲国家，于 1956 年 5 月与中国建交。

2. 首都开罗

埃及首都开罗位于尼罗河三角洲顶点以南约 14 千米处，市区横跨尼罗河两岸，包括河中岛屿，有多座桥梁将河两岸城区连为一体。开罗不仅是非洲最大的城市，也是世界上最古老的城市之一。开罗的建成，可追溯到公元前约 3000 年的古王国时期，作为首都，也已有 1300 多年的历史。

开罗城内现代文明与古老传统并存。在开罗城西，有大量建于 20 世纪初的欧洲风格建筑，反映出当代欧美建筑风格；城东则以古老的阿拉伯建筑为主，有"千塔之城"的美称。

开罗拥有许多著名的古迹遗址，富有极高的历史文化意义和旅游价值。在开罗西南约 30 千米处，是古都孟菲斯遗址，有法老拉姆西斯二世的巨型石像、狮身人面像；由孟菲斯遗址西行约 20 千米，即世界七大奇观之一的金字塔。另外，还有景色旖旎的尼罗河风光，非常迷人。开罗城内有驰名世界的古老的阿拉伯市场——卡内卡利里市场。

开罗不仅是埃及的政治、经济和文化中心，也是整个中东政治的活动中心，是阿拉伯联盟总部的所在地。另外，开罗还是重要的国际交通枢纽。

3. 金字塔

孟菲斯曾是古埃及的都城，这里在漫长的历史中曾是非洲北部的文化中心。孟菲斯古城在 10 世纪以后逐渐衰落，城内的古建筑也多遭到破坏。现在古城中仅存普塔神庙的废墟、阿庇斯圣牛庙等几处历史遗迹。

建于 5000 年前左右的金字塔墓葬群遗址位于孟菲斯古城区以南 8 千米处，这里分布着古埃及统治者和有钱人为自己建造大大小小的坟墓。这里的早期坟墓是用砖砌垒的，方体平顶，称作"马斯塔巴"。金字塔是由马斯塔巴演变而成的，分为两种，一种是阶梯式金字塔，另一种为大金字塔。

现存金字塔中最大、最著名的有三座——胡夫金字塔、哈夫拉金字塔和门卡乌拉金字塔，这三座均为大金字塔，它们代表了埃及金字塔建造艺术的顶峰。胡夫金字塔是这三座大金字塔中最雄伟壮观的一座，是埃及第四王朝法老胡夫的陵墓，金字塔呈巨大的金字，由花岗岩修筑而成。相传，修建

狮身人面像

这座巨大的陵墓动用了 30 多万人，花费了 30 年时间。如今，它被列为世界古代七大奇迹之一。

4. 狮身人面像

狮身人面像坐落在开罗西南的吉萨区，距胡夫金字塔约 350 米，是埃及著名古迹，与金字塔同为古埃及文明最有代表性的遗迹。整座石像高 21 米，长 57 米。据说是古埃及第四王朝法老哈夫拉的脸型。由于狮身人面像和希腊神话中的人面怪物斯芬克斯相似，因此，又被称为"斯芬克斯"。

狮身人面像头戴奈姆斯皇冠，额上刻着库伯拉圣蛇浮雕，下颌有帝王的标志下垂的长须，雄伟壮观。当年土耳其人攻打埃及时，曾以狮身人面像的鼻子和胡须做靶子打炮，被打掉的鼻子和胡须现存于伦敦的大英博物馆内。

历经 4000 多年的狮身人面像，现已痼疾缠身，千疮百孔，颈部、胸部腐蚀的尤其厉害。1981 年 10 月，石像左后腿塌方，形成一个 2 米宽、3 米长的大窟窿。1988 年 2 月，石像右肩上掉下两块巨石，其中一块重达 2000 千克。

5. 克娄巴特拉王宫

克娄巴特拉王宫是古埃及托勒密王朝末代女王克娄巴特拉七世的王宫。克娄巴特拉七世（公元前69~前30年），亦称"埃及艳后"，是埃及托勒密王朝末代女王，埃及国王托勒密十二世和克娄巴特拉五世的女儿。克娄巴特拉以美色著称，古罗马帝国的恺撒、安东尼都为之征服。

公元5世纪，克娄巴特拉皇后宫殿所在岛屿在地震重倒塌，自此，宫殿的遗址也随之长眠水底。直到1996年，海洋考古学家弗兰克·戈迪奥才在亚历山大东港发现了沉没在水下的克娄巴特拉王宫。在水下宫殿，戈迪奥不仅发现了克娄巴特拉和恺撒所生的儿子恺撒里翁的玄武岩上身雕像，而且还发现了安东尼自杀的地点。

6. 阿斯旺

阿斯旺是世界著名的岛城，这里自古以来一直是埃及南部重要的城市。

古城建于公元前4世纪初，在历史上曾经十分繁荣，如今城内保存着众多的古迹，费来神庙是阿斯旺城中最古老的建筑，大约建于2500年前。相传是埃及第三十王朝尼赫坦布一世为祭祀爱神哈特呼尔和伊齐丝女神而建。神庙气势恢宏、风格古朴庄重，堪称古代建筑艺术中的精品。神庙中心的正殿中供奉着爱神和哈特呼尔伊齐丝女神的神像。正殿的东西两侧各建一个柱廊，柱头上装饰着爱神像。此外，科普特教会的修道院、尼罗河边的王陵、托勒密时代的神殿也是阿斯旺城中较为著名的古建筑。

阿斯旺城还具有优美的自然风光。构成城市的众多小岛星罗棋布的分布在尼罗河中，它们似出水芙蓉般点缀在平静的河面上。象岛是阿斯旺城中最大的岛屿，因形如大象而得名。岛上气候宜人、布满苍翠的椰林和美丽的海滩，是度假休闲的好去处。

今天，阿斯旺以其独特的魅力吸引着世界各地的游人前来观光。

7. 亚历山大灯塔

亚历山大灯塔由历史上著名的亚历山大大帝下令修建，是古代埃及建筑艺术中的奇观。

灯塔高170米，是当时世界上最高的建筑物。整个灯塔全用白色大理石建造而成，共分为四层。底层是一个四角柱，高55.9米，内有多座房间，用于灯塔工作人员住宿和存放器物；第二层为八角柱，高18.30米；第三层为圆柱，高7.30米；第四层为灯体，上塑有海神波塞冬的雕像。灯塔内部有螺旋状阶梯，燃油顺阶梯运往塔顶的灯体，灯体内有一圈用于反射发散光线的反光镜。当燃油被点燃后光，反光镜便将光线反射出去，这样灯塔便可以为海上的船导航，并具有防卫和侦察敌人的功用。据说灯塔的

灯光能照射到 56 千米外的海道那么远。

14 世纪时灯塔在地震中倒塌，现在看到的灯塔是按照亚历山大灯塔的原样修建的。

（二）苏丹

国家档案

国名：苏丹共和国（Th Republic of the sudan）

首都：喀土穆

面积：188.2 万平方千米

人口：4668 万（2022 年）

主要民族：全国有 19 个种族，597 个部落。黑人占 52%，阿拉伯人占 39%，贝贾人占 6%，其他人种占 3%

官方语言：阿拉伯语为官方语言，使用者占总人口的 60%。通用英语

货币：苏丹磅

1. 地理概况

苏丹位于非洲东北部，红海西岸，是非洲面积最大的国家。北邻埃及，西接利比亚、乍得、中非共和国，南毗刚果（金）、乌干达、肯尼亚，东接埃塞俄比亚、厄立特里亚，东北濒临红海。海岸线长约 720 千米。

苏丹地势南高北低。中部为苏丹盆地；北部为沙漠台地，尼罗河以东为努比亚沙漠，以西为利比亚沙漠；西部是科尔几多高原和达富尔高原；东部为东非高原和埃塞俄比亚高原的西斜坡；南部边境的基涅提山海拔 3187 米，为全国最高峰。尼罗河谷纵贯中部，青、白尼罗河汇合处一带土质十分肥沃，尼罗河上游盆地地势低平，水网密集，沼泽广布。

苏丹全国气候差异很大，自北向南由热带沙漠气候向热带雨林气候过渡，最热季节气温可达 50℃，全国年平均气温 21℃，常年干旱，年平均降雨量不足 100 毫米。

苏丹自然资源比较丰富。已探明的铁约 3 亿吨，铜 900 万吨，铬 70 万吨，银约 9000 吨，石油约 5 亿吨。森林面积约 6400 万公顷，占全国面积 23.3%，盛产阿拉伯树胶，其产量和出口量均居世界之首，因此，苏丹也被誉为"树胶王国"。

2. 首都喀土穆

喀土穆（Khartoum）是苏丹的首都城市，位于青、白尼罗河交汇处，由喀土穆、

北喀土穆和恩图曼三镇组成。尼罗河由此向北流去，很像大象的鼻子，"喀土穆"的阿拉伯语中也意为"象鼻"。

喀土穆是苏丹最大的城市，是苏丹的政治、经济、文化中心，人口约600万（1999年）。苏丹的总统府、总理府、各部、法院等重要机关都设在这里。北喀土穆集中了全国的大工厂，如全国最大的纺织厂、船舶厂和汽车修配厂等。近年来，喀土穆的机械、化纤、食品等工业发展较快，还兴建了火力发电厂。恩图曼则是喀土穆主要平民生活区，这里有几大自由市场，市场上有许多阿拉伯风情（如象牙、黑木、鳄鱼皮等）的民间工艺品。苏丹的国家民族剧场、议会大厦也坐落在恩图曼。恩图曼有马赫迪陵墓、阿卜杜拉·哈里发纪念馆等著名名胜古迹。

喀土穆有"世界火炉"之称，是因为这里的气候十分炎热干燥，年平均气温达28.7℃，最高气温达47.2℃。

（三）利比亚

国家档案

国名：大阿拉伯利比亚人民社会主义民众国（The Great Socialist People's Libyan Arab Jamahiriya）

首都：的黎波里

面积：176万平方千米

人口：710万（2022年）

主要民族：阿拉伯人占80%，其次是柏柏尔人（约）7%，此外还有1百万~2百万外来人口

官方语言：阿拉伯语为国语

货币：利比亚第纳尔

1. 地理概况

利比亚位于非洲北部，与埃及、苏丹、突尼斯、阿尔及利亚、尼日尔和乍得为邻。北濒地中海，海岸线长1900余千米。

利比亚素来有"沙漠王国"之称，沙漠、半沙漠地形占了全国总面积的95%，而且境内没有常年性河流和湖泊，主要水源来自分布各地的井泉。多数地区平均海拔在500米，北部有部分平原区。

沿海地区属地中海气候，冬暖多雨，夏热干燥，常受来自南部撒哈拉沙漠干热风

的侵害，气温最高可达50℃以上，年平均降水量为100~600毫米。内陆广大地区属热带沙漠气候，干热少雨，季节和昼夜温差均较大，年平均降水量100毫米以下，中部的塞卜哈是世界上最干燥地区。

自然资源以石油为主，探明储量为430亿桶。石油是利比亚的经济命脉和主要支柱，其95%的收入来自石油出口。天然气探明储量达1.48万亿立方米，其他还有铁、钾、锰、磷酸盐、铜、锡、硫碘、铝矾土等矿藏。

2. 首都的黎波里

的黎波里位于利比亚西北部，濒临地中海南岸，是利比亚的首都，同时也是利比亚最大的城市，人口116万（2021年）。

在古代，的黎波里是地中海地区重要的贸易中心和战略要地，现在，已经发展成为利比亚的政治、经济和交通中心。

的黎波里北部的港口是利比亚最大的港口，年吞吐量超过500万吨。的黎波里工业比较发达，有食品、水泥、地毯、制革、制鞋、纺织、化工、冶金等企业，其制造工业产值占全国总产值的一半以上。

此外，由于地处地中海沿岸，的黎波里气候属于典型的地中海气候，夏天干燥酷热，冬天暖而多雨。的黎波里市区树木繁茂，花草竞生，空气清新，气候宜人，是夏季游览疗养的胜地。城区保持着浓厚的阿拉伯传统风格和特色，有古罗马的斗技场遗址和其他朝代的古堡、宫苑等许多名胜古迹，因此，很多人都称之为"沙漠中的旅游城市"。

3. 古达米斯古城

古达米斯古城位于利比亚西北边境，靠近突尼斯、阿尔及利亚边境。古达米斯有一个美丽的名称——沙漠明珠，这个美丽的称号是1913年意大利人占领古达米斯的时候就送给它的。之所以这样称呼古达米斯，这是因为古达米斯古城是建立在一块绿洲之上，是当时荒凉沙漠商道上的通都大邑。

在古达米斯古城，房屋的顶层是贵妇们的天地。在天台上，她们可以组织日常的集市，烹制可口的佳肴或是聊天。但如果要上街办事，她们只能派佣人前去，因为女人们是不准上大街的——她们只准在一些狭窄的小巷里散步。

另外，古达米斯人还有一种避免妇女和陌生男子交流眼神的好办法：当在小巷中听到有人靠近的时候，女人们会以一种恭顺的口吻小声说一句："渎圣者！"如果对方不照此回答，就表明来者是一名男子。这时，女人就会原路折回，让男人先行通过，这样就免去了擦身而过的尴尬。

（四）阿尔及利亚

国家档案

国名： 阿尔及利亚民主人民共和国（The Peoples Democratic Republic of Algeria）

首都： 阿尔及尔（Alger）

面积： 238 万平方千米

人口： 4508 万（2022 年）

民族： 大多数是阿拉伯人，其次是柏柏尔人（约占总人口 20%）。少数民族有姆扎布族和图阿雷格族

语言： 官方语言为阿拉伯语，通用法语

货币： 阿尔及利亚第纳尔

1. 地理概况

阿尔及利亚位于非洲西北部。北临地中海，东临突尼斯、利比亚，南与尼日尔、马里和毛里塔尼亚接壤，西与摩洛哥、西撒哈拉交界，北隔海与西班牙、法国相望。海岸线长约 1200 千米。

阿尔及利亚北部是阿特拉斯山脉，分为泰勒阿特拉斯山脉和撒哈拉阿特拉斯山脉北、南两支，两山之间有高原和山间盆地，多咸水湖。中南部为撒哈拉沙漠，占国土面积 85%；沿海地区有少量平原。

由北到南，气候由北部沿海地区的地中海气候渐变为中部的热带草原气候再转变为南部的热带沙漠气候。每年的 8 月最热，最高气温 29℃，最低气温 22℃；1 月最冷，最高气温 15℃，最低气温 9℃。

自然资源丰富。石油探明可采储量约 12.55 亿吨，占世界总储量的 1%，居世界第 15 位，主要是撒哈拉轻质油，油质较高，有"北非油库"之称；天然气储量 4.6 万亿立方米，占世界总储量的 3%，产量居世界第 7 位。其他矿藏主要有铁、铅锌、铀、铜、金、磷酸盐等。

2. 首都阿尔及尔

阿尔及尔位于地中海南岸阿尔及尔湾西侧，南靠雄伟的泰勒阿特拉斯山脉北麓，坐落在乌艾德·哈腊和乌艾德·马扎法兰两海湾之间。阿尔及尔是一个港口城市，是

阿尔及利亚的政治、经济、文化和交通中心。在第二次世界大战期间，阿尔及尔曾一度是法国临时首都。1962年阿尔及利亚独立，阿尔及尔被定为首都。

阿尔及尔城气候温和，终年绿草如茵，林木茂盛，花开不断，有"花园城市"之称，加之城内名胜古迹众多，对世界各地的游客颇具吸引力，使这里成为北非地区的一处旅游胜地。马克思晚年曾到这里疗养过。

阿尔及尔属地中海气候，夏季炎热干燥，冬季温和多雨，1月平均气温12℃，8月平均气温25℃。年平均降水量712毫米。

阿尔及尔有新市区和老市区之别。新市区沿海边分布，并顺山坡向上发展，街道与海岸平行，多欧式建筑和街头公园。老市区位于山上，保留着浓厚的阿拉伯民族特色，有许多教堂。

3. 君士坦丁

君士坦丁位于阿尔及利亚东北部，是北非地区的历史名城，现在为阿尔及利亚君士坦丁省省会。君士坦丁坐落在安纳巴城西南海拔650~700米的平顶孤丘上，只通过两座大桥与其他地区相连。这座古城曾在公元311年被毁，后来，罗马君士坦丁在位时修复，因故得名。

君士坦丁城区分东、西两部分。西北部有罗马时代的古城堡、宫殿，西南部有政府机关、商业大厦等欧式现代建筑，街道通直，广场宽阔。东部旧城区街巷狭窄，多古阿拉伯城镇民宅，还设有君士但丁大学、锡尔塔博物馆、市立图书馆等文教设施。

君士坦丁是沿海与内陆干旱区农畜产品的重要集散地和进口商品的集中地，成为附近农业区的中心，其工业发展也较快，有大型拖拉机联合企业及纺织、制革、食品、机车维修、柴油机、农机具制造等。

（五）摩洛哥

国家档案

国名：摩洛哥王国（The Kjngdom of Morocco）

首都：拉巴特

面积：45.9万平方千米（不包括西撒哈拉）

人口：3667万（2022年）

主要民族：阿拉伯人约占80%，柏柏尔人约占20%

官方语言：阿拉伯语为国语，通用法语
货币：迪拉姆

1. 地理概况

摩洛哥位于非洲西北端。东、东南接阿尔及利亚，南部为西撒哈拉，西濒大西洋，北隔直布罗陀海峡与西班牙相望。

摩洛哥地形复杂，中部和北部为峻峭的阿特拉斯山脉，东部和南部是上高原和前撒哈拉高原，仅西北沿海一带为狭长低缓的平原。气候分布也十分多样，北部为地中海气候，夏季炎热干燥，冬季温和湿润；中部属亚热带山地气候，温和湿润，气温随海拔高度而变化，山麓地区年平均温约 20℃；东部、南部为沙漠气候，年平均气温约 20℃。

由于阿特拉斯山阻挡了南部撒哈拉沙漠热浪的侵袭，摩洛哥常年气候宜人，花木繁茂，有"烈日下的清凉国土"的称誉。主要河流有乌姆赖比阿河、德拉河、木卢亚河、塞布河等。乌姆赖比阿河是摩洛哥的第一大河，长 556 千米。德拉河是最大的间歇河，长 1150 千米。

摩洛哥自然资源以磷酸盐为主，储量达 1100 亿吨，占世界储量的 75%。其他矿产资源有铁、铅、锌、钴、锰、钡、铜、盐、磁铁矿、无烟煤、油页岩等。

2. 达尔贝达

达尔贝达位于大西洋岸，东北距首都拉巴特 88 千米，是摩洛哥最大的港口城市。欧洲人称达尔贝达为"卡萨布兰卡"，此名称源自干西班牙语，意为"白色的房子"。这里的建筑也正如其名，大多数为白颜色，就连许多阿拉伯渔民的住宅也是在褐色峭壁的背景下呈现白颜色，与蔚蓝的大西洋交相辉映。好莱坞电影《卡萨布兰卡》更是让这座白色之城闻名世界。由于"卡萨布兰卡"实在响亮，知道城市原名"达尔贝达"的人反倒不多了。

达尔贝达历史悠久。据记载，这里在公元 7 世纪是罗马古城安法所在地。安法古城于 1438 年被葡萄牙殖民者肆意破坏。15 世纪下半叶，葡萄牙殖民者占领这里，更名为卡萨布兰卡。摩洛哥独立后，为维护民族尊严，清除殖民主义残余，将城市名称由"卡萨布兰卡"恢复为"达尔贝达"。

达尔贝达是摩洛哥的经济中心，集中了全国 2/3 的现代工业，工业产值占全国的 80%。其商业、金融也十分发达，再加上这里的气候宜人、风光秀丽和独特的文化，达尔贝尔因此成为世界著名的旅游区，吸引着世界各地的游客。

（六）中非

国家档案

国名：**中非共和国**（The Central African Republic）

首都：**班吉**

面积：**62.3 万平方千米**

人口：**511.9 万**（2022 年）

民族：全国共有 60 多个民族，主要有巴雅、班达、班图、乌班吉人、恩格班迪等，其中巴雅族人数最多，班达族分布最广

语言：官方语言为法语、桑戈语

货币：非洲法郎

地理概况

中非是位于非洲大陆中部一个内陆国家，东接苏丹，南界刚果（布）、刚果（金），西连喀麦隆，北邻乍得。

中非境内以高原和山地为主。东部是邦戈斯高原；西部印德高原；中部为脊状高地，其中有许多隘口，是南北交通的要道。东北边境的恩加亚山海拔 1388 米，是全国的最高点。

中非北部属热带草原气候，南部属热带雨林气候。年平均气温 26℃，5～10 月为雨季，11 月～次年 4 月为旱季。

中非的自然资源主要是钻石，其分布地区占全国面积的一半以上。此外还有石油、铀、铁、黄金、铜、镍、锰、铬、锡、汞和石灰石等。森林面积 10.2 万平方千米，约占全国面积的 16%，可采面积 2.8 万平方千米，木材蓄积量约 9000 万立方米，盛产热带名贵木材（如桃花芯木、非洲梧桐、橄榄仁）。乌班吉河是中非境内的最大河流，此外还有沙里河的上游及其支流等。

（七）喀麦隆

国家档案

国名：喀麦隆共和国（Republic of Cameroon）

首都：雅温得

面积：47.5442 万平方千米

人口：2861 万（2023 年）

民族：约有 200 多个民族，主要有富尔贝族、巴米累克族、赤道班图族（包括芳族和贝蒂族）、俾格米族、西北班图族（包括杜阿拉族）

语言：法语和英语为官方语言，约有 200 种民族语言，但均无文字

货币：非洲法郎

地理概况

喀麦隆位于非洲中西部，南与赤道几内亚、加蓬、刚果（布）接壤，东邻乍得、中非，西部与尼日利亚交界，北隔乍得湖与尼日尔相望，西南濒临几内亚湾。

喀麦隆全境类似三角形，南部宽广，往北逐渐狭窄，乍得湖位于它的顶端。地形以高原和山地为主，西部火山起伏，喀麦隆火山是西非的最高峰，海拔 4070 米，北部乍得湖畔和沿海有部分平原分布。

喀麦隆属热带气候。西部沿海和南部地区为雨林气候，气候湿热；北部属热带草原气候，气温高且干燥，每年 3~10 月为雨季，10 月到次年 3 月为旱季。降雨量由北向南渐增，年平均降雨量在 2000 毫米以上。喀麦隆火山山麓全年降雨量高达 1 万毫米，是世界降雨量最多的地区之一。

喀麦隆矿产资源较丰富。已探明的铝矾土储量达 11 亿吨以上，铁矿约 3 亿吨，金红石约 300 万吨。还有锡石矿、黄金、钻石、钴、镍等。此外，还有大理石、石灰石、云母等非金属矿产。油气资源也比较丰富，石油储量估计为 1 亿多吨，天然气储量约 5000 多亿立方米。

（八）赤道几内亚

国家档案

国名： 赤道几内亚共和国（Republic of EquatorIal Cuinea）

首都： 马拉博

面积： 2.8051 万平方千米

人口： 140 万（2021 年）

民族： 主要部族有分布在大陆的芳族（约占人口的 75%）和居住在比奥科岛的布比族（约占人口的 1 5%）

语言： 官方语言为西班牙语，法语为第二官方语言 葡萄牙语为第三官方语言。民族语言主要为芳语和布比语

货币： 非洲法郎

地理概况

赤道几内亚位于非洲中西部几内亚湾，由大陆上的木尼河地区和几内亚湾内的比奥科、安诺本、科里斯科等岛屿组成。木尼河地区西濒大西洋，北接喀麦隆，东、南与加蓬交界，以高原和山地为主，一般海拔 500~1000 米，中部山脉把木尼河地区分成北面贝尼托河和南部乌塔姆博尼河流域。各海岛都是火山岛，是喀麦隆火山在几内亚湾的延伸。比奥科岛多死火山，中部的斯蒂贝尔峰海拔 3007 米，为全国最高点。

赤道几内亚属雨林气候，年平均气温 24~26℃，年降水量 2000~3000 毫米。矿藏有石油、天然气、磷酸盐、黄金、铝矾土等。估计天然气和原油储量分别为 400 亿立方米和 56 亿桶。林、渔业资源丰富，森林覆盖率 80%，原木产量从 2000 年的 70.82 万立方米下降到 2008 年的 40 万立方米，其中约 90% 用于出口，还出产奥堪美木、黑檀木等名贵木材。

（九）刚果（布）

国家档案

国名：刚果共和国（Republic of Congo），简称刚果（布）

首都：布拉柴维尔

面积：34.2 万平方千米

人口：566 万（2021 年）

民族：全国有大、小民族 56 个，属班图语系。最大的民族是南方的刚果族，包括拉利族、巴刚果族、维利族，约占总人口的 45%；北方的姆博希族占 16%，中部太凯族占 20%。北方原始森林里还生活着少数俾格米人

语言：官方语言为法语。民族语言南方为刚果语、莫努库图巴语，北方为林加拉语

货币：非洲法郎

地理概况

刚果共和国位于非洲中西部，赤道横贯中部，东、南两面邻刚果民主共和国、安哥拉，北接中非、喀麦隆，西连加蓬，西南临大西洋。

全国地形多样，北部主要为刚果盆地，中、南部多为高原和山地，仅在西南沿海有少量狭窄低地。刚果河及其支流乌班吉河的部分地段是同刚果（金）的界河，刚果（布）境内刚果河的支流有桑加河、利夸拉河等，另有库依路河单独入海。

刚果共和国南部属热带草原气候，中部、北部为热带雨林气候，气温高，湿度大。年平均气温在 24~28℃。

自然资源比较丰富，有石油、天然气、钾盐、铁、金、钻石等矿藏。天然气储量约 1000 亿立方米，钾盐矿储量约数 10 亿吨，磷酸盐矿 600 万吨，铁矿约 10 亿吨。其石油开采主要在海上进行，内陆油田尚处于勘探阶段，截至 2007 年底，石油剩余可采储量约 2 亿吨。

（十）刚果（金）

国家档案

国名： 刚果民主共和国（Democratlc Republic of cong0）

首都： 金沙萨（Kinshasa），原名利奥波德维尔

面积： 234.4885 万平方千米

人口： 9995 万人（2023 年）

民族： 全国有 254 个民族，较大的民族有 60 多个，分属班图、苏丹、俾格米三大族系。其中班图人占全国人口的 84%，主要分布在南部、中部和东部，包括刚果、班加拉、卢巴、蒙戈、恩贡贝、伊亚卡等族；苏丹人多数居住在北部，人口最多的是阿赞德和孟格贝托两族；俾格米人主要集中在赤道密林里

语言： 法语为官方语言，主要民族语言有林加拉语、斯瓦希里语、基孔果语和契卢巴语

货币： 刚果法郎

地理概况

刚果民主共和国位于非洲中西部，赤道横贯其中北部，东接乌干达、卢旺达、布隆迪、坦桑尼亚，北连苏丹、中非共和国，西邻刚果（布）；南界安哥拉、赞比亚。

刚果（金）境内多数地区属刚果盆地，南部为隆达—加丹加高原，东部为东非大裂谷的一部分。东北部与乌干达交界的马格丽塔山海拔 5109 米，是全国的最高点。刚果河全长 4640 千米，自东向西流贯全境，重要支流有乌班吉河、卢阿拉巴河等。

刚果（金）北部属热带雨林气候，南部属热带草原气候。年平均气温 27℃，年降水量 1500~2000 毫米左右。

自然资源丰富，素有"世界原料仓库""中非宝石"和"地质奇迹"之称。全国蕴藏多种有色金属、稀有金属和非金属矿，其中铜、钴、锌、锰、锡、钽、锗、钨、镉、镍、铬等金属和工业钻石储量很可观。森林覆盖率为 53%，约 1.25 亿公顷，占非洲热带森林面积的一半，盛产乌木、红木、花梨木、黄漆木等多种名贵木材。

（十一）埃塞俄比亚

国家档案

国名： 埃塞俄比亚联邦民主共和国（Federal Democratic Republic of Ethiopia）

首都： 亚的斯亚贝巴

面积： 110.36 万平方千米

人口： 1.12 亿（2022 年 10 月）

民族： 全国约有 80 多个民族，主要有奥罗莫族（40%）、阿姆哈拉族（20%）、提格雷族（8%）、索马里族（6%）、锡达莫族（4%）等

语言： 阿姆哈拉语为联邦工作语言，通用英语，主要民族语言有奥罗莫语、提格雷语等

货币： 埃塞俄比亚比尔

1. 地理概况

埃塞俄比亚位于红海西南岸的东非高原上，东与吉布提、索马里接壤，西与苏丹交界，南邻肯尼亚，北接厄立特里亚。

埃塞俄比亚平均海拔近 3000 米，是非洲地势最高的国家，有"非洲屋脊"之称。埃境内以山地高原为主，高原占全国面积的 2/3，大部属埃塞俄比亚高原，海拔 4623 米的达尚峰，是全国最高峰；东非大裂谷从东北向西南纵贯全境，把埃塞俄比亚高原分为两半；红海沿岸为狭长的带状平原。因地势高，埃大部地区气候温和，以热带草原和亚热带森林气候为主，兼有山地和热带沙漠气候。年平均气温 10~27℃，年均降水量高原区为 1000~1500 毫米，低地和谷地为 250~500 毫米。

埃塞俄比亚矿产和水力资源丰富。已探明的矿产资源有石油、天然气、煤、金、铂、铜、钾盐、锌、铁、镍等，大部分未开发。境内河流湖泊较多，号称"东非水塔"。主要的河流有阿巴伊河、特克泽河、巴罗河、谢贝利河和朱巴河；较大的湖泊有塔纳湖、齐瓦伊湖、阿比亚塔湖。

2. 首都亚的斯亚贝巴

亚的斯亚贝巴是埃塞俄比亚首都，位于埃中部高原的山谷中。海拔 2350 米，是非洲海拔最高的大城市，人口 312.01 万（2012 年）。联合国非洲经济委员会和非洲联盟的总部就设在亚的斯亚贝巴。

亚的斯亚贝巴是埃塞俄比亚的政治、经济、文化和交通中心。城市依山而建，按地势高低可分为上城和下城。上城以居住和商业功能为主，下城是政府机关、国际机场、大旅馆分布区。文化设施有埃塞俄比亚国家博物馆、埃塞俄比亚国家图书馆、埃塞俄比亚人类学博物馆等。

城市西南部集中了埃塞俄比亚全国半数以上的企业，商业十分发达，南郊是工业区。亚的斯亚贝巴交通比较发达，是埃公路、铁路交通枢纽，还拥有一个国际机场——博乐国际机场，有航班与国内城市和非洲、欧洲、亚洲国家联系。

亚的斯亚贝巴虽然靠近赤道，但气候凉爽，四季如春，到处可见尤加利树，风光绮丽。著名的建筑与景点有圣乔治大教堂、海格·菲基尔剧院、圣三一大教堂等。

3. 阿克苏姆考古遗址

阿克苏姆考古遗址，位于埃塞俄比亚北部，这个地区是非洲文明的发源地。

阿克苏姆古城起源于公元 1 世纪，这里曾是阿克苏姆王国的都城，被埃塞俄比亚人称为"城市之母"。古城在历史上一直是埃塞俄比亚的文化中心，城内至今保存着众多的古迹。

古城的中心有著名的恩达·马里安姆·西翁大教堂。这座建于 1000 多年前的高大建筑，气势恢宏，风格古朴，这里在古代曾是阿克苏姆国王的加冕之地。在大教堂的北部有许多巨型石碑，这些石碑历史都很久远，上面的字迹大多被磨平。据说它们是为了纪念早期阿克苏姆的一些名人而建。这些石碑中最大的一块高 33 米，上面还可以看见一些模糊的几何图案。在碑林的附近，有一座建于公元 535 年左右的古墓，墓室用整块的花岗岩砌成的，墓壁上雕刻着埃塞俄比亚最古老的文字——吉斯文。墓室的正中安放着阿克苏姆国王卡列卡的石棺。

因其重要的文化价值，1980 年，阿克苏姆考古遗址被联合国教科文组织列为世界文化遗产。

（十二）索马里

国家档案

国名：索马里联邦共和国（Federal Republic of Somalia）

首都：摩加迪沙

面积：63.7657万平方千米

人口：1544万（2019年）

主要民族：主要有萨马莱和萨布两大族系。其中萨马莱族系占全国人口的80%以上，分为达鲁德、哈维耶、伊萨克和迪尔四大部族，萨布族系分为迪吉尔和拉汉文两大部族

语言：官方语言为索马里语和阿拉伯语，通用英语和意大利语

货币：索马里先令

地理概况

索马里位于非洲大陆最东部的索马里半岛上，北临亚丁湾，东濒印度洋，西与肯尼亚、埃塞俄比亚接壤，西北与吉布提交界，海岸线长3200千米。索马里扼守红海连接印度洋的通道，地理位置十分重要。

地势北高南低，北部多山，其中海拔2408米的苏拉德山是全国最高峰；亚丁湾沿岸低地为吉班平原；中部为高原；东部沿海为平原，沿岸多沙丘；西南部为草原、半沙漠和沙漠。境内主要河流有谢贝利河和朱巴河。

索马里大部分地区属热带沙漠气候，西南部属热带草原气候，终年高温，干燥少雨，年降水量自南而北从500~600毫米降至100毫米以下。

索马里的资源主要是石油、天然气、铁、锰、锡等矿藏，多数并没有得到有效开发。其渔业与森林资源比较丰富，森林覆盖率为13%。

（十三）肯尼亚

国家档案

国名：肯尼亚共和国（Republic of Kenya）

首都：内罗毕

面积：58.2646 万平方千米

人口：4756.4 万（2019 年）

民族：全国共有 42 个民族，主要有基库尤族（21%）、卢希亚族（14%）、卢奥族（13%）、卡伦金族（12%）和康巴族（11%）等。此外，还有少数印巴人、阿拉伯人和欧洲人

语言：斯瓦希里语为国语，和英语同为官方语言

货币：肯尼亚先令

地理概况

肯尼亚位于非洲东部，地跨赤道。东与索马里为邻，北与埃塞俄比亚、苏丹接壤，西与乌干达交界，南与坦桑尼亚相连，东南濒印度洋。海岸线长 536 千米。

肯尼亚沿海为平原地带，其余大部分为高原，平均海拔 1500 米。东非大裂谷东支纵切高原南北，将高地分成东、西两部分。北部为沙漠和半沙漠地带，约占全国总面积的 56%。中部高地的肯尼亚山海拔 5199 米，是全国最高峰、非洲第二高峰，峰顶终年积雪。瓦加加伊死火山海拔 4321 米，以直径达 15 千米的巨大火山口而驰名。

境内受东南信风与东北信风的影响，大部属热带草原气候。西南部高原区除大裂谷谷底地区干热外，都属亚热带森林气候。气候温和，各月平均温度都在 14~19℃，年降水量 750~1000 毫米。河流、湖泊众多，主要河流为塔纳河、加拉纳河。

肯尼亚矿产资源丰富，主要有纯碱、盐、萤石、石灰石、重晶石、金、银、铜等。目前除纯碱和萤石外，多数矿藏尚未开发。森林面积 8.7 万平方千米，占国土面积的 15%，林木储量 9.5 亿吨。

（十四）乌干达

国家档案

国名： 乌干达共和国（Republic of Uganda）

首都： 坎帕拉（KampaIa）

面积： 24.155 万平方千米

人口： 4430 万（2021 年）

民族： 全国约有 65 个民族。按语言划分，有班图人、尼罗人、尼罗—闪米特人和苏丹人四大族群，每个族群由若干民族组成。班图族群占总人口的 2/3 以上，包括巴干达（占总人口的18%）、巴尼安科莱（占总人口的16%）、巴基加和巴索加等 20 个民族。尼罗族群包括兰吉、阿乔利等 5 个民族。尼罗—闪米特族群包括伊泰索、卡拉莫琼等 7 个民族。苏丹族群包括卢格巴拉、马迪等 4 个民族

语言： 官方语言为英语和斯瓦希里语，通用乌干达语等地方语言

货币： 乌干达先令

地理概况

乌干达位于非洲东部，东邻肯尼亚，南与坦桑尼亚和卢旺达交界，西与刚果民主共和国接壤，北与苏丹毗连。

全境大部分位于中非高原，平均海拔 1200 米左右。东非大裂谷的西支纵贯乌干达西部，裂谷带与东部山地之间为宽阔的浅盆地，多沼泽；东部边界有埃尔贡山；西南部与刚果民主共和国接壤处有鲁文佐里山脉，其中海拔 5109 米的玛格丽塔峰，是全国最高峰，也是非洲第三高峰。

乌干达的水域面积占其国土总面积的 18%。河流主要有维多利亚尼罗河与艾伯特尼罗河，湖泊主要有维多利亚湖、艾伯特湖、爱德华湖、基奥加湖、乔治湖等，其中维多利亚湖是世界第二、非洲最大的淡水湖，有 42.8% 在乌干达境内。因此，乌干达有"高原水乡"之称。乌干达属热带草原气候，年平均气温在 22℃ 左右，气候温和、雨量充沛。

乌干达矿产资源比较丰富，已探明的矿产资源有铜、锡、钨、绿柱石、铁、金、石棉、石灰石和磷酸盐等。

（十五）坦桑尼亚

1. 地理概况

坦桑尼亚位于非洲东部、赤道以南，大陆东临印度洋，南连赞比亚、马拉维和莫桑比克，西邻卢旺达、布隆迪和刚果（金），北接肯尼亚和乌干达。

坦桑尼亚领土由坦噶尼喀大陆和桑给巴尔的20多个岛屿组成。坦噶尼喀大陆西北高，东南低。东部沿海为低地，西部为内陆高原，东非大裂谷从马拉维湖分东、西两支纵贯南北。东北部的乞力马扎罗山的基博峰海拔5895米，是非洲最高峰。

河流湖泊众多。主要河流有鲁菲吉、潘加尼、鲁伍马、瓦米等河，湖泊有维多利亚湖、坦噶尼喀湖和马拉维湖等。

东部沿海地区和内陆的部分低地属热带草原气候，西部内陆高原属热带山地气候，凉爽而干燥。桑给巴尔的20多个岛屿属热带海洋性气候，终年湿热。

矿产资源丰富，主要有钻石、金矿、煤、铁、磷酸盐和天然气。不过除金矿外，其他矿藏尚待充分开发。森林面积约4400万公顷，占国土面积的45%，出产安哥拉紫檀木、乌木、桃花芯木、栲树等。

2. 达累斯萨拉姆

达累斯萨拉姆位于非洲印度洋岸中段滨海平原之上，海拔8~15米，是西印度洋航线上的一个要冲，距桑给巴尔岛10英里。达累斯萨拉姆是坦桑尼亚的最大城市和政治、经济、文化中心，人口300万左右。

达累斯萨拉姆是非洲班图语与阿拉伯语的混合语词汇，意思是"和平之地"。达累

斯萨拉姆之所以得名"和平之地",是因为它是天然良港,港湾内风平浪静,自古是东非沿岸名港之一。

可以这样说,达累斯萨拉姆现在已经不是坦桑尼亚的首都了,因为早在1974年,坦桑尼亚议会就决议迁都多多马。现在,无论是坦桑尼亚自己还是非洲其他国家,都把多多马视为坦桑尼亚的首都。但这个迁都工作持续了几十年,至今还没有完成。这是因为坦桑尼亚沿海经济与内地经济发展的不平衡,多多马的基础设施建设一直赶不上达累斯萨拉姆,迁都工作也就一直因此进展较慢。

达累斯萨拉姆文化教育事业比较发达,设有达累斯萨拉姆大学、技术学院及若干图书馆和研究所,还有著名的国家博物馆和热带动物园。

3. 桑给巴尔

桑给巴尔是坦桑尼亚联合共和国的组成部分,由两个较大的珊瑚岛——桑给巴尔岛、奔巴岛以及邻近的20多个小岛组成,与大陆最近距离为36千米,除极小部分地区海拔高于100米外,大部分地区海拔在46米以下。

桑给巴尔人口近120万,90%以上居民都是伊斯兰教徒。桑给巴尔的首府位于安古迦岛上的桑给巴尔市,它的老区就是著名的石头城。石头城因其独特的历史文化价值被列为世界遗产。

桑给巴尔盛产丁香与椰子,素有"丁香岛"之称。有丁香树450万株,占世界供应量的70%以上。椰子树有500多万株,大部分集中于桑给巴尔岛。此外还盛产稻谷、木薯、甘蔗、水果等。

(十六) 卢旺达

国家档案

国名: 卢旺达共和国 (Republic of Rwanda)

首都: 基加利

面积: 2.6338万平方千米

人口: 1325万 (2022年)

民族: 胡图族 (85%)、图西族 (14%) 和特瓦族 (1%)

语言: 官方语言为卢旺达语、英语和法语,卢政府于2008年取消法语学校教学及其在政府机关的工作语言地位。国语为卢旺达语,部分居民讲斯瓦希里语

货币: 卢旺达法郎

地理概况

卢旺达位于非洲中东部，是靠近赤道南侧的内陆国家。西、西北与刚果（金）为邻，北与乌干达接壤，东与坦桑尼亚毗连，南界布隆迪。

全境大部分为高原和山地，大小山岭多达 1800 多个，被称为"千丘之国"。中部高原海拔 1400~1800 米，东、南部海拔 1000 米以下，有许多湖泊和沼泽。全国最高峰为卡里辛比火山，海拔 4507 米。卢旺达大部分地区属热带草原气候，气候温和凉爽，年平均气温 18℃。

卢旺达自然资源比较贫乏，已开采的矿藏仅有锡、钨、铌、钽、绿柱石、黄金等。其中锡储藏量约 10 万吨，泥炭蕴藏量估计为 3000 万吨，基伍湖天然气蕴藏量约 600 亿立方米，尼亚卡班戈钨矿是非洲最大的钨矿。森林资源较丰富，面积约 62 万公顷，占全国面积的 29%。

（十七）布隆迪

国家档案

国名：布隆迪共和国（The Republic of Burundi）

首都：布琼布拉

面积：2.7834 万平方千米

人口：1260 万（2022 年）

民族：胡图族（84%）、图西族（15%）和特瓦族（1%）

语言：官方语言为基隆迪语和法语，国语为基隆迪语，部分居民讲斯瓦希里语

货币：布隆迪法郎

地理概况

布隆迪位于非洲中东部赤道南侧，北与卢旺达接壤，东、南与坦桑尼亚交界，西与刚果（金）为邻，西南濒坦噶尼喀湖。

布隆迪境内多高原和山地，大部是由东非大裂谷东侧高原构成，全国平均海拔 1600 米，有"高山之国"的称谓。西部刚果尼罗山脉贯穿南北，形成中央高原，海拔大多在 2000 米以上。

水力资源比较丰富，境内河网稠密，较大的河流有鲁齐齐河和和马拉加拉西河。

西部湖滨与河谷及东部为热带草原气候；中西部属热带山地气候。年平均气温为 20~24℃，最高可达 33℃。3~5 月为大雨季，10~12 月为小雨季，其他月份为旱季。

矿藏主要有镍、泥炭、铈、钽、锡等。森林覆盖率在 1993 年为国土面积的 5%，后由于火灾和滥伐而迅速减少至目前的 3%。

（十八）赞比亚

国家档案

国名：赞比亚共和国（Republic of Zambia）

首都：卢萨卡

面积：75.2614 万平方千米

人口：1890 万（2021 年）

主要民族：有 73 个民族，其中通加族约占全国人口的 12%，奔巴族占 8%，洛兹族占 6%

官方语言：官方语言为英语，另有 31 种民族语言

货币：赞比亚克瓦查

地理概况

赞比亚位于非洲中南部，是一个内陆国家，东北邻坦桑尼亚，东面和马拉维接壤，东南和莫桑比克相连，南接津巴布韦、博茨瓦纳和纳米比亚，西面是安哥拉，北靠刚果（金）。

赞比亚地势从东北向西南倾斜，全境大部分地区是海拔为 1000~1500 米的高原。东北部是东非大裂谷，北部是加丹加高原，西南部是卡拉哈里盆地，东南部是卢安瓜—马拉维高原，中部为卢安瓜河盆地。其中东北边境的马芬加山是全国的最高点，海拔 2164 米。

赞比亚气候属热带草原气候，5~8 月为干凉季，气温为 15~27℃，9~11 月为干热季，气温为 26~36℃，12 月至次年 4 月为雨季。年平均气温 21℃。

自然资源以铜为主，蕴藏量 1900 万吨，约占世界铜总蕴藏量的 6%，有"铜矿之国"之称。其次是钴，储量约 35 万吨，居世界第二位。此外还有铅、镉、硒、镍、铁、金、银、锌、锡、铀、绿宝石、水晶、钒、石墨、云母等矿藏。森林资源也比较丰富，全国森林覆盖率达 45%。

（十九）莫桑比克

国家档案

国名：莫桑比克共和国（Republic of Mozambique）

首都：马普托

面积：79.938 万平方千米

人口：3120 万（2021 年）

民族：主要民族有马库阿—洛姆埃族（约占总人口的 40%）、绍纳—卡兰加族、尚加纳族、佐加族、马拉维—尼扬加族、马孔德族和尧族等

语言：官方语言为葡萄牙语，各大民族有自己的语言，绝大多数属班图语系

货币：莫桑比克梅地卡尔

地理概况

莫桑比克位于非洲东南部，北接坦桑尼亚，西与津巴布韦、赞比亚、马拉维相接，南邻斯威士兰、南非，东濒印度洋，隔莫桑比克海峡与马达加斯加相望，海岸线长达 2630 千米。莫桑比克与马达加斯加之间的莫桑比克海峡是世界上最长的海峡，全长 1670 千米。

莫桑比克地势从西北向东南大致可分为三级台阶：西北部是高原山地，平均海拔 500~1000 米，其中宾加山高达 2436 米，是全国最高点；中部为台地，海拔在 200~500 米，有岛山散布其间；东南部沿海为平原，平均海拔 100 米，呈带状分布，北窄南宽，总面积 33 万平方千米，是非洲最大平原之一。

莫桑比克属热带草原气候，年平均气温 20℃。10 月~次年 3 月为暖湿季，4~9 月为凉干季。

资源比较丰富，有煤、铁、铜、金、钽、钛、铋、铝、石棉、石墨、云母、大理石和天然气等，其中煤储量超过 100 亿吨，钛 600 多万吨，钽矿储量居世界首位，但由于生产力不发达，大部分矿藏尚未开采。森林和水力资源丰富，莫森林覆盖率达 51%，林木资源总量约 17.4 亿立方米，赞比西河上的卡奥拉巴萨水电站装机容量达 207.5 万千瓦。

（二十）津巴布韦

国家档案

国名： 津巴布韦共和国（Republic of zimbabwe）

首都： 哈拉雷

面积： 39 万平方千米

人口： 1690 万（2022 年 10 月）

民族： 主要有绍纳族（占 79%）和恩德贝莱族（占 17%）

语言： 官方语言为英语、绍纳语和恩德贝莱语

货币： 津巴布韦元

1. 地理概况

津巴布韦位于非洲东南内陆，北与赞比亚相邻，疆界由维多利亚瀑布、赞比西河、卡里巴湖共同围成，东部与莫桑比克相邻，西南为博茨瓦纳，南境则有一部分与南非相连，以林波波河为界。

津巴布韦地形以内陆高原台地为主，呈三级阶梯状分布，海拔 800~1500 米，东部边境为山地，其中海拔 2592 米的伊尼扬加尼山是其境内最高点。

津巴布韦大部分地区属热带草原气候。年均气温 22℃。10 月温度最高，平均 32℃；7 月温度最低，平均 13~17℃。年降水量从西南向东北，由 300 毫米递增到 1250 毫米。

自然资源丰富，有煤、铬、石棉、铁、金、银、锂等多种矿藏。煤蕴藏量约 270 亿吨，铁蕴藏量约 2.5 亿吨，铬和石棉的储量均很大。

2. 津巴布韦遗址

津巴布韦遗址发现于 1871 年，面积 6 平方千米，是非洲至今发现的建筑艺术水平最高、规模最大、保存最完整的石头城。它的发现证明了南部非洲曾经有过的高度发达的黑人文明。

津巴布韦石头城，创建于 11 世纪，是由非洲梭纳人建造的，以后这个城市曾为非洲中南部好几个王国的都城。古城分为内城和卫城两个部分。内城建在平原上，是一个椭圆形城区。城区的外城墙高大而雄伟，由 90 多万块花岗岩巨石砌成。巨石之间不用灰浆黏结。内城内还有许多道历史更为久远的矮墙，将内城分割成为好几块大小不

等的围场。人们走在里面仿佛进入神秘莫测的迷宫一般。内城东面坐落着一座实心的圆锥形石塔，塔高 11 米，至今保存完好。

卫城建于高约 700 米的山顶上，城墙高达 15 米，全长 244 米。如今城内发现多处古梯田、水井和水渠等遗址，城中还出土了古代铸钱泥模、斧、箭头、锄等铁制工具，这些都见证着这个城市昔日的繁荣。

（二十一）南非

国家档案

国名： 南非共和国（Republic of SouthAfrlca）

首都： 世界上唯一同时存在三个首都的国家，其行政首都为比勒陀利亚，立法首都为开普敦，司法首都为布隆方丹

面积： 121.909 万平方千米

人口： 5962 万（2020 年）

主要民族： 祖鲁族、科萨族

语言： 官方语言有 11 种，分别是祖鲁语、科萨语、英语、阿非利尔语、斯佩迪语、茨瓦纳语、索托语、聪加语、斯威士语、文达语和恩德贝勒语

货币： 兰特

1. 地理概况

南非共和国位于非洲大陆最南端，东、西、南三面濒临印度洋和大西洋，北与纳米比亚、博茨瓦纳、津巴布韦、莫桑比克、斯威士兰接壤。全境大部分为海拔 600 米以上高原。大部分地区属热带草原气候，东部沿海为热带季风气候，南部沿海为地中海气候，年均降水量为 450 毫米。

南非资源丰富，是世界五大矿产国之一，黄金、铂族金属、锰、钒、铬、钛和铝硅酸盐的储量居世界第一位。作为世界最大的黄金生产国和出口国，南非的黄金出口额占全部对外出口额的 1/3。矿业、制造业和农业是南非经济的三大支柱。当前的南非属于中等收入的发展中国家，是非洲经济最发达的国家，但其贫富差距极为悬殊；另外艾滋病问题是目前南非面临的严重社会问题之一，其成人艾滋病毒携带者和艾滋病患者数居全球之首。

1998 年 1 月 1 日，南非与中国建立外交关系。目前，南非是中国在非洲的第一大贸易伙伴，中国也是南非十大贸易伙伴之一。

2. 开普敦

开普敦位于好望角北端的狭长地带，濒大西洋特布尔湾，它是欧洲殖民者最早登陆的地点。1652 年荷兰东印度公司为了在开普敦建立一个补给站，以供应往来欧亚间的船只。当年，开普敦尚是一块不毛之地，然历经 300 多年的演变，今日的开普敦却成了南非最古老且最富特色的城市了。

开普敦大学

现在的开普敦是南非的第二大城市，西开普敦省省会，也是南非的立法首都所在地。城市背山面海，风光绮丽，文物众多，旅游业兴盛，工商业发达。城市有大型纺织、酿酒、烟叶、炼油等工业，还有化工、皮革、造纸等企业。港口优良，可同时停泊近百艘海轮，有世界著名的现代化大船坞，并建有国际航空港，主要出口皮革、水果、纺织品等。这里有著名的开普敦大学、南非博物馆等。

开普半岛属地中海气候，四季分明。每年 5~8 月是冬季，平均温度只有 7℃ 左右。夏季为每年 11 月至次年 2 月，气候温暖而干燥，平均气温为 26℃。

3. 约翰内斯堡

约翰内斯堡位于东北部瓦尔河上游高地上，海拔 1754 米，面积约 269 平方千米，2023 年 4 月 3 日南非约翰内斯堡人口数为 619.8016 万人，世界排名第 63 位，增长率为 2.19%，其中半数以上是黑人。约翰内斯堡属亚热带气候，昼夜温差大，但气候温和，夏季平均气温在 20℃，冬季则在 11℃ 左右。

约翰内斯堡是南非最大的城市和经济中心，也是世界最大的产金中心，附近绵延240 千米地带内有 60 多处金矿，周围还有众多工矿业城市，合占南非工业总产值的一半左右。

市区由铁路分为南、北两部分：南为重工业区；北为市中心区，分布有主要商业区、白人居住区和高等学校。市区最吸引游客的是高达五十层的卡尔敦中心，它是约翰内斯堡城最高级的商业区，国际上较大的黄金买卖就在此进行交易。

约翰内斯堡治安欠佳，入室打劫、拦路抢劫、凶杀强奸等犯罪行为时有发生。受

害者不仅是普通民众，一些政府要员、知名人士和外国使领馆人员也遭抢劫。有"世界第一危险城""暴力凶杀之都"等称谓。

4. 罗本岛

罗本岛位于南非西开普省桌湾，距南非立法首都开普敦海岸约 7 英里，面积约为 5.74 平方千米。1994 年，南非推翻种族隔离制度后，罗本岛被开辟成旅游胜地。由于它深厚的历史底蕴，1999 年，联合国将其列为世界文化遗产。

罗本岛本身其实并没有什么特别的风景，它是一个石灰岛，十分荒凉，这里道路崎岖，树木稀少，乱石满地。罗本岛之所以成为南非的旅游胜地，是因为它在南非历史上占据着重要的位置。

1964 年，南非反对种族隔离的斗士、前总统曼德拉被关进罗本岛监狱，曼德拉在 27 年漫长的监狱生涯中，有 18 年是在罗本岛监狱 B 区 5 号囚房度过的。5 号囚房不足 4.5 平方米，木门上挂着一个小铁牌，上面写着"曼德拉/466/64"，含义为：曼德拉是 1964 年进入罗本岛的第 466 号囚犯。罗本岛先后关押过 3000 多名黑人运动领袖和积极分子。正因为如此，罗本岛已成为世界种族隔离的见证，以及南非各民族从冲突走向和解的象征。

（二十二）马达加斯加

国家档案

国名：马达加斯加共和国（Republic of Madagascar）

首都：塔那那利佛

面积：59.2 万平方千米

人口：2800 万（2022 年）

民族：由 18 个民族组成，其中较大的有伊麦利那（占总人口的 26.1%）、贝希米扎拉卡（14.1%）、贝希略（12%）、希米赫特（7.2%）、萨卡拉瓦（5.8%）、安坦德罗（5.3%）和安泰萨卡（5%）等。尚有少数科摩罗人、印度人、华侨和华裔 5 万人左右，法国侨民 1.8 万人左右

语言：民族语言为马达加斯加语（属马来—波利尼西亚语系），官方通用法语和英语

货币：马达加斯加法郎

地理概况

马达加斯加位于印度洋西南部，由世界第四大岛马达加斯加岛及附近若干岛屿组成，海岸线长达5000千米，隔莫桑比克海峡与非洲大陆相望。

马达加斯加岛中部为山区，其中海拔2876米的马鲁穆库特鲁山是全国最高点。东西两岸均为沿海平原，东部为带状低地，多沙丘和潟湖，西部为缓斜平原，从500米低高原逐渐下降到沿海平原。

马达加斯加东南沿海由于处于东南信风的迎风坡，从印度洋上带来大量的水汽，因此，属热带雨林气候，终年湿热，季节变化不明显；中部为低矮的山脉，属热带高原气候，温和凉爽；西部处于背风坡，水汽难以到达，属热带草原气候，干旱少雨。

马达加斯加自然资源比较丰富，主要矿产资源有石墨、云母、金、银、铜、镍、锰、铅、锌、煤等，其中石墨储量居非洲首位。此外还有较丰富的宝石、半宝石资源以及大理石、岗岩和动植物化石。

（二十三）塞内加尔

国家档案

国名： 塞内加尔共和国（Republic of senegal）

首都： 达喀尔

面积： 19.6722万平方千米

人口： 1774万（2021年）

民族： 全国有20多个民族，主要是沃洛夫族（占全国人口的43%）、颇尔族（24%）和谢列尔族（15%）

语言： 官方语言为法语，全国80%的人通用沃洛夫语

货币： 非洲法郎

---

1. 地理概况

塞内加尔共和国位于非洲西部沿海地区，西部濒临大西洋，北接毛里塔尼亚，东邻马里，南接几内亚和几内亚比绍，海岸线长约500千米。全境地形以平原为主，东南部有部分低山丘陵，西部佛得角凸入大西洋，是非洲大陆的西极。

塞内加尔属热带草原气候，年平均气温29℃，最高气温可达45℃。11月至次年6月为旱季，7~10月为雨季。

矿产资源贫乏，主要有磷酸盐、铁、黄金、铜、钻石、钛等。磷酸钙储量约 1 亿吨，磷酸铝储量约在 5000 万~7000 万吨。近海有少量石油，估计储量为 5200 万~5800 万吨。内陆约有 100 亿立方米的天然气储备。森林面积占全国面积的 32%，约 620.5 万公顷。

渔业是塞内加尔经济主要支柱之一，是第一大创汇产业，全国就业人口中约有 15%从事渔业，是第二大就业产业。

2. 首都达喀尔

达喀尔位于佛得角半岛顶端，非洲大陆最西部，濒临大西洋，是塞内加尔的首都和最大港口城市。达喀尔地理位置十分重要，是欧洲至南美、南部非洲至北美间来往船舶的重要中途站，成为西非的重要门户。

历史上，达喀尔只是一个小渔村，因其地理位置重要而在 17 世纪初成为法国东印度公司船只停靠地和奴隶贸易中心。独立后达喀尔成为全国的政治、经济、文化、交通中心。

达喀尔是全国最大工业基地，集中了全国 80%的工业，有大型榨油、炼油、鱼肉罐头厂，还有食品、纺织、船舶修造、化学、汽车装配等工业。西非货币联盟和西非国家银行总部都设在达喀尔，成为西非商业、金融中心。

达喀尔三面环海，风景秀丽，吸引了无数游客。市中心独立广场一带，高楼林立，政府部门、银行、保险公司、航空公司、外国驻塞机构等等聚集于此。因其历史上曾长期受法国殖民统治，这里具有独特的法国风情，因此达喀尔又被称为"非洲小巴黎"。

（二十四）几内亚

国家档案

国名：几内亚共和国（Republic of Guinea）

首都：科纳克里

面积：24.5857 万平方千米

人口：1504 万（2022 年）

民族：全国有 20 多个民族，其中富拉族（又称颇尔族）约占全国人口的 40%以上，马林凯族约占全国人口的 30%以上，苏苏族约占 20%

语言：官方语言为法语。各民族均有自己的语言，主要语种有苏苏语、马林凯语和富拉语（又称颇尔语）

货币：几内亚法郎

地理概况

几内亚位于西非，西部濒临大西洋，北邻几内亚比绍、塞内加尔和马里，东与科特迪瓦相接，南与塞拉利昂和利比里亚接壤，其海岸线长 352 千米。

几内亚地形比较复杂，东北部是平均海拔约 300 米的台地；东南部为几内亚高原，有海拔 1752 米的宁巴山，是几内亚最高点；西部是狭长的沿海平原；中部是平均海拔 900 米的富塔贾隆高原。富塔贾隆高原是尼日尔河、塞内加尔河和冈比亚河等西非主要河流的发源地，因此有"西非水塔"之称。

几内亚沿海地区为热带季风气候，内地为热带草原气候。年平均气温为 24~32℃。自然资源非常丰富，有"地质奇迹"之称。铝矾土贮藏总量估计为 400 亿吨，其中 290 多亿吨已探明，占世界已探明储量的 30%，居世界第一位。铁矿石储量为 70 亿吨，品位高达 70%。钻石储量为 2500 万~3000 万克拉。沿海渔业资源也非常丰富，近海浅层水域鱼的蕴藏量为 23 万吨，深海水域鱼的蕴藏量约 100 万吨。此外，在其沿海大陆架已发现有石油。

（二十五）佛得角

国家档案

国名：佛得角共和国（Republic of CapeVerde）

首都：普拉亚

面积：4033 平方千米

人口：54.6 万（2020 年）

民族：绝大部分为黑白混血的克里奥尔人，占人口总数的 71%；黑色人种占 28%；欧洲人占 1%

语言：官方语言为葡萄牙语，民族语言为克里奥尔语

货币：埃斯库多

地理概况

佛得角位于北大西洋的佛得角群岛上，东距非洲大陆最西点佛得角（塞内加尔境内）500 多千米。佛得角是扼守非、美、欧、亚四大洲海上交通的要冲，被称为"连接各大洲的十字路口"。

全国由 10 个主要岛屿和 8 个小离岛组成，又分为北面向风群岛和南面背风群岛。

向风群岛主要有圣安唐岛、圣维森特岛、圣卢西亚岛、圣尼古拉、萨尔岛、博阿维什塔岛；背风群岛主要有福古岛、圣地亚哥岛、布拉瓦岛、马尤岛等。这些岛屿中，只有圣卢西亚岛是无人居住的岛屿，现在是一个自然保护区。所有这些岛屿都是火山岛，福古岛上还有活火山，海拔 2829 米，是全国的最高点，首都普拉亚位于圣地亚哥岛上。

佛得角常年受副高及信风带控制，西岸加那利寒流降温减湿，形成热带沙漠气候，年平均温度 20~27℃，年降雨量仅 100~300 毫米。资源比较匮乏，主要矿产有石灰石、白榴火山灰、浮石、岩盐等。渔业资源较丰富，尚未完全开发利用。渔业在其国民经济中占重要地位，渔业人口 1.4 万，每年出口海产品约 1 万吨，主要为金枪鱼和龙虾。

（二十六）塞拉利昂

国家档案

国名：塞拉利昂共和国（Republic of Sierra Leone）

首都：弗里敦

面积：7.174 万平方千米

人口：754.87 万（2021 年）

主要民族：全国有 20 多个民族。南部的曼迪族人口最多，北部和中部的泰姆奈族次之，两者各占全国人口的 30% 左右；林姆巴族占 8.4%，由英、美移入的"自由"黑人后裔克里奥尔人占 10%

官方语言：官方语言为英语，民族语言主要有曼迪语、泰姆奈语、林姆巴语和克里奥尔语

货币：利昂

地理概况

塞拉利昂位于非洲西部大西洋沿岸，北部及东部被几内亚包围、东南与利比里亚接壤，西、西南濒临大西洋，海岸线长约 485 千米。属热带季风气候，高温多雨，5~10 月为雨季，11 月至次年 4 月为旱季。年平均气温约 26℃。

地形由东向西倾斜，东部多为高地的丘陵，西部沿海以低地、沙洲为主。海滨地区风光秀丽，适宜发展旅游业。但由于交通不便和缺乏资金，旅游资源一直得不到有效开发。

矿藏丰富，主要有钻石、黄金、铝矾土、金红石、铁矿砂等。钻石储量 2300 多万

克拉，黄金矿砂发现 5 处，其中仅南方省包马洪地区储量即达 2000 万吨，铝矾土储量
1.22 亿吨，金红石储量约 1 亿吨，铁矿砂储量 2 亿吨。渔业资源丰富，主要有邦加鱼、
金枪鱼、黄花鱼、青鱼和大虾等，水产储量约 100 万吨。全国森林面积约 32 万公顷，
占土地总面积的 4%，盛产红木、红铁木等，木材储量 300 万立方米。

（二十七）利比里亚

国家档案

国名：利比里亚共和国（Republic of Liberia）

首都：蒙罗维亚

面积：11.137 万平方千米

人口：约 520 万（2021 年）

民族：有 16 个民族，较大的有克佩尔、巴萨、丹族、克鲁、格雷博、马诺、
洛马、戈拉、曼丁哥、贝尔以及 19 世纪自美国南部移居来的黑人后裔

语言：官方语言为英语，较大的民族均有自己的语言

货币：利比里亚元

地理概况

利比里亚位于西非，西南部濒临大西洋，海岸线长 537 千米，北部接几内亚，西
北界塞拉利昂，东部与科特迪瓦相邻。

全境地势可分为三级阶梯：东北内陆为丘陵和高地，中部地区为低矮丘陵，西南
沿海为狭窄平原。最高峰是西北部的武蒂维山，海拔 1381 米。最大河流为卡瓦拉河，
全长 516 千米。其他较大河流还有塞斯托斯河、圣约翰河、圣保罗河、马诺河等。

利比里亚属热带季风气候，年平均气温 25℃，5~10 月为雨季，11 月至次年 4 月为
旱季。

利比里亚拥有丰富的自然资源，铁矿砂储量估计为 15 亿吨，是非洲第二大铁矿砂
出口国。另外，还有钻石、黄金、铝矾土等 10 种矿藏。森林覆盖面积 479 万公顷，占
全国总面积的 58%，是非洲的一大林区，盛产红木、檀香木等名贵木材。林姆巴山区
因其独特的动植物群被联合国教科文组织列为世界遗产。

（二十八）加纳

国家档案

国名：加纳共和国（Republic of Ghana）

首都：阿克拉

面积：23.8537 万平方千米

人口：3028 万（2019 年）

民族：全国有 4 个主要民族，即阿肯族（52.4%）、莫西—达戈姆巴族（15.8%）、埃维族（11.9%）和加—阿丹格贝族（7.8%）

语言：官方语言为英语，另有埃维语、芳蒂语和豪萨语等民族语言

货币：塞地

地理概况

加纳位于非洲西部、几内亚湾北岸，西临科特迪瓦，北接布基纳法索，东毗多哥，南濒大西洋。地形南北长、东西窄，全境大部地区为平原，东部有阿克瓦皮姆山脉，南部有夸胡高原，北部有甘巴加陡崖。最高峰杰博博山海拔 876 米。最大河流为沃尔特河，在加境内长 1100 千米，下游筑有阿科松博水坝，在境内形成巨大的沃尔特水库，面积达 8482 平方千米。

加纳沿海平原和西南部阿散蒂高原属热带雨林气候。沃尔特河谷和北部高原地区属热带草原气候，4~9 月为雨季，11 月至次年 4 月为旱季。各地降雨量差别很大，西南部年平均降雨量为 2180 毫米，北部地区为 1000 毫米。

加纳资源丰富。矿产资源诸如黄金、钻石、铝矾土、锰等储量均居世界前列，此外还有石灰石、铁矿、红柱石、石英砂和高岭土等。加纳森林覆盖率占国土面积的 34%。黄金、可可和木材三大传统出口产品是加纳的经济支柱，加纳因盛产可可被誉为"可可之乡"，还因盛产黄金而被赞誉为"黄金海岸"。

（二十九）多哥

国家档案

国名：多哥共和国（Republic of Togo）

首都：洛美

面积：5.6785万平方千米

人口：809.5万（2023年）

民族：全国有41个部族。南部以埃维族和米纳族为主，分别占全国人口的22%和6%；中部阿克波索、阿凯布等族占33%；北部卡布列族占13%

语言：官方语言为法语，民族语言以埃维语和卡布列语较通用

货币：非洲法郎

地理概况

多哥位于非洲西部，南濒几内亚湾，西与加纳相邻，东邻贝宁，北与布基纳法索交界。海岸线长53千米。全境狭长，一半以上为丘陵和沟谷地带。南部为滨海平原；中部为海拔为500~600米的阿塔科拉山高地；北部为低高原。主要山脉为多哥山脉，其中海拔986米的鲍曼峰，是全国最高点。

多哥南部属热带雨林气候，北部属热带草原气候。主要河流有莫诺河和奥蒂河。

主要矿业资源是磷酸盐，是撒哈拉以南非洲第三大生产国，已探明优质矿达2.6亿吨，含少量碳酸盐的约10亿吨。其他矿藏有石灰石、大理石、铁和锰等。

（三十）贝宁

国家档案

国名：贝宁共和国（The Republic of Benin）

首都：波多诺伏（Porto—Novo），国民议会所在地；科托努（Cotonou），政府所在地

面积：11.2622万平方千米

人口：1180万（2019年）

民族： 共60多个部族，主要有丰族、阿贾族、约鲁巴族、巴利巴族、臭塔玛里族、颇尔族等

语言： 官方语言为法语。全国使用较广的语言有丰语、约鲁巴语和巴利巴语

货币： 非洲法郎

地理概况

贝宁位于西非中南部，东邻尼日利亚，西北、东北与布基纳法索、尼日尔交界，西与多哥接壤，南濒大西洋。海岸线长125千米。全境南北狭长，南窄北宽。南部沿海为宽约100千米的平原，中部、北部为海拔200~400米波状起伏的高原，西北部的阿塔科拉山海拔641米，为全国最高点。韦梅河是全国最大河流。

贝宁沿海平原为热带雨林气候，常年气温在20~34℃，最高可达42℃；中部和北部为热带草原气候，高温多雨，年平均温度26~27℃。

贝宁资源比较贫乏。矿藏主要有石油、天然气、铁矿石、磷酸盐、大理石、黄金等。已探明石油储量54.5亿桶，可开采的约9.2亿桶；天然气储量910亿立方米；铁矿石储量约5.06亿吨。渔业资源丰富，海洋鱼类约有257种。森林面积300万公顷，约占国土面积的27%。

（三十一）尼日尔

国家档案

国名： 尼日尔共和国（Republic of Niger）

首都： 尼亚美

面积： 126.7万平方千米

人口： 2590万（2022年）

民族： 全国有5个主要民族，即豪萨族（占全国人口的56%）、哲尔马—桑海族（22%）、颇尔族（8.5%）、图阿雷格族（8%）和卡努里族（4%）

语言： 官方语言为法语。各民族均有自己的语言，豪萨语可在全国大部分地区通用

货币： 非洲法郎

地理概况

尼日尔位于非洲中西部，是撒哈拉沙漠南缘的内陆国。北与阿尔及利亚和利比亚接壤，南同尼日利亚和贝宁交界，西与马里和布基纳法索毗连，东同乍得相邻。

全国大部地区属撒哈拉沙漠，地势北高南低。东南部乍得湖盆地、西南部尼日尔河盆地地势均较低平，有部分草原分布；中部多高原，海拔 500~1000 米；东北部为沙漠区，占全国面积 60%。格雷本山海拔 1997 米，为全国最高点。尼日尔河在尼日尔境内长约 550 千米。

尼日尔北部属热带沙漠气候，南部属热带草原气候，全年分旱、雨两季，年平均气温 30℃，是世界上最热的国家之一。

资源较丰富，已探明铀储量 21 万吨，占世界总储量的 11%，居世界第五位。磷酸盐储量 12.54 亿吨，居世界第四位。煤储量 600 万吨。还有锡、铁、石膏、石油、黄金等矿藏。

（三十二）尼日利亚

国家档案

国名：尼日利亚联邦共和国（The Federal Republic ofNigeria）

首都：阿布贾

面积：92.38 万平方千米

人口：2.22 亿（2023 年）

主要民族：有 250 多个部族，其中最大的是北部的豪萨—富拉尼族（占全国人口 29%）、西部的约鲁巴族（占 21%）和东部的伊博族（占 18%）

官方语言：官方语言为英语。主要民族语言有豪萨语、约鲁巴语和伊博语

货币：奈拉

地理概况

尼日利亚位于西非东南部，南濒大西洋几内亚湾，西同贝宁接壤，北与尼日尔交界，东北隔乍得湖与乍得相望，东、东南与喀麦隆毗连。海岸线长 800 千米。

地势北高南低。北部是平均海拔 900 米的豪萨兰高地，占全国面积的四分之一；西北、东北分别为索科托盆地和乍得湖湖西盆地；中部为尼日尔—贝努埃河谷地；南部低山丘陵，大部地区海拔 200~500 米；东部边境为山地；沿海为宽约 80 千米的带状

平原。河流众多，主要河流有尼日尔河及其支流贝努埃河。尼日尔河在境内长 1400 千米。

　　尼日利亚属热带季风气候，高温多雨，全年分为旱季和雨季，年平均气温为 26～27℃。资源比较丰富，已探明有 30 多种矿藏，主要有石油、天然气、锡、煤、石灰石等。迄今已探明石油储量 362 亿桶，日产原油 200 万桶，为非洲第一大产油国。已探明天然气储量达 5.3 万亿立方米。煤储量约 27.5 亿吨，为西非唯一产煤国。